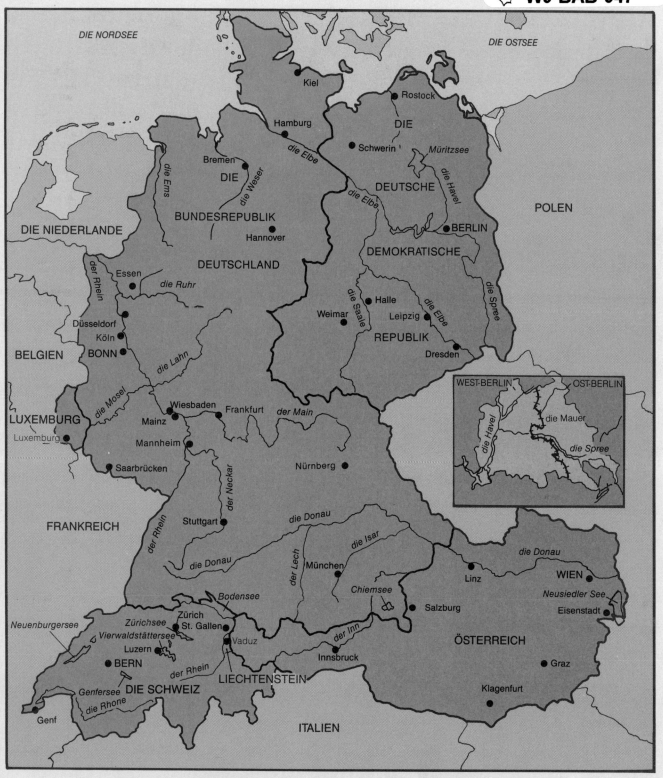

DIE NORDSEE

DIE OSTSEE

Kiel

Rostock

Hamburg

die Elbe

DIE

Schwerin

Müritzsee

DEUTSCHE

die Havel

POLEN

Bremen

die Weser

DIE

die Elbe

DIE NIEDERLANDE

die Ems

BUNDESREPUBLIK

Hannover

DEMOKRATISCHE

BERLIN

DEUTSCHLAND

Essen

die Ruhr

der Rhein

die Saale

Halle

die Elbe

die Spree

Weimar

Leipzig

Düsseldorf

Köln

BELGIEN

BONN

die Lahn

REPUBLIK

Dresden

die Mosel

Wiesbaden

Frankfurt

der Main

WEST-BERLIN

OST-BERLIN

LUXEMBURG

Mainz

die Mauer

Luxemburg

Mannheim

die Havel

die Spree

Saarbrücken

der Neckar

Nürnberg

FRANKREICH

der Rhein

Stuttgart

die Donau

die Donau

die Isar

der Lech

die Donau

WIEN

Neusiedler See

Eisenstadt

der Rhein

die Donau

München

Linz

Bodensee

Chiemsee

Neuenburgersee

Zürich

Salzburg

Zürichsee

St. Gallen

Vaduz

Vierwaldstättersee

der Inn

ÖSTERREICH

Luzern

BERN

Innsbruck

Graz

Genfersee

LIECHTENSTEIN

Genf

die Rhone

DIE SCHWEIZ

Klagenfurt

ITALIEN

W9-BAB-947

Deutsche Sprache und Landeskunde

Deutsche Sprache und Landeskunde

THIRD EDITION

John E. Crean, Jr.
University of Hawaii

Claude Hill
Rutgers University

Marilyn Scott
University of North Carolina

Jeanine Briggs
COORDINATING AUTHOR/EDITOR

CONSULTING EDITOR: **JOANNA M. RATYCH,** RUTGERS UNIVERSITY

 **Random House**   NEW YORK   THIS IS AN BOOK.

Third Edition

9 8 7 6 5 4 3 2 1

Library of Congress Cataloging-in-Publication Data

Crean, John E.
    Deutsche Sprache und Landeskunde / John E. Crean, Jr., Marilyn
Scott, Claude Hill; Jeanine Briggs, coordinating author/editor;
consulting editor, Joanna M. Ratych. —3rd ed.
      p. cm.
    Includes index.
    ISBN 0-394-37700-1
    1. German language—Grammar—1950–   2. German language—Textbooks
for foreign speakers—English.   3. German language—Readers—
Germany.   4. German language—Readers—Austria.   5. German
language—Readers—Switzerland.   I. Scott, Marilyn.   II. Hill,
Claude.   III. Briggs, Jeanine.   IV. Title.
[PF3112.C7 1989b]
438.2′421—dc19   88-39665
                                                CIP

ISBN 0-394-37700-1 (Student Edition)
      0-394-37701-X (Instructor's Edition)

Manufactured in the United States of America

Production: Pamela Evans Editorial Services
Text, cover, and color insert design: Janet Bollow
Cover art: Oscar Kokoschka, *Elbe River Near Dresden*, 1919, oil on canvas, 88.9 ×
   111.8 cm. The Joseph Winterbotham Collection, © 1989 The Art Institute of Chicago.
   All rights reserved.
Photo editor: Judy Mason
Illustrators: Axelle Fortier and Katherine Tillotson
Maps: Carto Graphics and Vernon Koski
Composition: Interactive Composition Corp.
Printing: R. R. Donnelley & Sons (text); Phoenix Color Corp. (insert); New England Book
   Components (cover)
Color separation: Williams Litho Service, Inc.

Contents

Zur deutschen Sprache und Landeskunde   1

Deutsche Sprache

learning German pronunciation

using words for animals, colors, days, months, and seasons

greeting people

making everyday conversational exchanges

counting and using numbers

telling time

und Landeskunde

use of formal (**Sie**) and informal address (**du/ihr**)

handshake

variations in greetings

wild animal parks in West Germany

KAPITEL 1   Neue Städte, neue Freunde   21

Deutsche Sprache

using time adverbs

expressing likes and dislikes

talking about yourself and others

talking about common activities

asking and answering yes/no questions

using words for nationalities and occupations

und Landeskunde

West German university town of Tübingen

KAPITEL 2   Wo wohnen die Studenten?   47

KAPITEL 3   Ankunft in Europa   69

using terms for shopping, stores, and making purchases
telling what different objects are made of
talking about illnesses

und Landeskunde

shopping in a German-speaking country
department stores versus specialty shops
military service in West Germany
American forces in West Germany

KAPITEL 7   Massenmedien in Deutschland   172

Deutsche Sprache

talking about TV shows and advertising, radio programs, newspapers, and magazines

und Landeskunde

similarities and differences between American and European television programs
commercials and advertising
radio and newspapers in German-speaking countries

KAPITEL 8   Andere Länder, andere Sitten   195

Deutsche Sprache

getting a hotel room and ordering breakfast
giving directions
issuing commands
making requests or suggestions
discussing stereotypes

und Landeskunde

hotels and room accommodations in German-speaking countries
prejudices and myths
cultural differences and similarities
formality and informality

Deutsche Sprache

talking about future events
describing houses and living quarters
expressing attitudes
making and responding to introductions

und Landeskunde

visiting in a European home
buying and giving flowers
Kaffee und Kuchen
degrees of privacy: open versus closed doors, floor plans, neighborliness, friends and acquaintances

Deutsche Sprache

talking about possessions and relationships among people
discussing movies and cultural performances

und Landeskunde

student exchange programs for study abroad
Goethe Institute
history of German theater and film
Richard Wagner's opera *Der Ring des Nibelungen*

Deutsche Sprache

narrating past events
storytelling

und Landeskunde

Wandertag (class outing for **Gymnasium** students)
Marburg and other cities from the Middle Ages

KAPITEL 12   Guten Appetit!   306

Deutsche Sprache

describing foods and restaurants

shopping for foods

reading a menu

ordering a meal

paying the bill

und Landeskunde

German restaurants and cuisine

Wurst and other specialties

Stammgäste und Stammtisch (*regular customers and their usual table*)

expected social behavior in German restaurants (entering a restaurant, being seated, waiting until everyone is served before eating, tipping)

KAPITEL 13   Junge Menschen   331

Deutsche Sprache

naming calendar dates

talking about professions, social issues, and expected social behavior

und Landeskunde

dating, getting married, saving money, buying on credit, pursuing careers, bringing up children

professions

male/female roles

qualifications and expectations

und Landeskunde

Checkpoint Charlie

East Berlin

geographical, cultural, and social overview of East Germany

KAPITEL 17 Gruß aus Österreich 429

Deutsche Sprache

recognizing and comprehending passive voice constructions and alternatives

und Landeskunde

geographical, historical, and cultural highlights of Austria

Vienna and other Austrian cities and villages

KAPITEL 18 In der Schweiz 446

Deutsche Sprache

recognizing and understanding use of Subjunctive I constructions, especially in reportage

und Landeskunde

German-speaking region of Switzerland: overview of culture, history, geography

William Tell legend from two different perspectives: German classical author Friedrich Schiller / contemporary - Swiss author Max Frisch

Preface

Deutsche Sprache und Landeskunde, third edition, is a thoroughly revised version of the successful first-year learning package that was developed with wide consultation from the profession. The program presents contemporary language within a vital cultural context and develops all four basic skills: speaking, listening, reading, and writing. It focuses on practical, useful vocabulary and emphasizes communication skills. Because of its careful development, built-in flexibility, and many options, it allows individual instructors to tailor the course to fit their needs.

Improvements in the Third Edition

The third edition of **Deutsche Sprache und Landeskunde** features the following improvements.

▶ The text is shorter and more manageable. Each of the regular chapters has been carefully revised and pared, in order to develop all four language skills with an emphasis on active student participation and communication. The two introductory chapters of the second edition have been condensed into one, which focuses on practical vocabulary. Chapters 16, 17, and 18 present—for recognition and comprehension rather than for active manipulation—Subjunctive II, the passive voice, and Subjunctive I.

▶ A wide variety of culturally relevant, authentic reading texts and realia appears throughout the exercise and **Anwendung** sections.

▶ Dialogues have been revised, with a more functional/situational orientation.

▶ All exercise sections offer many more opportunities for role-play and student interaction.

▶ New **Anwendung** sections replace the **Zwischenspiel** sections of the first two editions; they integrate the four skills in activities and readings having a practical focus on relevant, engaging topics.

▶ A new two-color design makes the third edition particularly lively and inviting.

▶ All-new photos and many new illustrations and realia add visual appeal and offer visual-based activities.

▶ A larger overall size allows for a more open look.

Supplementary Materials

The third-edition package of **Deutsche Sprache und Landeskunde** includes the following supplementary materials.

▶ The *Lab Manual* and *Tape Program,* by John E. Crean, Jr. and Jeanine Briggs, have been thoroughly revised, with a strong emphasis on listening comprehension activities.

▶ The *Workbook,* by Joanna M. Ratych, has been completely revised to develop writing skills as well as written language practice.

▶ An expanded *Instructor's Edition* offers a wide variety of helpful suggestions in the form of marginal notes.

▶ An expanded *Instructor's Manual,* by John E. Crean, Jr. and Marty Knorre, offers suggestions for handling pair and small-group work, supplementary handouts that may be photocopied and distributed to students, and other helpful information.

▶ *Using* **Deutsche Sprache und Landeskunde** *in a Proficiency-oriented Classroom,* by Marilyn Scott, is a pamphlet with many helpful suggestions for both the experienced and the inexperienced instructor.

▶ An *Instructor's Resource Binder,* new to this edition, offers transparency masters, realia, and optional activities.

▶ A *Testing Program,* by Marilyn Scott and Helga Bister, is new to this edition and provides a complete set of exams that test listening comprehension, reading comprehension, grammar, and speaking through oral interviews.

▶ *RHELT* (*Random House Electronic Language Tutor*) software for Apple and IBM computers accompanies this edition.

▶ A collection of slides, also new to this edition, enhances students' cultural understanding of the German-speaking countries.

Chapter Organization

Each of the regular chapters (1–15) in this edition has the following organization.

The chapter begins with a warm-up section.

Vorschau	The chapter's cultural theme and vocabulary are introduced in this *preview*.
Wortschatz	The chapter *vocabulary list* contains all the words students need to understand the dialogues and readings and to complete the exercises within the body of the chapter.

The body of the chapter consists of three sections—A, B, and C—each of which has the following parts.

Grammatik	A brief dialogue introduces the grammar topics in a lively, culturally authentic context and is followed by two sets of questions. The first checks comprehension and reinforces the structures; the second personalizes the context and encourages students to express their own views.
	Straightforward explanations of the grammar topics, complete with pertinent examples, follow the dialogue.
Übungen	A variety of *exercises* offers students a chance to practice what they have just learned. The exercises progress from pattern practice to communication of ideas, feelings, and opinions.

The chapter content is summarized and reviewed in the following section.

Sammeltext	This *recombination text* offers culturally pertinent information and of-

ten further develops the characters introduced in the shorter chapter dialogues.

The text is followed by a brief comprehension activity.

Sammel-übungen	The *recombination exercises* integrate the structures and offer a built-in review of the chapter—and of previous chapters as well. Like all other exercise sections, this section concludes with communicative situations and activities.
Kulturecke	The *culture corner*, written in English, elaborates on some of the cultural contrasts and points made in the chapter and offers additional information about daily life in German-speaking countries.

Students have a chance to apply and expand on what they know in the last part of the chapter.

Anwendung	The *application* section features authentic texts and realia and offers skills-integrated activities that focus on contemporary, culturally relevant topics and issues.

Authors of the Student Text

In conjunction with Eirik Børve, Professor John E. Crean, Jr., University of Hawaii, conceived the methodology for **Deutsche Sprache und Landeskunde.** Professor Crean also wrote the grammar explanations for each chapter, as well as most of the notes for the *Instructor's Edition*. Professor Marilyn Scott, University of North Carolina at Chapel Hill, wrote the dialogues that introduce the grammar as well as the readings in the **Sammeltext** section. Professor Claude Hill, professor emeritus of Rutgers University, wrote the cultural readings for the first two editions of **Deutsche Sprache und Landeskunde,** some of which appear in shortened form in the **Anwendung** of this edition. Jeanine Briggs wrote the preliminary chapter, **Vorschau** sections, **Übungen, Sammelübungen,** and activities in the **Anwendung** sections; she also served as project editor.

Acknowledgments

Special thanks are due to the following persons who contributed to the successful completion of this edition of **Deutsche Sprache und Landeskunde:** Professor *Joanna M. Ratych,* Rutgers University, who served as consulting editor through all three editions of the text by thoroughly reading and editing the entire manuscript, offering numerous suggestions and expert advice, and always giving needed support and encouragement; *Heidi Madden,* who offered many creative ideas and who read the entire revised manuscript, editing for accuracy, style, and authenticity; *Brigitte Nikolai* and Professor *Erwin Tschirner,* University of Michigan, who updated and revised the **Kulturecke** sections and who spent precious time in Europe gathering much of the realia that enhances this edition; Professor *Edmun B. Richmond,* Georgia Institute of Technology, who checked the revised manuscript and offered suggestions; *Pamela Evans,* who expertly guided the manuscript through the bookmaking process; *Axelle Fortier* and *Katherine Tillotson,* whose lively illustrations play an integral role in the text; *Janet Bollow,* whose fresh, open design makes language learning especially inviting; *Judy Mason,* whose photo research gives this edition an upbeat, contemporary look; and especially *Eirik Børve,* who inspired the project and who, along with *Thalia Dorwick,* supported and guided our efforts through three editions.

Many instructors answered the revision questionnaires and offered valuable criticisms, opinions, and suggestions. The appearance of their names does not necessarily constitute an endorsement of this text and its methodology. Thanks to the following: *Lowell A. Bangerter,* University of Wyoming; *Leo W. Berg,* California State Polytechnic University, San Luis Obispo; *Reginald Bess,* Grambling State University; *M. Brockhagen,* Southern Connecticut State College; *Gunhild Chuber,* University of Texas, San Antonio; *Virginia M. Coombs,* Bucknell University; *Mary Lou Coppock,* Phoenix College; *V. J. Gingerich,* Pan American University; *J. William Hays,* University of North Carolina, Chapel Hill; *Ingeborg Henderson,* University of California, Davis; *Klaus Hoffmann,* Colorado State University; *Ursula Hoffmann,* Lehman College, CUNY; *Gudrun Hoobler,* Western Oregon State College; *Evelyn Jacobson,* University of Nebraska; *George A. Jocums,* Boise State University; *Richard Loos,* Northeastern Junior College; *Suzanne Lord,* California Polytechnic State University, San Luis Obispo; *Martina Mangan,* Chemeketa Community College; *John Michalski,* Leeward Community College; *Robert Norris,* Mt. San Antonio College; *James Ogier,* Skidmore College; *Susan Lee Pentlin,* Central Missouri State University; *Ruth A. Perri,* Wagner College; *Heidi M. Rockwood,* Georgia Institute of Technology; *Bianca Rosenthal,* California Polytechnic State University, San Luis Obispo; *Gerd K. Schneider,* Syracuse University; *Peter Schroeck,* Somerset County College; *Fran V. Tartar,* Delaware State College; *Johanna Whiteman,* Columbia Basin College; *Peter Winkel,* Trenton State College; and *Reinhard Zachau,* University of the South.

△ Lugano in der Schweiz: Aussicht vom Monte Bré (© Ronny Jaques / Photo Researchers)

△ Man demonstriert gegen Atomwaffen. (©Uta Hoffmann)

◁ Hamburg bei Nacht: Bäckerei in einem Einkaufszentrum (© Alan Carey / The Image Works)

◁ Die Aussicht von oben in Dresden in der DDR (© Peter Menzel)

△ Eine pastorale Szene am Rhein mit Düsseldorf im Hintergrund (© Richard Mes / Comstock)

◁ Schnee und Schornsteine (*smokestacks*) (© Keystone / The Image Works)

Paula Modersohn-Becker: „Mädchen mit Blumenkranz"
(Nimatallah / Art Resource) ▷

▽ Paul Klee: „Romanze in der Gartenstadt" (Scala / Art Resource)

Franz Marc: „Kleines, blaues
Pferd" (Giraudon / Art
Resource) ▷

◁ Egon Schiele: „Max Oppenheimer". Porträt des berühmten
Physikers (Nimatallah / Art Resource)

▽ Käthe Kollwitz: „Losbruch" (*Breaking Away*) (Art Resource)

Die Aussicht von oben in München im
Freistaat Bayern (© Beryl Goldberg) ▷

△ Münchnerin mit Limonade
(© Peter Menzel)

„Ein Prosit der Gemütlichkeit" beim Oktoberfest in
München (© Ulrike Welsch) ▷

Heimat eines Orchesters: die West-Berliner
Philharmonie (© Beryl Goldberg) ▷

Vorsicht unten: hier werden schwere Güter transportiert!
(© Larry Mangino / The Image Works) ▷

▽ Ein Kurort in Reinfelden in der Schweiz (© Ulrike Welsch)

△ Gondel auf einem stillen See in Hallstatt in Österreich
(© Bruce Hayes/Photo Researchers)

△ Lahr im Schwarzwald. (© Kaya Hoffmann)

Frühling in Österreich: „Du bist wie eine Blume . . ."
(© Lily Solmssen / Photo Researchers) ▷

▽ Boutiquefassade auf der Insel Sylt in der Nordsee
(© Bildagentur Schuster / Ditges)

△ Bunt bemaltes Haus in Stein am Rhein in der Schweiz (© Margot Granitsas / The Image Works)

Zur deutschen Sprache und Landeskunde

Freie Universität Berlin.
Guten Tag!

BERYL GOLDBERG

Sounds of German

Cognates

German and English both belong to a family of northern European languages known as the Germanic languages, and because of their common ancestry, they have many similarities. During your study of German, you will encounter many cognates—German words that look, sound, and mean essentially the same as their English counterparts.

You will immediately recognize these names for colors: **blau, braun, grau, grün, orange, violett,** and **weiß.** You will have no trouble remembering such numbers as **sechs** or **neun** or the names for these days of the week: **Sonntag, Montag, Freitag.** The names of the seasons **Sommer** and **Winter** are already familiar, as are the names for the months: **Januar, Februar, März, April, Mai, Juni, Juli, August, September, Oktober, November, Dezember.**

The following sections will help you say these words with the correct German pronunciation.

Alphabet

German has the same twenty-six-letter alphabet as English, although German also has an additional letter, the ess-tset (**ß**), which is similar to **ss.** German also has an umlaut (¨), which is used with the vowels **a, o,** and **u** and with the diphthong **au** to create sounds represented by **ä, ö, ü,** and **äu.**

Bitte, noch mal das hohe »A«!

Letters and Pronunciation

The following list of words, which includes the names of many animals, will give you some practice in hearing and pronouncing various sounds in German. Your instructor will model these words for you, along with the names of the letters of the alphabet. Listen carefully to the sounds modeled by your instructor, and try to imitate them.

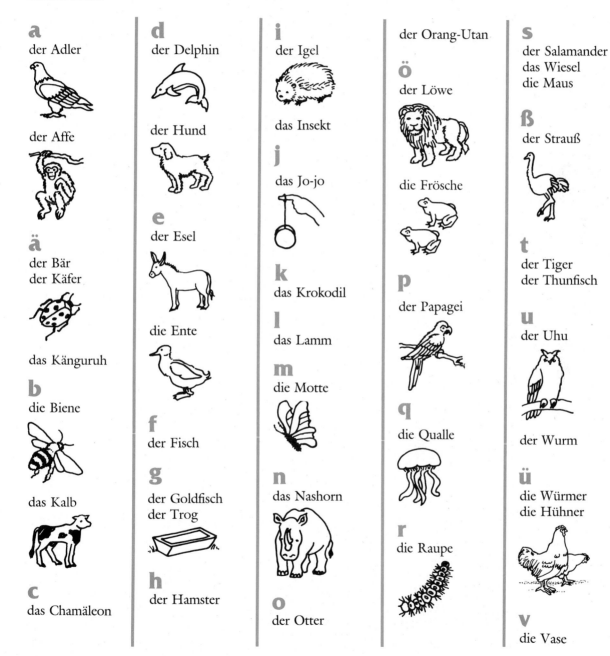

a
der Adler

der Affe

ä
der Bär
der Käfer

das Känguruh

b
die Biene

das Kalb

c
das Chamäleon

d
der Delphin

der Hund

e
der Esel

die Ente

f
der Fisch

g
der Goldfisch
der Trog

h
der Hamster

i
der Igel

das Insekt

j
das Jo-jo

k
das Krokodil

l
das Lamm

m
die Motte

n
das Nashorn

o
der Otter

der Orang-Utan

ö
der Löwe

die Frösche

p
der Papagei

q
die Qualle

r
die Raupe

s
der Salamander
das Wiesel
die Maus

ß
der Strauß

t
der Tiger
der Thunfisch

u
der Uhu

der Wurm

ü
die Würmer
die Hühner

v
die Vase

der Vogel

w
der Wolf

die Möwe

x
die Xerokopie

y
der Yeti

der Zyklop
der Zyklus

z
die Ziege

Diphthongs

A diphthong is a combination of two vowels within the same syllable. Listen carefully as your instructor models the following examples; try to imitate the sounds.

au
die Taube

äu
die Mäuse

eu
die Eule

ei
der Eisbär

Consonant Clusters

The following words illustrate some of the consonant combinations you will encounter in German. Listen carefully to your instructor's pronunciation of these words, and try to imitate what you hear.

ch
das Eichhörnchen

chs
der Fuchs

chts
das Nichts

gn
das Gnu

kn
der Knochen

pf
das Pferd

ps
das Pseudonym

schl
die Schlange

schm
der Schmetterling

schw
das Schwein

sp
die Spinne

spr
der Sprinter

st
der Stier

str
der Strandläufer

tsch
die Klatsche

tz
die Katze

zw
die Zwillinge

Spelling and Pronunciation

German words are generally pronounced as they are spelled. Each letter or letter combination is usually clearly and distinctly pronounced: **Gnom, Knie.**

Glottal Stop

Syllables and words are not slurred or run together in German. The *glottal stop* is a breathing sound made by rapidly closing and reopening the glottis in order to separate sounds. It is used much more frequently in German than in English. For example, the English question *what time is it?* often sounds like one word (*wha-timizit?*), whereas the equivalent sentence in German is spoken with a clear break between each word (**Wie / spät / ʾist / ʾes?**), giving the language a crisper, more forceful sound.

Accent

Most German words are stressed on the first syllable: **ˈAdler, ˈAffe, ˈBiene.** There are exceptions to this pattern, however: **Ka ˈninchen.** Some prefixes are not stressed: **Ent ˈschuldigung** (*excuse me*), **Ver ˈzeihung** (*pardon me*). The first syllable of many German words of foreign origin is also not stressed: **Stu ˈdent, Dia ˈlog.**

Intonation

As in English, the voice usually falls at the end of a statement or command and rises at the end of a yes/no or simple question.

Entschuldigung!↘	*Excuse me.*
Wie spät ist es? ↘	*What time is it?*
Es ist sieben Uhr.↘	*It's seven o'clock.*
Wie, bitte? ↗	*How is that?*
Ist es schon sieben? ↗	*Is it already seven?*

Übungen

A. **Wie heißen Sie?** *(What's your name?) Tell the class your name; then spell it in German.*

BEISPIEL: Ich heiße Steven Jones. Steven: S t e v e n . Jones: J o n e s .

B. **Farben** *(colors). Tell which color(s) you associate with each animal.*

1. Tiger	braun	orange
2. Wolf	gelb *yellow*	rot *red*
3. Krokodil	grau	schwarz *black*
4. Goldfisch	grün	weiß
5. Fuchs		
6. Maus		

C. **Montag, Dienstag, . . .** *German business calendars begin with Monday and end on Sunday. Say the names of the days of the week aloud; accent the first syllable of each word.*

	Montag	Dienstag	Mittwoch	Donnerstag	Freitag	Samstag*	Sonntag

D. **Januar, Februar, . . . Frühling, Sommer, . . .** *Listen as your instructor models the names of the months and seasons. Notice which syllable is accented in each word. Practice saying the words aloud.*

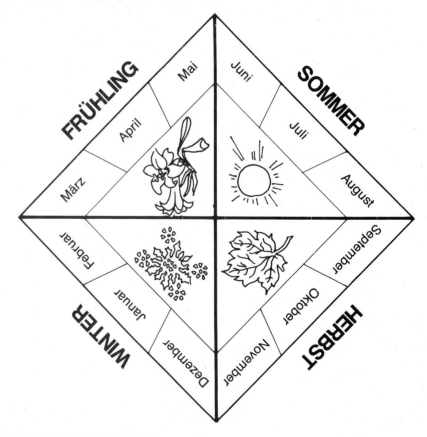

---

* **Sonnabend** is another word for *Saturday*. It is used more frequently in northern Germany, whereas **Samstag** is heard more often in southern Germany.

E. **Eins, zwei, drei, . . .** *Listen carefully as your instructor models the numbers, then count aloud from one to twenty.*

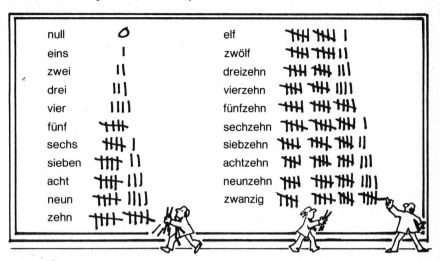

null	0	elf	
eins	I	zwölf	
zwei	II	dreizehn	
drei	III	vierzehn	
vier	IIII	fünfzehn	
fünf		sechzehn	
sechs		siebzehn	
sieben		achtzehn	
acht		neunzehn	
neun		zwanzig	
zehn			

F. **Zwei, vier, . . .** *Count aloud to twenty in even numbers.*

G. **Eins, drei, . . .** *Count aloud to nineteen in odd numbers.*

H. **Wie viele?** *(How many?) Working with a partner, write a number between one and twenty, or indicate the number by using your hands. Your partner should say the number aloud in German. Take turns choosing and guessing numbers.*

B

Greetings and Everyday Expressions

—Guten Morgen, Kris!
—Guten Morgen!

—Guten Tag, Herr Fischer!
—Guten Tag, Frau Kandel!

—Tag, Susi!
—Tag!

—Guten Abend, Maria!
—Guten Abend!

In German-speaking countries (West Germany, East Germany, Austria, and Switzerland), the handshake is part of the everyday greeting and is usually accompanied by a slight nod of the head. Both men and women routinely shake hands.

—Auf Wiedersehen!
—Wiedersehen!

—Gute Nacht, Sylvie!
—Gute Nacht, Moritz!

Auf Wiedersehen, or simply **Wiedersehen,** means literally *until we see each other again* (**wieder** = *again,* **sehen** = *to see*). The handshake is used with this expression as a gesture of farewell.

Gute Nacht (*good night*) is said only at bedtime. If you were leaving a party late at night, for example, you would say **auf Wiedersehen** to your friends, not **gute Nacht.**

The words **Abend, Morgen, Nacht, Tag,** and **Wiedersehen** are nouns—names of persons, places, things, or ideas. Whereas in English only proper nouns are capitalized, all German nouns begin with a capital letter.

Unless first names are used, a man is addressed with **Herr** (*Mr.*). Most German-speaking women today prefer to be addressed with **Frau** (*Mrs.*), regardless of their age or marital status. German has no equivalent for *Ms.;* **Fräulein** is the equivalent for *Miss.*

Forms of Address

German has three words for *you:* **Sie, du,** and **ihr.** The following guidelines suggest situations in which each is used.

FORMAL	APPROPRIATE FOR
Sie (singular and plural)	one or more adults who are not family members or close friends
	anyone addressed by last name
INFORMAL	
du (singular)	a family member
	a close friend
	a fellow student
	a child
	a person addressed by his/her first name
ihr (plural)	two or more persons addressed individually with **du**

Universität Heidelberg.

It is important to realize that the rules are not as rigid and clearly defined as they used to be. If you are in doubt about which form to use, it is probably better to use **Sie.** Note that **Sie** is always capitalized in written German.

—Ich heiße Anna Schmidt.
 Wie heißen Sie?

—Ich heiße Theo. Und du?

—Ich heiße Maria. Und ihr?
—Ich heiße Stefan.
—Und ich heiße Paula.

Idioms

When speaking German, it is important to think in German and to communicate meaning in that language rather than simply to translate English words into German words. The following examples illustrate the importance of learning and conveying meaning. Equivalent words or expressions that lose meaning when they are translated literally are called idioms or idiomatic expressions.

GERMAN IDIOM	EQUIVALENT ENGLISH IDIOM	LITERAL TRANSLATION
Wie geht es Ihnen (for.)? Wie geht es dir (infor.)?*	How are you?	How goes it to you?
Wie heißen Sie?	What's your name?	How are you called?
Ich heiße . . .	My name is . . .	I am called . . .

Context is often important in determining the meaning of a word or phrase. As shown in the following drawings, **bitte** is a word that has several different meanings, depending on the situation.

—Danke schön.
(Thank you very much.)
—Bitte schön.
(You're very welcome.)

—Bitte.
(Here you are.)
—Danke.
(Thank you.)

—Guten Abend, Herr Meyer.
Wie geht es Ihnen?
*(Good evening, Mr. Meyer.
How are you?)*
—Wie, bitte?
(What did you say, please?)

---

*Ihnen is the formal and **dir** is the informal singular form for *you* in this particular construction.

—Cola, bitte.
(Coke, please.)

—Entschuldigung, bitte!
(Excuse me, please.)
—Bitte.
(That's all right.)

—Verzeihung!
(Excuse me.)
—Bitte.
(That's all right.)

Übungen

A. **Sie? du? ihr?** *Which German pronoun would you use to address the following people?*

1. your parents
2. your professor
3. a group of children
4. a stranger
5. a friend
6. a couple of students

B. **Und _____?** *In each situation, indicate the appropriate phrase to follow.*

1. Guten Tag! Ich heiße Frau Gerhardt. __?__
   a. Und ihr?   b. Und Sie?

2. Guten Abend! Ich heiße Karl Leitner. __?__
   a. Und du?   b. Und Sie?

3. Tag! Ich heiße Karin. __?__
   a. Und du?   b. Und Sie?

4. Guten Morgen, Frau Keller. __?__
   a. Wie geht es Ihnen? b. Wie geht es dir?
   Es geht mir gut, danke. __?__
   a. Und Ihnen? b. Und dir?

5. Klaus, wie geht's?—Nicht schlecht. __?__
   a. Und dir? b. Und Ihnen?

C. **Guten Tag!** *Say each of the following expressions to another student. He/she should give an appropriate response.*

BEISPIEL: S1: Guten Tag!*
          S2: Tag! Wie geht's?

1. Guten Tag!   4. Guten Morgen!   7. Auf Wiedersehen!
2. Entschuldigung!   5. Wie geht's?   8. Guten Abend!
3. Danke sehr.   6. Verzeihung!   9. Ich heiße _____.
                                                 Und du?

D. **Sie oder du?** *Whom would you address with* Sie? *Why? Whom would you address with* du? *Why? Whom would you address with* ihr? *Why?*

---

* S1 = **Student** (*male*)/**Studentin** (*female*) 1. These abbreviations will be used for all student exchanges.

Cardinal Numbers and Counting

The cardinal numbers are those used in counting. You are already familiar with the numbers from one to twenty. In counting by tens above twenty, note in particular the spelling of **dreißig.**

0	null				
1	eins	11	elf		
2	zwei	12	zwölf	20	zwanzig
3	drei	13	dreizehn	30	dreißig
4	vier	14	vierzehn	40	vierzig
5	fünf	15	fünfzehn	50	fünfzig
6	sechs	16	sechzehn	60	sechzig
7	sieben	17	siebzehn	70	siebzig
8	acht	18	achtzehn	80	achtzig
9	neun	19	neunzehn	90	neunzig
10	zehn				

100	(ein)hundert*	1 000	(ein)tausend*	1 000 000	eine Million
200	zweihundert	2 000	zweitausend	2 000 000	zwei Millionen

Similar to older English forms (*four-and-twenty*), cardinal numbers between 21 and 99 in German are given as one word connected by **und: vier + und + zwanzig = vierundzwanzig (24).**

21	einundzwanzig	26	sechsundzwanzig
22	zweiundzwanzig	27	siebenundzwanzig
23	dreiundzwanzig	28	achtundzwanzig
24	vierundzwanzig	29	neunundzwanzig
25	fünfundzwanzig		

Any cardinal number up to 1 million is written as a single word, regardless of its length.

46	sechsundvierzig (sechs + und + vierzig)
601	sechshunderteins (sechs + hundert + eins)
870	achthundertsiebzig (acht + hundert + siebzig)
999	neunhundertneunundneunzig (neun + hundert + neun + und + neunzig)
11 020	elftausendzwanzig (elf + tausend + zwanzig)

---

*The word **ein** is often omitted before **hundert** and **tausend.**

In German, four-digit numbers less than 2 000 may be expressed in hundreds or thousands.

1 100 $\begin{cases} \text{(ein)tausendeinhundert} \\ \text{elfhundert} \end{cases}$

In German, a space or a period is sometimes used where a comma would be used in English, and a comma (**Komma**) is placed where there would be a decimal point in English. The figure **1,25** is read **eins Komma fünfundzwanzig.**

GERMAN   ENGLISH

$\left. \begin{matrix} 1\ 250{,}00 \\ 1.250{,}00 \end{matrix} \right\}$ 1,250.00

      1,25   1.25

Übungen

A. **Drei, dreizehn, dreißig, dreihundert, dreitausend.** *Practice saying each group of numbers aloud.*

1. 6   16   60   600   6 000   4. 9   19   90   900   9 000
2. 2   12   20   200   2 000   5. 8   18   80   800   8 000
3. 7   17   70   700   7 000   6. 5   15   50   500   5 000

B. **Wieviel Grad?** *(How many degrees?)*

BEISPIEL: 10° C → zehn Grad Celsius

1. 12° C   2. 9° C   3. 14° C   4. 18° C   5. 0° C   6. 21° C

C. **Wieviel Mark?**

BEISPIEL: DM 15 → fünfzehn Mark*

1. 200 DM   3. DM 99   5. 6 000 000 DM
2. 4 000 DM   4. DM 184   6. DM 70 000

D. **Welche Seite?** *(Which page?)*

BEISPIEL: S. 250 → Seite zweihundertfünfzig

1. S. 344   3. S. 1805   5. S. 263
2. S. 32   4. S. 589   6. S. 71

E. **Wieviel Prozent?**

BEISPIEL: 11,5% → elf Komma fünf Prozent

1. 66%   3. 100%   5. 12,8%
2. 4,33%   4. 56%   6. 19,75%

---

*The currency sign is seen sometimes after and sometimes before the figure: **20 DM** or **DM 20.** In either case it is read the same way: **zwanzig Mark** or **zwanzig D-Mark** (**DM = deutsche Mark**).

Landsburg in Bayern (*Bavaria*).

F. Wieviel Kilometer?

BEISPIEL: 660 km → sechshundertsechzig Kilometer

1. 2 700 km
2. 775 km
3. 18 000 km
4. 101 km
5. 393 km
6. 5 888 km

G. Telefonnummer, bitte? *Say each telephone number aloud in two different ways.*

BEISPIEL: 0 40 / 23 75 46 →
null   vier null   zwei drei   sieben fünf   vier sechs
null   vierzig   dreiundzwanzig   fünfundsiebzig   sechsundvierzig

1. 0 98 / 80 52 97
2. 08 02 / 8 20 93
3. 09 59 / 41 10 24
4. 02 07 / 56 30 20
5. 06 12 / 74 34 88
6. 0 62 / 90 50 01

H. Adresse, bitte? *Say each address aloud in German.*

1. Eva Sturm
   Treppenstraße 97
   3500 Kassel
2. Heinz Braun
   Poststraße 22
   6900 Heidelberg 1
3. Hotel Alexander
   Wilhelmstraße 58
   7800 Freiburg
4. Deutsches Museum
   Aachener Straße 203
   5000 Köln 41
5. Alex Neupert
   Maria-Theresia-Straße 50
   8000 München 80
6. Anna Ziegler
   Hammerstraße 32
   2000 Hamburg 20

I. Wie, bitte? *Say any number aloud in German. Your partner may ask you to repeat it (*Wie, bitte?*) before he/she writes it as a figure. Give at least five numbers, then reverse roles.*

J. Telefonnummer, bitte? Adresse, bitte? *Give your phone number and address in German to someone in class, who will write the information as he/she hears it. Make sure the information is written correctly before you reverse roles.*

Telling Time

LONDON   FRANKFURT   HELSINKI   LENINGRAD

Es ist neun Uhr.   Es ist zehn Uhr.   Es ist elf Uhr.   Es ist zwölf Uhr.

Wieviel Uhr ist es?
Wie spät ist es?   *What time is it?*

In German, as in English, there are different ways to express time in everyday conversation.

3.20 { Es ist zwanzig (Minuten) nach drei.
Es ist drei Uhr zwanzig.

3:20 { *It's twenty (minutes) past three.*
It's three twenty.

3.50 { Es ist zehn (Minuten) vor vier.
Es ist drei Uhr fünfzig.

3:50 { *It's ten (minutes) to four.*
It's three fifty.

Notice the contrast between German and English in the casual expression regarding the half hour.

3.30 { Es ist **halb vier.**
Es ist drei Uhr dreißig.

3:30 { *It's half past three.*
It's three thirty.

German and English have the same alternative ways of expressing the quarter hour.

3.15 { Es ist Viertel nach drei.
Es ist fünfzehn (Minuten) nach drei.
Es ist drei Uhr fünfzehn.

3:15 { *It's a quarter past three.*
It's fifteen (minutes) past three.
It's three fifteen.

3.45	Es ist Viertel vor vier. Es ist fünfzehn (Minuten) vor vier. Es ist drei Uhr fünfundvierzig.	

3:45	It's a quarter to four. It's fifteen (minutes) to four. It's three forty-five.	

When numbers are used to indicate time in German, a period—not a colon—separates the hour from the minutes: **3.10.**

German also has an official time system—similar to military time in the United States—based on the twenty-four-hour clock (0.00 to 24.00): 0.00 to 12.00 corresponds to A.M. hours, 12.00 to 24.00 to P.M. hours. Official time is used throughout Europe to list or announce transportation schedules, cultural programs, sports events, television and radio programs, business agendas, and other official or public information.

3.00   Es ist drei Uhr.
15.00   Es ist fünfzehn Uhr.

3.05   Es ist drei Uhr fünf.
15.05   Es ist fünfzehn Uhr fünf.

3.38   Es ist drei Uhr achtunddreißig.
15.38   Es ist fünfzehn Uhr achtunddreißig.

Übungen

A. **Es ist _____ Uhr.** *Look at each clock, and tell the time aloud in German.*

1.

2.

3.

4.

5.

6.

B. Wie spät ist es? *Express each time in two different ways.*

BEISPIEL: 8.30 → Es ist halb neun.
　　　　　　　　 Es ist acht Uhr dreißig.

1. 4.30
2. 6.30

3. 9.30
4. 2.30

5. 7.30
6. 10.30

C. Wieviel Uhr ist es? *Express each time in three different ways.*

BEISPIEL: 2.15 → Es ist Viertel nach zwei.
　　　　　　　　 Es ist fünfzehn Minuten nach zwei.
　　　　　　　　 Es ist zwei Uhr fünfzehn.

1. 5.15
2. 11.45

3. 8.15
4. 12.15

5. 3.45
6. 4.45

D. Wie spät ist es, bitte? *Express each time as you would in casual German conversation.*

1. 　2. 　3. 　4. 　5. 　6.

E. Um wieviel Uhr . . . ? *Tell the printed time for each TV program or film, then express the time as you would in casual conversation.*

BEISPIEL: 22.15 Panama →
　　　　　　　　 „Panama" ist um zweiundzwanzig Uhr fünfzehn.
　　　　　　　　 „Panama" ist um Viertel nach zehn.

13.15	Programmvorschau	17.45	Konzert
14.00	Politik in Berlin	18.10	Sechs Sommer in Quebec
15.30	Tele-Ski	21.40	Maskulin-Feminin

WORTSCHATZ

Expressions

auf Wiedersehen	goodbye
bitte	please; you're welcome; here you are; that's all right
bitte schön	you're very welcome
bitte sehr	you're very welcome
wie, bitte?	what's that? what did you say?
danke	thank you, thanks
danke schön	thank you very much
danke sehr	thank you very much
Entschuldigung	excuse me
gute Nacht	good night
guten Abend	good evening
guten Morgen	good morning
guten Tag	good day, hello
Verzeihung	pardon me
wie geht es dir? (*infor.*)	how are you?
wie geht es Ihnen? (*for.*)	how are you?
wie geht's?	how's it going?
es geht mir gut	I'm fine
es geht mir schlecht	I'm not doing well
gut, danke	fine, thanks
nicht schlecht	not bad
und dir? (*infor.*)	and you?
und Ihnen? (*for.*)	and you?
wie heißen Sie?	what's your name?
ich heiße . . .	my name is . . .
wie spät ist es?	what time is it?
wieviel Uhr ist es?	what time is it?

Words of Address

Frau	Mrs.; Ms.
Fräulein	Miss
Herr	Mr.

Reference Lists

You are not expected to learn all of the following words at this time; however, the lists will provide you with a handy reference tool for use throughout the course.

CARDINAL NUMBERS

null	zero
eins	one
zwei	two
drei	three
vier	four
fünf	five
sechs	six
sieben	seven
acht	eight
neun	nine
zehn	ten
elf	eleven
zwölf	twelve
dreizehn	thirteen
vierzehn	fourteen
fünfzehn	fifteen
sechzehn	sixteen
siebzehn	seventeen
achtzehn	eighteen
neunzehn	nineteen
zwanzig	twenty
einundzwanzig	twenty-one
dreißig	thirty
vierzig	forty
fünfzig	fifty
sechzig	sixty
siebzig	seventy
achtzig	eighty
neunzig	ninety
(ein)hundert	(one) hundred
(ein)tausend	(one) thousand
zweihundert	two hundred
zweitausend	two thousand
eine Million	one million
zwei Millionen	two million

COLORS

blau	blue
braun	brown
gelb	yellow
grau	gray
grün	green
orange	orange
rosa	pink
rot	red
schwarz	black
violett	purple
weiß	white

DAYS

der Sonntag	Sunday
der Montag	Monday
der Dienstag	Tuesday
der Mittwoch	Wednesday
der Donnerstag	Thursday
der Freitag	Friday
der Samstag/Sonnabend	Saturday

MONTHS

der Januar	January
der Februar	February
der März	March
der April	April
der Mai	May
der Juni	June
der Juli	July
der August	August
der September	September
der Oktober	October
der November	November
der Dezember	December

SEASONS

der Frühling	spring
der Sommer	summer
der Herbst	fall
der Winter	winter

KULTURECKE

▶ Just as there are variations in the ways Americans greet one another, so too are there variations in German greetings, depending on the situation, the ages of and relationship between the speakers, and the geographical area. In southern Germany and Austria, for example, people usually say **grüß Gott**—short for **grüß Sie Gott** (*God greet you*)—or, among close friends or students, the familiar form **grüß dich** (*plural:* **grüß euch**). **Grüß Gott** is also frequently used as a farewell. In Switzerland, people say **grüezi.**

▶ The use of formal and informal forms of address exemplifies the impact of culture on language. With the rise of courtly society in the thirteenth century, both German and English distinguished between persons of superior and inferior rank. As a sign of respect, an individual of superior rank was addressed with the plural pronoun **ihr** (*ye*). The singular pronoun **du** (*thou*) was used to address someone of inferior rank. In English this distinction disappeared in the sixteenth century with the disintegration of the feudal class structure. *Ye,* which eventually became *you*, was used to address everyone, regardless of social status. Changes of a different nature were made in German: **ihr** was now used only as a plural form for inferiors and intimates; **du** continued to be used, but only as a singular form; and **Sie,** borrowed from the third-person plural **sie** (*they*) and capitalized, became the formal form of address, both singular and plural.

▶ The **Deutsche Wildstraße** is a name given a highway that connects three wild animal parks in West Germany. Here one can see and feed the animals in their natural habitats. At the **Wild- und Freizeitpark Eifel in Gondorf** one can see several species of deer, wild boars, wild sheep, ibex, brown bears, lynx, wildcats, marmots, hare, and pygmy goats. As its name implies, the **Hirsch- und Saupark in Daun** features various species of deer and pigs. The **Adler- und Wolfspark Kasselburg in Pelm/Gerolstein** features not only eagles and wolves but falcons, buzzards, hawks, kites, vultures, a variety of owls, wild horses, foxes, wildcats, martens, polecats, pigs, and rabbits.

Neue Städte, neue Freunde

Statuen in Tübingen.

Max und ich wohnen
in Tübingen.

Rolf und Sabine
leben gut.

leben/wohnen

Both **leben** and **wohnen** mean *to live*. **Wohnen** refers to one's place of residence (*to reside*); **leben** refers to the state of being alive.

Gabriele und ich
arbeiten zusammen.

Peter und Elke
arbeiten samstags.

Monika und ich lernen
Englisch.

Kris und Ursula
studieren Chemie.

arbeiten/lernen/studieren

Arbeiten may refer to the act of studying, earning money, or performing some task. **Lernen** refers to the act of learning, studying, or memorizing material as well as to one's initial study of a subject. **Studieren** refers to long-term study of a particular discipline, usually one's major, or to one's status as a student.

Paul und ich gehen
zu Fuß.

Anna und Susi reisen
nach Aachen.

gehen/reisen

The verb **gehen** (*to go; to walk*) generally refers to movement on foot, whereas the verb **reisen** refers to travel by some means of transportation.

Dieter, Ute und Paula
sagen: „Wiedersehen!"

Maria und Karin
fragen: „Wieviel Uhr
ist es?"

sagen/fragen

Sagen means *to say*, and **fragen** means *to ask*.

A. **Fotos.** *Annette is writing captions in her photo album. Supply the appropriate verb to complete each caption.*

1. Michael und Bernd ____ : „Wie geht's?" (fragen/sagen)
2. Thomas und ich ____ zu Fuß (*on foot*). (reisen/gehen)
3. Renate und Christoph ____ in Tübingen. (studieren/sagen)
4. Herr und Frau Busch ____ gut. (sagen/leben)
5. Angela und ich ____ Literatur. (lernen/studieren)
6. Ute und Niklaus ____ : „Tag!" (sagen/fragen)
7. David und Victoria ____ Deutsch. (arbeiten/lernen)
8. Brigitte und Jürgen ____ freitags (*Fridays*). (lernen/wohnen)
9. Joachim und Luise ____ in Stuttgart. (arbeiten/sagen)
10. Herr und Frau Werner ____ nach (*to*) Bremen. (gehen/reisen)
11. Andreas und ich ____ : „Gut!" (sagen/arbeiten)
12. Hans-Georg und Günther ____ jetzt (*now*) in Nürnberg. (fragen/wohnen)

Ost-Berlin. Junge Menschen zusammen
am Alexanderplatz.

B. **Städte** (*Cities*). *Choose cities from the map to tell where the following people live, work, study, come from, or are going to.*

1. Josef und Cora studieren in _____ .

2. Michael und Thomas reisen nach (*to*) _____ .

3. Herr und Frau Schuster kommen aus (*from*) _____ .

4. Herr Kessler und Herr Braun arbeiten in _____ .

5. Ingrid und Helga wohnen in _____ .

6. Frau Steiger und Frau Mertz reisen nach _____ .

C. **Nein.** *Share your answers to Exercise B with a couple of your neighbors. They will disagree and supply their own answers.*

BEISPIEL: S1: Josef und Cora studieren in Berlin.
S2: Nein, Josef und Cora studieren in Salzburg.
S3: Nein, Josef und Cora studieren in München.

Sonntag, sonntags, Montag, montags . . .

You already know the names of the days of the week in German: **Sonntag, Montag, Dienstag, Mittwoch, Donnerstag, Freitag,** and **Samstag (Sonnabend).** These words are capitalized because they are nouns. If they are used as adverbs to indicate habitual activity, however, they are not capitalized, and they have an **s** ending.

Karin und Dieter arbeiten **samstags.**   *Karin and Dieter work Saturdays.*

Other nouns can be used as time adverbs in the same way: **abends, morgens, nachts,** and so on.

D. **Wer? Was? Wann?** *(Who? What? When?) Tell who does what when. Choose an appropriate word or phrase from each column.*

BEISPIEL: Erich und Hans arbeiten dienstags.

Erich und Hans	lernen	abends
Ursula und Karin	arbeiten	morgens
Erika und ich		sonntags
Peter und ich		montags
		dienstags
		mittwochs
		donnerstags
		freitags
		samstags

E. **Geschäftszeiten** *(business hours). Tell when the following places are open.*

Galerie Burkhardt
Mo.–Fr. 9–18 Uhr
Sa. 9–12 Uhr

BEISPIEL: Galerie Burkhardt →
montags bis freitags von neun bis achtzehn Uhr und samstags von neun bis zwölf Uhr

1. Restaurant Max-Josef
Mo–Sa von 11 bis 24 Uhr

2. Marias Boutique
10–12.30
14–18.30
Mo.–Fr.

3. Café Leopold
Di.–So. 9.30–23.00 Uhr

4. Altes Museum
Di.–Sa. 10–16 Uhr
So. 10–13 Uhr

F. **Erich und Paula.** *Tell about Erich and Paula. Complete the paragraph with appropriate words from the list above it.*

Spanisch	Berlin	Musik	Bonn
gut	Psychologie	abends	Leipzig
morgens	Köln	Englisch	?

Erich und Paula kommen aus _____ . Sie (Erich und Paula) wohnen jetzt *(now)* in _____ . Sie studieren dort *(there)* _____ . Sie lernen auch *(also)* _____ . Sie leben _____ . Sie arbeiten _____ . Sie reisen heute *(today)* nach _____ .

gern

The word **gern*** expresses one's liking for an activity. **Gern** may be intensified by the word **sehr** (*very much*). The phrase **nicht gern** expresses one's dislike of a particular activity. Note that **gern, sehr gern,** and **nicht gern** all follow the verb.

Rolf und Helga arbeiten **gern**.	*Rolf and Helga like to work.*
Petra arbeitet **sehr gern**.	*Petra very much likes to work.*
Erika und Hans arbeiten **nicht gern**.	*Erika and Hans don't like to work.*

Gern (or the phrase **nicht gern** or **sehr gern**) also follows a time adverb in a sentence.

Petra und ich arbeiten freitags **sehr gern**.	*Petra and I very much enjoy working on Fridays.*

G. **Und Sie?** *Tell about yourself. Choose an appropriate word or phrase from each column. Compare your habits with those of other students.*

BEISPIEL: S1: Ich arbeite montags gern.
S2: Ich arbeite montags nicht gern. Ich arbeite abends sehr gern.

ich	lerne	morgens	gern
	arbeite	abends	sehr gern
		sonntags	nicht gern
		donnerstags	
		nachts	
		mittwochs	
		?	

WORTSCHATZ

Adjectives and Adverbs

alle (*pl.*)	all	**meistens**	mostly; usually
auch	also, too	**neu**	new
da	here; there	**nicht**	not
dort	there	**nicht mehr**	no longer
(un)freundlich	(un)friendly	**nicht wahr?**	isn't that right?
gern(e)	like to, enjoy (*with verb*)	**schon**	already
gut	good; well; fine	**schön**	beautiful(ly), nice(ly)
hier	here	**sicher**	certain(ly)
(un)interessant	(un)interesting	**überall**	everywhere
mehr	more	**zusammen**	together

---

* For stylistic reasons, an **e** is sometimes added to **gern: gerne.**

ADVERBS OF TIME

heute	today
heute abend	this evening, tonight
immer	always
jetzt	now
morgen	tomorrow
morgen früh	tomorrow morning

(The following are adverbial forms of nouns you already know.)

morgens	mornings
abends	evenings
nachts	nights
sonntags	Sundays
montags	Mondays
dienstags	Tuesdays
mittwochs	Wednesdays
donnerstags	Thursdays
freitags	Fridays
samstags/sonnabends	Saturdays

Nouns

Amerikaner/Amerikanerin	American (*male/female*)
Deutsch	German (*language*)
auf deutsch	in German
Englisch	English (*language*)
Freunde	friends
Kaffee	coffee
Käsekuchen	cheesecake
Kellner/Kellnerin	waiter/waitress
Kuchen	cake
Literatur	literature
Mittagspause	lunch break
Musik	music
Papier	paper
Student/Studentin	student (*male/female*)

Pronouns

du	you (*infor. sg.*)
er	he
es	it
ich	I
ihr	you (*infor. pl.*)
Sie	you (*for. sg. and pl.*)
sie	she
sie	they
wir	we

INDEFINITE PRONOUN

man	one, people, they, you

Verbs

arbeiten	to work; to study
brauchen	to need
fragen	to ask; to question
gehen	to go; to walk
heißen	to be called
kennen	to be acquainted with, familiar with (to know)
kommen	to come
aus (Köln) kommen	to come from (Cologne)
leben	to live
lernen	to learn
machen	to do; to make
reisen	to travel
nach (Bonn) reisen	to travel to (Bonn)
sagen	to say
sein	to be
spielen	to play
(Karten) spielen	to play (cards)

studieren	to study
wohnen	to live (*somewhere*), reside
in (Tübingen) wohnen	to live in (Tübingen)

Useful Words and Phrases

doch	oh yes, of course (*in positive answer to a negative question*)
ist hier noch frei?	is this seat free?
ja	yes
nein	no
von (zwölf) bis (eins)	from (twelve) to (one)
was?	what?
wer?	who?
wie lästig!	how annoying!
wie schön!	how nice!

GRAMMATIK

Studentencafé in Tübingen. Hans ist Student, und er kommt aus Köln. Karin ist Studentin, und sie arbeitet als Kellnerin. Sie sind Freunde.

HANS: Tag, Karin, wie geht's dir?
KARIN: Gut, danke. Und dir?
HANS: Ach, nicht schlecht. Kaffee und Käsekuchen, bitte. Und auch „Die Zeit".
KARIN: „Die Zeit" ist nicht mehr da. Hier ist die „Tübinger Wochenchronik".*
Sie ist interessant.
HANS: Wie bitte? Die „Tübinger Wochenchronik"? Naja, gut.
KARIN: Bitte schön.

A. **Richtig oder falsch?** *Respond to each statement with* richtig (*true*) *or* falsch (*false*).

1. Hans und Karin sind in Tübingen. 2. Karin ist Kellnerin. 3. Hans kommt aus Bonn. 4. „Die Zeit" ist da. 5. Die „Tübinger Wochenchronik" ist uninteressant.

B. **Fragen Sie Ihren Nachbarn/Ihre Nachbarin:** Wie geht es dir?

Personal Pronouns; *sein*

Personal Pronouns

A personal pronoun is a word that stands for a noun: **Hans und Karin sind in Tübingen. Er ist Student. Sie ist Studentin.** In the last two sentences the words **er** and **sie** are pronouns: **er** stands for **Hans; sie** stands for **Karin.**

	SINGULAR		PLURAL	
FIRST PERSON	ich	*I*	wir	*we*
SECOND-PERSON INFORMAL	du	*you*	ihr	*you*
THIRD PERSON	er	*he*		
	sie	*she*	sie	*they*
	es	*it*		
SECOND-PERSON FORMAL		Sie	*you*	

---

*The *Tübinger Wochenchronik* is a local calendar of events. *Die Zeit* is a well-known weekly newspaper of international interest.

As you recall, German has three words for *you:* the formal **Sie,** the informal singular **du,** and the informal plural **ihr.** The German words for *he, she,* and *it* are **er, sie,** and **es.** The word for *they* is **sie.** Note that the singular pronoun **sie,** the plural pronoun **sie,** and the formal pronoun **Sie** all sound the same. These words do not function in the same way, however, and they can be distinguished in a sentence by context and/or the verb form used with them.

sein

A verb is a word that expresses an action, a state of being, or a process.

Kurt und Hans **reisen** samstags.	*Kurt and Hans travel Saturdays.*
Kurt **lebt** gut.	*Kurt lives well.*
Wir **lernen** Deutsch.	*We're learning German.*

Sein (*to be*) is one of the most important and most frequently used verbs in German. As with the English verb *to be,* the present tense forms of **sein** are highly irregular.

sein					
ich	bin	*I am*	wir	sind	*we are*
du	bist	*you are*	ihr	seid	*you are*
er sie es	ist	*he she it* } *is*	sie	sind	*they are*
		Sie	sind	*you are*	

München. Heute abend gibt's (*there's*) Musik und Filme.

ULRIKE WELSCH / PHOTO RESEARCHERS

Nouns of Occupation or Nationality with *sein*

Unlike English, the indefinite article (*a, an*) is not used in German to state someone's occupation or nationality.

Hans ist Student. *Hans is a student.*

In German, nouns that denote nationality, occupation, or membership in a particular group have distinct forms to indicate male and female. The feminine form is usually indicated by the ending **in**.

Hans ist Student.	Karin ist Studentin.
Peter ist Kellner.	Paula ist Kellnerin.
Jim ist Amerikaner.	Jane ist Amerikanerin.

Übungen

A. **Pronomen.** *Which German pronoun would you use to talk <u>about</u> the following people?*

1. your sister
2. the members of your class
3. your brother
4. yourself
5. yourself and your friends
6. a man and a woman

B. **Pronomen.** *Which German pronoun would you use to talk <u>to</u> the following people?*

1. your parents
2. your professor
3. a group of children
4. a stranger
5. a friend
6. two salespersons

C. **Wer ist hier?** *Tell who is here. Substitute each pronoun in parentheses for the words in italics; change the verb form accordingly.*

Frau Lehner ist hier. (wir, er, ich, du, sie [*sg.*], sie [*pl.*], ihr, Sie, es)

D. **Wer ist wo** (*where*)? *Tell where everyone is. Use the correct form of* sein.

BEISPIEL: Anna und ich / Basel → Anna und ich sind in Basel.

1. du / Bonn
2. Karl / Frankfurt
3. Ursula und Ingrid / Berlin
4. ihr / Zürich
5. Sie (*for.*) / Salzburg
6. ich / Stuttgart
7. wir / Schwerin
8. Anita / Linz

E. **Wer?** *Complete the information by supplying an appropriate pronoun. Some sentences have more than one possibility.*

1. _____ ist neu in Tübingen.
2. _____ sind auch neu in Tübingen.
3. _____ ist Studentin.
4. _____ bin auch Studentin.
5. _____ sind interessant.
6. _____ seid auch interessant.
7. _____ bist Kellner.
8. _____ ist auch Kellner.

Studentencafé in Wien (*Vienna*).

F. **Studentencafé.** *Express in German the following exchange between a waiter and a student in a student café.*

HE: Hi. How are you?
SHE: Fine, thanks. And you?
HE: Oh, not bad. Coffee?
SHE: Yes, please. And also cake.
HE: Here you are.
SHE: Thanks. And *Die Zeit?*
HE: *Die Zeit* isn't here anymore. The *Tübinger Wochenchronik?*
SHE: Yes, please. The *Tübinger Wochenchronik* is interesting.

G. **Rollenspiel** (*role play*). *You are a waiter or a waitress in a café. Greet two or three customers. They will ask for coffee, cake, and/or a newspaper.*

KUCHEN

Apfelkuchen

 Käsekuchen

Aprikosenkuchen

 Himbeerkuchen

Erdbeerkuchen

ZEITUNGEN

„Die Zeit"
die „Tübinger Wochenchronik"
die „Frankfurter Allgemeine"
„Die Presse"
„Die Abendzeitung"

H. **Ich bin . . .** *Choose appropriate words from the list to describe yourself.*

Student/ Studentin	neu hier	pessimistisch	schön
Amerikaner/ Amerikanerin	praktisch	realistisch	(un)intelligent
Kellner/ Kellnerin	enthusiastisch	idealistisch	(un)freundlich
	reserviert	(un)emotional	(un)interessant
	optimistisch		

Studentencafé

DIETER UND SUSI:	Entschuldigung, ist hier noch frei?
HANS:	Ja, bitte.
SUSI:	Karin sagt, du kommst aus Köln und bist neu in Tübingen. Wir studieren auch.
DIETER:	Was studierst du?
HANS:	Ich studiere Musik und Literatur.
SUSI:	Musik? Heute abend spielt „Die Zauberflöte" von Bergman.*
DIETER:	Ja, Susi und ich gehen hin. Du auch?
HANS:	Ja, klar!
DIETER:	Dann gehen wir doch alle zusammen.

A. **Hans und Dieter.** Richtig oder falsch?

1. Dieter kommt aus Köln. 2. Hans ist neu in Tübingen. 3. Er studiert Medizin und Literatur. 4. Heute abend spielt „Die Zauberflöte" von Bergman. Hans geht nicht hin.

B. **Und Sie?** Richtig oder falsch?

1. Sie kommen aus San Diego. 2. Sie sind neu hier. 3. Sie studieren Musik. 4. Sie lernen Deutsch.

Present Tense

Infinitives

The basic form of a verb is the infinitive, which expresses an action, state, or process itself without reference to person (who or what performs the action or is the topic) or time (past, present, or future).

In English, the infinitive is the verb plus the word *to* (*to travel*). In German, the infinitive consists of the verb stem plus the ending **(e)n** (**reisen**).

... acht, neun, zehn: Ich komme!

INFINITIVE	STEM +	EN	TO + INFINITIVE	
arbeiten	arbeit	en	*to*	*work*
gehen	geh	en	*to*	*go*
heißen	heiß	en	*to*	*be called*
kommen	komm	en	*to*	*come*
leben	leb	en	*to*	*live*
lernen	lern	en	*to*	*learn*
machen	mach	en	*to*	*make; to do*
reisen	reis	en	*to*	*travel*
studieren	studier	en	*to*	*study*
wohnen	wohn	en	*to*	*live (somewhere), reside*

---

*This film by Ingmar Bergman is of Mozart's famous opera of the same title.

Formation of Present Tense

The present tense of regular German verbs is formed by attaching the present tense endings to the verb stem. There are four different present tense verb endings: **e, st, t, en.** (The **t** is used twice, the **en** three times.)

	leben				
ich	lebe	*I live*	wir	leben	*we live*
du	lebst	*you live*	ihr	lebt	*you live*
er		*he*			
sie }	lebt	*she* } *lives*	sie	leben	*they live*
es		*it*			
	Sie leben			*you live*	

If the verb stem ends in **s, ss, ß, tz, x,** or **z,** only a **t** is added as a personal ending for the **du** form.

  heißen: du heißt   reisen: du reist

An **e** is sometimes inserted between the stem and the endings **st** and **t** to aid pronunciation. This occurs when a verb stem ends in a consonant (such as **d** or **t**) or a consonant combination (such as **gn**) that would make pronunciation very difficult with the endings **st** and **t.**

finden *to find*: du findest   arbeiten *to work*: du arbeitest
              er findet   er arbeitet
              ihr findet   ihr arbeitet

  regnen *to rain*: Es regnet.   *It's raining.*

Use of Present Tense

German has only one present tense form for each person, whereas English has three. Remember that this one German form is equivalent to all three forms in English.

				PRESENT TENSE				
ich	lerne	wir	lernen	I { *learn / am learning / do learn*		we { *learn / are learning / do learn*		
du	lernst	ihr	lernt	you { *learn / are learning / do learn*		you { *learn / are learning / do learn*		
er / sie / es }	lernt	sie	lernen	he / she / it { *learns / is learning / does learn*		they { *learn / are learning / do learn*		
	Sie	lernen		you { *learn / are learning / do learn*				

The German present tense is also generally used to express future events. It corresponds to the following ways of expressing future events in English.

PRESENT TENSE

$$I \begin{cases} work \\ am\ working \\ do\ work \end{cases} tomorrow\ morning.$$

PRESENT TENSE

Ich arbeite morgen früh.

FUTURE TENSE

$$I \begin{cases} will\ work \\ will\ be\ working \\ am\ going\ to\ work \end{cases} tomorrow\ morning.$$

The future may be indicated simply by context, or it may be expressed with one of several time words, such as **jetzt** (*now*), **heute** (*today*), **heute abend** (*this evening, tonight*), **morgen früh** (*tomorrow morning*), or **morgen** (*tomorrow*).

Übungen

A. **Dialog.** *Complete the dialogue by supplying the correct form of each verb.*

THOMAS: Entschuldigung! _____ hier noch frei? (sein)
SABINE: Ja, bitte. Du _____ Thomas. (sein)
ROLF: Paula _____, du _____ aus Köln. (sagen/kommen)
THOMAS: Ja. Ich _____ hier Musik. (studieren)
SABINE: Wir _____ auch hier. (studieren)
ROLF: Ich _____ Rolf, und sie _____ Sabine. (heißen/heißen)

B. **Wer macht was wann** (*when*)? *Substitute each word or phrase in parentheses for the one in italics, and change the verb form accordingly.*

1. *Ich* arbeite montags und mittwochs. (Frau Schultz, Hans und Kurt, du)
2. *Du* lernst abends. (ich, ihr, Paula)
3. *Erika* spielt dienstags Tennis. (du, Sie, wir)
4. *Wir* reisen samstags und sonntags. (ich, Thomas und Paul, ihr)

C. **Wer noch?** (*Who else?*) *Tell who else does the same thing or is in the same situation.*

BEISPIEL: Ich studiere Literatur. (du, Hans, wir) →
          Du studierst auch Literatur. Hans . . . Wir . . .

1. Du wohnst in Marburg. (ich, Karin und Jürgen, wir)
2. Karin kommt aus Berlin. (Herr Braun, Sie, du)
3. Ich kenne Monika Weber. (sie [*sg.*], du, Sie)
4. Wir reisen nach Bonn. (ich, Eva, ihr)

D. **Sätze** (*sentences*). *Create sentences by choosing an appropriate word or phrase from each column. Use correct verb forms.*

wir	lernen	nach Hannover
ich	kommen	aus Köln
Peter und Ingrid	reisen	Deutsch
ihr	heißen	morgen
du	wohnen	heute abend
Sie	arbeiten	Herr und Frau Schmidt
sie (*sg.*)	sagen	in Hamburg
er	fragen	„Guten Tag!"
	studieren	Literatur
		„Wie geht's?"
		Hans

E. **Heute . . . Heute abend . . . Morgen. . . .** *Tell some of the things you will do today, this evening (tonight), and tomorrow.*

F. **Wer sind Sie?** *Introduce yourself to the class. Tell your name, where you are from, where you live, that you are studying here, that you are learning German, and some other personal information.*

G. **Wer ist er/sie?** *Tell about another member of the class. Give some personal facts about this person, beginning with* **Er/Sie heißt . . .**

H. **Situationen.** *Act out the following situations with members of your class.*

1. You walk into a crowded student café and notice an empty seat at a table where two or three other students from one of your classes are sitting. Ask if you may sit down. Introduce yourself.
2. Use what you've heard about another student in the class to start a conversation with that person.

   s1: (Michael) sagt, du kommst aus . . . (du studierst . . . / du bist . . .)
   s2: ___?___
3. Tell another student about a musical program or a movie that is playing this evening. Tell who is going. Perhaps the other student will want to go, too. Begin with **Heute abend spielt . . .**

Hörst du gern Musik? (*Do you like to listen to music?*)

Neckargasse

KARIN: Arbeitest du heute nicht?
HANS: Doch. Aber ich brauche Papier.
KARIN: Jetzt? Es ist schon nach zwölf Uhr, nicht wahr? Jetzt ist Mittagspause.
HANS: Mittagspause? Überall? Das kennen wir nicht in Köln. Ist das denn immer so von zwölf bis eins?
KARIN: Da ist man nie sicher.* Mittagspause ist meistens von zwölf bis Viertel vor eins.
PETER: Und manchmal auch von halb eins bis zwei.
HANS: Wie lästig!

A. Ja (*yes*) **oder nein** (*no*)?

1. Arbeitet Hans heute?   2. Braucht Hans Papier?   3. Ist jetzt Mittagspause?

B. Fragen Sie Ihren Nachbarn/Ihre Nachbarin:

1. Arbeitest du heute? Ja oder nein?   2. Wieviel Uhr ist es jetzt?

Word Order: *nicht*; Yes/No Questions

Subject-Verb Statements

Word order is the sequence in which words are written or spoken in a sentence. The placement of the subject and verb is of key importance in a German statement, question, or command.

A very common word order in a statement is subject-verb. This arrangement is called normal word order.

1	2	
SUBJECT	VERB	
Er	lernt	Deutsch.
Sie	arbeitet	gern.

nicht? nicht wahr?

A statement in normal word order can be turned into a request for verification simply by adding the words **nicht** or **nicht wahr** to the end of the sentence.

Er lernt Deutsch, nicht?   *He's studying German, right?*
Sie arbeitet gern, nicht wahr?   *She likes to work, doesn't she?*

---

* Regardless of the English translation, **man** is a third-person singular pronoun and is used with the corresponding verb form: **Man ist nie sicher** = *You can never be certain.*

Use and Position of *nicht*

The word **nicht** (*not*) is an adverb. An adverb can modify not only a verb but also other words or phrases or even an entire sentence. The position of **nicht** in a sentence varies, but there are a few general guidelines.

▶ **Nicht** usually comes at the end of a sentence if it negates the complete statement.

Susi kennt Josef **nicht.**　　　　　　*Susi is not acquainted with Josef.*

▶ **Nicht** usually follows time adverbs.

Wir arbeiten heute **nicht.**　　　　　　*We're not working today.*

▶ If **nicht** negates only part of a sentence, it usually comes directly before the specific word or phrase it negates.

Er arbeitet **nicht** gern.　　　　　　*He doesn't like to work. (He does work, but he doesn't like to.)*
Ich heiße **nicht** Schmidt.　　　　　　*My name isn't Schmidt.*

▶ **Nicht** usually comes before predicate adjectives and expressions of place.

Es ist **nicht** gut.　　　　　　*It isn't good.*
Ich wohne **nicht** in Berlin.　　　　　　*I don't live in Berlin.*
Sie kommt **nicht** aus Bern.　　　　　　*She doesn't come from Bern.*

▶ In a German sentence, expressions of time precede expressions of place. **Nicht** usually comes before the expression of place unless the emphasis is specifically on the time expression.

　　　　　　TIME　　PLACE
Wir reisen morgen nach Mainz.　　　　　　*We're traveling to Mainz tomorrow.*
Wir reisen morgen **nicht** nach Mainz.　　　　　　*We're not traveling to Mainz tomorrow.*
emphasis on time: Wir reisen **nicht** **morgen** nach Mainz; wir reisen **heute** nach Mainz.　　　*We're not traveling to Mainz tomorrow; we're traveling to Mainz today.*

Yes/No Questions

In a question that can be answered simply by *yes* or *no,* the word order is verb-subject. This arrangement is called inverted word order.

1	2
VERB	SUBJECT

Sind Sie Frau Neumann?　　　　　　*Are you Mrs. Neumann?*
Kommt er heute abend?　　　　　　*Is he coming tonight?*

Remember, there is only one set of present-tense forms in German, whereas in English there may be more than one equivalent expression in the present or future

Heidelberg. Ein historisches
Studentenrestaurant.

tense. This difference is particularly noticeable in yes/no questions. For example, the question **kommt er heute abend?** can be expressed as *is he coming tonight?* or *will he come tonight?* in English.

ja/nein/doch

A complete answer to a yes/no question begins with **ja** or **nein,** followed by a comma; the rest of the sentence has normal word order: subject-verb.

ANSWER	SUBJECT	VERB	
Ja,	ich	bin	Frau Neumann.
Nein,	ich	bin	nicht Frau Neumann.

The word **doch** is used to give a positive answer to a negative question.

Reist du nicht gern?	*Don't you like to travel?*
Doch, ich reise gern.	*Yes, of course I like to travel.*

Übungen

A. **Was sagt Peter? Was fragt Monika?** *Monika questions everything Peter says about his friends. Change each statement into a yes/no question.*

BEISPIEL: Peter sagt: Ursula wohnt in Frankfurt. →
Monika fragt: Wohnt Ursula in Frankfurt?

1. Peter sagt: Sie studiert dort Literatur.
2. Peter sagt: Hans und Paul arbeiten heute.
3. Peter sagt: Sie reisen morgen nach München.
4. Peter sagt: Er heißt Josef Müller.
5. Peter sagt: Josef lernt Englisch.
6. Peter sagt: Er ist Student.

B. **Doch.** *Offer the expected positive answer to each question.*

BEISPIEL: Studiert Paul nicht Medizin? → Doch, Paul studiert Medizin.

1. Kennen Anna und Maria Paul nicht?
2. Arbeitet Paul abends nicht?
3. Kommt Maria nicht aus Köln?
4. Reist Anna morgen früh nicht nach Stuttgart?
5. Studieren Anna und Maria nicht Musik?
6. Lernt Paul nicht Englisch?

C. **Nein.** *Give a negative answer to each question. Use a pronoun subject.*

BEISPIEL: Ich lerne gern. Und Erich? → Er lernt nicht gern.

1. Wir lernen gern Deutsch. Und Robert?
2. Ute arbeitet gern. Und Erika?
3. Du reist gern nach Köln. Und Heinrich und Inge?
4. Ich bin gern hier. Und Monika?
5. Er kommt gern nach Berlin. Und Anna?
6. Sie studiert gern Philosophie. Und Karl?

D. **Ja oder nein?** *Answer each question about yourself with a complete sentence.*

1. Kommen Sie aus Amerika?
2. Kommen Sie aus Chicago?
3. Studieren Sie in Amerika?
4. Studieren Sie Musik?
5. Arbeiten Sie gern?
6. Reisen Sie gern?

E. **Situationen.** *You've just arrived in Germany, and you have a lot of questions. With your instructor or another student, handle each situation in German.*

1. Your watch says 12:00, but you realize you've passed several time zones during your flight. Ask someone the time.
2. You are expecting someone by the name of Mrs. Schuster to meet you. You think you recognize her, but you're not sure. Excuse yourself. Tell her your name and ask if she is Mrs. Schuster.

F. **Wie sagt man das auf deutsch?** *Make up a dialogue between an American student, Jennifer, who is new in Tübingen, and her German friend Thomas.*

Jennifer is surprised to see Thomas on the street. She greets him and asks if he isn't working today. He says he is, but he needs paper now. She asks if it isn't already lunch break. He says no, it's 12:00. Lunch break is from 12:30 to 2:00.

G. **Personenverwechslung** (*mistaken identity*). *Someone mistakes you for someone else. Deny the information, and then correct it.*

BEISPIEL: Herr Müller sagt, Sie kommen aus Leipzig. →
Nein. Ich komme nicht aus Leipzig. Ich komme aus San Diego.

1. Herr Müller sagt, Sie wohnen jetzt in Wiesbaden.
2. Herr Müller sagt, Sie studieren in Mainz.
3. Herr Müller sagt, Sie lernen jetzt Spanisch.
4. Herr Müller sagt, Sie arbeiten dienstags bis freitags.
5. Herr Müller sagt, Sie reisen morgen nach Hamburg.
6. Herr Müller sagt, Sie heißen Kris Weiner.

H. **Fragen und Antworten** (*questions and answers*). *Gather information about your fellow students. Choose appropriate words and phrases from the following lists to ask your questions. Use correct verb forms.*

wohnen	du	nicht	Hans
sein	ihr		Musik
arbeiten			nach (New York)
kommen			heute
lernen			Karin
studieren			Mathematik
reisen			Deutsch
heißen			in (Portland)
kennen			gern
			aus (Denver)

I. **Und Sie?** *Give some personal information about yourself.*

1. Was machen Sie heute?
2. Was machen Sie heute nicht?
3. Was machen Sie gern?
4. Was machen Sie nicht gern?

SAMMELTEXT

Hans Hoffmann kommt aus Köln und studiert jetzt Literatur und Musik in Tübingen. Er lernt auch Englisch. Er ist neu dort, aber Tübingen ist sehr klein,° *small* und er kennt schon Karin, Dieter und Susi. Sie studieren auch.

Hans sagt, er arbeitet zuviel:° dienstags, donnerstags und freitags studiert er *too much* Musik; montags, dienstags und donnerstags studiert er Literatur. Abends ist manchmal° Chorprobe° von achtzehn bis zwanzig Uhr. Aber Hans arbeitet nicht *sometimes / chorus rehearsal* immer:° Er reist oft° und gern. Nach München reist er besonders° gern. *always / often / especially*

Name: Hans Hoffmann
Adresse: Gartenstraße 33
          Tübingen 1
Telefon: 07 (13 48 75)

	Mo	Di	Mi	Do	Fr	Sa–So
8–10	Englisch	Englisch	Englisch		Englisch	Reisen
10–12		Musiktheorie		Musiktheorie		
12–14			Mittagstisch° (Englisch)			
14–16	Vorlesung:° Literaturgeschichte°				Vorlesung: Musikgeschichte	
16–18		Vorlesung: Literatur		Seminar: Literatur		
18–20				Chorprobe		

lecture   *literary history*   *lunch club*

A. **Wer ist Hans Hoffmann?** *Answer each question with a complete sentence according to the* **Sammeltext.**

1. Kommt Hans Hoffmann aus Köln?
2. Studiert er Biologie?
3. Lernt er auch Englisch?
4. Ist er neu in Köln?
5. Kennt er Karin, Dieter und Susi?
6. Arbeitet Hans samstags und sonntags?
7. Reist er gern nach München?

B. **Wer bist du?** *Ask another student each of the questions in Exercise A. Use the* du-*form.*

Sammelübungen

A. **Was sagt Susi?** *Question what Susi says. Form two yes/no questions from each statement.*

BEISPIEL: Susi sagt, du bist Student und kommst aus Köln. →
          Bist du Student? Kommst du aus Köln?

1. Susi sagt, Peter ist in Hamburg und studiert dort Philosophie.
2. Susi sagt, Ursula wohnt jetzt in Hannover und ist Kellnerin.
3. Susi sagt, Hans und Kurt studieren Musik und lernen auch Englisch.
4. Susi sagt, wir arbeiten montags und reisen dienstags.
5. Susi sagt, ihr seid neu hier und studiert Medizin.
6. Susi sagt, sie arbeitet jetzt und lebt gut.
7. Susi sagt, er heißt Karl und ist Kellner.

B. **Wer ist David Johnson?** *Read the paragraph, and then answer each question with a complete sentence. If the answer is* nein, *give an additional sentence to correct the information.*

BEISPIEL: Heißt er David Hansen? →
Nein, er heißt nicht David Hansen. Er heißt David Johnson.

Er heißt David Johnson. Er kommt aus Dallas und ist neu in Bloomington. Er studiert dort Musik und lernt auch Deutsch. Er arbeitet montags, mittwochs und donnerstags. Er reist gern nach Chicago.

1. Kommt David aus San Francisco?
2. Ist er neu in Bloomington?
3. Ist er Student?
4. Studiert er Literatur?
5. Lernt er auch Deutsch?
6. Arbeitet er dienstags und freitags?
7. Reist er gern nach Indianapolis?

C. **Wer ist Helga Braun?** *Express the paragraph and the questions that follow in German. Then answer each question.*

My name is Helga Braun. I come from Stuttgart. I'm living now in Tübingen. I'm studying literature and learning English. I like to work. I also like to travel.

1. Is her name Anna Braun?
2. Does she come from Tübingen?
3. Is she a student?
4. Does she study music?
5. Is she learning English?
6. Doesn't she like to work?
7. Doesn't she like to travel?

D. **Ist er achtzehn?** *Look at the picture and guess an age for each person. See if other students agree with you.*

BEISPIEL: S1: Ist Herr Stern fünfundsiebzig?
S2: Ja, er ist fünfundsiebzig. / Nein, er ist nicht fünfundsiebzig. Er ist achtzig.
S3: Ja, er ist achtzig. / Nein, er ist nicht achtzig. Er ist neunundsiebzig.

E. **Dialog.** *You are an American student who is studying literature in Tübingen. At a student café you meet Erich, a music student from Frankfurt. Make up a "getting acquainted" dialogue with another student.*

BEISPIEL: SIE: Entschuldigung, ist hier noch frei?
                ERICH: _____?_____

F. **Neue Freunde.** *Find out at least one fact about each member of your German class (his/her name, where he/she comes from, what he/she studies, what he/she likes to do, his/her travel plans, and so on). Share these facts with the whole class.*

BEISPIEL: Er heißt . . . , Sie ist . . . , Michael reist . . .

KULTURECKE

▶ In some disciplines, such as medicine, dentistry, pharmacy, biology, and veterinary medicine, entry into a university is restricted since the number of applicants far exceeds the available study places. Only a relatively small number of applicants receives a place to study (**Studienplatz**) in those disciplines with restricted entry (**Numerus clausus**), the criteria being the grade point average of the **Abitur** (diploma from an academic secondary school [**Gymnasium**]) and, for medicine, an aptitude test. The rest of the applicants are put on a waiting list; depending on their ranking and their chosen field, the wait can amount to several years.

In **Numerus clausus** disciplines that do not have long waiting lists, applicants are allotted study places by a computer in Dortmund. Students fill out a form, and the computer assigns each to a university where space is available, although not necessarily to the university of choice.

In disciplines not governed by **Numerus clausus,** students apply directly to the school of their choice.

▶ Tübingen is a university town, located where the Neckar River joins the Ammer. The university, one of the oldest in Europe, was founded in 1477.

▶ European students spend much of their time in **Studentencafés,** where they can sip a cup of coffee, perhaps eat a piece of pastry, and sit for hours reading newspapers, discussing politics, or simply talking with friends in an informal atmosphere.

▶ West Germany has become a densely populated, highly urbanized country: 71.7 percent of its residents live in cities with a population over 10,000. This percentage is high, even compared with other German-speaking countries: 58.3 percent of the East German, 44.8 percent of the Austrian, and 43 percent of the Swiss populations are urban.

▶ Young persons who have grown up in large metropolitan areas may be unfamiliar with some of the customs that persist in smaller cities and towns in West Germany. Traditionally, Germans ate their main meal at midday and a lighter meal later in the evening; therefore, businesses often closed for a couple of hours during each workday afternoon (**Mittagspause**). Smaller businesses, such as bakeries, meat markets, and magazine stores, still often close in the afternoon between 1:00 and 3:00. The **Mittagspause** is gradually fading altogether, however, even in smaller towns.

Name, Nationalität, Beruf, Land

A. **Er ist . . . , und sie ist . . .** *Give the missing masculine or feminine form.*

BEISPIEL: Mark ist Engländer; Mary ist Engländerin.

1. Carlos ist ____; Rosa ist Mexikanerin.
2. Masami ist Japaner; Mika ist ____.
3. Romano ist Italiener; Anna ist ____.
4. Hans ist ____; Birgit ist Holländerin.
5. Chi ist Nigerianer; Oni ist ____.
6. Amir ist Iraner; Sepand ist ____.
7. Peter ist Schweizer (*Swiss*); Brigitte ist ____.
8. Anton ist ____; Maria ist Österreicherin (*Austrian*).
9. Und Sie? Ich bin ____.

B. **Name? Nationalität?** *Give a name and nationality to each person in the photo. Who disagrees with you? What does he/she say?*

Universität München, Medizinische
Fakultät. Studenten im Hörsaal
(*lecture hall*).

BEISPIEL: S1: Ich sage, das ist Carmen, und sie ist Mexikanerin.
S2: Ich sage, das ist Juanita, und sie ist Amerikanerin.

der Ägypter/die Ägypterin	der Italiener/die Italienerin
der Amerikaner/die Amerikanerin	der Japaner/die Japanerin
der Argentinier/die Argentinierin	der Kanadier/die Kanadierin
der Äthiopier/die Äthiopierin	der Mexikaner/die Mexikanerin
der Australier/die Australierin	der Nicaraguaner/die Nicaraguanerin
der Brasilianer/die Brasilianerin	der Nigerianer/die Nigerianerin
der Engländer/die Engländerin	der Norweger/die Norwegerin
der Holländer/die Holländerin	der Österreicher/die Österreicherin
der Inder/die Inderin	der Schweizer/die Schweizerin
der Iraner/die Iranerin	der Spanier/die Spanierin

C. **Wer ist wer?** *Talk with other students about famous people.*

BEISPIEL: S1: Wer ist Boris Becker?
S2: Er ist Tennisspieler.
S3: Er kommt aus Deutschland.

NAME	BERUF (*PROFESSION*)	LAND
Boris Becker	Sänger/Sängerin	aus Österreich
Alice Walker	Senator/Senatorin	aus England
Julio Iglesias	Tennisspieler/	aus Amerika
Dolly Parton	Tennisspielerin	aus Deutschland
Steffi Graf	Premierminister/	aus der Schweiz
Eddie Murphy	Premierministerin	aus den Philippinen
Corazón Aquino	Komiker/Komikerin	aus Spanien
Margaret Thatcher	Präsident/Präsidentin	___?___
Edward Kennedy	Autor/Autorin	
___?___	___?___	

Tennisstar Steffi Graf aus
Deutschland.

Aktivitäten

— Was machst du gern?
— Ich schwimme gern, und ich spiele gern Tennis. Und du?

ULRIKE WELSCH

A. **Was machen Sie gern?** *Get to know other members of your class. Share your likes and dislikes.*

joggen
lernen (Joga, Karate, Italienisch, Deutsch, __?__)
reisen (nach New York, nach __?__)
reiten *to ride horseback*
schwimmen
singen
spielen (Tennis, Fußball [*soccer*], Karten, Schach [*chess*])
tanzen (Freitag abends, Samstag abends, __?__)
trinken (Kaffee, Bier, Tee, Cola, __?__)
wandern *to hike*

B. **Was machen sie?** *Describe the picture as completely as possible. Tell what each person or group of persons is doing.*

arbeiten
singen
spielen
kochen *to cook*
malen *to paint*
schreiben *to write*
streiten *to argue*
weinen *to cry*
Kaffee trinken
Musik hören *to listen to music*

Wo wohnen die Studenten?

KAPITEL 2

Ein Studentenzimmer in der Schweiz. Die Möbel sind modern.

ULRIKE WELSCH

VORSCHAU

das Zimmer

1. das Bett
2. das Fenster
3. die Kochecke
4. die Waschecke

5. der Schrank
6. der Tisch
7. der Stuhl
8. der Schreibtisch

9. die Schreibmaschine
10. der Bleistift
11. das Heft

A. Das Zimmer. *Describe the student's room in the picture. Use an appropriate adjective to describe each item.*

die Schreibmaschine	ist	hoch *high; tall*
der Schreibtisch		alt *old*
das Heft		neu
der Tisch		groß *big*
der Stuhl		klein *small*
das Bett		luxuriös
der Schrank		gemütlich *cozy*
die Kochecke		möbliert *furnished*
die Waschecke		großartig *great, wonderful*
das Fenster		modern
das Zimmer		privat
der Bleistift		schön
		(un)interessant

B. Das Klassenzimmer. *Describe items you see in the classroom by appearance, size, or color—see the following review list of colors. If you have a meter stick, measure large items; if not, guess at the measurements in meters.*

BEISPIELE: S1: Das Heft ist rot.

S2: Der Schreibtisch ist sehr alt.

S3: Das Fenster ist ein Meter zwanzig mal zwei Meter (1.20 m × 2 m).

blau	grau	rot
braun	grün	schwarz
gelb	orange	weiß

C. **Wie heißt das auf deutsch?**

BEISPIEL: S1: Nummer eins—Wie heißt das auf deutsch?

S2: Das heißt: eine Universitätsstadt.

1. *a university city*
2. *a corner for cooking*
3. *a corner for washing*
4. *a rental agency*
5. *a Murphy bed**
6. *a desk or writing table*
7. *a dormitory for students*
8. *monthly rent*
9. *a large city*
10. *a water bed*

a. ein Schrankbett
b. eine Großstadt
c. Monatsmiete
d. eine Zimmervermittlung
e. ein Studentenheim
f. eine Kochecke
g. eine Universitätsstadt
h. ein Wasserbett
i. ein Schreibtisch
j. eine Waschecke

WORTSCHATZ

Adjectives and Adverbs

alt	old	**ideal**	ideal
berühmt	famous	**inbegriffen**	included
dunkel	dark	**klein**	small
eigentlich	actual(ly), real(ly)	**luxuriös**	luxurious(ly)
frei	free(ly)	**(un)möbliert**	(un)furnished
gemütlich	cozy	**modern**	modern
genug	enough	**privat**	private(ly)
(un)glaublich	(un)believable, (un)believably	**sogar**	even
		teuer	expensive
groß	big, large	**viel**	much, a lot
großartig	great, fabulous	**wirklich**	really
hoch	tall; high(ly)		

*A Murphy bed folds or swings down from a closet.

Nouns*

die Aussicht	view
das Auto, -s	car
das Bett, -en	bed
der Bleistift, -e	pencil
der Computer, -	computer
die Ecke, -n	corner
das Fenster, -	window
das Geld	money
das Haus, ¨er	house
das Heft, -e	notebook
die Heizung	heat

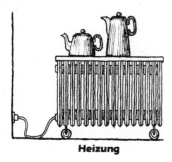

Heizung

das Kind, -er	child
die Kirche, -n	church
die Kochecke, -n	cooking niche
der Mann, ¨er	man
die Miete, -n	rent
die Möbel (*pl.*)†	furniture
der Monat, -e	month
pro Monat	per month
die Monatsmiete, -n	monthly rent
der Österreicher, - / die Österreicherin, -nen	Austrian (*person*)
der Professor, -en / die Professorin, -nen	professor
der Schrank, ¨e	(freestanding) closet
das Schrankbett, -en	Murphy bed
die Schreibmaschine, -n	typewriter
der Schweizer, - / die Schweizerin, -nen	Swiss (*person*)
der See, -n	lake
die Stadt, ¨e	city
der Strom	electricity

das Studentenheim, -e	student dormitory
der Stuhl, ¨e	chair
der Tisch, -e	table
der Schreibtisch, -e	desk
die Universität, -en	university
der Vermieter, - / die Vermieterin, -nen	landlord/landlady
die Wand, ¨e	wall
die Waschecke, -n	washing niche
das Wasser	water
die Wohnung, -en	apartment
das Zimmer, -	room
die Zimmervermitt-lung, -en	renting of rooms; rental agency

Verbs

haben	to have
(Autos) gern haben	to like (cars)
Platz haben	to have space/room
kosten	to cost
suchen	to look for
zahlen	to pay
Miete zahlen	to pay rent

Useful Words and Phrases

da drüben	over there
da unten	down below
das ist unglaublich	that's unbelievable
das reicht doch	that's enough, that'll do
ein bißchen	a little bit

---

* Beginning with this chapter, plural patterns are listed after the noun. Some nouns are listed only in the singular since they are rarely used in the plural.
† The singular of **die Möbel** is **das Möbelstück** (*piece of furniture*).

GRAMMATIK

Das Studentenheim: Walters Zimmer

PETER: Ach Walter, das Zimmer ist luxuriös. Ist die Miete hoch?
WALTER: Nein, das Zimmer kostet nur 220 DM pro Monat. Das Wasser, der Strom und die Heizung sind inbegriffen.
PETER: Das ist unglaublich. Ich zahle 275 DM, und die Heizung ist nicht inbegriffen.
WALTER: Ja, aber eigentlich ist das Zimmer ja nicht so groß: 4 Meter mal 3 Meter.
PETER: Das Bett, der Computer, der Schreibtisch und der Schrank haben Platz. Das reicht doch, nicht?

A. **Walters Zimmer.**

1. Ist Walters Zimmer groß? Ist die Miete hoch? Ist das Wasser inbegriffen? der Strom? die Heizung? 2. Zahlt Peter 320 DM pro Monat? 3. Ist Walters Zimmer 3 Meter mal 3 Meter? 4. Haben das Bett, der Computer, der Schreibtisch und der Schrank Platz?

B. **Fragen Sie Ihren Nachbarn/Ihre Nachbarin!** *Ask your neighbor about his/her room.*

1. Ist das Zimmer groß? luxuriös? 2. Ist die Miete hoch? 3. Ist das Wasser inbegriffen? der Strom? die Heizung?

Definite Article with Nouns

Nouns

German nouns are designated by

1. gender: **der Tisch** (masculine), **die Ecke** (feminine), **das Fenster** (neuter)
2. number: **ein Tisch** (singular), **zwei Tische** (plural)
3. case (nominative, accusative, dative, or genitive): **Der Tisch ist neu. (der Tisch** = subject of the sentence = nominative case)

Definite Article

An article is a word that is used before a noun. The definite article specifies a particular person, place, thing, or idea. In English, the definite article has only one form: *the*. In German, the definite article takes different forms, depending on the gender, number, and case of the noun. The nominative singular forms of the definite article are **der** (masculine), **die** (feminine), and **das*** (neuter).

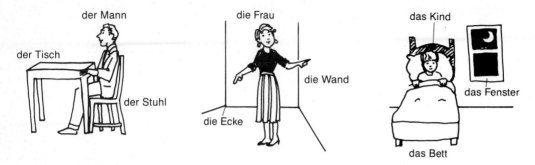

Since the definite article indicates the gender of a noun and since gender is often unpredictable, it is important to learn each noun with the definite article as a unit: **der Tisch, die Ecke, das Fenster.** Notice the gender of the nouns you have already learned.

	MASCULINE	FEMININE	NEUTER
NOMINATIVE	der Abend	die Amerikanerin	das Papier
	der Amerikaner	die Frau	
	der Kaffee	die Kellnerin	
	der Kellner	die Literatur	
	der Kuchen	die Musik	
	der Mann	die Nacht	
	der Morgen	die Studentin	
	der Student		
	der Tag[†]		

Notice the gender of the nouns introduced in this chapter.

	MASCULINE	FEMININE	NEUTER
NOMINATIVE	der Bleistift	die Aussicht	das Bett
	der Computer	die Ecke	das Fenster
	der Monat	die Heizung	das Geld
	der Schrank	die Kirche	das Heft
	der See	die Miete	das Kind
	der Strom	die Schreibmaschine	das Studentenheim
	der Stuhl	die Stadt	das Wasser
	der Tisch	die Universität	das Zimmer
		die Wand	
		die Wohnung	

---

* Used without a noun, the word **das** often means *that* or *it*: **Das ist unglaublich** (*That's/It's unbelievable*).
[†] All the days of the week are also masculine: **der Sonntag, der Montag,** and so on.

Nominative Case

The nominative case indicates the subject of a sentence. It is also the form in which nouns and pronouns appear in vocabulary lists and dictionaries. The personal pronouns you learned in Chapter 1 are all nominative forms. Pronouns must correspond in gender and number to the nouns they replace. For example, a masculine singular noun (**der Schrank**) must be replaced with the masculine singular pronoun (**er**). In reference to things, **er, sie,** and **es** all correspond to *it*.

	NOMINATIVE SINGULAR (SUBJECT)	NOMINATIVE SINGULAR (SUBJECT)
MASCULINE	**Der Schrank** ist da.	**Er** ist alt.
FEMININE	**Die Kirche** ist da.	**Sie** ist sehr groß.
NEUTER	**Das Bett** ist da.	**Es** ist neu.

Compound Nouns

Compound nouns—nouns composed of two or more words—are very common in German. The gender of a compound noun is determined by the last component. For example, if a compound is made up of two or more nouns, the gender of the compound is the same as that of the last noun.

der Monat + s	+ **die** Miete	= **die** Monatsmiete
month	*rent*	*monthly rent*
der Schrank	+ **das** Bett	= **das** Schrankbett
closet	*bed*	*Murphy bed*
die Studenten	+ **das** Heim	= **das** Studentenheim
students	*home*	*student dormitory*
die Universität + s	+ **die** Stadt	= **die** Universitätsstadt
university	*city*	*university city*
das Zimmer	+ **die** Vermittlung	= **die** Zimmervermittlung
room	*agency*	*rental agency*

One or more of the components of a compound noun may not be a noun but rather an adjective, an adverb, or a verb. In any case, compound nouns—like all nouns in German—begin with a capital letter.

groß	+ **die** Stadt	= **die** Großstadt
large	*city*	*large city*
koch(en)	+ **die** Ecke	= **die** Kochecke
to cook	*corner*	*cooking niche*
wasch(en)	+ **die** Ecke	= **die** Waschecke
to wash	*corner*	*washing niche*
schreib(en)	+ **der** Tisch	= **der** Schreibtisch
to write	*table*	*desk*

Knowing the meaning of even one component can help you guess the meaning of a compound noun.

Übungen

A. Der, die oder das? *Complete the description with the correct definite article for each noun.*

____ Zimmer ist luxuriös. ____ Miete ist hoch. ____ Heizung ist nicht inbegriffen. ____Wasser und ____ Strom sind aber inbegriffen. ____ Zimmer ist möbliert: ____ Schreibtisch und ____ Stuhl sind neu. ____ Schrankbett ist alt. ____ Waschecke und ____ Kochecke sind modern. ____ Fenster ist groß.

B. Ja, . . . *Someone inquires about a room for rent. Give a positive answer to each question. Use a pronoun subject.*

BEISPIEL: Ist das Zimmer möbliert? → Ja, es ist möbliert.

1. Ist die Miete hoch?
2. Ist die Heizung inbegriffen?
3. Ist der Strom inbegriffen?
4. Kostet das Wasser extra?
5. Ist der Schrank groß?
6. Ist das Bett neu?
7. Ist der Schreibtisch modern?
8. Ist das Zimmer frei?

C. Nein, . . . *You keep track of the people who live in your apartment building. Give a negative answer to each question. Use a pronoun subject.*

BEISPIEL: Heißt der Vermieter Schmidt? → Nein, er heißt nicht Schmidt.

1. Zahlt der Amerikaner 220 DM pro Monat?
2. Kostet das Zimmer 200 DM pro Monat?
3. Spielt die Studentin gern Karten?
4. Lernt die Schweizerin Englisch?
5. Studiert der Student Musik?
6. Reist der Österreicher morgen nach Wien?
7. Arbeitet die Amerikanerin heute abend?
8. Wohnt der Professor hier?

D. Das Zimmer ist nicht ideal. *In German, express your reasons for not wanting this room.*

1. The rent is high.
2. The room is unfurnished.
3. The heat isn't included.
4. The water and the electricity aren't included.
5. The landlady is unfriendly.
6. The Murphy bed is old.

E. Die Zimmervermittlung: Das Zimmer ist ideal. *You work at a rental agency. Try to convince a student that you have the ideal room for him/her.*

BEISPIEL: S1: Das Zimmer ist ideal. Es ist . . .
S2: __?__
S1: __?__

F. Das Zimmer. *Describe your own room as fully as possible. Your instructor and/or other students may ask you questions about it.*

Der Neckar in Tübingen. Wie still ist das Wasser.

PIERRE BERGER / PHOTO RESEARCHERS

Ein Haus in Tübingen: Peters Zimmer

WALTER: Das Zimmer ist doch gemütlich.

PETER: Ja, es ist aber ein bißchen dunkel. Das Fenster ist sehr klein.

WALTER: Die Aussicht ist aber großartig. Ich kenne Tübingen noch nicht gut. Ist das ein See da unten?

PETER: Nein, das ist kein See. Das ist der Neckar.*

WALTER: Das ist wohl die Stiftskirche da drüben?

PETER: Nein, das ist nicht die Stiftskirche; das ist die „Alte Universität".

A. **Peters Zimmer.**

1. Ist Peters Zimmer luxuriös?   2. Ist das Fenster groß?   3. Kennt Walter Tübingen gut?   4. Ist das ein See da unten?   5. Ist das die Stiftskirche da drüben?

B. **Fragen Sie Ihren Nachbarn/Ihre Nachbarin!** *Ask your neighbor about his/her room.*

1. Ist das Zimmer groß und luxuriös oder klein und gemütlich?   2. Ist es dunkel?   3. Ist die Aussicht großartig?

---

* The Neckar is a river in southern Germany that originates on the eastern edge of the Black Forest (**Schwarzwald**) and flows into the Rhine (**Rhein**) at Mannheim. From Peter's window in Tübingen, the river could be mistaken for a lake since it is lined with trees and does not appear to flow.

Indefinite Article and *kein*

The indefinite article refers to an unspecified person, place, thing, or idea. English has two forms of the indefinite article: *a* and *an*. In German, the indefinite article—like the definite article—has different forms to indicate the gender and function of a noun within a sentence. The nominative singular forms are **ein** (masculine and neuter) and **eine** (feminine). **Kein** (*no, not a, not any*) is the negative form of **ein** and is used to negate nouns. Its forms are the same as those for **ein.**

	MASCULINE	FEMININE	NEUTER
NOMINATIVE	ein kein } Schrank	eine keine } Kirche	ein kein } Fenster

Kein negates nouns that would be preceded by **ein** or by no article in a positive statement.

Das ist **ein** Schrank.	Das ist **kein** Schrank.
Das ist **eine** Kirche.	Das ist **keine** Kirche.
Das ist **ein** Fenster.	Das ist **kein** Fenster.
Er ist Student.	Er ist **kein** Student.
Sie ist Amerikanerin.	Sie ist **keine** Amerikanerin.

Nicht is used to negate nouns that are expressed with the definite article: **der, die, das.**

Das ist **die** Stiftskirche.	Das ist **nicht die** Stiftskirche.
Das ist **der** Neckar.	Das ist **nicht der** Neckar.
Das ist **das** Beethovenhaus.	Das ist **nicht das** Beethovenhaus.
Hans ist **der** Student aus Köln.	Hans ist **nicht der** Student aus Köln.
Julie ist **die** Amerikanerin aus Boston.	Julie ist **nicht die** Amerikanerin aus Boston.

Übungen

A. **Wie heißt das auf deutsch?** *Use the correct form of the indefinite article.*

BEISPIEL: Bett → Das ist ein Bett.

1. Schrank	3. Fenster	5. Stuhl	7. See
2. Computer	4. Heft	6. Tisch	8. Kirche

B. **Nein, . . .** *Give a negative answer to each question. Use the correct form of* kein.

BEISPIEL: Ist das ein Zimmer? → Nein, das ist kein Zimmer.

1. Ist das ein Haus?	5. Ist das ein Bleistift?
2. Ist das eine Stadt?	6. Ist das ein Mann?
3. Ist das eine Universität?	7. Ist das eine Frau?
4. Ist das eine Schreibmaschine?	8. Ist das ein Kind?

C. **Nein, ...** *Use* nicht *or the correct form of* kein, *whichever is appropriate, to answer each question negatively.*

BEISPIELE: Ist das die Frau aus Mexiko? → Nein, das ist nicht die Frau aus Mexiko.

Ist die Frau Mexikanerin? → Nein, sie ist keine Mexikanerin.

1. Ist das der Student aus Hamburg?
2. Ist Maria Amerikanerin?
3. Ist Herr Braun Professor?
4. Ist das die Vermieterin?
5. Ist Dieter Schweizer?
6. Ist das die Professorin?
7. Ist Angela Österreicherin?
8. Ist Herr Schmidt der Vermieter?

D. **Was ist das?** *Work with another student to ask and answer questions about each item in the drawing.*

BEISPIEL: S1: Was ist Nummer eins?
S2: Das ist ein Haus.
S1: Ist es neu?
S2: Ja, es ist neu.
S1: Ist es groß?
S2: Nein, es ist nicht sehr groß.
S1: ___?___

E. **Wer sind sie?** *Working with another student, either (1) ask and answer questions to identify the persons in the photo on page 58 or (2) make up information and tell or write about each individual.*

Tübingen. Studenten im Seminar auf der Universität.

BEISPIEL 1: S1: Ist der Mann da Amerikaner?
S2: Ja, er ist Amerikaner. / Nein, er ist kein Amerikaner. Er ist Schweizer.

BEISPIEL 2: Der Mann da ist Schweizer. Er ist kein Student. Er ist Professor . . .

Die Zimmervermittlung

STUDENTIN: Ich suche ein Zimmer.
HERR BRAUN: Ich habe gerade drei Zimmer frei.
STUDENTIN: Gut. Aber ich habe nicht viel Geld.
HERR BRAUN: Das Zimmer hier ist nicht so teuer. Es hat eine Kochecke und eine Waschecke.
STUDENTIN: Ist es auch möbliert?
HERR BRAUN: Ja; zwei Stühle, ein Tisch, ein Schreibtisch und Schränke. Die Möbel sind modern und schön. Das Schrankbett ist sogar neu.
STUDENTIN: Ein Tisch und auch ein Schreibtisch? Das ist ideal.

A. Die Zimmervermittlung.

1. Sind vier Zimmer gerade frei?   2. Hat die Studentin viel Geld?   3. Ist ein Zimmer teuer?   4. Hat es eine Kochecke und eine Waschecke?   5. Ist das Zimmer möbliert?   6. Sind die Möbel alt?

B. Fragen Sie Ihren Nachbarn/Ihre Nachbarin:

1. Hast du viel Geld?   2. Sind Zimmer hier teuer?

Plurals of Nouns; *haben*

Plurals of Nouns

The plural of the definite article is **die** for all genders. There is no plural of the indefinite article. The plural of **kein** for all genders is **keine.**

	SINGULAR			PLURAL
	MASCULINE	FEMININE	NEUTER	ALL GENDERS
DEFINITE ARTICLE	der	die	das	die ⎫ Stühle
INDEFINITE ARTICLE	ein ⎬ Stuhl	eine ⎬ Ecke	ein ⎬ Zimmer	— ⎬ Ecken
kein	kein ⎭	keine ⎭	kein ⎭	keine ⎭ Zimmer

The plurals of German nouns are formed in different ways, just as in English (student, students; house, houses; city, cities; man, men; mouse, mice; and so on). There are certain patterns that you will begin to recognize, but the plurals of many nouns cannot be predicted. Therefore, it is best to learn the plural of a noun along with the gender: **der Mann, die Männer; die Frau, die Frauen; das Kind, die Kinder.**

PATTERN	NOUN LISTING	PLURAL
- (no change)	der Amerikaner, -	die Amerikaner*
	das Fenster, -	die Fenster
¨	der Garten, ¨	die Gärten
-e	das Heft, -e	die Hefte
	der Tag, -e	die Tage
¨e	die Nacht, ¨e	die Nächte
	der Schrank, ¨e	die Schränke
-n	die Ecke, -n	die Ecken
	die Kirche, -n	die Kirchen
-en	die Frau, -en	die Frauen
	der Student, -en	die Studenten
-nen	die Amerikanerin, -nen	die Amerikanerinnen†
	die Studentin, -nen	die Studentinnen
-er	das Kind, -er	die Kinder
¨er	das Haus, ¨er	die Häuser
	der Mann, ¨er	die Männer
-s	das Auto, -s	die Autos

---

*The plurals of most masculine nouns ending in **er** that signify nationality or occupation are the same as the singular forms: **die Kellner, die Österreicher,** and so on.
†The plurals of feminine nouns ending in **in** (usually signifying nationality or profession) are formed with the ending **nen: die Kellnerinnen, die Österreicherinnen,** and so on.

In dictionaries and in the vocabulary lists of this book, the plural pattern is indicated after the noun. The preceding table lists the most common plural patterns of German nouns and shows you how to form the plural of a noun when you see it listed this way.

The plural of a compound noun is formed in the same way as the plural of the last component.

das Bett, -en	das Schrankbett, -en
die Miete, -n	die Monatsmiete, -n
die Stadt, ⸚e	die Universitätsstadt, ⸚e
der Tisch, -e	der Schreibtisch, -e

haben

Haben and **sein** are the most frequently used verbs in German. **Haben**—like **sein**—is an irregular verb. In the second- and third-person singular, the **b** is omitted from the verb stem.

haben			
ich	habe	wir	haben
du	hast	ihr	habt
er			
sie	hat	sie	haben
es			
	Sie	haben	

Der Professor **hat** zwei Hefte. / **Hast** du auch zwei Hefte?

The phrase **gern haben** means *to like* something or someone.

Hast du Computer **gern?**	*Do you like computers?*
Nein, ich **habe** Computer **nicht gern.**	*No, I don't like computers.*

Übungen

A. **Wer hat genug Geld?** *Substitute each word or phrase in parentheses for the one in italics; change the verb form accordingly.*

Hat *der Mann* genug Geld? (du, wir, die Frauen, ich, Sie, Ursula, ihr, er, die Studentin)

B. **Die Möbel kommen aus Deutschland.** *Change each item in the sentence from singular to plural.*

Das Bett, der Computer, der Schrank, der Schreibtisch, der Stuhl, und der Tisch kommen alle aus Deutschland.

C. **Ein Amerikaner, David Johnson, ist in Deutschland. Was sagt er?**
Make each subject plural, and change the verb form accordingly.

1. Das Haus ist modern.
2. Die Kirche ist sehr alt.
3. Das Studentenheim ist neu.
4. Das Studentenzimmer ist klein.
5. Die Universität ist berühmt.
6. Die Stadt ist schön.

D. **Je mehr, desto besser!** (*The more the better!*) *Restate each sentence in the plural. Use the numbers in parentheses with the subject.*

BEISPIEL: Ein Student wohnt hier. (3) → Drei Studenten wohnen hier.

1. Eine Studentin reist morgen nach Kiel. (4)
2. Ein Kellner arbeitet hier. (7)
3. Eine Amerikanerin lernt Deutsch. (20)
4. Ein Amerikaner studiert hier Musik. (6)
5. Eine Österreicherin kommt heute abend. (9)
6. Ein Mann und eine Frau arbeiten zusammen. (2/5)

E. **Was sagt die Vermieterin?** *Restate each sentence in the singular.*

BEISPIEL: Keine Studentenheime sind da drüben. →
Kein Studentenheim ist da drüben.

1. Keine Amerikaner wohnen hier.
2. Keine Studenten haben Geld.
3. Keine Kinder spielen hier.
4. Keine Zimmer haben Möbel.
5. Keine Fenster sind wirklich groß.
6. Keine Häuser sind ideal.

Ein Student in der Schweiz
„macht mal Pause" und hört
Musik.

F. **Die Stadt.** *Answer each question as it pertains to the city in which you live.*

1. Ist die Stadt sehr groß? sehr schön?
2. Hat die Stadt Kirchen?
3. Sind die Kirchen meistens alt oder modern?
4. Sind die Häuser meistens groß oder klein?
5. Hat die Stadt Studentenheime?
6. Sind die Studentenheime meistens neu oder nicht neu?
7. Ist die Universität berühmt?

G. **Fragen Sie Ihren Nachbarn/Ihre Nachbarin!** *He/she should answer each question with a complete sentence.*

1. Brauchst du Papier?
2. Hast du genug Bleistifte?
3. Brauchst du Möbel?
4. Hast du viel Geld?
5. Brauchst du Geld?
6. Hast du Freunde?

H. **Was haben sie gern?** *Ask others about their likes and dislikes.*

BEISPIELE: Herr Professor, haben Sie Computer gern?
Jason, hast du Kuchen gern?
Katherine und Jane, habt ihr Rock-Musik gern?

Pizza	Bier	Popmusik	Filme
Kuchen	Kaffee	Jeans	Literatur
Spaghetti	Jazz	T-Shirts	Computer
Tee	Rock-Musik	Sandalen	

SAMMELTEXT

Tübingen ist eine Universitätsstadt. Die Universität ist alt und berühmt. Tübingen hat fast 70 000 Einwohner,° und die Universität hat 17 000 Studenten. Es ist also° keine Großstadt.   *residents / therefore*

    Eine Universitätsstadt braucht Studentenwohnungen. Das ist manchmal° problematisch. Tübingen hat auch Studentenheime, aber sie haben nicht genug Zimmer, und die Studenten wohnen oft privat. Wo findet man Zimmer und Wohnungen? Es ist wirklich nicht immer leicht.° Die Zimmervermittlung ist meistens privat. Hier bezahlt° man eine Monatsmiete als Gebühr.° Die Studenten organisieren auch Zimmervermittlungen. Das ist kostenlos.°   *sometimes*   *easy*   *pays / als . . . as a fee*   *free of charge*

    Natürlich,° wie° in Amerika, haben auch die Zeitungen° Inserate.° Zum Beispiel° findet man: *of course / as / newspapers / ads*   *zum . . . for example*

ZU VERMIETEN.° Zimmer, Bad, separater Eingang.° Nichtraucher.° Telefon (18–20 Uhr): 62 88 07.   *zu . . . for rent*   *entrance / nonsmoker*

Tübingen.

1. Wie viele Einwohner hat Tübingen?
2. Wie viele Studenten hat die Universität?
3. Was braucht eine Universitätsstadt?
4. Was organisieren die Studenten?

Sammelübungen

A. **Wer sind Monika und Gisela?** *Add the missing words to complete the information.*

Monika und Gisela sind ____ (*students*). Monika ist ____ (*Austrian*) und kommt aus Wien. Gisela ist ____ (*Swiss*) und kommt aus Luzern. ____ (*the women*) studieren jetzt Medizin in Göttingen. Göttingen ist ____ (*a*) Universitätsstadt. ____ (*the*) Universität ist sehr alt und berühmt.

Monika und Gisela wohnen privat. Sie ____ (*have*) Zimmer in Göttingen. Monikas Zimmer ist nicht teuer, und ____ (*the*) Heizung, ____ (*the*) Strom und ____ (*the*) Wasser sind alle inbegriffen. ____ (*the*) Zimmer ist auch möbliert. ____ (*the*) Bett, ____ (*the*) Schreibtisch, ____ (*the*) Schrank und ____ (*the*) zwei ____ (*chairs*) sind alt, aber schön.

Giselas Zimmer ist modern, und ____ (*the*) Monatsmiete ist sehr hoch. ____ (*the*) Möbel—____ (*a*) Bett, zwei ____ (*tables*) und vier ____ (*chairs*)—sind neu. ____ (*the*) Zimmer ____ (*has*) zwei ____ (*windows*), und ____ (*the*) Aussicht ist großartig.

Monika sagt: „Gisela, du ____ (*have*) viel Geld.“

Gisela sagt: „Nein, ich ____ (*have*) nicht so viel Geld. Ich wohne hier aber gern.“

Monika sagt: „Ja, Göttingen ist ____ (*no*) Großstadt, aber ____ (*it*) ist wirklich schön.“

B. **Bilden Sie Sätze!**

die	Männer	sein	heute
keine	Frauen	haben	hier
zwei	Studenten	wohnen	Medizin
	Studentinnen	studieren	aus Deutschland
	Städte	kommen	in München
	Zimmer	reisen	schön
	Universitäten	____?____	nach Österreich
	____?____		groß
			teuer
			möbliert
			Geld
			____?____

C. **Und noch mehr Sätze.** *Restate each of your sentences in Exercise B with a singular subject. Use correct verb forms.*

D. **Wer ist Helmut?** *Express the following information in German.*

Helmut lives in Tübingen. Tübingen is a university city. Helmut is not a student; he's a waiter. He isn't working now. He doesn't have much money.

Rooms are expensive in Tübingen. Helmut pays 290 marks rent per month. The room is large: There's space for the bed, two tables, and two chairs. There's also space for the closet.

E. **Peter ist ein „Prahlhans"** (*show-off*). **Sind Sie auch ein „Prahlhans"?** *Someone takes the part of Peter. Try to outdo each of his claims in one way or another. Perhaps another student will try to outdo you.*

BEISPIELE: PETER: Ich habe 200 DM.
SIE: Ich habe 300 DM.

PETER: Ich habe zwei Computer.
SIE: Ich habe zwei Computer und auch zwei Schreibmaschinen.

1. Ich habe 400 DM.
2. Ich habe zwei Zimmer; sie sind groß und modern.
3. Ich zahle 450 DM Miete pro Monat.
4. Ich habe zwei Computer.
5. Ich kenne Hamburg; Hamburg ist eine Stadt in Deutschland.
6. Ich kenne zwei Studentinnen aus Österreich.
7. Ich kenne drei Schweizer.
8. Ich reise nach England.

F. **Rollenspiel: Sie sind Student/Studentin in Tübingen. Sie kennen schon Paul.** *Create a dialogue with another student. Follow the script, but expand it as much as possible.*

ERIKA: Paul sagt, du bist neu in Tübingen und studierst Musik.
SIE: _____?_____

ERIKA: Ich bin auch neu hier. Ich komme aus Regensburg. Kennst du Regensburg?
SIE: _____?_____

ERIKA: Findest du Tübingen interessant?
SIE: _____?_____

ERIKA: Wohnst du gern in Tübingen?
SIE: Ja, aber ich finde alles ein bißchen teuer. Ich bezahle 220 Mark Monatsmiete. Mein (*my*) Zimmer ist aber nicht sehr groß. Es . . .

ERIKA: Mein Zimmer . . .
SIE: Was machst du gern?

ERIKA: Ich . . . Und du? Was machst du gern?
SIE: _____?_____

KULTURECKE

▶ Housing in the traditional German university cities, such as Heidelberg, Göttingen, and Freiburg, and in major cities, such as Hamburg, Munich, and Berlin, is a major problem for students. In Göttingen, for example, the waiting time for student housing can be between six and thirty months. Vacant housing places are filled from the waiting list. There are no double rooms, and the applicants have no choice of rooms. There are private dormitories that are considerably more expensive; for those rooms there is only a very short waiting period. Many students who don't live in dormitories try to rent an apartment or a flat with other students. There are also private rooms that can be sublet. These furnished rental rooms are often separate from family quarters and have their own common kitchen and bath.

▶ German students are often surprised to see the clusters of buildings and the expanses of green on American university campuses. Most German universities do not have campuses on which all the university buildings and facilities are located. In Tübingen, for example, the oldest parts of the university are located near the Neckar behind the fifteenth-century Evangelical **Stiftskirche.** The new university facilities (1930–1931) are located on Wilhelmstraße; the university clinics are on the slopes of the Schnarrenberg; and, farther up, on the Morgenstelle, is the new College of Science.

▶ Some well-known historical figures are associated with the university town of Tübingen. From 1514 to 1518 the reformer Philip Melanchthon lectured in the **Bursa,** part of the Old University. The philosophers Hegel and Schelling, the poets Hölderlin and Mörike, and the famous philosopher and astronomer Kepler were all students in Tübingen.

West-Berlin, Freie Universität Berlin. Wohnungen, Zimmer, Möbel . . .

CHRISTA ARMSTRONG / PHOTO RESEARCHERS

ANWENDUNG

Tiere

A. Zoologische Gärten, Tierparks und Zirkusse. *Talk with other students about the animals that can be found at the various zoos, animal parks, or circuses with which you are familiar.*

der Papagei, -en · das Nashorn, ̈er · das Pferd, -e · die Ziege, -n · die Ente, -n
der Hund, -e · der Affe, -n · der Löwe, -n · das Nilpferd, -e · der Delphin, -e · der Strauß, -e · die Schlange, -n

BEISPIEL: S1: Der Tiergarten in San Diego hat Löwen, Tiger, . . .
S2: Hat er auch Strauße?
S1: Ja./Nein.
S2: Hat er auch . . . ?

der Bär, -en	das Gnu, -s	der Pinguin, -e
der Elefant, -en	die Katze, -n	der Tiger, -
der Fuchs, ̈e	das Krokodil, -e	der Wal, -e
die Giraffe, -n	der Otter, -	der Wolf, ̈e
der Gorilla, -s	der Orang-Utan, -s	das Zebra, -s

B. Welches Tier? *Think of an animal. Other students will ask questions to guess what it is.*

BEISPIEL: S1: Ist das Tier groß?
SIE: Nein, es ist nicht groß.
S2: Ist es schwarz?
SIE: ___?___

blau	grau	orange	groß
braun	grün	rot	hoch
dunkel(braun)	hell(grün)	schwarz	klein
dark (brown)	*light (green)*	weiß	lang
gelb			schön

Zimmer

A. **Inserate.** *Read through the following ads for rooms and apartments. If you need help, check the key to abbreviations and vocabulary at the right.*

Regensburg!

1-Zi.-Wohnung, voll möbl., v. 20 - 30 m², ab 250,— DM

1-Zi.-Wohnung, Nähe Uni, voll möbl., Kü.-Zeile, Balkon, ab 270,—. Winkler-Hausverwaltung GmbH, Mo.-Fr. v. 9-17 Uhr, Tel. (09 41) 70 24 65

2 Zi., einger. Kochecke, Bad, an Studenten zu verm. Tel. (0 94 05) 28 87

1 ½ Dachstudiowhg., 540,— inkl., Tel. 99 67 03

2 ½-Zi.-Whg., 70 m², Balk., Terr., Garage, ca. 760,— inkl. Tel. 9 84 67

1-Zi.-Wohnung, neu möbl., 15 km südl. v. Rgbg., 250,— Tel. (09 41) 6 22 15

Appartements, direkt an der Uni Regensburg, Neuprüll/Universitätsstr., Neubau, ca 20², möbl. 318,— DM, unmöbl. 268,— DM, Immobilien Schwab, Frau Grimm, Tel. (09 42) 6 89 11

Appartement

ca. 30 m², Wohnraum, Kochnische, WC und Dusche, Regensburg, Nähe Uni, ab sofort zu vermieten. Tel. (0 94 09) 3 70

App. = Appartement
Balk. = Balkon
ca. = circa *about, approximately*
einger. = eingerichtet *equipped (with stove, sink, and maybe one cabinet)*
GmbH = Gesellschaft mit beschränkter Haftung *Ltd./Co. = limited (liability)/company*
inkl. = inklusive
Kü.-Zeile = Küchenzeile *built-in kitchen against one wall*
qm. = m² (Quadratmeter)
Rgbg. = Regensburg
Str. = Straße
südl. = südlich *south*
Terr. = Terrasse
Uni. = Universität
(un)möbl. = (un)möbliert
verm. = vermieten *to rent*
v. = von
WC = Wasserklosett (die Toilette)
Whg. = Wohnung
Zi. = Zimmer

ab *from*
das Bad *bathroom*
das Dachstudio *attic studio*
die Dusche *shower*
die Hausverwaltung *property management*
die Immobilien (*pl.*) *real estate*
die Nähe *vicinity*
der Neubau *new building*
sofort *immediately*
voll *completely*
der Wohnraum *living space*

B. **Das Pro und Kontra.** *With another student, argue the pros and cons of a room or apartment advertised on page 67.*

BEISPIEL: S1: Nummer sieben ist gut.
S2: Ja, aber es ist nicht in Regensburg.
S1: Aber es ist neu möbliert.
S2: Ich habe schon Möbel.
S1: Die Miete ist nicht hoch.
S2: 250 Mark? Das ist zu teuer.

C. **Ein Inserat.** *Write an ad for your own room or apartment. Use whatever words and phrases apply. Check a newspaper or call a bank for the current exchange rate to determine the monthly rent in German marks. Make your ad as attractive as possible to a prospective renter.*

D. **Richtig oder falsch?**

1. Peter und Stefan suchen eine Wohnung.
2. Andrea braucht ein Zimmer.
3. Andreas Telefonnummer ist 3 67 64.
4. Peter und Stefan haben ein 14m²-Zimmer zu vermieten.
5. Andrea denkt (*thinks*), 190 Mark pro Monat ist zu teuer.
6. Peter und Stefan wohnen zusammen.
7. Die zwei Studenten wohnen in einem Wohnheim.
8. Andrea braucht eine Wohnung zum 8. (achten) Januar.

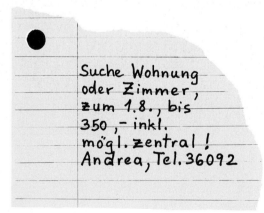

Wir, Peter + Stefan, suchen zum 1.8. (evtl. 15.7.) neue Mitbewohnerin für 14 qm – Zimmer, 190,– inkl. im Papenberg Wohnheim Tel. 36764

Suche Wohnung oder Zimmer, zum 1.8., bis 350,– inkl. mögl. zentral! Andrea, Tel. 36092

1.8. = 1. (ersten) August
15.7. = 15. (fünfzehnten) Juli
evtl. = eventuell *possibly*
für *for*
Mitbewohnerin *roommate (female)*
mögl. = möglich (*if*) *possible*
Wohnheim *apartment house, dormitory*
zum *from (the)*

Ankunft in Europa

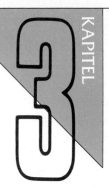

Die Familie mietet ein Auto.

A. **Ankunft in Europa.** Was brauchen Sie? *Match each German sign with the American counterpart.*

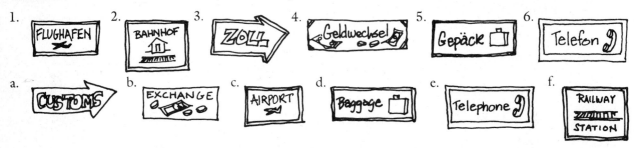

B. **Wortbildung** (*word formation*). *Form each compound noun, and then match it with a picture. Remember, the gender of a compound is the same as that of its last component.*

BEISPIEL: Der Zoll + (und/plus) die Beamtin (ist/macht) die Zollbeamtin. Das ist Nummer 5.

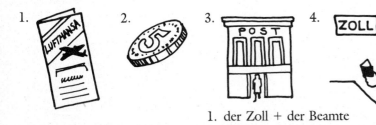

1. der Zoll + der Beamte
2. die Post + das Amt
3. das Telefon + die Zelle
4. fünf + die Mark + das Stück
5. fahr(en)* + die Karte

a. *telephone booth*
b. *customs official* (*male*)
c. *five-mark coin*
d. *post office*
e. (*travel*) *ticket*

C. **Wo sagt man was?** *Read each expression or conversational exchange, then choose the most likely setting for it:* der Flughafen, der Zoll, die Telefonzelle, der Bahnhof, der Geldwechsel, der Zug.

1. „Haben Sie etwas zu verzollen?"
   „Ja, wir haben Zigaretten."
2. „Ich habe Dollars. Ich brauche D-Mark, bitte."
3. „Das ist der Zug nach Bonn. Ich habe schon zwei Fahrkarten."
4. „Wohin telefonieren Sie?"
   „Nach Amerika."
   „Brauchen Sie Fünfmarkstücke?"

---

*Omit **en** in the compound noun.

5. „Hier ist das Gepäck. Der Bus kommt schon."
6. „Entschuldigung! Ist dieser Platz frei?"

D. **Was machen Sie? Wie oft** (*often*)? Immer (*always*), oft, manchmal (*sometimes*), oder nie (*never*)?

BEISPIEL: Die Männer lesen Zeitung. Lesen Sie Zeitung? →
Ja, ich lese oft Zeitung.

1. Die Stundenten brauchen Geld. Brauchen Sie Geld?

2. Die Studentinnen lesen Bücher. Lesen Sie Bücher?

3. Der Mann und die Frau essen Pizza. Essen Sie Pizza?

4. Die Österreicher sprechen Deutsch. Sprechen Sie Deutsch?

5. Die Journalisten halten Interviews. Halten Sie Interviews?

6. Die Frauen fahren (= reisen) nach Mexiko. Fahren Sie nach Mexiko?

7. Die Journalistinnen telefonieren nach Europa. Telefonieren Sie nach Europa?

8. Der Mann und die Frau geben Geschenke. Geben Sie auch Geschenke?

WORTSCHATZ

Adjectives and Adverbs

bald	soon
dann	then
fast	almost
hungrig	hungry
irgendwo	somewhere
manchmal	sometimes
müde	tired
nett	nice
nie	never
noch	still, yet
nur	only
offen	open
oft	often
selten	rarely
vielleicht	maybe
weit (weg)	far (away)
zollpflichtig	dutiable, subject to import tax
zuerst	first

Coordinating Conjunctions

aber	but, however
denn	because, for
oder	or
sondern	but, on the contrary
und	and

der-Words

dieser	this; that
jeder	each; every
mancher	some
solcher	such
welcher	which

ein-Words

dein	your (*infor. sg.*)
euer	your (*infor. pl.*)
ihr	her; its; their
Ihr	your (*for.*)
mein	my
sein	his, its
unser	our

Interrogative Words

wann	when
warum	why
was	what
wer	who
wie	how
wieviel	how much
wie viele	how many
wo	where
woher	(from) where
wohin	(to) where

Nouns

der Bahnhof, ¨e	railway station
die Bank, -en	bank
der Beamte, -n (ein Beamter) / die Beamtin, -nen	official, clerk
die Blume, -n	flower
das Buch, ¨er	book
der Bus, -se	bus
der Deutsche, -n (ein Deutscher) / die Deutsche, -n	German (*person*)
der Dollar, -s	dollar
die Fahrkarte, -n	ticket
die Farbe, -n	color
die Flasche, -n	bottle
der Flughafen, ¨	airport
der Freund, -e / die Freundin, -nen	friend
das Gepäck	baggage, luggage
das Geschenk, -e	present
das Interview, -s	interview

der Journalist, -en / die Journalistin, -nen	journalist	halten (hält)	to hold, to keep
der Koffer, -	suitcase	Interviews halten	to conduct interviews
das Land, ¨er	country	laufen (läuft)	to run
die Mark, -	German mark (*currency*)	lesen (liest)	to read
das Parfüm, -e	perfume	nehmen (nimmt)	to take
das Postamt, ¨er	post office	Platz nehmen	to sit down, take a seat
das Problem, -e	problem	sehen (sieht)	to see
die Sache, -n	thing, object	sprechen (spricht)	to speak
das Stück, -e	piece	telefonieren	to phone
die Telefonzelle, -n	phone booth	vergessen (vergißt)	to forget
die Zeit	time	werden (wird)	to become
die Zeitung, -en	newspaper		
die Zigarette, -n	cigarette		

Useful Words and Phrases

der Zollbeamte, -n (ein Zollbeamter) / die Zollbeamtin, -nen	customs official	alles	everything
		also	well then, now; therefore
der Zug, ¨e	train	etwas	something
		haben Sie etwas zu verzollen?	do you have something to declare?

Verbs

		um (sieben)	at (seven)
bekommen	to get, receive	erst um (sieben)	not until (seven)
essen (ißt)	to eat	willkommen (in Deutschland)	welcome (to Germany)
fahren (fährt)	to travel, go; to drive		
geben (gibt)	to give	Zeitung lesen	to read (a) newspaper
die Hand geben	to shake hands, extend one's hand		

GRAMMATIK

Frankfurt: der Flughafen

DER ZOLLBEAMTE: Haben Sie etwas zu verzollen?

SARAH: Ich bin nicht sicher. Welche Sachen sind denn zollpflichtig?

DER ZOLLBEAMTE: Zigaretten, Schnaps, Wein, Parfüm . . . Ist das Ihr Gepäck?

SARAH: Ja. Der Koffer ist schon offen.

DER ZOLLBEAMTE: Gut. Sie haben drei Stangen Zigaretten, zwei Flaschen Whisky und Parfüm. Ist das alles?

SARAH: Ja, das ist alles. Aber das ist mein Parfüm. Nur diese Sachen sind Geschenke.

DER ZOLLBEAMTE: Diese Zigaretten und dieser Whisky sind zollpflichtig.

A. **Der Zoll.**

1. Welche Sachen sind zollpflichtig? 2. Hat Sarah Zigaretten? Whisky? Parfüm? 3. Sind die Zigaretten und der Whisky Geschenke?

B. **Sie fahren mit anderen** (*with other*) **Studenten und Studentinnen nach Europa.** Fragen Sie Ihren Nachbarn/Ihre Nachbarin: Hast du etwas zu verzollen? Welche Sachen sind Geschenke?

der- and *ein*-Words

der-Words

You recall that the definite article is a word used before a noun: ***der*** **Koffer,** ***die*** **Blume,** ***das*** **Gepäck,** ***die*** **Sachen.** The so-called **der**-words also stand before nouns and have endings that correspond to those of the definite article. The **der**-words are **dieser** (*this, these*), **jeder** (*each, every*), **welcher** (*which*), **mancher** (*some*), and **solcher** (*such*).

	MASCULINE	FEMININE	NEUTER	PLURAL
NOMINATIVE	der	die	das	die
	dieser	diese	dieses	diese
	jeder	jede	jedes	—
	welcher	welche	welches	welche
	mancher	manche	manches	manche
	solcher	solche	solches	solche

Note that **jeder** is used only in the singular. **Mancher** and **solcher** are used mainly in the plural.

MASCULINE SINGULAR	**Jeder Koffer** ist hier.
FEMININE SINGULAR	Nicht **jede Kirche** ist alt.
NEUTER SINGULAR	**Jedes Buch** ist interessant.
PLURAL	**Manche Beamten** sind sehr nett.
	Solche Zigaretten sind teuer.

Der-words, like the definite article, must agree in gender, number, and case with the noun they modify.

Dieser Mann kommt aus Amerika.
Welches Parfüm kostet viel Geld?

ein-Words (Possessive Adjectives)

Like **der**-words, **ein**-words stand before nouns, but they have endings that correspond to those of the indefinite article. The **ein**-words include **kein** and all the possessive adjectives.

Each personal pronoun has a corresponding possessive adjective, which is used to indicate possession or relationship.

```
ich → mein  my        wir → unser  our
du → dein  your       ihr → euer  your
er → sein  his, its ⎫
sie → ihr  her, its  ⎬   sie → ihr  their
es → sein  its       ⎭
         Sie → Ihr  your
```

Note that the formal possessive adjective **Ihr**, like the formal pronoun **Sie**, is capitalized.

Possessive adjectives take the same endings as **ein**. Like **kein**, the plural forms take an **e** ending.

NOMINATIVE

MASCULINE		FEMININE		NEUTER		PLURAL	
ein		eine		ein		eine	
kein		keine		kein		keine	
mein		meine		mein		meine	
dein		deine		dein		deine	
sein		seine		sein		seine	
ihr	Koffer	ihre	Zeitung	ihr	Gepäck	ihre	Geschenke
sein		seine		sein		seine	
unser		unsere*		unser		unsere*	
euer		eure		euer		eure	
ihr		ihre		ihr		ihre	
Ihr		Ihre		Ihr		Ihre	

Notice that the stem changes from **euer** to **eur** when an ending that begins with **e** is attached: **euer Koffer, euer Gepäck**; *but* **eure Zeitung, eure Geschenke**.

der Beamte/der Deutsche

Some *masculine* German nouns (principally those formed from adjectives) have endings. In the nominative case, these nouns end in **e** if they follow a **der**-word.

> Das ist **der Zollbeamte**.
> **Der Beamte** sagt etwas.
> **Welcher Deutsche** kommt heute?

If such words stand alone or follow an **ein**-word in the nominative case, they end in **er**.

> Peter ist **Zollbeamter**.
> **Kein Deutscher** kommt heute. **Ein Deutscher,** Herr Jahn, kommt aber morgen.

The feminine singular of **der Beamte** is **die Beamtin**; the feminine plural is **die Beamtinnen**. The feminine counterpart of **der Deutsche** is **die Deutsche**. The plural for both masculine and feminine is **die Deutschen**.

---

*In conversation, **unsere** often becomes **unsre**: unsre Zeitung, unsre Geschenke.

Übungen

A. **Zoll.** *Replace the italicized word with the correct form of the word in parentheses. Remember, when* welcher *is used, the sentence becomes a question.*

1. *Der* Zollbeamte fragt: „Haben Sie etwas zu verzollen?" (jeder)
2. *Die* Amerikanerin sagt: „Ich bin nicht sicher." (welcher)
3. *Diese* Sachen sind zollpflichtig. (welcher)
4. Sind *diese* Geschenke zollpflichtig? (solcher)
5. *Die* Zigaretten und *das* Parfüm sind Geschenke. (dieser/dieser)
6. *Das* Buch kommt aus Deutschland, nicht? (dieser)
7. Ist *der* Koffer schon offen? (jeder)
8. *Diese* Zigaretten sind teuer, nicht? (mancher)
9. Kommen *die* Blumen aus Deutschland? (dieser)

B. **Fragen, Fragen, Fragen.** *Complete each question according to the cue.*

1. ____ Mann ist der Zollbeamte? (*which*)
2. ____ Zollbeamten sind freundlich, nicht wahr? (*some*)
3. Fährt ____ Amerikaner oft nach Deutschland? (*this*)
4. Sind ____ Sachen Geschenke? (*these*)
5. ____ Sachen sind denn Geschenke? (*which*)
6. ____ Geschenke sind teuer, nicht? (*such*)
7. Ist ____ Koffer neu? (*each*)
8. Ist ____ Flasche offen? (*each*)
9. ____ Flasche ist schon offen? (*which*)
10. Ist ____ Geschenk hier? (*each*)
11. Sind ____ Koffer teuer? (*such*)
12. Ist ____ Zeitung interessant? (*this*)

C. **Komplimente.** *Replace the italicized word with the correct form of each word in parentheses.*

1. *Die* Blumen sind wirklich schön. (Ihr, dein, euer)
2. *Das* Buch ist interessant. (sein, kein, ihr)
3. *Der* Freund ist wirklich nett. (mein, dein, unser)
4. *Diese* Wohnung ist luxuriös. (sein, euer, Ihr)

D. **Wer ist wer?** *Complete each sentence according to each cue.*

1. Das ist ____ Frau.* (*my, his, your* [*infor. sg.*])
2. Das ist ____ Mann.* (*her, your* [*for.*], *my*)
3. Das sind ____ Kinder. (*our, their, your* [*infor. pl.*])
4. Das ist ____ Freund. (*his, her, our*)
5. Das ist ____ Professorin. (*your* [*infor. pl.*], *our, your* [*infor. sg.*])
6. Das sind ____ Freundinnen. (*my, your* [*infor. sg.*], *his*)

---

*In this context, **Frau** means *wife*, and **Mann** means *husband*.

E. **Das sind meine Sachen, und das sind deine Sachen.** *Distinguish between the owners of each item or set of items.*

BEISPIEL: Gepäck / (ich, er) → Das ist mein Gepäck, und das ist sein Gepäck.

1. Fahrkarte / (ich, sie [*sg.*])
2. Flasche / (du, er)
3. Koffer / (ich, Sie)
4. Bücher / (wir, ihr)
5. Geschenke / (ihr, sie [*pl.*])
6. Parfüm / (sie [*sg.*], du)

F. **Das ist ____ Buch.** *Look around the classroom; point to various objects and indicate ownership.*

BEISPIELE: Das sind meine Bleistifte.
Das ist sein Buch.

der Bleistift, -e	das Heft, -e	der Stuhl, ⸚e
das Buch, ⸚er	das Papier	der Tisch, -e
das Geld	der Schreibtisch, -e	

G. **Beschreibungen** (*descriptions*). *Create sentences with a singular or plural subject; change the form of the* der- *or* ein-*word, the noun, and* sein *as necessary.*

dieser	Koffer	sein	offen
jeder	Geschenk		teuer
solche	Sache		zollpflichtig
manche	Blume		nett
mein	Buch		groß
dein	Flasche		neu
sein	Gepäck		alt
unser	Parfüm		klein
euer	Freund		schön
ihr	Freundin		gut
Ihr	Stadt		schlecht
			(un)interessant
			berühmt

H. **Dialog: Geschenke aus Amerika.** *Express the following dialogue in German.*

THE CUSTOMS OFFICIAL: Is that your luggage?
MR. KELLY: Yes, our suitcase is already open.
THE CUSTOMS OFFICIAL: Do you have something to declare?
MRS. KELLY: We have perfume and cigarettes. These cigarettes are gifts.
THE CUSTOMS OFFICIAL: Such presents are dutiable.
MR. KELLY: Your presents are expensive, Alice.
MRS. KELLY: My presents? Our presents, Henry.

I. **Freunde?** *Respond in your own way to each unkind remark.*

BEISPIEL: HANS: Mein Koffer ist neu. Dein Koffer ist alt.
SIE: Mein Koffer ist nicht so alt.
oder: Dein Koffer ist nicht so neu.
oder: Dein Koffer ist aber klein. Mein Koffer ist groß.
oder: Ja, dein Koffer ist sehr schön. Mein Koffer ist alt und nicht mehr schön.

1. Maria: Mein Zimmer ist groß. Dein Zimmer ist klein.
2. Paul: Meine Freundin ist berühmt. Ist deine Freundin berühmt?
3. Eva: Mein Buch ist interessant. Dein Buch ist uninteressant.
4. Richard: Diese Blumen sind wirklich schön. Deine Blumen sind nicht so schön.
5. Kurt und Susi: Unsere Geschenke sind teuer. Deine Geschenke sind nicht so teuer.

J. **Welche . . . ?** Fragen Sie Ihren Nachbarn/Ihre Nachbarin:

1. Welche Geschenke bekommst du gern? Parfüm? Blumen? Geld? Bücher? __?__
2. Welche Städte besuchst du gern?
3. Welche Monate hast du gern?
4. Welche Autos hast du gern?
5. Welche Farben hast du gern?

Frankfurt: der Flughafen

CHRISTOPH: Tag, Sarah. Willkommen in Deutschland. Hier sind Blumen.
SARAH: Oh Christoph, wie nett. Wie geht's dir? (*Sarah gibt Christoph die Hand.*)
CHRISTOPH: Gut, danke. Wir haben nicht viel Zeit. Der Zug nach Bonn fährt um zehn nach eins.
SARAH: Wir haben nur zwanzig Minuten. Ich brauche D-Mark. Der Beamte nimmt leider keine Dollars.
CHRISTOPH: Kein Problem. Ich habe schon zwei Fahrkarten. D-Mark bekommst du in Bonn; die Banken dort sind noch offen.

A. **Der Flughafen.**

1. Fährt der Zug bald nach Bonn? 2. Hat Sarah Dollars? 3. Braucht sie D-Mark? 4. Hat Christoph schon zwei Fahrkarten? 5. Sind die Banken in Bonn noch offen?

B. **Fragen Sie Ihren Nachbarn/Ihre Nachbarin:** Hast du heute viel Zeit?

Stem-changing Verbs

As you recall, the stem of a verb is the infinitive minus the **en** ending: **komm, geh.** Some verbs have an alternate stem; that is, the stem vowel—and sometimes a stem consonant as well—changes in the second- and third-person singular of the present tense. Such verbs are called stem-changing verbs. The stem-vowel changes are: **e → i, e → ie, a → ä/au → äu.**

Stem-vowel Change: e → i

The **d** is omitted from the stem of **werden** in the second-person singular.

sprechen			
ich	spreche	wir	sprechen
du	sprichst	ihr	sprecht
er sie es	spricht	sie	sprechen
	Sie	sprechen	

werden			
ich	werde	wir	werden
du	wirst	ihr	werdet
er sie es	wird	sie	werden
	Sie	werden	

Another verb with a stem-vowel change from **e** to **i** is **geben: du gibst, er/sie/es gibt.**

The stem **nehm** changes to **nimm**; the stem **ess** changes to **iß/eß**.

nehmen			
ich	nehme	wir	nehmen
du	**nimm**st	ihr	nehmt
er sie es	**nimm**t	sie	nehmen
	Sie	nehmen	

essen			
ich	esse	wir	essen
du	**iß**t	ihr	**eß**t
er sie es	**iß**t	sie	essen
	Sie	essen	

Another verb conjugated like **essen** is **vergessen: du vergißt, er/sie/es vergißt.**

Stem-vowel Change: e → ie

lesen			
ich	lese	wir	lesen
du	**lies**t	ihr	lest
er sie es	**lies**t	sie	lesen
	Sie	lesen	

sehen			
ich	sehe	wir	sehen
du	**sieh**st	ihr	seht
er sie es	**sieh**t	sie	sehen
	Sie	sehen	

Stem-vowel Change: a → ä / au → äu

fahren			
ich	fahre	wir	fahren
du	**fähr**st	ihr	fahrt
er sie es	**fähr**t	sie	fahren
	Sie	fahren	

laufen			
ich	laufe	wir	laufen
du	**läuf**st	ihr	lauft
er sie es	**läuf**t	sie	laufen
	Sie	laufen	

Another verb with a stem-vowel change from **a** to **ä** is **halten: du hältst, er/sie/es hält.**

Übungen

A. **Willkommen in Deutschland.** Was macht man hier? *Restate the paragraph with a singular subject; make all necessary changes.*

Diese Touristen sprechen Deutsch. Sie essen Sauerbraten. Sie lesen „Die Zeit". Sie fahren nach Bonn. Sie sehen dort Familie und Freunde. Sie vergessen Deutschland nie.

B. **Willi ist Journalist.** Er ist auch Ihr Freund. Was sagt er? Was fragt er? *Turn each of Willi's statements into a question directed toward a friend.*

BEISPIEL: Ich nehme Platz. → Nimmst du auch Platz?

1. Ich esse zuviel.
2. Ich halte gern Interviews.
3. Ich spreche gut Englisch.
4. Ich werde selten müde.
5. Ich lese gern Bücher.
6. Ich sehe oft Freunde.
7. Ich laufe gern.
8. Ich gebe gern Geschenke.
9. Ich fahre oft nach Berlin.
10. Ich vergesse Freunde nie.

C. **Was macht Willi?** *Give information about Willi. Use his remarks in Exercise B as a guide.*

BEISPIEL: Willi nimmt Platz.

D. **Wer macht was?** *Create sentences; the words in the third and fifth columns are optional.*

ich	sprechen	nicht	gern	Bücher
du	werden		bald	Zeitungen
Anna	lesen		gut	nach __?__
Hans	sehen		schön	Interviews
wir	vergessen		manchmal	Deutsch
	halten		jetzt	Englisch
	fahren		genug	Blumen
	nehmen		viel	Freunde
	essen		zuviel	müde
	laufen		oft	

E. **Ankunft in Deutschland.** *Express the following dialogue in German—or dramatize it with another student.*

JOSEF: Hi, Megan. Welcome to Germany.
MEGAN: Hi, Josef. How are you?
(Megan gives Josef her [*the*] hand. Josef gives Megan flowers.)
MEGAN: Oh Josef, how beautiful. Thanks.
JOSEF: The train is going soon.
MEGAN: I need marks. I only have dollars.
JOSEF: You'll get marks in Bonn. The banks will still be open.

F. **Fragebogen** (*questionnaire*). *Answer each question with a complete sentence.*

1. Sprechen Sie Deutsch? Englisch? Spanisch?
2. Brauchen Sie oft mehr Geld? mehr Zeit?
3. Lesen Sie gern Bücher? Zeitungen?
4. Fahren Sie gern?
5. Essen Sie gern? Essen Sie vielleicht zuviel?
6. Laufen Sie oft?
7. Werden Sie oft müde?
8. Haben Sie Probleme?

Sparen
beim
Fahren

mit
Fahrscheinen
im Vorverkauf

Salzburger Stadtwerke
Verkehrsbetriebe
Service für Salzburg

G. **Sie halten Interviews.** *Ask a member of your class each question in Exercise F (use* du). *Or use the questions in Exercise F to interview two members of your class together (use* ihr). *Then report the responses to your questions in the third person:* Dieser Student/diese Studentin . . . *or* Diese Studenten/diese Studentinnen . . .

Bonn: der Bahnhof

SARAH: Wann fährt der Bus nach Bad Godesberg?*

CHRISTOPH: Er fährt erst um halb sieben.

SARAH: O, da haben wir ja Zeit. Siehst du irgendwo eine Telefonzelle?

CHRISTOPH: Ja, da drüben ist eine, und sie ist sogar „international". Wohin telefonierst du?

SARAH: Nach Amerika. 001 und dann die Nummer dort, nicht wahr?

CHRISTOPH: Ich glaube ja, aber du telefonierst doch immer nach Amerika, nicht ich.

A. **Der Bahnhof.**

1. Was fragt Sarah? 2. Wann fahren Sarah und Christoph nach Bad Godesberg? 3. Was sieht Christoph? 4. Wohin telefoniert Sarah?

B. **Fragen Sie Ihren Nachbarn/Ihre Nachbarin:** Telefonierst du gern? Wohin telefonierst du meistens?

Word Order

Coordinating Conjunctions

In German, as in English, two or more sentences can be joined by a word such as **und** (*and*) or **aber** (*but*) to form a compound sentence. The words used to join the sentences (or coordinate clauses) are called coordinating conjunctions. In German, the following words are often used as coordinating conjunctions: **aber, sondern, und, oder, denn.**

aber	*but, however*	Das Postamt ist weit, **aber** wir haben noch vierzig Minuten.
sondern	*but, on the contrary*	Der Zug fährt nicht um sieben, **sondern** (er fährt) um acht.
und	*and*	Hier sind die Fahrkarten, **und** jetzt brauchen wir D-Mark.
oder	*or*	Essen Sie jetzt **oder** telefonieren Sie zuerst?
denn	*for, because*	Sie fährt nach Europa, **denn** sie hat Freunde dort.

---

*Bad Godesberg is a district of Bonn.

The word order of the independent clauses does not change when the clauses are combined by a coordinating conjunction.

Ich telefoniere nicht. Ich habe kein Geld.
Ich telefoniere nicht, **denn** ich habe kein Geld.

Note that a comma is used to separate clauses when they are joined by **aber, sondern,** or **denn.** A comma is not used before **und** or **oder** if the subject is the same in both clauses; a comma *is* used if the subjects are different: **Peter fährt heute nach Bonn, und Ursula fährt morgen nach Stuttgart.**

There is a difference between **aber** and **sondern. Sondern** means *but* in the sense of *rather* or *on the contrary.* It follows a negative phrase or clause and introduces new information that corrects the negative information.

Ich fahre nicht, **sondern** ich gehe.
I'm not driving, but (rather) I'm walking.

Sie studiert in Berlin, **aber** sie wohnt in Bonn.
She's studying in Berlin, but she lives in Bonn.

Denn and **aber** are used not only as coordinating conjunctions but also as often untranslated emphatic particles.

COORDINATING CONJUNCTION
Ich gehe jetzt, **denn** es ist schon spät.
I'll go now because it's already late.
Erika wohnt in Deutschland, **aber** sie reist oft nach Österreich.
Erika lives in Germany, but she often travels to Austria.

PARTICLE
Was machst du **denn**?
What (on earth) are you doing?
Das ist **aber** schön!
That's (really) beautiful!

BERYL GOLDBERG

West-Berlin. Die Blumen sind frisch, schön und nicht besonders teuer.

Interrogative Word Questions

In a yes/no question, as you recall, the verb stands first, the subject comes next, and then all other elements follow.

1	2	3
VERB	SUBJECT	OTHER ELEMENTS
Hält	sie	heute Interviews?
Fährt	der Bus	heute abend nach Köln?

A question may also begin with an interrogative word, such as **wie** (*how*), **wo** (*where*), **wohin** (*where to*), **woher** (*where from*), **wann** (*when*), **warum** (*why*), **wie-viel** (*how much*), or **wie viele** (*how many*). The interrogative word begins the question, the verb follows in second position, the subject usually follows in third position, and then come all the other elements.

1	2	3	4
INTERROGATIVE WORD	VERB	SUBJECT	OTHER ELEMENTS
Wie	reisen	Sie	nach Köln?
Wo	ist	Ihr Gepäck?	
Wohin	fährt	der Bus	heute abend?
Woher	kommen	die Geschenke	eigentlich?
Wann	fährt	der Bus	nach Bonn?
Warum	reist	du	so oft nach Europa?

Was (*what*) and **wer** (*who*) are interrogative pronouns. **Was** refers only to things; **wer** refers to people.

Was ist das? Das ist **mein Gepäck.**

Wer fährt nach Bonn? **Sarah** fährt nach Bonn.

Element-Verb-Subject Statements

The normal word order of a statement, as you recall, is subject-verb, followed by all other elements.

1	2	3
SUBJECT	VERB	OTHER ELEMENTS
Das Gepäck	ist	schon hier.
Ich	telefoniere	bald nach Amerika.
Der Bus	fährt	heute abend nach Köln.

It is sometimes preferable to begin a sentence with an element (a word or word group) other than the subject, especially in answer to a question or for emphasis. When such an element occupies the first position, it is followed immediately by the verb, then the subject, then all other elements. As you recall, this arrangement of verb-subject is called inverted word order.

1	2	3	4
ELEMENT	VERB	SUBJECT	OTHER ELEMENTS
Hier	ist	das Gepäck.	
Bald	telefoniere	ich	nach Amerika.
Heute abend	fährt	der Bus	nach Köln.

The position of the verb in a statement represents a major difference between German and English. In German, the verb occupies the second position in a statement, whether the subject precedes or follows it.

Die Fahrkarte	kostet	jetzt 80 DM.	*The ticket costs 80 DM now.*
			The ticket now costs 80 DM.
Jetzt	kostet	die Fahrkarte 80 DM.	*Now the ticket costs 80 DM.*

Übungen

Telefonieren ohne Münzen

☏ Post

A. **Der Bahnhof.** *Use the coordinating conjunction to make one sentence out of two.*

1. Der Zug nach Hamburg fährt um halb acht. Der Zug nach Bremen fährt um halb neun. (und)
2. Fahren Sie nach Hamburg? Fahren Sie nach Bremen? (oder)
3. Ich brauche D-Mark. Ich habe nur Dollars. (denn)
4. Das Postamt ist da drüben. Die Bank ist nicht weit weg. (und)
5. Da ist eine Telefonzelle. Sie ist noch nicht frei. (aber)
6. Der Zug kommt nicht aus Tübingen. Er kommt aus Köln. (sondern)
7. Die Studenten fahren nach Kassel. Sie haben Freunde dort. (denn)
8. Elke liest Zeitung. Der Zug ist noch nicht da. (denn)
9. Du arbeitest heute nicht. Du fährst nach Koblenz. (sondern)
10. Die Bank ist noch offen. Sie ist weit weg. (aber)
11. Wir fahren nach Münster. Sie fahren nach Dortmund. (und)
12. Ißt du jetzt? Telefonierst du zuerst? (oder)

B. **Was ist die Frage?** *Ask the question that each sentence answers; use the question word in parentheses.*

BEISPIEL: Der Zug fährt nach München. (wohin) →
Wohin fährt der Zug?

1. Der Bus fährt um sieben nach Regensburg. (wann)
2. Der Bahnhof ist nicht weit. (was)
3. Der Beamte kommt aus Berlin. (woher)
4. Die Amerikanerin fährt nach Düsseldorf. (wer)
5. Die Bank ist noch offen. (was)
6. Die Fahrkarte kostet 80 DM. (wieviel)
7. Paul fährt nach Leipzig, denn seine Freundin wohnt dort. (warum)
8. Fünf Studenten fahren heute nach Bonn. (wie viele)
9. Der Flughafen ist in Frankfurt. (wo)

10. Wir brauchen Fahrkarten. (was)
11. Der Zollbeamte heißt Karl Schmidt. (wie)

C. **Wie, bitte?** *Use the appropriate interrogative word to question the italicized portion of each statement.*

> BEISPIEL: Der Zug nach Bonn fährt *um halb sieben.* →
> Wie, bitte? **Wann** fährt der Zug nach Bonn?

1. Die Fahrkarte kostet nur *60 DM.*
2. Der Zug fährt bald *nach Wiesbaden.*
3. Diese Sachen kommen *aus Österreich.*
4. Wir fahren morgen früh, *denn kein Zug fährt heute nach Aachen.*
5. Unsere Freunde fahren *morgen* nach Ulm.
6. Diese Stadt hat *zwei* Bahnhöfe.
7. Wir bekommen D-Mark *in Bonn.*
8. *Mein Freund* heißt Paul Schulz.
9. Der Zollbeamte da ist *sehr nett.*
10. *Dieser Flughafen* ist berühmt.

D. **Sie sind neu in Deutschland. Was fragen Sie?** *Make up questions; use correct verb forms.*

wann	kommen	nach Ulm
wieviel	fahren	zollpflichtig
wohin	wohnen	interessant
wer	heißen	heute abend
wo	reisen	Sie
was	sein	eine Fahrkarte
wie viele Züge	kosten	das Postamt
wie	brauchen	eine Telefonzelle
welche Sachen		aus Deutschland
		das
		der Beamte

E. **Wir sind in Deutschland und machen Pläne.** *Restate the plans. Begin each sentence with the word or phrase in italics.*

1. Wir fahren *bald* nach Stuttgart.
2. Wir bekommen *dort* D-Mark.
3. Wir sind *um halb vier* schon da.
4. Wir telefonieren *zuerst* nach Amerika.
5. Wir brauchen *dann* D-Mark.
6. Wir essen *vielleicht* um sieben.
7. Wir fahren *morgen früh* nach Tübingen.

F. **Was fragt Ihr Freund? Was sagen Sie?** *Answer each question; begin with the information in parentheses.*

BEISPIEL: Wo ist eine Telefonzelle? (da) → Da ist eine Telefonzelle.

1. Wann essen wir? (um sieben)
2. Wann fährt Ursula nach Österreich? (morgen)
3. Wann arbeitet sie in München? (mittwochs)
4. Wann kommt unser Freund aus Köln? (heute)
5. Wann sehen wir Ingrid? (bald)
6. Kommt sie heute nach Ulm? (vielleicht)
7. Liest sie Bücher? (manchmal)
8. Wann telefonieren wir nach Amerika? (jetzt)

G. **Was sagen Laura und Jim?** Auf deutsch, bitte!

LAURA: How are you, Jim?
JIM: Fine, but I'm hungry.
LAURA: We'll eat soon, but first I'll phone (to) America. Where's a phone booth?
JIM: There's a phone booth.
LAURA: What's the area code?
JIM: The area code is 001.
LAURA: Thanks.

H. **Fragen Sie Ihren Nachbarn/Ihre Nachbarin:**

1. Wie heißt du?
2. Woher kommst du?
3. Wo wohnst du jetzt?
4. Wann ißt du heute? Warum?
5. Wohin fährst du bald? Warum?
6. Was studierst du?
7. Lernst du gern Deutsch?

Der Flughafen in Frankfurt am Main. Hier kauft man Flugkarten (*plane tickets*) und bekommt Informationen.

Sarah ist Amerikanerin. Sie spricht gut Deutsch, denn ihre Mutter° ist Deutsche. *mother*
Sie liest auch gern Bücher und Zeitungen aus Deutschland. Sie fährt oft nach
Europa, besonders° nach Deutschland, denn sie hat Freunde und Verwandte° dort. *especially / relatives*

Sie reist nicht nur zum Spaß,° denn sie ist Journalistin, und die Wirt- *zum . . . for fun*
schaftspolitik° in Europa ist ihr Spezialgebiet.° Jetzt arbeitet sie in Bonn, aber bald *economic policy / specialty*
fährt sie nach Berlin, München und Hamburg. Dort hält sie Interviews. Politiker° *politicians*
und Professoren sind ihre Gesprächspartner.° *interviewees*

Christoph ist schon lange ihr Freund. Er ist Englischlehrer° in Bonn. Er und *English teacher*
Sarah sprechen manchmal Englisch und manchmal Deutsch. So wird es nie lang-
weilig.° Bald hat er Ferien,° und dann besucht° er Sarah und ihre Mutter in Ame- *boring / a vacation / visits*
rika.

Wie gut kennen Sie Sarah?

1. Warum spricht Sarah gut Deutsch?
2. Was liest Sarah gern?
3. Wohin fährt Sarah oft? Warum?
4. Sarah reist nicht nur zum Spaß. Warum?
5. Wo arbeitet Sarah jetzt?
6. Wohin fährt Sarah bald? Was macht sie dort?
7. Wer sind Sarahs Gesprächspartner?
8. Wer ist Sarahs Freund?
9. Bald hat Sarahs Freund Ferien. Was macht er dann?

Sammelübungen

A. **Was macht Peter?** *Join appropriate clauses from each column. If you use* sondern, *negate the first clause.*

Peter ißt jetzt	aber	er hat Bücher gern
er liest gern	denn	er ist sehr hungrig
er reist gern	oder	er hat (nicht) viel Zeit
er lernt Deutsch	sondern	er braucht Geld
er arbeitet heute	und	er reist nach Deutschland
er fährt nach _?_		er hat Freunde dort
er spricht Englisch		er lernt auch Deutsch
_?_		seine Freundin ist Deutsche
		Zeitungen sind interessant und nicht teuer
		er ist Amerikaner
		_?_

Freundinnen und Geshenke.

B. **Und Sie?** *Complete the information about yourself.*

1. Ich bin . . . , und mein Freund/meine Freundin ist . . .
2. Ich fahre manchmal nach . . . , denn . . .
3. Ich spreche . . . , aber . . .
4. Ich esse zuviel, denn . . .
5. Ich wohne nicht in . . . , sondern in . . . , denn . . .
6. Ich habe jetzt . . . , aber ich brauche . . .
7. Ich brauche . . . , denn . . .
8. Ich werde oft müde, denn . . .

C. **Wann machen Sie was?** *Tell about your own activities and plans.*

1. Jetzt . . .   3. Morgen früh . . .   5. Manchmal . . .
2. Heute abend . . .   4. Bald . . .   6. Vielleicht . . .

D. **Rollenspiel: Ankunft in Deutschland.** Was fragt der Zollbeamte/die
   Zollbeamtin? Was fragen Sie? *With another student, take the parts of a
   German customs official and an American who has just arrived in Germany. Ask
   and answer questions.*

DER ZOLLBEAMTE/DIE ZOLLBEAMTIN	DER TOURIST/DIE TOURISTIN
Wie heißen Sie, bitte?	Welche Sachen sind zollpflichtig?
Sprechen Sie Deutsch?	Sprechen Sie Englisch?
Wo ist Ihr Gepäck, bitte?	Wo ist eine Telefonzelle?
Ist das Ihr Koffer?	Wann fährt der Zug nach __?__
Haben Sie etwas zu verzollen?	Wo bekommt man D-Mark? hier?
Haben Sie Geschenke?	da drüben?
Haben Sie Zigaretten? wie viele	Sind die Banken noch offen?
Stangen?	Wo ißt man?
Haben Sie Wein? wie viele	Wo ist das Postamt? Ist es weit von
Flaschen?	hier?
Woher kommen Sie?	Was ist die Vorwahl nach Amerika,
Wohin fahren Sie?	bitte?
Was brauchen Sie?	Sind solche Bahnhöfe (Städte,
Was sind Sie? Sind Sie vielleicht	Flughäfen, Beamten, __?__)
Student/Studentin?	typisch für Deutschland?
Journalist/Journalistin?	__?__
Warum fahren Sie nach	
Deutschland?	
__?__	

E. **Geldwechsel.** Sie sind in Europa. In Deutschland brauchen Sie Mark, in Österreich Schilling und in der Schweiz Franken. *Ask and answer questions about the conversion of currency. (Note: The exchange rate fluctuates from day to day.)*

1 Mark = 100 Pfennig; 1 Franken = 100 Rappen; 1 Schilling = 100 Groschen

ÖSTERREICH

100 öSch = 14,31 DM   100 DM = 698,81 öSch

öSch — DM		öSch — DM		DM — öSch		DM — öSch	
				0,10	0,70		
1,—	0,14			1,—	6,99	100,—	698,81
		1 000,—	143,10	2,—	13,98	200,—	1 397,62
10,—	1,43	2 000,—	286,20	3,—	20,96	300,—	2 096,44
20,—	2,86	3 000,—	429,30	4,—	27,95	400,—	2 795,25
30,—	4,29	4 000,—	572,40	5,—	34,94	500,—	3 494,06
40,—	5,72	5 000,—	715,50	6,—	41,93	600,—	4 192,87
50,—	7,16	6 000,—	858,60	7,—	48,92	700,—	4 891,68
60,—	8,59	7 000,—	1 001,70	8,—	55,90	800,—	5 590,50
70,—	10,02	8 000,—	1 144,80	9,—	62,89	900,—	6 289,31
80,—	11,45	9 000,—	1 287,90	10,—	69,88	1 000,—	6 988,12
90,—	12,88	10 000,—	1 431,—				
100,—	14,31						

Die Kurse für den An- und Verkauf von Schecks, Noten und Münzen sind veränderlich. Daher können die errechneten Beträge nur Annäherungswerte sein.

SCHWEIZ

100 sfrs = 123,75 DM   100 DM = 80,81 sfrs

sfrs — DM		sfrs — DM		DM — sfrs		DM — sfrs	
0,10	0,12			0,10	0,08		
1,—	1,24	100,—	123,75	1,—	0,81	100,—	80,81
2,—	2,47	200,—	247,50	2,—	1,62	200,—	161,62
3,—	3,71	300,—	371,25	3,—	2,42	300,—	242,42
4,—	4,95	400,—	495,—	4,—	3,23	400,—	323,23
5,—	6,19	500,—	618,75	5,—	4,04	500,—	404,04
6,—	7,43	600,—	742,50	6,—	4,85	600,—	484,85
7,—	8,66	700,—	866,25	7,—	5,66	700,—	565,66
8,—	9,90	800,—	990,—	8,—	6,46	800,—	646,46
9,—	11,14	900,—	1 113,75	9,—	7,27	900,—	727,27
10,—	12,38	1 000,—	1 237,50	10,—	8,08	1 000,—	808,08

Die Kurse für den An- und Verkauf von Schecks, Noten und Münzen sind veränderlich. Daher können die errechneten Beträge nur Annäherungswerte sein.

BEISPIELE: S1: Wie viele Mark bekomme ich für 8 Franken?
S2: 9 Mark 90 (Pfennig).

S1: Wie viele Franken bekomme ich für 100 Mark?
S2: 80 Franken 81 (Rappen).

S1: Wie viele Mark bekomme ich für 5000 Schilling?
S2: 715 Mark 50 (Pfennig).

S1: Wie viele Schilling bekomme ich für 1 Mark?
S2: 6 Schilling 99 (Groschen).

KULTURECKE

▶ International long-distance calls can be made to anywhere in the world from private telephones in West Germany. People who don't have a phone or who are away from home use the long-distance booths at the **Postamt.** One simply goes to the **Schalter** marked **Fernsprechdienst** and is sent from there into a **Kabine** to make the call. It is also possible to dial direct from telephone booths that are designated *international*. The advantage of using the long-distance service at the post office, however, is that one doesn't need so much change since calls are paid for at the window.

The **Deutsche Bundespost** (**DBP**) operates the telephone system in West Germany, and it provides many other services in addition to collecting and distributing mail. It operates an extensive bus line, runs its own bank, owns and maintains Germany's television equipment, operates the telegraph service, issues stamps, and offers data processing, telex, and phototelegraphy services.

▶ The monetary unit in West Germany is the **Deutsche Mark** (**DM**), which is divided into 100 **Pfennig.** The denominations are as follows:

▶ (der) ein Pfennig, -
(das) ein Zweipfennigstück, -e
　　　 Fünfpfennigstück
　　　 Zehnpfennigstück
　　　 Fünfzigpfennigstück

(die) eine Mark, -
　　　 ein Zweimarkstück
　　　 ein Fünfmarkstück
(der) ein Fünfmarkschein, -e
　　　 Zehnmarkschein
　　　 Zwanzigmarkschein
　　　 Fünfzigmarkschein
　　　 Hundertmarkschein

Fünfhundertmarkschein
Tausendmarkschein

The East German monetary system includes coins and notes of exactly the same denominations as the West German system.

The monetary unit in Austria is the **Schilling** (**öS**), which is divided into 100 **Groschen.**

The Swiss monetary system is based on the **Franken (sfr),** which is divided into 100 **Rappen** (officially called **centimes**).

▶ European countries are small as compared with the United States. For this reason, Europeans are never far from a foreign country. Crossing a border in Europe can be part of a Sunday drive. Since each country has its own currency, there are exchange offices at all large airports, train stations, banks, and border crossings.

▶ There are still several markedly different regional dialects spoken in Austria and Germany. Those spoken in the southern parts of Germany, for instance, are collectively referred to as **Oberdeutsch: "ober"** because the terrain is relatively high and mountainous. The dialects spoken in the northern parts of Germany are called **Nieder-** or **Plattdeutsch: "nieder"** or **"platt"** because the terrain is quite low and flat.

Fortunately you don't have to learn any regional dialect to travel and find your way in the German-speaking world since most people speak or at least understand **Hochdeutsch. Hochdeutsch** is the standard language taught in schools and universities and spoken on a professional level throughout the German-speaking world. Americans are often surprised at how many Germans speak English and how well they speak it. English is taught for at least three years in almost all German schools.

ANWENDUNG

Länder und Sprachen

A. **Telefoninformationen.** *Work with other students. Ask for and give information about long-distance calling to other countries.*

die Abkürzung, -en *abbreviation*
die Gebühr, -en *fee*
die Vorwählnummer, -n (die Vorwahl, -en) *area code*

Land		Vorwählnummern	Gebühren für 1 Minute Normaltarif/Billigtarif
A	Österreich	0043	DM 1,15/0,92
B	Belgien	0032	DM 1,15/0,92
CDN	Kanada	001	DM 3,68**
CH	Schweiz	0041	DM 1,15/0,92
CSSR	Tschechoslowakei	0042	DM 1,15/0,92
DK	Dänemark	0045	DM 1,15/0,92
E	Spanien	0034	DM 1,15/0,92*
F	Frankreich	0033	DM 1,15/0,92
GB	Großbritannien	0044	DM 1,15/0,92
GR	Griechenland	0030	DM 1,15/0,92*
H	Ungarn	0036	DM 1,38**
I	Italien	0039	DM 1,15/0,92*
IRL	Irland	00353	DM 1,15/0,92
J	Japan	0081	DM 3,68**
L	Luxemburg	00352	DM 1,15/0,92
N	Norwegen	0047	DM 1,38**
NL	Niederlande	0031	DM 1,15/0,92
P	Portugal,	00351	DM 1,15/0,92*
S	Schweden	0046	DM 1,38**
SF	Finnland	00358	DM 1,38**
TR	Türkei	0090	DM 1,38**
USA	USA	001	DM 3,68**
YU	Jugoslawien	0038	DM 1,38**

Stand 04.87

* Normaltarif von 8.00 – 20.00 Uhr   ** nur Normaltarif

BEISPIELE: Was ist die Abkürzung von (Griechenland)?
Welches Land hat die Abkürzung (DK)?
Was ist die Vorwahl von (Dänemark)?
Welches Land hat die Vorwahl (0039)?
Wieviel kostet eine Minute Normaltarif nach (Belgien)?
Wieviel kostet eine Minute Billigtarif nach (Großbritannien)?
Was ist die Gebühr für eine Minute nach (Österreich)?
Was ist die Gebühr für eine Minute nach (Norwegen)?

Wer spricht Deutsch?

Es gibt° drei Sprachfamilien in Europa: die slawische, die romanische und die germanische. Im Osten° gibt es slawische Sprachen wie Russisch und Polnisch. Französisch, Spanisch und Italienisch sind romanische Sprachen; und Schwedisch, Norwegisch, Dänisch, Englisch und Deutsch sind germanische Sprachen.

es . . . there are
im . . . in the East

Ungefähr° 120 Millionen Menschen° in der Welt° sprechen Deutsch. In Europa spricht man die deutsche Sprache in sechs Ländern. Diese Länder sind: die Bundesrepublik Deutschland,° die Deutsche Demokratische Republik,° Österreich, die Schweiz, Luxemburg und Liechtenstein. Aber nicht alle Schweizer sprechen Deutsch: Als Muttersprache° sprechen 65 Prozent Deutsch, 18 Prozent Französisch, 12 Prozent Italienisch und 1 Prozent Rätoromanisch.° In Luxemburg spricht man Letzeburgisch; die Amtssprache° ist aber Französisch, und einige Zeitungen an der Grenze° zu Deutschland sind auch auf deutsch.

Federal Republic of Germany (FRG), West Germany / German Democratic Republic (GDR), East Germany
als . . . as the native language
Rhaeto-Romanic
official language

border

Die deutsche Sprache hat viele Dialekte, und diese Dialekte sind oft schwer° zu verstehen. Die Norddeutschen verstehen zum Beispiel oft die Bayern° und Schweizer nicht. Schüler und Schülerinnen° in den deutschsprachigen Ländern lernen aber Hochdeutsch.° An der Universität, auf der Bühne,° im Radio und im Fernsehen° hört man auch Hochdeutsch.

difficult

Bavarians

school children

standard German / stage / TV

Bayrischer Dialekt

Plattdeutsch

B. **Fragen.**

1. Welche drei Sprachfamilien gibt es in Europa?
2. Wie viele Menschen in der Welt sprechen Deutsch?
3. Wie heißen die Länder, wo man Deutsch spricht?
4. Wie viele Schweizer sprechen Deutsch als Muttersprache?
5. Warum verstehen die Norddeutschen oft die Bayern und Schweizer nicht?
6. Was lernen Schüler und Schülerinnen?

C. **Diskussionsfragen.**

1. Welche Sprachen hört man oft in Amerika? Warum?
2. In Amerika hört man viele Akzente. Amerikaner aus Boston sprechen zum Beispiel oft anders als Amerikaner aus Texas. Woher kommen die Studenten und Studentinnen in der Klasse? Haben sie Akzente?

Die Bundesrepublik Deutschland (BRD)

Wie gut kennen Sie die Bundesrepublik? *Study the map and the chart, then quiz other members of the class about the information.*

das (Bundes)land, ⁻er *state (in the Federal Republic of Germany)*
der Einwohner, - *inhabitant*
die Hauptstadt, ⁻e *capital*

liegen *to be situated*
der Quadratkilometer, - *square kilometer*

BEISPIELE: S1: Wie viele Länder hat die Bundesrepublik?
S2: Die Bundesrepublik . . .
S1: Was ist die Hauptstadt von (Hessen)?
S2: Die Hauptstadt . . .
S1: Wie viele Einwohner hat (Kiel)?
S2: (Kiel) hat . . . Einwohner.
S1: Wo liegt (Regensburg)?
S2: Regensburg liegt in (Bayern).
S1: Wie groß ist (Bremen)?
S2: (Bremen) hat (404 Quadratkilometer).
S1: ___?___

Land	Capital	Area (sq. km.)	Population
Baden-Württemberg	Stuttgart	35,751	9,119,000
Bayern	Munich	70,547	10,804,000
Bremen		404	702,000
Hamburg		753	1,682,000
Hessen	Wiesbaden	21,112	5,550,000
West Berlin		480	2,028,000
Niedersachsen	Hanover	47,430	7,238,000
Nordrhein-Westfalen	Düsseldorf	34,057	17,073,000
Rheinland-Pfalz	Mainz	19,838	3,649,000
Saarland	Saarbrücken	2,570	1,089,000
Schleswig-Holstein	Kiel	15,696	2,583,000
Federal Republic	Bonn	248,140	59,489,000

Flensburg

SCHLESWIG-
HOLSTEIN

Kiel

Lübeck

HAMBURG

BREMEN

Oldenburg

NIEDERSACHSEN

Hannover

BERLIN

Munster

Braunschweig

NORDRHEIN- WESTFALEN

Essen   Dortmund

Göttingen

Düsseldorf

Kassel

Aachen   Köln

BONN

HESSEN

Koblenz

Fulda

RHEINLAND-
PFALZ

Wiesbaden

Hof

Mainz

Frankfurt

Trier

Würzburg

Ludwigshafen

SAARLAND

Mannheim

Nürnberg

Saarbrücken

Regensburg

Karlsruhe

BAYERN

Passau

Stuttgart

München

BADEN-
WÜRTTEMBERG

Ulm

Augsburg

Freiburg

Konstanz

Garmisch-
Partenkirchen

Alles einsteigen, bitte!

Winter im Schwarzwald. Der Zug fährt schon.

OWEN FRANKEN / STOCK, BOSTON

A. **Der Zug.** *Complete each sentence with an appropriate word. Use the definite article when necessary.*

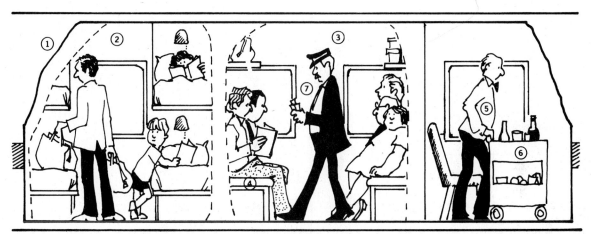

der Zug

1. der Wagen, -
2. der Schlafwagen, -
3. das Abteil, -e
4. der Platz, ̈e
5. der Verkäufer, -
6. die Minibar, -s
7. der Schaffner, -

1. Wir fahren über Nacht (*overnight*). Wo ist ____ ?
2. ____ bringt die Minibar.
3. Entschuldigung! Ist dieser ____ frei?
4. ____ kommt jetzt. Wo sind unsere Fahrkarten?
5. Wie viele ____ hat dieser Zug?
6. Ich habe Hunger. Wann kommt ____ ?
7. Dieses ____ hat zwei Fenster.

B. **Wortbildung.** *Form compound nouns and tell what each means.*

BEISPIEL: die Speise + der Wagen: der Speisewagen →
Er heißt auf englisch *dining car.*

1. die Wurst + die Platte
2. schlaf(en)* + der Wagen
3. der Stoff + die Serviette
4. die Speise + die Karte
5. mini + die Bar
6. der Tisch + die Decke

a. *tablecloth*
b. *snack bar*
c. *menu*
d. *sleeping car*
e. *plate of cold cuts*
f. *cloth napkin*

———————

*Omit the **en** in the compound.

C. **Wir nehmen den Zug.** *Choose the sentence on the right that most logically follows each sentence on the left.*

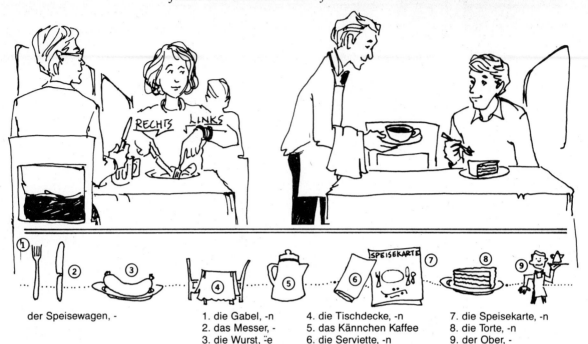

der Speisewagen, -

1. die Gabel, -n
2. das Messer, -
3. die Wurst, ̈e

4. die Tischdecke, -n
5. das Kännchen Kaffee
6. die Serviette, -n

7. die Speisekarte, -n
8. die Torte, -n
9. der Ober, -

F 1. Der Speisewagen ist schön.
I 2. Herr Schmidt hat Hunger.
G 3. Der Schaffner sagt:
C 4. Hans Müller ist Student.
K 5. Die Verkäuferin sagt:
B 6. Frau Felder nimmt Platz.
E 7. Der Ober sagt:
H 8. Frau Koch hat Durst.
D 9. Dieser Zug fährt über Nacht.
A 10. Herr Braun verläßt (*leaves*) sein Abteil.
L 11. Peter möchte (*would like*) eine Cola.
J 12. Die Deutschen halten das Messer rechts und die Gabel links.

a. Er sagt: „Auf Wiedersehen."
b. Zuerst fragt sie: „Ist dieser Platz frei?"
c. Er kauft (*buys*) einen Junior-Paß.
d. Er hat Schlafwagen.
e. „Wurst, Cola . . ."
f. Er hat Tischdecken und Stoffservietten.
g. „Ihre Fahrkarte, bitte."
h. Sie bestellt (*orders*) ein Kännchen Kaffee.
i. Er bestellt eine Wurstplatte.
j. Die Amerikaner halten die Gabel rechts.
k. „Hier ist die Speisekarte. Was wünschen (*wish*) Sie, bitte?"
l. Er fragt: „Siehst du die Minibar?"

D. **Sie fahren nach Hannover.** *Describe your train trip from Frankfurt to Hannover. Arrange the sentences in a logical sequence.*

Ich bestelle eine Cola.
Ich nehme Platz.
Ich bin schon in Hannover.
Ich kaufe eine Fahrkarte.

Die Verkäuferin bringt die Minibar.
Ich bin jetzt in Frankfurt.
Der Zug fährt nach Hannover.
Ich habe Durst.

E. **Lieblingsdinge** (*favorite things*). Fragen Sie Ihren Nachbarn/Ihre Nachbarin:

Was ist . . .

deine Lieblingsfarbe? (rot? blau? __?__)
dein Lieblingsgeschenk?
dein Lieblingsbuch?
dein Lieblingsfilm?
deine Lieblingsstadt?
dein Lieblingsrestaurant?
   __?__

Wer ist . . .

dein Lieblingsautor/deine Lieblingsautorin?
dein Lieblingssänger/deine Lieblingssängerin?
dein Lieblingsfilmstar?
   __?__

WORTSCHATZ

Adjectives and Adverbs

allein	alone
bestimmt	certainly
billig	cheap(ly), inexpensive(ly)
einfach	one way; simple; simply
gültig	valid
hin und zurück	round trip
links	left
rechts	right
sonst	otherwise; usually
tatsächlich	really
zimperlich	afraid; squeamish

Interrogative Pronoun

wen (*acc.*)	whom

Nouns

das Abteil, -e	(train) compartment
das Angebot, -e	offering, selection

das Brot	bread
die Cola, -s	cola
der Durst	thirst
Durst haben	to be thirsty
die Fahrt, -en	trip
die Gabel, -n	fork
das Gleis, -e	(railroad) track
der Hunger	hunger
Hunger haben	to be hungry
der Junior-Paß, *pl.*	junior pass
Junior-Pässe	
das Kännchen, -	pot
die Leute (*pl.*)	people
das Mädchen, -	girl
das Messer, -	knife
die Minibar, -s	(portable) snack bar
das Mittagessen, -	lunch
der Ober, -	waiter
der Paß, *pl.* Pässe	pass; passport
das Plakat, -e	poster

Die große Bahnhofshalle in Frankfurt am Main.

RENATE HILLER / MONKMEYER

der Platz, ⸚e	seat; place
ist dieser Platz frei?	is this seat taken?
der Preis, -e	price
der Schaffner, - / die Schaffnerin, -nen	(train) conductor
der Schlafwagen, -	sleeping car
die Serviette, -n	napkin
die Sonderfahrt, -en	chartered trip, special excursion
die Speisekarte, -n	menu
der Speisewagen, -	dining car
die Stoffserviette, -n	cloth napkin
die Stunde, -n	hour
die Tischdecke, -n	tablecloth
die Torte, -n	torte, cake
der Verkäufer, - / die Verkäuferin, -nen	vendor, salesperson
der Wagen, -	(train) car; car
die Wurst, ⸚e	sausage (*frankfurter, bologna, etc.*)
die Wurstplatte, -n	plate of cold cuts

WEAK MASCULINE NOUNS*

der Herr, -en	gentleman
der Junge, -n	boy
der Kunde, -n	customer
der Mensch, -en	human being; person; *pl.* people

der Nachbar, -n	neighbor
der Name, -n	name
der Neffe, -n	nephew
der Student, -en	student
der Tourist, -en	tourist

Verbs

bestellen	to order
besuchen	to visit
dauern	to last
finden	to find
interessieren	to interest
kaufen	to buy
(mögen)	(to like)
ich möchte	I would like
reduzieren	to reduce
reservieren	to reserve
trinken	to drink
überraschen	to surprise
verkaufen	to sell
verlassen (verläßt)	to leave
wünschen	to wish

Useful Words and Phrases

(die) Lieblings(torte)	favorite (torte, cake)
über Nacht	overnight

---

* Some of these nouns also have feminine forms: **die Kundin, die Nachbarin, die Studentin, die Touristin.** The plural ending for these forms is **nen.**

GRAMMATIK

Der Bahnhof in Frankfurt: der Fahrkartenschalter

EDITH: Wieviel kostet ein Junior-Paß?*
DER BEAMTE: Der Paß kostet 100 DM.
EDITH: Ist er immer gültig?
DER BEAMTE: Ja.
EDITH: Gut, ich kaufe den Paß, und ich brauche auch zwei Fahrkarten nach Köln.
DER BEAMTE: Einfach, oder hin und zurück?
EDITH: Einfach, bitte.
DER BEAMTE: Diese Karten kosten je 30 DM, aber der Junior-Paß reduziert Ihre Karte um 50 Prozent. Die Karten und der Paß kosten zusammen also 145 DM.

A. Edith kauft einen Junior-Paß und eine Fahrkarte.

1. Wen (*whom*) fragt Edith? 2. Wieviel kostet der Junior-Paß? Wie lange ist dieser Paß gültig? 3. Was braucht Edith noch? 4. Wieviel kostet das alles?

B. Fragen Sie Ihren Nachbarn/Ihre Nachbarin:

1. Reist du gern? 2. Nimmst du gern den Zug, den Bus oder das Flugzeug?

Accusative Case

As you recall, the grammatical case of a noun or pronoun depends on how it is used in a sentence. For example, if it functions as the subject, it is in the nominative case. One use of the accusative case is to designate the direct object in a sentence. The direct object is the noun or pronoun that receives the action or the result of the action of the verb. The direct object answers the question *whom?* or *what?* about the action in a sentence.

SUBJECT (NOMINATIVE)	VERB	DIRECT OBJECT (ACCUSATIVE)
Die Frau	sieht	den Mann.
Sie	kauft	einen Wagen.

---

* The **Junior-Paß** may be purchased by anyone 12 to 23 years old or by any student under 27.

In German, *who* is expressed by **wer,** and the accusative case form is **wen** (*whom*); *what* is expressed by the interrogative pronoun **was,** which does not change form.

| NOMINATIVE | wer (*who*) | was (*what*) |
| ACCUSATIVE | wen (*whom*) | was (*what*) |

Wen sieht die Frau?   Die Frau sieht **den Mann.**

Was kauft sie?   Sie kauft **einen Wagen.**

Nouns with *der-* and *ein*-Words

The **der**-words, as you recall, include the forms of the definite article as well as **dieser, jeder, welcher, mancher,** and **solcher.** The **ein**-words include **ein, kein,** and all the possessive adjectives: **mein, dein, sein, ihr, unser, euer,** and **Ihr.** In the accusative case, the masculine forms of all the **der**-words and **ein**-words end with **en.** The feminine, neuter, and plural forms are identical with those in the nominative case.

	MASCULINE	FEMININE	NEUTER	PLURAL
NOMINATIVE	der dieser ein kein	die diese eine keine	das dieses ein kein	die diese — keine
	} Zug	} Karte	} Buch	} Blumen
ACCUSATIVE	den diesen einen keinen	die diese eine keine	das dieses ein kein	die diese — keine

	NOMINATIVE	ACCUSATIVE
MASCULINE	Dieser Ein } Zug fährt nach Bern.	Ich nehme {diesen / einen} Zug nach Bern.
FEMININE	Die Eine } Minibar kommt jetzt.	Der Verkäufer bringt {die / eine} Minibar.
NEUTER	Das Kein } Brot ist gut.	Wir essen {das / kein} Brot.
PLURAL	Die Keine } Leute fahren heute.	Er sieht {die / keine} Leute.

The verbs **sein, werden,** and **heißen** equate the subject of a sentence with a noun in the predicate. Both the subject and the predicate noun (called the predicate nominative) are in the nominative case. Be careful not to confuse a predicate nominative (used with **sein, werden,** or **heißen**) with a direct object (used with other verbs).

PREDICATE NOMINATIVE

Er ist **der Verkäufer.**
Das heißt **die Minibar.**

DIRECT OBJECT

Er sieht **den Verkäufer.**
Sehen Sie **die Minibar?**

Übungen

A. **Der Bahnhof: Wer, wen oder was?** *Answer each question with the correct form of each phrase in parentheses.*

BEISPIEL: Wen interviewt die Journalistin? (der Schaffner, der Ober, die Beamtin) →
Sie interviewt den Schaffner. Sie . . .

1. Wen sieht die Frau? (ihre Kinder, ihr Mann, ihre Freundin)
2. Was wünscht der Herr? (ein Kaffee, ein Paß, ein Platz)
3. Was kauft der Tourist? (eine Zeitung, ein Koffer, ein Buch)
4. Wer bekommt diesen Koffer? (die Touristin da, der Amerikaner, das Mädchen)
5. Was braucht die Touristin? (eine Fahrkarte, ihr Koffer, ihr Gepäck)
6. Wer sucht einen Platz? (die Studentin, mein Freund, der Schweizer)

B. **Was machen diese Leute?** *Use the correct form of each phrase in parentheses to complete each sentence.*

1. Paul nimmt ____ nach Köln. (der Zug, sein Wagen, ein Bus)
2. Elke reserviert ____ . (ein Platz, ein Zimmer, dieser Tisch)
3. Robert und Karin suchen ____ . (der Speisewagen, ihre Freunde, der Fahrkartenschalter)
4. Karl bestellt ____ . (kein Kaffee, ein Stück Torte, eine Wurstplatte)

Die Schaffnerin kontrolliert (*checks*)
die Fahrkarte.

C. **Wie, bitte?** *Ask the question that each statement answers. Use* wer, wen, *or* was, *whichever corresponds to the word or phrase in italics.*

1. Die Frauen haben *Geld*.
2. *Der Student* braucht eine Fahrkarte.
3. Der Verkäufer reduziert *den Preis*.
4. Der Schaffner sieht *seinen Freund*.
5. Der Mann besucht *die Frau*.
6. *Der Ober* hat die Speisekarte.
7. Diese Frau ist *die Schaffnerin*.
8. Das Mädchen vergißt nie *diese Touristen*.
9. *Dieser Mann* heißt Karl Schmidt.
10. Der Beamte kennt *unsere Freunde*.

D. **Wer oder wen?** *Use the correct form of the cue to complete each sentence.*

1. Helmut Kleist ist ____ . (der Schaffner)
2. Dieser Mann wird bald ____ hier. (der Ober)
3. Wir kennen ____ nicht. (dieser Verkäufer)
4. ____ heißt Hans Schroeder? (welcher Schaffner)
5. Der Beamte hat ____ gern. (jeder Amerikaner)
6. ____ sucht der Schaffner? (welcher Mann)

E. **Der Fahrkartenschalter: Paul kauft eine Fahrkarte.** Auf deutsch, bitte!

PAUL: Is a junior pass always valid?
THE CLERK: Yes, and it costs 100 DM.
PAUL: I'll need a junior pass because I often take the train. And I'll also buy a ticket to Bremen.
THE CLERK: One way or round trip?
PAUL: Round trip, please.
THE CLERK: That will cost 125 marks altogether: The junior pass costs 100 marks, and the ticket costs 50 marks, but your pass reduces the price by 50 percent.

F. **Was sehen Sie?** *Look at the picture to answer the questions on page 105.*

1. Was braucht Frau Schiller?
2. Was liest Herr Lorenz?
3. Was ißt Jürgen?
4. Was trinkt Peter?
5. Was findet Marianne interessant?
6. Was kauft Herr Bruhn?
7. Was bekommt der Verkäufer?
8. Was hat Frau Martens?
9. Was verkauft Herr Bayer?
10. Wen sucht Frau Braun?

G. **Wer macht was?** *Use the information in the picture on page 104 to ask questions beginning with* wer.

BEISPIEL: S1: Wer liest die Zeitung?
          S2: Herr Lorenz liest die Zeitung.

H. **Interview.** *Find out as much as you can about another student.*

1. Hast du . . . ? (ein Auto, einen Volkswagen, einen Mercedes, __?__)
2. Brauchst du . . . ? (Geld, Freunde, Brot, __?__)
3. Liest du . . . ? (das Deutschbuch, die Zeitung, Bücher, __?__)
4. Kaufst du heute . . . ? (ein Buch, einen Bleistift, ein Heft, __?__)
5. Bestellst du oft . . . ? (einen Kaffee, eine Cola, einen Tee, __?__)
6. Hast du . . . ? (einen Koffer, einen Schreibtisch, einen Stuhl, __?__)
7. Hast du . . . ? (einen Freund, eine Freundin, viele Freunde, __?__)
8. Suchst du . . . ? (ein Zimmer, eine Wohnung, ein Auto, __?__)

Der Bahnhof in Frankfurt

FRAU RICHTER: Unser Zug ist ein IC,* aber ich sehe ihn noch nicht.
EDITH: Er kommt bald. Siehst du dieses Plakat? Das interessiert dich bestimmt. Eine Sonderfahrt nach Berlin. Dort wohnt deine Freundin.
FRAU RICHTER: Aber der Zug fährt ja über Nacht. Das macht mich doch immer so müde.
EDITH: Aber Oma, das überrascht mich. Sonst bist du doch nicht so zimperlich. Der Zug hat auch einen Schlafwagen. Da reservierst du einen Platz.

A. **Edith und Frau Richter machen eine Reise.**

1. Ist der Zug schon da?   2. Was sieht Edith? Interessiert sie das? Interessiert es Frau Richter?   3. Fährt Frau Richter gern über Nacht? 4. Was hat der Zug?

B. **Fragen Sie Ihren Nachbarn/Ihre Nachbarin:**

1. Fährst du gern tags oder nachts?   2. Bist du manchmal zimperlich? Wann? Warum?

*IC = der Intercity-Zug.

Accusative Case

Personal Pronouns

Some personal pronouns have distinct accusative case forms. Others have the same forms in both the nominative and accusative cases.

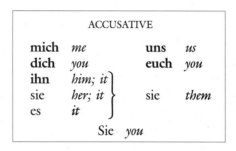

NOMINATIVE	
ich	wir
du	ihr
er	
sie	sie
es	
Sie	

ACCUSATIVE			
mich	*me*	**uns**	*us*
dich	*you*	**euch**	*you*
ihn	*him; it*		
sie	*her; it*	sie	*them*
es	*it*		
		Sie	*you*

NOMINATIVE

Ich sehe
Du siehst
Er
Sie } sieht
Es
Wir sehen
Ihr seht
Sie sehen
Sie sehen

ACCUSATIVE
die Leute.

NOMINATIVE
Die Leute sehen

ACCUSATIVE
mich.
dich.
ihn.
sie.
es.
uns.
euch.
sie.
Sie.

Remember, pronouns must agree in gender and number with the nouns they stand for. The case depends on how they are used in a sentence.

Der Zug kommt. **Er** ist wirklich modern. Sehen Sie **ihn?**

Auskunftsbüro im Stuttgarter Bahnhof. Hier bekommt man auch Informationen über Bus und Straßenbahn.

Weak Nouns

Some masculine singular nouns require an **n** or **en** ending in the accusative case. These are called weak nouns, to distinguish them from strong nouns (the vast majority of nouns), which require no ending in the accusative singular. The plural of weak nouns is normally formed by adding **(e)n**.

NOMINATIVE SINGULAR	ACCUSATIVE SINGULAR	NOMINATIVE AND ACCUSATIVE PLURAL
der Student	den Studenten	die Studenten
der Tourist	den Touristen	die Touristen
der Name	den Namen	die Namen
der Junge	den Jungen	die Jungen
der Neffe	den Neffen	die Neffen
der Kunde	den Kunden	die Kunden
der Nachbar	den Nachbarn	die Nachbarn
der Herr	den Herrn	die Herren
der Mensch	den Menschen	die Menschen

Der Tourist liest das Plakat. Das Plakat interessiert den Touris**ten.**

Ich habe einen Neffe**n** in Deutschland. Mein Neffe studiert in Göttingen.

Nouns that end in **ist** (**der Tourist**) and **ent** (**der Student**) are of foreign origin and are weak. In German the second syllable of these nouns is stressed (**der Tou ꞌrist, der Stu ꞌdent**), whereas in English the first syllable is stressed (*the ꞌtourist, the ꞌstudent*).

Masculine nouns that end in **e** (**der Name, der Junge, der Neffe, der Kunde**) are weak nouns and add only an **n** in the accusative case. Many nouns of nationality (for example, **der Chinese, der Schwede**) are included in this group.

Note that **der Herr** adds only an **n** in the singular accusative but an **en** in the plural.

Masculine adjectival nouns also end in **en** in the accusative case.

Kennen Sie **diesen Beamten?**
Ich sehe **den Deutschen** nicht.

Übungen

A. **Es ist gegenseitig** (*mutual*). Ergänzen (*supply*) Sie die Pronomen!

1. Ich sehe _____, und du siehst _____. (*you* [*infor. sg.*] / *me*)
2. Er interessiert _____, und sie interessiert _____. (*her* / *him*)
3. Wir besuchen _____ montags, und ihr besucht _____ freitags. (*you* [*infor. pl.*] / *us*)
4. Ihr sucht _____, und sie suchen _____. (*them* / *you* [*infor. pl.*])
5. Wir haben _____ gern, und Sie haben _____ gern. (*you* [*for.*] / *us*)
6. Das Kind braucht _____, und sie brauchen _____. (*them* / *it*)

B. Und wer noch? Ergänzen Sie die Pronomen!

1. Ich sehe ein Plakat. Seht ihr _____ auch?
2. Ich kenne diesen Mann. Kennen Sie _____ auch?
3. Ich habe dieses Buch gern. Habt ihr _____ auch gern?
4. Ich esse gern Torte. Ißt du _____ auch gern?
5. Ich nehme den Zug. Nimmst du _____ auch?
6. Ich besuche die Universität. Besuchen Sie _____ auch?

C. Der Bahnhof. Ergänzen Sie die Pronomen! *Be careful to use the correct case.*

1. *Diese Sonderfahrt* interessiert mich. Interessiert _____ dich?
2. *Unser Zug* kommt. Ich sehe _____ schon.
3. Wir suchen *den Zug* aus Bonn. Ist _____ vielleicht ein IC?
4. Seht *ihr* das Plakat? Interessiert es _____ ?
5. *Wir* reisen nach Österreich. Die Reise dauert sieben Stunden. Das macht _____ müde.
6. Ich finde *diesen Mann* wirklich interessant. Interessiert _____ dich?
7. *Der Schaffner* ist wirklich nett. Kennen Sie _____ ?
8. Kennst du *diese Zeitung*? Ich lese _____ oft.

D. Wer und wen? Vervollständigen (*complete*) Sie die Sätze!

1. Der Verkäufer kennt _____ . (*his customers*)
2. Die Frau besucht _____ . (*her nephew*)
3. Dieser Zug interessiert _____ . (*the boy*)
4. Der Ober fragt _____ etwas. (*the [male] tourist*)
5. Dieser Tourist ist _____ . (*no student*)
6. Die Nachbarn kennen _____ . (*Mr. Becker*)
7. Die Beamtin vergißt _____ nie. (*this person*)
8. Dieser Mann heißt _____ . (*Mr. Hübner*)
9. _____ sieht der Junge? (*which student*)
10. Die Schaffnerin kennt _____ . (*each name*)

E. Bilden Sie Sätze! *Use correct forms.*

ich	besuchen	der	Kunde
du	sehen	ein	Neffe
wir	kennen	kein	Student
Frau Bauer	haben	mein	Tourist
Herr Schneider	sein	jeder	Junge
		ihr	Name
		sein	Nachbar
		unser	Mensch
		dein	

F. Eine Sonderfahrt. Was sagen Herr und Frau Lorenz? Auf deutsch, bitte.

MR. LORENZ: This chartered trip interests every boy and every girl.

MRS. LORENZ: That doesn't surprise me. These children are always so adventurous (**unternehmungslustig**).

MR. LORENZ: But the train travels overnight. That'll make them so tired.

MRS. LORENZ: No, that'll make you tired.

MR. LORENZ: Does the train have a sleeping car?

MRS. LORENZ: Yes, we'll simply reserve a place.

G. **Wen kennen die Studenten und Studentinnen?** Fragen Sie sie!

BEISPIELE: S1: Kennst du den Studenten da?

S2: Ja, ich kenne ihn. Er heißt Thomas. / Nein, ich kenne ihn nicht.

S1: Kennst du die Studentin da aus Phoenix?

S3: Ja, ich kenne sie gut. Sie heißt Nancy. / Nein, ich kenne sie nicht. Wie heißt sie denn?

H. **Nationalitäten.** Fragen Sie einen Studenten/eine Studentin!

BEISPIEL: S1: Bist du Chinese?

S2: Nein, ich bin Vietnamese. Ich kenne aber viele Chinesen und Chinesinnen.

S1: Kennst du einen Russen?

S2: Ich kenne keinen Russen, aber ich kenne zwei Russinnen. Sie heißen Natasha und Tatiana.

der Chilene/die Chilenin
der Chinese/die Chinesin
der Franzose/die Französin
der Grieche/die Griechin
der Jugoslawe/die Jugoslawin
der Norweger/die Norwegerin

der Pole/die Polin
der Russe/die Russin
der Schwede/die Schwedin
der Sudanese/die Sudanesin
der Türke/die Türkin
der Vietnamese/die Vietnamesin

I. **Rollenspiel: Ihr Partner/Ihre Partnerin macht bald eine Zugreise. Hat er/sie alles?** Fragen Sie ihn/sie!

BEISPIEL: S1: Hast du deine Fahrkarte?

S2: Ja, ich habe sie schon. / Nein, ich kaufe sie morgen.

Fl. = Flasche

- Fahrkarte
- Juniorpaß
- Koffer
- Geld
- Bücher
- Bleistift
- Heft
- Fl. Mineralwasser
- Brot

Der Speisewagen. Frau Richter und Edith lesen die Speisekarte.

DER OBER: Was wünschen Sie, bitte?

FRAU RICHTER: Ich bestelle nur ein Kännchen Kaffee.

EDITH: Möchtest du wirklich kein Mittagessen? Ich habe solchen Hunger. Das Angebot ist groß; sie haben sogar deine Lieblingstorte.

FRAU RICHTER: Tatsächlich? Schwarzwälder Kirschtorte? Die* möchte ich gern.

DER OBER: Also, Sie möchten ein Kännchen Kaffee und ein Stück Torte. Und die Dame?

EDITH: Ich nehme eine Wurstplatte und eine Cola, bitte.

A. Was möchten Edith und Frau Richter essen?

1. Was lesen Frau Richter und Edith? 2. Hat Edith Hunger? 3. Wie ist die Speisekarte? Ist das Angebot groß? 4. Was ist Frau Richters Lieblingstorte? Bestellt sie ein Stück? 5. Was bestellt Edith?

B. Fragen Sie Ihren Nachbarn/Ihre Nachbarin:

1. Ißt du Torte auch gern? Was ist deine Lieblingstorte? 2. Ißt du gern Wurst? 3. Trinkst du gern Cola?

möchten

Möchten (*would like*) is a special form of **mögen,** an auxiliary or helping verb that will be treated in later chapters. The forms of **möchten** are as follows:

möchten			
ich	möchte	wir	möchten
du	möchtest	ihr	möchtet
er			
sie	möchte	sie	möchten
es			
	Sie	möchten	

Möchten is often used in polite requests or questions. It may be used by itself in a sentence or with the infinitive of the main verb. In the latter construction, a form of **möchten** occupies the appropriate verb position, and the infinitive of the main verb is placed at the end of the sentence.

---

*The definite article is often used as a demonstrative pronoun to mean *that* (*one*), *this* (*one*), or *it*.

Im Speisewagen. Die Kellnerin bringt Getränke (*drinks*).

MÖCHTEN ONLY	MÖCHTEN PLUS INFINITIVE
Ich möchte ein Stück Torte. *I'd like a piece of cake.*	Ich möchte ein Stück Torte essen. *I'd like to eat a piece of cake.*
Möchten Sie einen Kaffee? *Would you like [a cup of] coffee?*	Möchten Sie einen Kaffee trinken? *Would you like to drink [a cup of] coffee?*

Möchten as an auxiliary adds the meaning *would like* to the main verb.

Er bestellt eine Cola. *He's ordering a cola.*	Er möchte eine Cola bestellen. *He'd like to order a cola.*
Sie reist nach Köln. *She's traveling to Cologne.*	Sie möchte nach Köln reisen. *She'd like to travel to Cologne.*

Übungen

A. **Wer möchte was?**

BEISPIEL: Wer möchte ein Kännchen Kaffee? (ich, Andrea) →
Ich möchte ein Kännchen Kaffee. Andrea . . .

1. Wer möchte die Wurstplatte? (ich, die Touristen)
2. Wer möchte dieses Brot? (wir, der Kunde)
3. Wer möchte ein Stück Torte? (der Herr da, du)
4. Wer möchte Kaffee und Kuchen? (der Mann und die Frau, ihr)

B. **Was möchten diese Leute machen?** *Rephrase each question with the correct form of* möchten.

BEISPIEL: Was liest du? → Was möchtest du lesen?

1. Was trinkt ihr?
2. Was essen Sie?
3. Was bestellt der Herr?
4. Was kauft ihr?
5. Was fragst du den Beamten?
6. Wen besucht die Frau?

C. **Wer möchte was machen?** *Add an appropriate infinitive to the end of each sentence.*

1. Ich möchte eine Fahrkarte.
2. Frau Werner möchte ein Buch.
3. Wir möchten eine Speisekarte.
4. Du möchtest einen Platz.
5. Herr Engel möchte einen Kaffee.
6. Die Jungen möchten eine Torte.

D. **Herr und Frau Busch lesen die Speisekarte.** Was sagen sie? Was sagt der Ober? Auf deutsch, bitte.

MRS. BUSCH: I'm so hungry. I'd like to order this plate of cold cuts.
MR. BUSCH: I'd like only a pot of coffee.
MRS. BUSCH: Really? Wouldn't you like some lunch? (*Use* **kein.**)
MR. BUSCH: No. I'm not hungry. (*Use* **kein.**)
MRS. BUSCH: They have your favorite cake. Wouldn't you like a piece? (*Use* **kein.**)
THE WAITER: What would you like, please?
MRS. BUSCH: I'd like a plate of cold cuts and a cola.
MR. BUSCH: I'll take a pot of coffee. And I'd also like a piece of cake.

E. **Was möchten Sie machen?** *Say what you'd like to do; ask others if they'd like that, too. Refer to the list of verbs below.*

BEISPIELE: SIE: Ich möchte meine Freunde in San Diego besuchen. Linda, möchtest du deine Freunde besuchen?
LINDA: Ja, ich möchte meine Freunde in Detroit besuchen.

SIE: Ich möchte jetzt etwas essen. Jim und Tom, möchtet ihr auch etwas essen?

arbeiten	fahren	lesen	wohnen
bekommen	fragen	sehen	?
besuchen	haben	trinken	
essen	kaufen	verkaufen	

F. **Rollenspiel: Sie möchten alles verkaufen.** Sind Sie gut als Verkäufer/ Verkäuferin? *You are going to sell some of your possessions. Convince others that they should buy specific items.*

BEISPIEL: SIE: Megan, du brauchst einen Schreibtisch, nicht?
MEGAN: Ja.

SIE: Ich verkaufe meinen Schreibtisch. Er ist fast neu, groß und wirklich schön. Möchtest du ihn kaufen?

MEGAN: Ist er teuer?

SIE: Nein, er ist nicht teuer.

MEGAN: Wieviel kostet denn dieser Schreibtisch?

SIE: Nur zweihundert Dollar.

MEGAN: Zweihundert Dollar? Das ist doch sehr teuer. Ich habe nicht viel Geld.

SAMMELTEXT

Frau Richter und ihre Enkelin,° Edith, kommen aus Frankfurt. Sie machen heute eine Fahrt nach Köln. Sie nehmen einen Intercity-Zug, und die Fahrt dauert nur zweieinhalb° Stunden.

    Jetzt ist es nach zwölf Uhr, und sie möchten etwas essen. Sie verlassen ihr Abteil und suchen den Speisewagen. Sie finden keinen Tisch, aber in der Ecke sitzt° ein Mann allein. Zuerst fragen sie „Ist hier noch frei?" und dann nehmen sie Platz.

    Der Speisewagen ist sehr elegant. Die Tische haben Tischdecken und Stoffservietten. Das Essen ist gut aber nicht besonders° billig. Ein Mittagessen kostet fast 25 DM. Edith hat Durst, aber ihre Cola ist ziemlich° warm, denn in Deutschland trinkt man Cola ohne° Eis. Edith sagt: „Diese Cola erfrischt° mich gar nicht. Der Tourist da drüben ist schlau.° Er bestellt Eiswasser." Frau Richter antwortet:° „Ja, er ist bestimmt Amerikaner." Edith fragt: „Warum sagst du das?" Frau Richter sagt: „Er ißt ein bißchen komisch.° Zuerst hält er die Gabel links, dann legt er das Messer hin,° und dann hält er die Gabel rechts. Das ist doch sehr umständlich,° nicht? So dauert das Essen stundenlang.°"

    Der Tourist beobachtet° Frau Richter und Edith. Er denkt: Ihre Cola ist warm; warum trinkt sie Cola ohne Eis? Das erfrischt doch nicht. Und wie ißt sie? Sie braucht immer zwei Hände. Das ist ja eine Kunst°!

granddaughter

two and a half

is sitting

especially
rather
without / refreshes
smart / answers

ein . . . a little funny
legt . . . hin lays down / complicated
for hours
observes

art

Eine Zugreise nach Köln. Ergänzen Sie die fehlenden (*missing*) Wörter!

Frau Richter und ____ Enkelin, Edith, kommen ____ Frankfurt. Heute machen sie ____ Fahrt nach Köln. Sie nehmen ____ IC-Zug, und die ____ dauert nur zweieinhalb Stunden.

    Nach zwölf Uhr ____ sie Hunger und sie ____ etwas essen. Sie ____ ihr Abteil und suchen ____ Speisewagen. Sie finden ____ Tisch. Dort sitzt ____ Mann allein. Zuerst ____ sie „Ist hier noch frei?" und dann ____ sie Platz.

Sammelübungen

A. Fragen am Bahnhof. *Form a question from each group of words. Use correct forms.*

1. warum / möchten / der Junge / kein Schaffner / werden?
2. möchten / du / ein Platz / reservieren?
3. warum / möchten / der Beamte / wir / etwas / fragen?
4. reduzieren / die Verkäufer / vielleicht / der Preis?
5. warum / möchten / ihr / dieser Tourist / nicht / sehen?
6. was / fragen / die Beamtin / der Junge?
7. welcher Platz / suchen / der Deutsche?
8. welcher Zug / möchten / der Tourist / nehmen?

B. Bilden Sie Sätze! *Use the correct form of* möchten *and the correct case of each noun and pronoun.*

ich	möchten	ein Geschenk	kaufen
du		der Zug	bekommen
wir		ein Deutscher	bestellen
Peter		eine Torte	sehen
Ursula		ein Kaffee	besuchen
ihr		dieses Buch	nehmen
Sie		ein Wagen	haben
Hans und		dieser Tisch	trinken
Ingrid		kein Tourist	essen
		ein Plakat	reservieren
		die Nachbarn	___?___
		ein Zimmer	
		___?___	

C. Situationen. Sie reisen durch (*through*) Deutschland. Was machen Sie? Was sagen Sie? Was fragen Sie?

1. Ihr Zug ist noch nicht da. Sie sehen einen Schaffner. Was fragen Sie ihn?

2. Sie finden Ihr Abteil. Drei Leute sind schon da. Was sagen Sie?
3. Sie sehen einen Platz. Was fragen Sie?
4. Ein Mädchen fragt Sie: „Wohin reisen Sie?"
5. Ein Junge fragt Sie: „Wie lange dauert die Fahrt?"
6. Sie verlassen das Abteil. Was sagen Sie?
7. Sie suchen den Speisewagen. Sie sehen einen Herrn. Was fragen Sie ihn?
8. Sie haben keine Speisekarte. Der Ober kommt. Was sagen Sie?
9. Das Angebot ist groß. Der Ober fragt: „Was wünschen Sie?"
   Was sagen Sie?
10. Wie essen Sie? Halten Sie die Gabel links und das Messer rechts wie die
    Deutschen? oder wie?
11. Trinken Sie Eiswasser? Warum (nicht)?
12. Trinken Sie Cola mit (*with*) Eis? ohne (*without*) Eis? Warum?
13. Kennen Sie Schwarzwälder Kirschtorte? Möchten Sie ein Stück bestellen?
14. Später kommt die Minibar. Der Verkäufer fragt Sie: „Möchten Sie
    vielleicht eine Cola? ein Wurstbrot (*cold cuts sandwich*)?" Haben Sie schon
    Durst? Hunger? Was sagen Sie?

D. **Herr und Frau Stern nehmen den Zug.** *Express the following paragraph and
questions in German.*

Mr. and Mrs. Stern are going to visit their nephew. They're taking a train to
Aachen. It's already 12:30, and they're hungry. They would like to eat
something. They leave their compartment and look for the dining car. There
they order two plates of cold cuts. Mr. Stern drinks a (cup of) coffee, and
Mrs. Stern drinks a cola.

1. Whom are Mr. and Mrs. Stern
   going to visit?
2. What time is it?
3. What would they like? Why?
4. What do they look for?
5. What do they order?
6. What do they drink?

E. **Halten Sie ein Interview!** Fragen Sie einen Studenten/eine Studentin:

1. Reist du gern? Möchtest du bald eine Reise (*trip*) machen?
2. Wohin möchtest du fahren? Warum?
3. Wann möchtest du fahren? jetzt? heute abend um sieben Uhr? morgen?
   __?__
4. Wie möchtest du fahren? Möchtest du vielleicht den Zug nehmen? das
   Schiff? das Auto? das Flugzeug? den Bus?
5. Möchtest du allein fahren? Warum (nicht)?
6. Was möchtest du dort machen? Möchtest du schwimmen? Freunde
   besuchen? Tennis spielen? alles sehen? __?__

F. **Halten Sie noch ein Interview!** Ihr Professor/Ihre Professorin ist Ihr
Gesprächspartner/Ihre Gesprächspartnerin. *Ask each of the questions in Exercise
E. Use the* Sie-*form.*

G. **Kinderspiel: Ich mache eine Reise und ich nehme __?__ mit.** *Use words from the following list or others; you can also use* mein *or* kein *instead of* ein.

BEISPIEL:　S1:　Ich mache eine Reise und ich nehme einen Apfel mit.

　　　　　　S2:　Ich mache eine Reise und ich nehme einen Apfel und einen Bleistift mit.

　　　　　　S3:　Ich mache eine Reise und ich nehme einen Apfel, einen Bleistift und eine Cola mit.

der Apfel	der Junge (*wk.*)	das Radio
der Bleistift	der Koffer	die Socken (*pl.*)
die Cola	die Liste	das T-Shirt
der Dobermann(pinscher)	das Mädchen	die Uniform
der Elefant (*wk.*)	der Nachbar (*wk.*)/die	die Videokassette
der Freund/die Freundin	Nachbarin	die Wurst
die Gabel	die Oboe	das Xylophon
das Heft	der Pullover	das Yo-Yo
die Iguana	das Quiz	die Zeitung

KULTURECKE

▶ A popular mode of transportation in Europe is **die Bahn** (*railway*). All of Europe is interconnected by an extensive railroad network. Trains traveling long distances are equipped with **Speisewagen** and **Schlafwagen.** On some trains, particularly those that have only first class, a **Zuschlag** (*surcharge*) is required in addition to the ticket. Seats may be reserved on some trains by purchasing a **Platzkarte.** A reservation chart is posted on the door of the **Abteil.** Trains may have a **Minibar** (with snack foods and drinks sold by vendors who walk through the cars) or a **Speisewagen.** As a general rule, food purchased on a train is relatively expensive.

Europeans generally observe certain courtesies of train travel: One asks „**Ist dieser Platz frei?**" before sitting down and asks everyone's permission in the **Abteil** before opening a window; one also greets the others in the **Abteil** upon entering and says goodbye when departing.

▶ Table manners often differ from one culture to another. Germans, for example, often find American table manners strange, particularly the constant shifting of the fork between the left hand when cutting and the right hand when eating. Germans normally hold the knife in the right hand and the fork in the left throughout the meal.

In many American restaurants ice water is served automatically, whereas in German-speaking countries water is generally not served at the table. In fact, water is rarely drunk—except for mineral water, which is considered good for health. In Europe, soft drinks, too, are often not served with ice as they are in the United States.

Countless culturally inherited habits like these distinguish—on a very superficial level—one nationality from another. Part of the fascination of first impressions when traveling abroad is observing these surface differences.

ANWENDUNG

Essen und Trinken

Imbiß	DM
1 Bockwurst, 1 Scheibe Brot, Senf	3,75
2 Scheiben Brot, 1 Portion Butter	–,55
1 Portion Käse 50 g, 2 Scheiben Brot, 1 Portion Butter	5,90
Warme Getränke	
1 Kännchen Kaffee	4,40
1 Kännchen Tee	4,40
1 Kännchen entcoffeinierter Kaffee (HAG)	4,40
Verschiedenes	
1 Portion Eiskrem	2,95
Leibniz-Keks 100 g	2,10
Marmorkuchen 100 g	2,95
Mandelhörnchen 50 g	1,80
Kalte Getränke	
1 Dose Exportbier 1 Dose Pilsbier	2,90
1 Flasche Selters Mineralwasser	2,90
1 Dose Pepsi-Cola	2,90
1 Dose Fanta	2,90
1 Dose Florida Boy Orange	2,90

die Dose, -n *can*
die Eiskrem *ice cream*
entcoffeiniert *decaffeinated*
der Imbiß, *pl.* die Imbisse *snack*
der Keks, -e *cookie*
das Mandelhörnchen, - *almond croissant*
der Marmorkuchen *marble cake*
die Portion, -en *serving, portion*
die Scheibe, -n *slice*
der Senf *mustard*
Verschiedenes *sundries*

Jetzt sind Sie in Deutschland. Sie nehmen den Zug von Frankfurt nach Hamburg. Es ist schon elf Uhr. Der Verkäufer bringt die Minibar. Sie haben schon die Speisekarte. Haben Sie Hunger? Haben Sie Durst? Was möchten Sie essen? Was möchten Sie trinken? Was kostet das alles? Haben Sie so viel Geld?

A. **Rollenspiel:** *Someone takes the part of the vendor* (der Verkäufer/ die Verkäuferin), *and two to six others take the parts of passengers* (der/die Reisende, -n [ein Reisender]) *in a train compartment.*

VERKÄUFER/VERKÄUFERIN: Bier, Cola, Kaffee . . .
Wünschen Sie etwas?
EIN REISENDER/EINE REISENDE: Ja, ich möchte . . .
VERKÄUFER/VERKÄUFERIN: Das kostet . . .
DER/DIE REISENDE: ___?___

B. **Die Minibar.** *Write a paragraph about a minibar scene during a train trip. Answer some or all of the following questions in your paragraph.*

Wohin nehmen Sie den Zug? Warum? Wieviel Uhr ist es jetzt? Haben Sie Hunger? Haben Sie Durst? Bringt ein Verkäufer/eine Verkäuferin die Minibar? Was hat die Minibar? Was bestellen Sie? Warum? Was bestellt Ihr Freund/Ihre Freundin? Warum? Was kostet das alles zusammen?

Urlaub

ab *from (the lowest rate)*
angenehm *pleasant*
App. = das Appartement, -s
das Bad, ⁻er *bath (room)*
Bk = der Balkon
die Dusche, -n *shower*
DZ = das Doppelzimmer, - *double occupancy*
familiär-gediegen *informally tasteful*
günstig *convenient*
HP = die Halbpension *bed plus breakfast and one meal*
das Kur- und Sporthotel, -s *hotel with health and sport facilities*
die Lage, -n *location*
o. = oder
das Reisebüro, -s *travel agency*
rundum *all-around*
Spartermin berücksichtigt *off-season prices*
umfangreich *extensive*
ÜF = die Übernachtung/das Frühstück *bed and breakfast*
der Urlaub, -e *vacation*
WC = das Wasserklosett *toilet*
die Woche, -n *week*

A. Urlaub in Deutschland. *Answer each question according to the ad and the map.*

1. Wie heißt das Reisebüro? Wo ist es?
2. Wieviel kostet die Reise nach Sasbachwalden? nach Scharbeutz? nach Hemmenhofen? nach Waldeck am Edersee? nach Wiggensbach?
3. Wie lange dauert jede Reise?
4. Fährt man ab Bad Harzburg oder ab Hannover hin und zurück?
5. Sind die Preise pro Person oder pro Familie?
6. Fährt man erster oder zweiter Klasse?
7. Wo ist das Kur- und Sporthotel?
8. Welches Hotel ist sportlich elegant?
9. Haben alle Hotelzimmer ein Bad oder eine Dusche?
10. Welches Hotel hat Appartements?
11. Welches Hotel hat ein „Aktivitätenprogramm"?

12. Welches Hotel ist gemütlich und familiär-gediegen?
13. Wie heißt das Hotel in Scharbeutz?
14. Welche Reise ist ideal für Familien?

B. **Rollenspiel: das Reisebüro.** *Take the part of a travel agent; others will take the parts of clients. Help each plan the perfect vacation. Ask questions to help determine how much each person wants to spend and what he/she likes to do on vacation.*

BEISPIEL: S1: Ich habe bald Urlaub und ich möchte eine Reise machen.
SIE: Wohin möchten Sie denn fahren?
S1: Ich bin nicht sicher.
SIE: Nun, was machen Sie gern? Sind Sie vielleicht sportlich? Möchten Sie schwimmen oder windsurfen? Wandern Sie gern? Spielen Sie gern Tennis oder Golf? Vielleicht fotografieren Sie gern oder . . .
S1: Ich wandere gern.
SIE: Möchten Sie dann diese Reise nach Wiggensbach machen? Oder vielleicht diese nach Sasbachwalden?
S1: Wieviel kostet die Reise nach . . .

C. **Welche Reise möchten Sie machen?** *Write a short paragraph about one of the trips in the ad. Tell why this trip appeals to you.*

Abfahrt und Ankunft

---

abfahren *to depart*   ankommen *to arrive*
die Abfahrt *departure*   die Ankunft *arrival*

When **abfahren** and **ankommen** are used in the present tense, the prefixes **ab** and **an** come at the end of the sentence:

Wann **fährt** der Zug **ab?**   *When does the train leave?*
Wann **kommt** der Zug **an?**   *When does the train arrive?*

When these verbs are used with an auxiliary such as **möchten,** however, the prefix and verb are joined at the end of the sentence.

Wann **möchten** Sie von Bad Harzburg **abfahren?**   *When would you like to leave (depart from) Bad Harzburg?*
Wann **möchten** Sie in Braunschweig **ankommen?**   *When would you like to arrive in Braunschweig?*

A. **Informationen.** *Ask and give information according to the chart.*

Züge Bad Harzburg – Braunschweig

Bad Harzburg ab	Vienenburg ab	Schladen ab	Börßum ab	Wolfenbüttel an	Braunschweig an
a 5.40	5.48	5.58	6.03	6.13	6.25
W 6.37	6.46	6.55	7.02	7.12	7.24
W 7.22	7.30	7.40	7.44	7.53	8.05
8.33	8.41	8.50	8.55	9.03	9.14
9.55	10.04	10.14	10.19	10.28	10.41
W 10.30	10.38	10.47	10.52	11.00	11.12
12.00	12.08	12.18	12.23	12.32	12.46
12.56	13.05	13.14	13.19	13.28	13.39
14.28	14.36	14.45	14.50	14.58	15.09
15.40	15.48	15.58	16.02	16.11	16.24
16.29	16.37	16.48	16.53	17.02	17.16
17.51	17.59	18.08	18.12	18.21	18.32
18.38	18.46	18.55	19.00	19.09	19.20
c 19.34 OU	19.58	20.08	20.12	20.21	20.33
20.52	21.01	21.11	21.15	21.24	21.36

BEISPIEL: S1: Ein Zug fährt von Bad Harzburg um 12.56 Uhr ab. Wann kommt er in Braunschweig an?

S2: Um 13.39 Uhr. Ein Zug fährt von Schladen um 8.50 Uhr ab. Wann kommt er in Wolfenbüttel an?

S1: Um 9.03 Uhr. Ein Zug . . .

B. **Rollenspiel.** *Read the following dialogue. Then someone will take the part of the official, and others will take the parts of tourists who want to take a train from Bad Harzburg to Wolfenbüttel or Braunschweig. Vary the dialogue as you wish.* (T = der Tourist/die Touristin; B = der Beamte/die Beamtin.)

T: Fährt morgen ein Zug nach Braunschweig?

B: Ja, natürlich. Um wieviel Uhr möchten Sie denn abfahren?

T: Um neun Uhr.

B: Nun, ein Zug fährt um 8.33 Uhr ab.

T: Und wann kommt dieser Zug in Braunschweig an?

B: Um 9.14 Uhr.

T: Ich möchte dann eine Fahrkarte kaufen.

B: Einfach oder hin und zurück?

T: Einfach, bitte. Und ich habe einen Junior-Paß.

B: Gut. Der Paß reduziert den Preis um 50 Prozent.

Eine Reise durch Deutschland

KAPITEL 5

Dinkelsbühl. Eine alte, historische Stadt in der Bundesrepublik.

A. Das Wetter. *Describe the weather in each picture with one or more of the following sentences.*

Es ist windig.
Es ist schön warm.
Es ist kalt.
Es ist kühl.
Es ist heiß.
Es ist mild.

Es ist trocken (*dry*). Es ist regnerisch (*rainy*). Es schneit. Es regnet.
Die Temperatur ist −2° C (minus zwei Grad Celsius).
Die Temperatur ist 20° C.
Die Temperatur ist 32° C.

1.

2.

3.

4.

5.

6.

B. Wie ist das Wetter heute in Europa? *Describe the weather in each city.*

BEISPIELE: schneien / Innsbruck → Es schneit in Innsbruck.

windig / Zürich → Es ist windig in Zürich.

1. schön / Bern
2. warm / Stuttgart
3. kühl / Hamburg

4. heiß / Rom
5. trocken / Graz
6. mild / Wien

7. kalt / London
8. regnerisch / Berlin

C. Wie ist das Wetter heute in Amerika? *Discuss today's weather in your city and in various places across the nation.*

BEISPIELE: Wo regnet es? Wo schneit es?

Wie ist es heute in Miami?

Was ist die Temperatur heute in Kansas City?

D. Wortbildung.

BEISPIEL: das Geschäft + s + die Leute: die Geschäftsleute →
Das heißt auf englisch *business people*.

1. die Industrie + das Gebiet
2. die Industrie + die Stadt
3. die Kur + der Ort
4. das Geschäft + s + die Reise
5. das Geschäft + s + die Frau
6. das Geschäft + s + der Mann
7. spazier(en)* + der Gang
8. die Umwelt + die Verschmutzung
9. der Strand + der Korb
10. der Wein + der Berg
11. der Durchschnitt + s + die Temperatur

a. *average temperature*
b. *walk, stroll*
c. *industrial city*
d. *basket chair, beach basket*
e. *businessman*
f. *vineyard*
g. *businesswoman*
h. *health resort, spa*
i. *business trip*
j. *environmental pollution*
k. *industrial area*

E. **Was sehen Sie gern?** Berge? Städte? Wälder? Weinberge? Flüsse? Dünen? Parks? __?__ Warum?

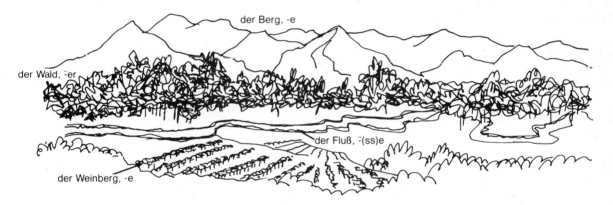

der Berg, -e

der Wald, -er

der Fluß, -(ss)e

der Weinberg, -e

F. **Sie sind in Deutschland.** Was interessiert Sie? die Leute? die Industrie? die Kurorte? die Natur? die Landschaft (*scenery*)? die Architektur? __?__

G. **Wie ist es in Deutschland? in Amerika?**

1. In Deutschland gibt es (*there are*) viele Kurorte. Diese Orte sind gut für die Gesundheit. Gibt es Kurorte in Amerika?
2. Das Ruhrgebiet in Deutschland ist ein Industriegebiet. Essen, Dortmund, Duisburg, Bochum und Recklinghausen sind Industriestädte. Kennen Sie ein Industriegebiet in Amerika? Kennen Sie eine Industriestadt in Amerika?
3. In Norddeutschland gibt es Dünen (*dunes*). Hier ist es oft windig. Man braucht einen Strandkorb. Sieht man Dünen in Amerika? Sieht man Strandkörbe?

---

*The **en** is omitted in the compound.

bleifrei *unleaded*

4. In Deutschland sieht man Weinberge. Sieht man Weinberge auch in Amerika? Wo?
5. Die Temperaturen in Deutschland sind nicht extrem. Sind die Temperaturen in Amerika extrem? Wo ist es besonders heiß? Wo ist es besonders kalt? Wo wohnen Sie? Was ist die Durchschnittstemperatur dort?
6. Die Umweltverschmutzung ist ein Problem in Deutschland. Wo wohnen Sie? Ist die Umweltverschmutzung auch dort ein Problem? Machen Sie etwas gegen (*against*) dieses Problem?

WORTSCHATZ

Adjectives and Adverbs

einige (*pl.*)	a few, several
einmal	once
heiß	hot
jahrelang	for years
kalt	cold
kühl	cool
mild	mild
regnerisch	rainy
schwer	hard, difficult
später	later
trocken	dry
übermorgen	day after tomorrow
vorher	before
warm	warm
wieder	again
windig	windy
(un)zufrieden	(dis)satisfied

Nouns

der Apfelsaft	apple juice
das Atomkraftwerk, -e	nuclear power plant
die Atomwaffen (*pl.*)	nuclear arms
der Berg, -e	mountain
die Düne, -n	dune
der Fluß, *pl.* Flüsse	river
das Gebiet, -e	region, area
die Gefahr, -en	danger
der Geschäftsmann, *pl.* Geschäftsleute / die Geschäftsfrau, -en	businessman / businesswoman
die Geschäftsreise, -n	business trip

die Industrie	industry
die Industrieabwässer (*pl.*)	industrial waste
das Industriegebiet, -e	industrial area
die Industriestadt, ¨e	industrial city
die Kur, -en	cure, medical treatment
der Kurort, -e	health resort, spa
die Landschaft, -en	country(side), scenery, landscape
der Nachrichtensprecher, -/die Nachrichtensprecherin, -nen	newscaster
die Natur	nature
der Park, -s	park
die Regierung, -en	government
die Reise, -n	trip
das Ruhrgebiet	Ruhr district in West Germany
die Schweiz	Switzerland
der Spaziergang, ¨e	walk
einen Spaziergang machen	to take a walk
der Strandkorb, ¨e	basket chair, beach basket

die Straße, -n	street	hören, hat gehört	to hear
die Temperatur, -en	temperature	kämpfen, hat gekämpft	to fight
die Umweltverschmut- zung	environmental pollution	landen, ist gelandet	to land
		lösen, hat gelöst	to solve
der Unfall, ⸚e	accident	mieten, hat gemietet	to rent
der Wald ⸚er	forest	nennen, hat genannt	to call (*something*), name
das Waldsterben	death of the forests	passieren, ist passiert	to happen, occur
der Weinberg, -e	vineyard	protestieren, hat	to protest
das Weindorf, ⸚er	village (in wine-growing area)	protestiert	
		regnen, hat geregnet	to rain
die Weiterbildung	continuing education	es regnet	it's raining
das Wetter	weather	schneien, hat geschneit	to snow
die Woche, -n	week	es schneit	it's snowing
der Zwiebelkuchen, -	onion quiche	übernachten, hat	to stay overnight
		übernachtet	
		verbringen, hat	to spend (*time*)
		verbracht	

Accusative Prepositions

durch	through
für	for
gegen	against
ohne	without
um	around

vergiften, hat vergiftet	to poison
wissen (weiß), hat	to know
gewußt	

Verbs

bringen, hat gebracht	to bring
demonstrieren, hat	to demonstrate
demonstriert	
denken, hat gedacht	to think
diskutieren, hat	to discuss
diskutiert	
erleben, hat erlebt	to experience

Useful Words and Phrases

bis bald	see you soon, so long
(die) Durchschnitts(tem- peratur)	average (temperature)
einen Bogen machen um	to detour around, avoid
es gibt; gibt's . . . ?	there is/are; is/are there . . . ?
Interesse haben für	to be interested in
zu Mittag	at noon

GRAMMATIK

Die Badeinsel Sylt. Man sieht überall Dünen und Strandkörbe. Herr Schmidt, ein Geschäftsmann, und Tom, sein Neffe aus Amerika, reisen zusammen.

HERR SCHMIDT: Warum bist du unzufrieden? Was hast du nur gegen diese Reise? Ich fahre wirklich nicht gern ohne dich.

TOM: So eine Geschäftsreise ist nichts für mich. Ich habe kein Interesse für Industriegebiete. Die Natur, die Landschaft, die Leute, . . . das interessiert mich.

HERR SCHMIDT: Wir reisen aber nur morgen und übermorgen durch das Ruhrgebiet. Später machen wir einen Bogen um die Industriestädte.

A. **Tom und sein Onkel reisen zusammen.**

    1. Ist Tom zufrieden? 2. Fährt der Onkel gern allein? 3. Hat Tom Geschäftsreisen gern? Hat er Industriegebiete gern? 4. Wohin reisen Tom und sein Onkel? Wann? 5. Was machen sie später?

B. **Fragen Sie Ihren Nachbarn/Ihre Nachbarin:**

    1. Reist du gern allein? 2. Wie heißen einige (*a few*) Industriestädte in Amerika? 3. Machst du einen Bogen um Industriestädte? um Kleinstädte? um Großstädte? um deine Professoren?

Accusative Prepositions

A preposition (a word such as *through, against, for, without, around*) connects a noun or pronoun with other elements in a sentence. It often indicates a relation of time, space, cause, direction, or effect. A prepositional phrase includes the preposition, the noun or pronoun (called the object of the preposition), and any article and/or adjectives in between.

Nouns or pronouns that follow the prepositions **durch, ohne, gegen, für,** and **um** must be in the accusative case.

PREPOSITIONS	MEANINGS		PREPOSITIONAL PHRASES
durch	*through*	Der Zug fährt	**durch die Stadt.**
für	*for*	Die Reise ist nichts	**für mich.**
gegen	*against*	Was hast du	**gegen diese Reise?**
ohne	*without*	Ich gehe nicht	**ohne dich.**
um	*around*	Wir fahren morgen	**um die Stadt.**

»Unsere einzige Chance gegen den Computer besteht in der Weiterbildung«

KARIKATUR ERIK LIEBERMANN/AUS: ARBEITSWELT 2000

einzig *only*
bestehen = sein
der Facharbeiter *skilled worker*

You can often form contractions with the prepositions **durch, für,** and **um** and the neuter article **das.**

durch das Zimmer   →   durchs Zimmer
für das Interview   →   fürs Interview
um das Industriegebiet →   ums Industriegebiet

As you recall, **wen** is the accusative form of **wer;** it is therefore the form used with these prepositions in reference to people. Note that the preposition precedes **wen.**

Für wen ist dieser Strandkorb?   *For whom is this beach basket?*
Gegen wen demonstrieren diese   *Against whom are these people*
    Menschen?   *demonstrating?*

Übungen

A. **Für wen? Ohne wen? Gegen wen?** Ersetzen (*replace*) Sie die Phrasen!

1. Dieses Buch ist für *meine Eltern.* (der Junge, das Mädchen, ich, ihr, dein Neffe)
2. Wir haben nichts gegen *diese Frau.* (dieser Mann, er, Sie, Ihr Vater, dein Großvater)
3. Wir möchten morgen ohne *dich* arbeiten. (unsere Nachbarn, dieser Mensch, Herr Bachmann, Frau Felder, der Junge)

B. **Wohin?** Ersetzen Sie die Phrasen!

1. Fahren Sie oft durch *die Schweiz?* (diese Stadt, das Ruhrgebiet, der Wald, dieser Weinberg, die Industriestädte)
2. Machen Sie einen Bogen um *die Schweiz?* (der Park, die Dünen, der Bahnhof, der Flughafen, der Garten)

C. **Fragen.** *Complete each question with the correct form of each cue.*

1. Wer geht um ____? (die Ecke, der Wagen, das Haus)
2. Reist Stefan ohne ____? (ein Koffer, sein Gepäck, seine Freundin)
3. Wer geht durch ____? (der Weinberg, der Speisewagen, das Postamt)
4. Hat Paula etwas gegen ____? (wir, diese Stadt, ihr Freund)
5. Wer spricht für ____? (die Regierung, wir, du)

D. **Was machen wir in Deutschland?** Bilden Sie Sätze! *Use the correct form of each word.*

1. wir / fahren / durch / das Land
2. Peter / haben / Interesse / für / dieser Weinberg
3. er / haben / auch / nichts / gegen / dieser Kurort
4. Eva / möchten / wir / ohne / ihr Mann / besuchen
5. sie (*sg.*) / haben / aber / nichts / gegen / er
6. wir / machen / Spaziergänge / durch / der Wald

E. **Du und ich.** Ergänzen Sie die Phrasen!

1. Ich kaufe ein Geschenk ____. (*for my nephew*) Kaufst du auch etwas ____? (*for him*)
2. Ich habe nichts ____. (*against your friends*) Haben sie etwas ____? (*against me*)
3. Ich sage nichts ____. (*against my [male] professor*) Sagst du etwas ____? (*against him*)
4. Ich mache immer einen Bogen ____. (*around such persons*) Machst du auch einen Bogen ____? (*around them*)

F. **Fragen.** Ergänzen Sie die Phrasen!

1. ____ ist dieses Paket? (*for whom*)
2. ____ demonstriert man? (*against whom*)
3. Kaufst du eine Fahrkarte ____? (*for the boy*)
4. ____ macht ihr einen Spaziergang? (*without whom*)
5. Warum machen wir einen Bogen ____? (*around the park*)
6. ____ sind diese Blumen? (*for which [male] customer*)
7. ____ demonstrieren diese Menschen? (*against which problem*)

G. **Was sagt Frau Neumann? Was sagt Anna?** Auf deutsch, bitte!

MRS. NEUMANN: Are you dissatisfied? Do you have something against this trip?

ANNA: A trip like this is not for me. Why don't you travel through the Ruhr district without me?

MRS. NEUMANN: I don't like to go without you. Do you really have no interest in the Ruhr district?

ANNA: I have an interest in the cities and the people but not in the industry.

MRS. NEUMANN: We'll stay overnight in Essen, and tomorrow we'll walk through the Grugapark.*

H. **Was sagen Sie?**

1. Ich habe nichts gegen . . .
2. Ich habe etwas gegen . . .
3. Ich habe Interesse für . . .
4. Ich habe kein Interesse für . . .
5. Ich möchte durch . . . fahren, denn . . .
6. Ich mache immer einen Bogen um . . .
7. Ich kaufe Geschenke für . . .
8. Ich reise oft ohne . . .
9. Ich möchte einen Spaziergang durch . . . machen.
10. Ich demonstriere (nicht) gegen . . .

---

*The **Grugapark** is a large recreation park in Essen.

I. **Für oder gegen?** Fragen Sie einen Studenten/eine Studentin!

BEISPIEL: S1: Bist du für oder gegen Atomwaffen?
S2: Ich protestiere gegen Atomwaffen. Und du? Machst du etwas gegen Atomwaffen?

VERBEN	PROBLEME
demonstrieren	Alkohol
etwas haben	Atomkraftwerke
etwas machen	Atomwaffen
kämpfen	Computer
protestieren	Drogen
sein	ein Heilmittel *(cure)* gegen AIDS
	Industrie
	die Regierung
	Religion
	Umweltverschmutzung
	Weiterbildung
	Zigaretten
	?

DER NACHRICHTENSPRECHER: Jahrelang hat man die Umweltverschmutzung, besonders das Waldsterben in Deutschland, diskutiert. Die Regierung in Bonn hat das Problem aber noch lange nicht gelöst. Und jetzt, meine Damen und Herren, sind auch Deutschlands Flüsse wieder in Gefahr. Heute ist in der Schweiz ein Unfall passiert. Industrieabwässer haben den Rhein vergiftet. . . .

A. **Was hat der Nachrichtensprecher gesagt?**

1. Was hat man schon lange diskutiert?   2. Hat die Regierung etwas gegen die Umweltverschmutzung gemacht?   3. Hat man das Problem gelöst?   4. Was ist in der Schweiz passiert?   5. Was haben die Industrieabwässer gemacht?

B. **Fragen Sie Ihren Nachbarn/Ihre Nachbarin:**

1. Hat man auch in Amerika viel Umweltverschmutzung?   2. Haben Industrieabwässer Flüsse und Seen in Amerika vergiftet?   3. Wo gibt es Atomkraftwerke?   4. Gegen welche Atomkraftwerke haben viele Leute demonstriert?   5. Kennst du den Film *The China Syndrome?*

Present Perfect Tense: Weak Verbs

The present perfect tense is a compound tense that consists of an auxiliary (a helping verb) and a past participle (a verb form used in certain tenses). In English, the present perfect is expressed with the auxiliary *to have: I have learned, he has traveled.* In German, most verbs form the present perfect with the auxiliary **haben.** Some verbs—particularly those that cannot have a direct object and that express motion toward a place (**reisen, fahren, landen**) or a change of state (**werden**)—use the auxiliary **sein.** The verb **sein** itself also uses **sein** as an auxiliary. (**Fahren, werden,** and **sein** are strong verbs and will be discussed in Chapter 6.)

PRESENT PERFECT WITH **HABEN**

lernen, hat gelernt	
ich habe gelernt	wir haben gelernt
du hast gelernt	ihr habt gelernt
er sie es } hat gelernt	sie haben gelernt
Sie haben gelernt	

PRESENT PERFECT WITH **SEIN**

reisen, ist gereist	
ich bin gereist	wir sind gereist
du bist gereist	ihr seid gereist
er sie es } ist gereist	sie sind gereist
Sie sind gereist	

Formation of Past Participle

German verbs are categorized according to the way they are conjugated. Weak verbs have regular conjugation patterns and a past participle that ends in **(e)t.** Two other categories of German verbs, strong and irregular weak, have irregular forms and will be discussed later.

Generally, the past participle of weak verbs is formed by adding the prefix **ge** to the verb stem, along with the suffix **t** (or **et** if the verb stem ends in **t, d, gn,** or some other letter or combination that makes pronunciation difficult).

INFINITIVE

STEM	**en**
hör	en
such	en
miet	en
land	en
regn	en

PAST PARTICIPLE

ge	STEM	**(e)t**
ge	hör	t
ge	such	t
ge	miet	et
ge	land	et
ge	regn	et

Some weak verbs begin with a so-called inseparable prefix (**be, emp, ent, er, ge, ver,** or **zer**). The **ge** prefix is not added to form the past participle of these verbs, only the **(e)t** suffix. Therefore, the past participle of these verbs looks the same as the third-person singular in the present tense: **er besucht, wir haben besucht.** Similarly, verbs that end in **ieren** have a past participle that is formed simply by adding **t** to the verb stem: **studieren, hat studiert.**

der saure Regen *acid rain*
retten *to save*

STOPPT DEN SAUREN REGEN! · RETTET DEN WALD

When learning verbs, it helps to memorize the infinitive, the corresponding auxiliary, and the past participle together. Following is a list of the weak verbs you have learned so far.

HABEN + PAST PARTICIPLE
(WITH **ge** PREFIX)

arbeiten, hat gearbeitet
brauchen, hat gebraucht
dauern, hat gedauert
fragen, hat gefragt
haben, hat gehabt
hören, hat gehört
kämpfen, hat gekämpft
kaufen, hat gekauft
kosten, hat gekostet
leben, hat gelebt
lernen, hat gelernt
lösen, hat gelöst
machen, hat gemacht
mieten, hat gemietet
regnen, hat geregnet
sagen, hat gesagt
schneien, hat geschneit
spielen, hat gespielt
suchen, hat gesucht
wohnen, hat gewohnt
wünschen, hat gewünscht
zahlen, hat gezahlt

HABEN + PAST PARTICIPLE
(WITHOUT **ge** PREFIX)

bearbeiten, hat bearbeitet
bestellen, hat bestellt
besuchen, hat besucht
erleben, hat erlebt
übernachten, hat übernachtet
überraschen, hat überrascht
vergiften, hat vergiftet

demonstrieren, hat demonstriert
diskutieren, hat diskutiert
interessieren, hat interessiert
protestieren, hat protestiert
reduzieren, hat reduziert
reservieren, hat reserviert
studieren, hat studiert
telefonieren, hat telefoniert

SEIN + PAST PARTICIPLE
(WITH **ge** PREFIX)

landen, ist gelandet
reisen, ist gereist

SEIN + PAST PARTICIPLE
(WITHOUT **ge** PREFIX)

passieren, ist passiert

Word Order

To form sentences in the present perfect tense, the present tense form of the auxiliary is placed in the verb position that corresponds to the sentence type, and the past participle is placed at the end of the sentence.

SUBJECT-VERB STATEMENT	Maria **hat** heute ein Buch **gekauft.**
ELEMENT-VERB-SUBJECT STATEMENT	Heute **hat** Maria ein Buch **gekauft.**
YES/NO QUESTION	**Hat** Maria heute ein Buch **gekauft?**
INTERROGATIVE WORD QUESTION	Was **hat** Maria heute **gekauft?**

Use of Present Perfect Tense

In German, the present perfect tense is routinely used to relate past events in conversation, whereas the simple past tense (which you will study in Chapter 11) is used in writing. This contrasts with English, in which the simple past tense is appropriate in either speaking or writing to convey past events. It is important to remember that the German present perfect may be equivalent to the English past *or* present perfect tense.

GERMAN: PRESENT PERFECT TENSE
Wir **haben** schwer **gearbeitet.**

ENGLISH: PAST TENSE
We worked hard.
We did work hard.

ENGLISH: PRESENT PERFECT TENSE
We have worked hard.

Übungen

A. **Wer ist durch Deutschland gereist? Wer hat das Ruhrgebiet besucht?**

1. Bist du durch Deutschland gereist? (Sie, Herr und Frau Keller, ihr, Thomas)
2. Hast du das Ruhrgebiet besucht? (Sie, sie [*pl.*], ihr, er)

B. **Was haben die Leute gestern gemacht?** *Restate the question with the correct form of each suggested verb or verbal phrase.*

1. Was haben Ihre Freunde gestern gemacht? (kaufen, sagen, bestellen)
2. Haben Ihre Eltern gestern gearbeitet? (nach Amerika telefonieren, durch die Schweiz reisen [*use* **sein**], einen Spaziergang machen)
3. Haben die Touristen gestern ein Zimmer gemietet? (reservieren, suchen, brauchen)
4. Haben die Studenten gestern in Frankfurt demonstriert? (übernachten, arbeiten, protestieren)

Niederaussem. Ein Thermo-
kraftwerk (*thermal power plant*).
Im Vordergrund (*foreground*)
Einfamilienhäuser (*single-family
houses*) für die Arbeiter.

C. **Was passiert? Was ist schon passiert?**

BEISPIEL: Man diskutiert das Waldsterben oft. →
Man hat das Waldsterben oft diskutiert.

1. Industrieabwässer vergiften den Rhein.
2. Man sucht etwas gegen das Waldsterben.
3. Die Regierung löst das Problem nie.
4. Man demonstriert oft gegen Atomkraftwerke.
5. Man protestiert manchmal gegen die Atomindustrie.
6. Man kämpft für die AIDS-Patienten und Patientinnen.

D. **Wann?** *Complete each sentence with the given verb. Use the present or the present
perfect tense, depending on the time of the action.*

1. Wo / wir heute abend? (übernachten)
2. Ich / gestern Blumen. (kaufen)
3. Er / gestern abend nach Leipzig. (reisen)
4. Morgen / du deinen Neffen. (besuchen)
5. Die Flugzeuge / gestern in Wien. (landen)
6. Ihr / gestern morgen ein Zimmer. (mieten)
7. Morgen früh / wir eine Zeitung. (brauchen)
8. Erika / gestern abend gar nichts. (sagen)
9. Wer / heute abend Deutsch? (lernen)
10. Gestern / dieses Buch 6 DM, heute / es 12 DM. (kosten)

E. **Was hat Frau Fischer gemacht?** Im Perfekt, bitte!

BEISPIEL: eine Geschäftsreise machen →
Frau Fischer hat eine Geschäftsreise gemacht.

1. in Dortmund übernachten
2. nach Essen reisen
3. dort ein Zimmer mieten
4. Geschäftsleute besuchen
5. schwer arbeiten
6. Probleme lösen
7. nach England telefonieren
8. Geschenke für ihre Kinder kaufen

F. Was ist heute passiert? Auf deutsch, bitte!

1. No planes landed this morning in London.
2. It rained today in Dresden.
3. It snowed yesterday and today in Zürich.
4. Students demonstrated today in Paris.
5. In Washington the government has not yet solved the problems.
6. An accident occurred today in Germany.
7. Industrial waste has poisoned the rivers. (*plural subject in German*)
8. For years they (**man**) have been discussing the death of the forests.

G. Fragen Sie einen Studenten/eine Studentin: Was hast du gestern gemacht?

BEISPIEL: Radio hören → Hast du gestern Radio gehört?

1. Tennis spielen
2. ein Auto mieten
3. ein Buch kaufen
4. Geld brauchen
5. einen Freund oder eine Freundin besuchen
6. ein Problem lösen
7. schwer arbeiten

H. Was haben Sie gestern gemacht? *Describe your activities in the present perfect tense. Use the following list for ideas.*

arbeiten	fragen	mieten	übernachten
besuchen	hören	reisen	?
brauchen	kaufen	sagen	
demonstrieren	lernen	spielen	
diskutieren	machen	suchen	

Die Grünen sind eine politische Partei in der Bundesrepublik. Sie kämpfen besonders für Umweltschutz (*environmental protection*).

Karlsruhe, den 3. 9.

Liebe Tante Klara,

gestern haben wir den Pfälzer Wald und die „Deutsche Weinstraße" besucht. Dieses Gebiet habe ich noch nicht gekannt. Die Weinstraße ist 83 km lang und geht von Bockenheim nach Schweigen. Man hat sie so genannt, denn die Straße geht durch viele Weinberge und Weindörfer.

In Landau haben wir übernachtet. Zu Mittag hat Onkel Otto im Restaurant dort Essen für uns bestellt. Bald hat der Kellner etwas gebracht, und ich habe gedacht: „Mmm. Pizza und Apfelsaft!" Aber Onkel Otto hat gesagt: „Das ist neuer Wein und Zwiebelkuchen, Spezialitäten hier."

Bis bald,
Dein Tom

A. **Eine Reise durch Deutschland.**

1. Welches Gebiet haben Tom und sein Onkel Otto besucht? 2. Hat Tom es früher gekannt? 3. Warum hat man dieses Gebiet die „Deutsche Weinstraße" genannt? 4. Geht die Weinstraße durch Industriestädte? 5. Hat Onkel Otto Pizza und Apfelsaft zum Mittagessen bestellt? 6. Was hat der Kellner gebracht?

B. **Fragen Sie Ihren Nachbarn/Ihre Nachbarin:**

1. Ißt du gern Pizza? 2. Trinkst du gern Apfelsaft? 3. Kennst du Zwiebelkuchen? 4. Trinkst du Wein? 5. Was ißt du gern zu Mittag?

Present Perfect Tense: Irregular Weak Verbs; *kennen* and *wissen*

Irregular Weak Verbs

An irregular weak verb is like a weak verb, in that the past participle ends in **t**; unlike a weak verb, however, the stem vowel of the past participle differs from that of the infinitive. Notice that the past participles of **bringen** and **denken** undergo consonant changes as well as stem-vowel changes.

INFINITIVE			PAST PARTICIPLE		
STEM	**en**		**ge**	STEM	**t**
kenn	en	e → a	ge	kann	t
nenn	en		ge	nann	t
denk	en		ge	dach	t
bring	en	i → a	ge	brach	t
wiss	en	i → u	ge	wuß	t

Wie **nennt** man dieses Gebiet?	*What do they call this region?*
Man **hat** dieses Gebiet die „Deutsche Weinstraße" **genannt.**	*They named this region the "Deutsche Weinstraße."*
Wer **bringt** eine Zeitung?	*Who's bringing a newspaper?*
Josef **hat** schon eine Zeitung **gebracht.**	*Josef already brought a newspaper.*

The past participle of a verb with a so-called inseparable prefix follows the same pattern as that of the basic verb.

bringen, hat gebracht	*to bring*
verbringen, hat verbracht	*to spend (time)*

kennen and *wissen*

The verb **wissen** has irregular forms in the first-, second-, and third-person singular of the present tense.

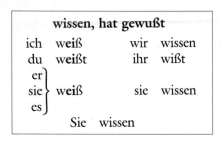

wissen, hat gewußt			
ich	weiß	wir	wissen
du	weißt	ihr	wißt
er			
sie }	weiß	sie	wissen
es			
	Sie	wissen	

The verbs **kennen** and **wissen** both correspond to the English verb *to know*. These two German verbs are not interchangeable, however. **Wissen** means *to know* in the sense of *to have factual knowledge of, know for a fact*. It is used in response to questions or statements about factual information and is often followed by a direct object. (**Wissen** also frequently occurs with a subordinate clause, a construction that will be treated in Chapter 10.)

Was ist die Temperatur heute in Köln?—Ich weiß es nicht.	*What's the temperature today in Cologne?—I don't know.*
Herr Kandel ist Geschäftsmann. —Ja, das weiß ich schon.	*Mr. Kandel is a businessman. —Yes, I already know that.*
Die Weinstraße ist 83 km lang. Hast du das gewußt?	*The "Weinstraße" is 83 km long. Did you know that?*

Kennen means *to know* in the sense of *to be acquainted with, familiar with*. It is used with a direct object.

Du kennst doch die Stadt Köln, nicht?	*You do know (are familiar with) the city of Cologne, right?*
Kennen Sie meinen Vater?	*Do you know my father?*
Ich habe die Landschaft gar nicht gekannt.	*I wasn't at all familiar with the countryside.*

Übungen

A. **Fragen.** *Restate each question in the present perfect tense.*

1. Was denken Sie?
2. Was bringen Sie?
3. Kennen Sie diesen Weinberg?
4. Wie nennt man dieses Gebiet?
5. Wie verbringen Sie die Woche?
6. Was wissen Sie?

B. **Was ist passiert? Was passiert?** *Restate each sentence in the present tense.*

1. Wir haben einen Tag in Landau verbracht.
2. Wir haben dieses Gebiet noch nicht gekannt.

3. Wie hat man dieses Gebiet genannt?
4. Wir haben Zwiebelkuchen zum Mittagessen bestellt.
5. Was hat der Kellner gebracht?
6. Wir haben in Schweigen übernachtet.
7. Tante Inge hat in Landau gewohnt. Hast du das gewußt?

C. **Kennen oder wissen?** *Supply the missing form of* wissen *or* kennen, *whichever is appropriate.*

1. Ich ＿＿ diese Stadt nicht.
2. ＿＿ du die „Deutsche Weinstraße"?
3. ＿＿ ihr das Ruhrgebiet?
4. Essen ist eine Industriestadt. ＿＿ Sie das?
5. Ich ＿＿ diese Stadt, denn ich habe hier zwei Wochen verbracht.
6. Wir haben kein Interesse für die Industriestädte. Das ＿＿ du schon.
7. ＿＿ ihr diesen Mann?
8. Die Umweltverschmutzung ist überall ein Problem. Man ＿＿ das schon.
9. Woher kommt dieser Wein? ＿＿ ihr ihn?
10. Was ist ein Strandkorb? Wer ＿＿ das?
11. Wie viele Leute wohnen hier? Vielleicht ＿＿ es der Beamte da.
12. Der Rhein ist sehr berühmt. ＿＿ Sie diesen Fluß?

D. **Amerikaner in Deutschland.** Was sagen sie? Auf deutsch, bitte!

MR. JOHNSON: They call this area the "Deutsche Weinstraße."
MR. BLACK: I know that already. My aunt lived here.
MR. JOHNSON: Are you also familiar with the "Ruhrgebiet"?
MR. BLACK: Yes, I know it very well, too. I spent six weeks in Düsseldorf.

E. **Städte.** Fragen Sie Ihren Nachbarn/Ihre Nachbarin:

1. Welche Städte in Amerika kennst du besonders gut?
2. Kennst du eine Stadt in Deutschland?
3. Kennst du einen Mann oder eine Frau aus Deutschland? Wie heißt er/sie? Woher kommt er/sie?
4. Wo hast du einmal eine Woche verbracht?
5. Wo möchtest du einen Tag verbringen? Warum?
6. Wo hast du einmal gewohnt? Wie viele Leute wohnen jetzt dort?

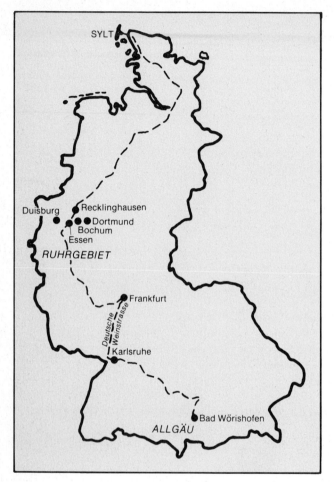

Strandkörbe an der Nordsee.

Tom und sein Onkel sind durch Deutschland gereist und haben viele Dias° ge- *slides*
macht. Jetzt zeigt° Tom die Dias und erzählt:° *shows / narrates*

Wir sind durch ganz Deutschland gereist. Zuerst haben wir eine Woche auf Sylt
verbracht. Wir haben in Westerland gewohnt. Dorthin° gehen viele Touristen, *there*
denn es gibt Strände,° Dünen, ein Aquarium und ein Casino. Mich hat das Casino *beaches*
unheimlich° interessiert, aber ich bin leider noch zu jung dafür.° *sehr / for it*

Einmal haben wir in Frankfurt übernachtet. Die Stadt ist eigentlich° sehr alt, *actually*
aber das Stadtzentrum ist ganz modern. Wir haben auch das Goethehaus besucht.
Dort hat Goethe als Kind gewohnt.

Ich habe eine Demonstration gegen die Umweltverschmutzung in Frankfurt
erlebt. Später habe ich ein Buch über das Problem gekauft, denn es hat mich sehr
interessiert. Ich habe viel darüber° gelernt. *about it*

Frankfurt am Main. Im Hintergrund (*background*) ein alter Turm (*tower*); im Vordergrund moderne Geschäfte (*shops*).

Journalisten bei einer Demonstration in Köln.

Eine kleine Kirche am Königssee in den Bayrischen Alpen.

„Im Wein liegt Wahrheit (*truth*)."
—Deutsches Sprichwort (*saying*).

    In Karlsruhe haben wir das Elternhaus besucht. Markgraf Karl-Wilhelm von Baden-Durlach hat Karlsruhe 1715 gegründet,° und die Stadt liegt eigentlich um sein Schloß° herum.° Der Marktplatz° von Karlsruhe ist sehr berühmt, denn eine Pyramide steht dort über Karl-Wilhelms Grab.°

    Bei Karlsruhe gibt es viele Weinberge, und dort haben wir auch Wein probiert.° Er hat so gut geschmeckt,° ich habe ein paar Flaschen nach Hause gebracht.

    Später sind wir weiter° nach Bayern° gereist und haben eine Ferienwohnung° in Bad Wörishofen gemietet. Bad Wörishofen ist ein Kurort und ist für die Kneipp-Kur berühmt. Sebastian Kneipp hat schon 1848 die Heilkraft° des Wassers gekannt und diese Kur gegen Krankheiten° entwickelt.° Viele Kurorte in Deutschland sind sehr alt, denn schon die Römer° haben die Bäder° besucht.

founded

castle / liegt . . . herum *is situated around* / *marketplace*
grave
tried

tasted

farther / *Bavaria* / *vacation apartment*

healing power

illnesses / *developed*

Romans / *baths*

Abend in den Bayrischen Alpen.

Was haben Tom und sein Onkel gemacht? Ergänzen Sie die fehlenden Wörter!

Tom und sein Onkel sind _____ Deutschland gereist und haben viele Dias _____. Zuerst haben sie _____ Woche auf Sylt _____. Sie haben in Westerland _____. Später haben sie in Frankfurt _____. In Frankfurt hat Tom eine Demonstration _____ die Umweltverschmutzung _____. Später hat er ein Buch über das Problem _____, denn es hat ihn sehr _____.

   In Karlsruhe haben Tom und sein Onkel das Elternhaus _____. Bei Karlsruhe _____ es viele Weinberge, und dort haben sie auch Wein _____. Er hat so gut _____, Tom hat ein paar _____ nach Hause gebracht. Später sind sie weiter nach Bayern _____ und haben eine Ferienwohnung in Bad Wörishofen _____.

Sammelübungen

A. **Was hat Frau Rainer gemacht?** Bilden Sie Sätze—im Perfekt! *Use the correct form of each word.*

1. Frau Rainer / machen / eine Geschäftsreise / ohne / ihr Mann
2. das Flugzeug / landen / in Frankfurt
3. dort / erleben / sie / eine Demonstration / gegen / die Regierung
4. sie / mieten / ein Auto / und / reisen / nach Düsseldorf
5. sie / verbringen / zwei Tage / dort
6. sie / machen / ein Spaziergang / durch / ein Park
7. sie / kaufen / auch / ein Koffer / für / ihr Mann
8. später / reisen / sie / durch / die Schweiz

B. **Fragen: Was ist passiert?** *Complete each question; then restate it in the present perfect tense.*

1. Hat er etwas _____? (*against me*)
2. _____ kaufst du diese Blumen? (*for whom*)
3. Reist Frau Schmidt _____? (*without her husband*)

4. ____ demonstriert man in Wien? (*against whom*)
5. Warum machen Sie immer einen Bogen ____? (*around the airport*)
6. Wie verbringt Peter diesen Monat ____? (*without us*)
7. Kennen Sie die Landschaft ____? (*around the city*)
8. Mietest du dieses Zimmer nur ____? (*for one month*)
9. Was sagst du ____? (*against the government*)

C. **Bilden Sie Sätze—im Perfekt!** *Use the correct form of each word.*

ich	kaufen	etwas	für	ihr
wir	reisen	nichts	durch	der Park
Jürgen	machen	ein Spaziergang	ohne	eine Woche
Ursula	bringen	Kaffee	um	die Regierung
?	mieten	manchmal	gegen	wir
	demonstrieren	oft		das Land
	sagen	ein Zimmer		diese Stadt
	?	?		?

D. **Was sagt Brigitte?** Auf deutsch, bitte! *See letter guidelines on page 142.*

Mainz, July 17

Dear Franz,

Yesterday I traveled without my nephew through the Ruhr district. They demonstrated against environmental pollution in Essen, but it's a problem everywhere. I bought a book for you, and I'll bring it to Innsbruck.

The weather in Germany is not for me. It has rained . . . and rained . . . and rained. Soon I'll be in Austria.

Yours,
Brigitte

E. **Konversation: Eine Reise.**

BEISPIEL: S1: Wohin bist du einmal gereist?
S2: Einmal bin ich nach . . . gereist.
S1: Und was hast du dort gemacht?
S2: Dort habe ich . . .
S1: Was ist noch passiert? Hast du auch . . . ?
S2: ____?

F. **Konversation: Ein Besuch.**

BEISPIEL: S1: Wen hast du einmal besucht?
S2: Ich habe einmal . . . besucht.
S1: Wieviel Zeit habt ihr zusammen verbracht?
S2: Wir . . .
S1: Was habt ihr gemacht?
S2: Wir haben . . .
S1: Habt ihr auch . . . ?
S2: ____?

KULTURECKE

▶ West Germany is approximately the size of Oregon but has more than 61 million inhabitants, whereas Oregon has fewer than 3 million. West Germany is one of the leading industrial nations in the world, and the Ruhr district is perhaps the largest industrial area in Europe. This region, which is located between the Ruhr and Lippe rivers, was founded on coal mining but has since become known also for iron and steel working, engineering, and the manufacturing of chemicals, textiles, and glass.

Essen, with a population of 644,000, is the largest city in the Ruhr district. Other cities include the former Hanseatic town of Dortmund; Duisburg, which is Europe's largest inland port; Bochum, with the Ruhr University and the Institute of Space Research; and Recklinghausen, home of the annual cultural Ruhr Festival.

Despite its dense population and heavy industrialization, much of West Germany is still rural. About one-third of the country is forestland. Like Germany's rivers, however, the forests are threatened by acid rain, auto emissions, and other pollutants.

▶ Sylt, the largest and northernmost of the North Frisian Islands, is known for its expansive dunes and beaches. As in other resort areas along the North Sea coast, **Strandkörbe** dot the beaches. These are large wicker chairs that provide protection from the sun and wind and ensure some privacy.

▶ Karlsruhe is in the foothills of the Black Forest and fans out from the **Schloß** (*palace*), first built from 1752 to 1785. This city now houses the German Nuclear Research Center.

▶ Bad Wörishofen, located in southern Germany in the region of the Allgäu Alps, is where the famous Kneipp water cure was first developed.

* * * *

Guidelines for writing letters in German:

▶ The city and date are usually written in the upper right corner. The accusative **den** sometimes precedes the number of the day, which precedes the month. Notice the punctuation.

> Hamburg, den 4. September 1993
> *or:* Hamburg, 4.9.93

▶ A letter begins with **lieber/liebe** (*dear*), and the person's name is followed by an exclamation point or a comma. The most common form used to address people who are not relatives or personal friends, however, is **sehr geehrter/sehr geehrte.**

Lieber Gerhard / Liebe Monika / Liebe Freunde (*pl.*) / Sehr geehrter Herr Bach! / Sehr geehrte Frau Schmidt!

▶ If the greeting is followed by a comma, the first word of the letter is not capitalized unless it is a noun or second-person pronoun.

▶ Throughout the letter all second-person pronouns and possessive adjectives (informal as well as formal) are capitalized: **Du, Dich, Dir, Dein; Ihr, Euch, Euer.**

▶ A letter closes with **Dein/Deine** (*informal*) or **Ihr/Ihre** (*formal*) and no punctuation.

Dein Gerhard / Deine Monika
Ihr Gerhard Bach / Ihre Monika Schmidt

The following semiformal closings are also widely used:

Mit freundlichen Grüßen / Viele Grüße / Herzliche Grüße

▶ The address is often preceded by **an** (*to*), and an **n** is added to **Herr,** which is a weak masculine noun. Notice that the number follows the street, and the postal code precedes the city. The country code precedes the postal code: D (West Germany), DDR (East Germany), CH (Switzerland), A (Austria).

(An)
Herrn Gerhard Bach / Frau Monika Schmidt
Lönnrotweg 12B
D-1000 Berlin 22

Geographie

Kleine deutsche Geographie

Seit° 1949 gibt es zwei deutsche Länder: die Bundesrepublik Deutschland und die Deutsche Demokratische Republik. Beide° liegen° in Mitteleuropa. Die BRD hat ungefähr° 61 Millionen Einwohner° und die Universitätsstadt Bonn als neue Hauptstadt. Früher war° Berlin die Hauptstadt von ganz Deutschland. Heute liegt Berlin in der DDR, aber die vier Alliierten kontrollieren die Stadt seit 1945. Darum° ist nur der früher russische Sektor, also Ost-Berlin, heute die Hauptstadt für die 17 Millionen Einwohner der DDR.

Österreich liegt südöstlich von Deutschland; die Hauptstadt ist Wien. Im Süden von Mitteleuropa finden wir die Schweiz mit der Hauptstadt Bern. Luxemburg liegt zwischen° Belgien, Frankreich und Westdeutschland, und das ganz kleine Liechtenstein zwischen Österreich und der Schweiz.

Norddeutschland ist flach.° Die Großstadt Hamburg liegt dort oben.° Sie hat einen wichtigen Hafen° mit viel Schiffsverkehr.° Im Süden finden wir die bayrische° Kunststadt° München, und es gibt dort eine Universität, eine Oper, ein paar Theater und viele Museen. Die zwei großen deutschen Flüsse° sind der Rhein und die Elbe. Der Rhein kommt aus der Schweiz und fließt° eine kurze° Strecke° durch Frankreich bei Straßburg und dann durch Westdeutschland nach Holland. Berühmte° Städte am Rhein sind Mainz, Koblenz, Köln und Düsseldorf. Hamburg liegt an der Elbe, und eine andere° berühmte Elbestadt ist Dresden in der DDR.

Die Schweiz hat die Alpen in der Mitte und besitzt° drei ganz verschiedene° kulturelle Gebiete:° den französischen Teil° im Westen mit der Stadt Genf,° in der Mitte den deutschen Teil mit der Großstadt Zürich, und südlich den italienischen Teil mit Architektur und Landschaft von Lugano und Locarno.

Wien ist berühmt für Musikpflege,° den Walzer und viele Cafés. Im Süden von Österreich finden wir das schöne Salzburg, die Geburtsstadt von Mozart, und Innsbruck, das Ski-Zentrum der Olympiade von 1976.

Feine Beispiele alter Kultur und Kunst° gibt es überall,° aber die meisten° Ausländer lieben besonders die süddeutsche Landschaft. Die Berge geben Gelegenheit° zum Skisport im Winter und zum Wandern° im Sommer. Das Klima in ganz Deutschland ist gemäßigt.° Im Sommer regnet, donnert° und blitzt° es oft, und im Winter schneit es viel. Der Sommer ist nicht so heiß und feucht° wie in Amerika, und der Himmel° ist oft wolkig und grau. Daher° kommt die bekannte° deutsche Sehnsucht° nach dem sonnigen Süden.

since
both / are situated
about / inhabitants
was

therefore

between

flat / dort . . . up there
harbor / shipping traffic / Bavarian
art city
rivers
flows / short / distance
famous
(an)other

possesses / different
areas / part / Geneva

pursuit of music

art / everywhere / most
opportunity / hiking
moderate / thunders / flashes
*   lightning*
humid
sky / hence / well-known
longing

A. **Fragen.**

1. Seit wann gibt es zwei deutsche Länder?
2. Wie heißen die zwei deutschen Länder?
3. Wie viele Einwohner hat die Bundesrepublik?
4. Wie viele Einwohner hat die DDR?
5. Welche Stadt hat einen Hafen, Hamburg oder München?
6. Was sind der Rhein und die Elbe?

7. Welches Land hat drei kulturelle Gebiete?
8. Welche Stadt ist berühmt für Musikpflege, den Walzer und viele Cafés?

B. **Richtungen** (*directions*).

BEISPIEL: S1: Wo liegt Bern?
S2: Bern liegt südwestlich von Wien, _____ von Bonn und _____ von Berlin. Und wo liegt Wien?

| nördlich | westlich | nordwestlich | südwestlich |
| südlich | östlich | nordöstlich | südöstlich |

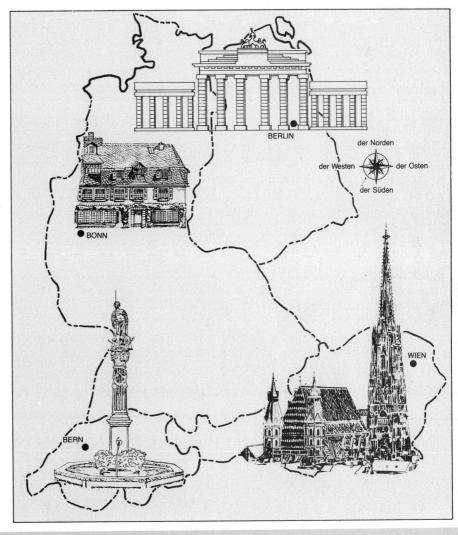

C. **Interview: deine Heimatstadt** (*hometown*). Fragen Sie einen Studenten/eine Studentin:

1. Wie heißt deine Heimatstadt?
2. Wo liegt sie? (Liegt sie auch [südwestlich] von ____?)
3. Wie ist die Landschaft dort? Ist sie flach? hügelig (*hilly*)? gebirgig (*mountainous*)?
4. Wie ist das Wetter dort? Wie ist der Sommer? der Winter?
5. Hat deine Heimatstadt einen Hafen? einen Flughafen? eine Universität? eine Oper? ein Theater? ein Museum? einen Bahnhof? Kirchen? __?__
6. Fließt (*flows*) ein Fluß durch deine Stadt? Wenn ja: Wie heißt dieser Fluß?
7. Hast du deine Heimatstadt gern? Warum (nicht)?

Jetzt ist Ihr Professor/Ihre Professorin Ihr Gesprächspartner/Ihre Gesprächspartnerin. Fragen Sie ihn/sie: „Wie heißt Ihre Heimatstadt? . . .“

Das Wetter

A. **Wie ist das Wetter heute in Europa?** *Work with a small group of students. Ask and answer questions about the map and charts on page 147.*

BEISPIELE: Wie ist das Wetter heute in (Madrid)?

Wie ist die Temperatur heute in (Dubrovnik)?

Wo ist die Temperatur (acht) Grad Celsius? (minus drei) **Grad**?

Wo regnet es heute?

Wo schneit es heute?

Wo ist es wolkenlos? heiter? bedeckt? neblig? __?__

Um wieviel Uhr ist der Sonnenaufgang? der Sonnenuntergang? der Mondaufgang? der Monduntergang?

B. **Der Wetterbericht.** *Prepare a weather report to deliver to the class. You can base it on the map in the book or use a weather map of the United States or of your local area.*

C. **Dialog: Was für Wetter haben Sie gern?** Fragen Sie einen Studenten/eine Studentin:

1. Was für Wetter hast du besonders gern? Warum?
2. Hast du auch den Regen (den Schnee, den Nebel) gern? Warum (nicht)?

Deutscher Wetterdienst

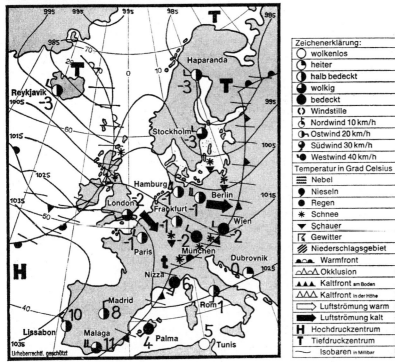

Zeichenerklärung:

○	wolkenlos
◔	heiter
◑	halb bedeckt
◕	wolkig
●	bedeckt
()	Windstille
↑	Nordwind 10 km/h
→	Ostwind 20 km/h
↓	Südwind 30 km/h
←	Westwind 40 km/h

Temperatur in Grad Celsius

≡	Nebel
⦁	Nieseln
●	Regen
✳	Schnee
▼	Schauer
⚡	Gewitter
⫽	Niederschlagsgebiet
●▲●	Warmfront
△▲△	Okklusion
▲▲▲	Kaltfront am Boden
△△△	Kaltfront in der Höhe
⟹	Luftströmung warm
⟹	Luftströmung kalt
H	Hochdruckzentrum
T	Tiefdruckzentrum
⎯	Isobaren in Millibar

bedeckt *overcast*
halb bedeckt *partly cloudy*
heiter *fair*
der Mondaufgang *moonrise*
der Monduntergang *moonset*
der Nebel *fog*
es ist neblig *it's foggy*
der Regen *rain*
der Schnee *snow*
wolkenlos *clear*
wolkig *cloudy*

Wetter und Temperaturen in Grad Celsius vom Donnerstag, 10 Uhr

Deutschland:

Sylt	Regen	6
Schleswig	Regen	6
Norderney	bedeckt	5
Hamburg	wolkig	5
Lübeck	wolkig	5
Greifswald	heiter	5
Osnabrück	bedeckt	4
Hannover	wolkig	3
Berlin	heiter	2
Düsseldorf	bedeckt	4
Leipzig	wolkig	3
Köln/Bonn	bedeckt	5
Koblenz	bedeckt	5
Bad Hersfeld	bedeckt	2
Trier	bedeckt	3
Feldberg/Ts.	i. Wolk.	—3
Frankfurt/M.	Nebel	0
Neust./Wstr.	bedeckt	1
Stuttgart	heiter	—1
Nürnberg	wolkig	—1

Freiburg	bedeckt	8
Freudenstdt.	bedeckt	2
München	wolkig	0
Passau	Nebel	—4
Feldb./Schw.	Schnee	—1
Konstanz	i. Wolk.	—2
Oberstdorf	wolkig	—3
Zugspitze	bedeckt	—2
Garmisch	bedeckt	—4

Ausland:

Helsinki	bedeckt	2
Stockholm	Regen	6
London	bedeckt	5
Kopenhagen	bedeckt	6
Amsterdam	Regen	6
Ostende	Regen	7
Zürich	Nebel	—5
Locarno	heiter	2
Paris	bedeckt	5

Nizza	wolkig	5
Barcelona	wolkig	6
Madrid	heiter	3
Mallorca	wolkig	4
Malaga	heiter	5
Wien	Regen	0
Innsbruck	wolkig	—4
Prag	heiter	—1
Warschau	heiter	3
Belgrad	wolkenl.	3
Konstanza	wolkenl.	8
Venedig	Nebel	—5
Rom	wolkenl.	2
Athen	wolkig	9
Istanbul	heiter	6
Moskau	bedeckt	2
Las Palmas	wolkig	17
Tokio *	wolkenl.	10
Peking *	heiter	3

* 7.00 Uhr MEZ

Heute: Sonnenaufgang: 8.22 Uhr   Mondaufgang: 8.46 Uhr
Sonnenuntergang: 16.41 Uhr   Monduntergang: 16.48 Uhr

Freunde beim Einkaufen

Heidelberg. Schaufenster in
einem Kaufhaus in der Haupt-
straße. Sind diese Kleider billig
oder teuer?

Der Kaufhof
zeigt was er kann

Jedes Kleid

59.-

PETER MENZEL / STOCK, BOSTON

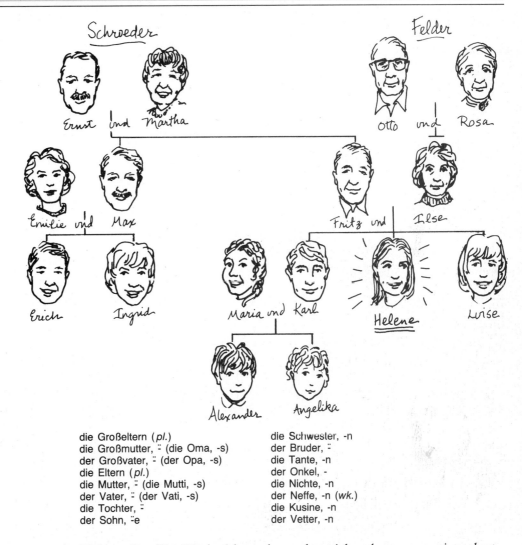

die Großeltern (*pl.*)	die Schwester, -n
die Großmutter, ⸚ (die Oma, -s)	der Bruder, ⸚
der Großvater, ⸚ (der Opa, -s)	die Tante, -n
die Eltern (*pl.*)	der Onkel, -
die Mutter, ⸚ (die Mutti, -s)	die Nichte, -n
der Vater, ⸚ (der Vati, -s)	der Neffe, -n (*wk.*)
die Tochter, ⸚	die Kusine, -n
der Sohn, ⸚e	der Vetter, -n

A. **Helenes Familie.** *Work with another student. Ask and answer questions about the relationships in Helene's family.*

BEISPIELE:
S1: Wer ist Ilse?
S2: Ilse ist Helenes Mutter.
S1: Ist Karl Helenes Vater?
S2: Nein, Karl ist ihr Bruder. Fritz ist ihr Vater.
S1: Wer sind Erich und Ingrid?
S2: Erich und Ingrid sind Bruder und Schwester. Sie sind Helenes Vetter und Kusine.
S1: Hat Helene eine Schwester?

B. Männer und Frauen. *Give the missing male or female counterpart.*

1. Bruder und ____
2. ____ und Mutter
3. Onkel und ____
4. Großvater und ____
5. ____ und Nichte
6. ____ und Tochter
7. Mann und ____
8. ____ und Kusine

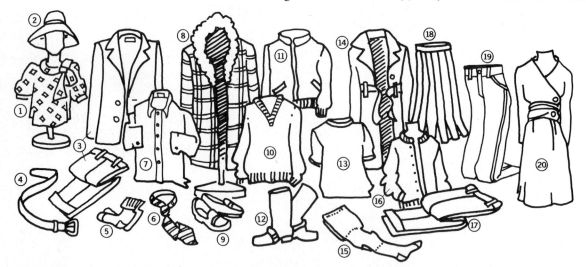

Frank ist 18, ich bin 20. Unser Opa ist jetzt 82.
...18, 20, 82...

Alter verbindet. Gestern, Heute, Morgen, und uns.

Kuratorium Deutsche Altershilfe e.V.
An der Pauluskirche 3 · 5000 Köln 1
Spendenkonto 57 737· 500 Postgiroamt Köln

C. „Alter verbindet" *(Age joins together). Tell your age and the ages of various family members.*

der Schwager, -͏ / die Schwägerin, -nen *brother-in-law / sister-in-law*
der Stiefbruder (-sohn, -vater) *stepbrother (-son, -father)*
die Stiefschwester (-tochter, -mutter) *stepsister (-daughter, -mother)*

BEISPIEL: Ich bin . . . Meine Mutter ist . . . Mein . . .

D. Interview: Familie. *Ask another student about his/her family.*

BEISPIEL: S1: Hast du Brüder oder Schwestern?
S2: Ich habe einen Bruder und zwei Stiefschwestern. Sie heißen Daniel, Amy und Laura.
S1: Wie alt sind sie?
S2: Mein Bruder ist achtundzwanzig und hat eine Frau. Meine Schwägerin ist neunundzwanzig. Meine Stiefschwester Amy . . .

E. Was tragen Sie heute? Beschreiben *(describe)* Sie Ihre Kleider!

BEISPIEL: Heute trage ich einen Pullover, Jeans, . . . Mein Pullover ist rot, . . .

1. die Bluse, -n
2. der Hut, -̈e
3. der Anzug, -̈e
4. der Gürtel, -
5. die Socke, -n
6. die Krawatte, -n
7. das Hemd, -en
8. der Mantel, -̈
9. der Schuh, -e
10. der Pullover, -
11. die Jacke, -n
12. der Stiefel, -
13. das T-Shirt, -s
14. der Regenmantel, -̈
15. die Strumpfhose, -n
16. die Strickjacke, -n
17. die Hose, -n*
18. der Rock, -̈e
19. die Jeans (*pl.*)
20. das Kleid, -er

*****Die Hose** is normally used in the singular to refer to one pair of pants.

F. **Ihre Garderobe** (*wardrobe*). Welche Kleidungsartikel haben Sie? Welche brauchen Sie? Welche brauchen Sie nicht? Welche möchten Sie bald kaufen?

BEISPIELE: Ich habe eine Strickjacke, . . .
Ich brauche einen Regenmantel, . . . aber keinen Hut, . . .
Ich möchte bald Schuhe, . . . kaufen.

G. **Wen beschreiben Sie?** *Describe someone in your class. Others will guess who it is.*

BEISPIEL: S1: Diese Person trägt eine Bluse, eine Hose, . . . Die Bluse ist weiß, . . .
S2: Beschreibst du (Amanda)?
S1: Nein, Amandas Bluse ist weiß und schwarz.
S3: Beschreibst du vielleicht . . . ?

H. **Einkaufen.** Wer kauft was und wo? *Use the pictures and your own ideas to answer the questions.*

1. **Die Apotheke.** Bekommt der Mann eine Erkältung? Woher wissen Sie das? Was kauft der Mann? Brauchen Sie oft solche Sachen? Wenn ja, welche? Haben Sie jetzt eine Erkältung?

die Tempo-Taschentücher (*pl.*)

das Schnupfenspray

das Aspirin

2. **Das Schreibwarengeschäft.** Was möchte die Studentin kaufen? Für wen? Brauchen Sie eine Geburtstagskarte? Für wen? Schreiben Sie manchmal Briefe? Brauchen Sie jetzt Briefpapier und Postkarten? Warum (nicht)?

die Postkarte, -n

das Briefpapier

die Geburtstagskarte, -n

3. **Der Blumenladen.** Was hat die Frau gekauft? Für wen? Was hat der
Mann gekauft? Für wen? Schenken Sie (*do you make a present of*) oft
Blumen? Schokolade? Bekommen Sie gern solche Geschenke?

die Schokolade

WORTSCHATZ

Adjectives and Adverbs

anders	different(ly)
attraktiv	attractive(ly)
außerdem	anyway, besides
dick	fat, heavy; thick
frisch	fresh(ly)
froh	happy, glad
früher	formerly, earlier; *with past tense of verb:* used to (*coll.*)
gleich	right away; equal, same
total	total(ly)
wenig	little, not much
wenige (*pl.*)	few

Nouns

FAMILIE	FAMILY
der Bruder, ⁝	brother
die Eltern (*pl.*)	parents
die Großeltern (*pl.*)	grandparents
die Großmutter, ⁝ (die Oma, -s)	grandmother (grandma)
der Großvater, ⁝ (der Opa, -s)	grandfather (grandpa)
die Kusine, -n	cousin (*female*)
die Mutter, ⁝ (die Mutti, -s)	mother (mommy)
die Nichte, -n	niece

der Onkel, -	uncle
der Schwager, ⁝ / die Schwägerin, -nen	brother-in-law / sister-in-law
die Schwester, -n	sister
der Sohn, ⁝e	son
der Stief(bruder, ⁝)	step(brother)
die Tante, -n	aunt
die Tochter, ⁝	daughter
der Vater, ⁝ (der Vati, -s)	father (daddy)
der Vetter, -n	cousin (*male*)

KLEIDER	CLOTHES
der Anzug, ⁝e	suit
die Bluse, -n	blouse
der Gürtel, -	belt
das Hemd, -en	shirt
die Hose, -n	(pair of) pants
der Hut, ⁝e	hat
die Jacke, -n	jacket
die Jeans (*pl.*)	jeans
das Kleid, -er	dress; *pl.* clothes
die Krawatte, -n	tie
der Mantel, ⁝	coat
der Pullover, -	pullover
der Regenmantel, ⁝	raincoat
der Rock, ⁝e	skirt
der Schuh, -e	shoe
die Socke, -n	sock
der Stiefel, -	boot

die Strickjacke, -n	sweater		
die Strumpfhose, -n	tights, pantyhose		

OTHER NOUNS

die Apotheke, -n	pharmacy
das Aspirin	aspirin
der Brief, -e	letter
die Briefmarke, -n	postage stamp
das Briefpapier	stationery
die Drogerie, -n	drugstore
der Einkaufsbummel, -	shopping trip
die Einkaufsliste, -n	shopping list
die Erkältung, -en	cold
der Geburtstag, -e	birthday
die Geburtstagskarte, -n	birthday card
das Geschäft, -e	shop, store
die Größe, -n	size
das Kaufhaus, ̈er	department store
der Kopf, ̈e	head
der Laden, ̈	store, shop
das Marzipan	marzipan
das Paar, -e	pair, couple
die Postkarte, -n	postcard
das Schnupfenspray	nasal spray
die Schokolade	chocolate
das Schreibwarenge-schäft, -e	stationery store
der Soldat, -en (wk.) / die Soldatin, -nen	soldier
das Tempo-Taschentuch, ̈er (die Tempos)	(brand of) facial tissue
die Uniform, -en	uniform

Verbs

beschreiben, hat beschrieben	to describe
glauben, hat geglaubt	to believe
hämmern, hat gehämmert	to throb; to hammer
lieben, hat geliebt	to love
meinen, hat gemeint	to mean; to think, be of the opinion
schenken, hat geschenkt	to give, make a present of
schicken, hat geschickt	to send
schlafen (schläft), hat geschlafen	to sleep
schreiben, hat geschrieben	to write
tragen (trägt), hat getragen	to wear; to carry
tun, hat getan	to do
versprechen (verspricht), hat versprochen	to promise
waschen (wäscht), hat gewaschen	to wash

Useful Words and Phrases

als (Student)	as (a student)
da hinten	back there
eine Weile	a little while, a short time
einkaufen gehen	to go shopping
etwas anderes	something different, something else
etwas Eßbares	something edible
Fragen stellen	to ask, pose questions

GRAMMATIK

Linda und Mike sind Amerikaner in München. Sie sprechen oft Deutsch, einfach so zum Spaß.

LINDA: Hast du schon zu Mittag gegessen?

MIKE: Nein, aber ich habe so wenig geschlafen und so viel Kaffee getrunken, mein Kopf hämmert nur so.

LINDA: Vielleicht bekommst du eine Erkältung. Warum hast du denn kein Aspirin genommen?

MIKE: Ich habe extra Aspirin gekauft, aber ich habe es zu Hause vergessen.

LINDA: Ich glaube, ich habe da hinten eine Apotheke gesehen.

MIKE: O gut, da kaufe ich gleich Tempos und Schnupfenspray.

A. **Mike hat ein Problem.**

1. Hat Mike schon zu Mittag gegessen?   2. Hat er genug geschlafen?   3. Was hat er getrunken?   4. Hat er eine Erkältung bekommen?   5. Was nimmt man gegen eine Erkältung?   6. Was möchte Mike kaufen?

B. **Fragen Sie Ihren Nachbarn/Ihre Nachbarin:**

1. Wann ißt du zu Mittag?   2. Hast du viel geschlafen?   3. Trinkst du Kaffee?   4. Bekommst du oft Erkältungen?

Present Perfect Tense: Strong Verbs

In Chapter 5 you learned how to form the present perfect tense of weak verbs.

Ich habe Aspirin gekauft.
Gestern sind wir nach München gereist.

The past participle of strong verbs differs somewhat from that of weak verbs; other than that, the present perfect tense is formed in the same way for both strong and weak verbs.

Like most weak verbs, the past participle of most strong verbs begins with the prefix **ge**. Whereas the past participle of weak verbs ends with (**e**)**t**, that of strong verbs ends with **en**. In addition, the stem vowel of many strong verbs changes in the past participle; sometimes there are stem-consonant changes as well.

INFINITIVE			AUXILIARY	PAST PARTICIPLE		
STEM	**en**				ge	STEM	**en**

STEM	en
komm	en
seh	en
find	en
nehm	en

AUXILIARY			
ist	ge	komm	en
hat	ge	seh	en
hat	ge	fund	en
hat	ge	nomm	en

Like weak verbs, certain strong verbs begin with an inseparable prefix (**be, emp, ent, er, ge, ver,** or **zer**). The **ge** prefix is not added to the past participle of these verbs. Therefore, the past participle resembles the infinitive.

INFINITIVE		AUXILIARY	PAST PARTICIPLE	
STEM	**en**		STEM	**en**
bekomm	en	hat	bekomm	en
vergess	en	hat	vergess	en
versprech	en	hat	versproch	en

Because so many strong verbs have vowel and/or consonant changes in the past participle, it is best to learn the parts of the verb along with the infinitive. The parts you are familiar with so far are the infinitive, the present tense of stem-changing verbs in the third-person singular, and the past participle with the corresponding auxiliary.

HABEN + PAST PARTICIPLE

INFINITIVE	PRESENT	AUXILIARY	PAST PARTICIPLE
essen	ißt	hat	gegessen
finden		hat	gefunden
geben	gibt	hat	gegeben
halten	hält	hat	gehalten
heißen		hat	geheißen
lesen	liest	hat	gelesen
nehmen	nimmt	hat	gcnommen
schlafen	schläft	hat	geschlafen
schreiben		hat	geschrieben
sehen	sieht	hat	gesehen
sprechen	spricht	hat	gesprochen
tragen	trägt	hat	getragen
trinken		hat	getrunken
tun	tut	hat	getan
waschen	wäscht	hat	gewaschen
bekommen		hat	bekommen
beschreiben		hat	beschrieben
vergessen	vergißt	hat	vergessen
verlassen	verläßt	hat	verlassen
versprechen	verspricht	hat	versprochen
verstehen		hat	verstanden

SEIN + PAST PARTICIPLE

INFINITIVE	PRESENT	AUXILIARY	PAST PARTICIPLE
fahren	fährt	ist*	gefahren
gehen		ist	gegangen
kommen		ist	gekommen
laufen	läuft	ist	gelaufen
sein	ist	ist	gewesen
werden	wird	ist	geworden

---

*When **fahren** is used with a direct object, **haben** (rather than **sein**) is the correct auxiliary.

Er **ist** nach München **gefahren.**   *He went to Munich.*
but:
Er **hat den Volkswagen** nach München **gefahren.**   *He drove the Volkswagen to Munich.*

Übungen

A. Was haben diese Leute gemacht? Ersetzen Sie die Verben—im Perfekt!

1. Herr Hoffman *hat* einen Brief *bekommen.* (schreiben, lesen, finden)
2. Die Studentinnen *haben* zu wenig *geschlafen.* (essen, trinken, tun)
3. Frau Wenzel *ist* gestern nach Berlin *gefahren.* (kommen)
4. Die Soldaten *haben* ihre Uniformen *vergessen.* (tragen, nehmen, bekommen)

B. Fragen, Fragen, Fragen. Ersetzen Sie die Verben–im Perfekt!

1. Was *haben* Sie *gesehen?* (versprechen, vergessen, tragen)
2. Wohin *bist* du *gegangen?* (fahren, laufen)
3. *Hat* er Deutsch *gesprochen?* (schreiben, lesen)
4. *Hast* du etwas *bekommen?* (vergessen, nehmen, finden)
5. Warum *habt* ihr nichts *gegessen?* (trinken, tun, geben)

C. Du und ich. Im Perfekt, bitte!

1. Ich lese Bücher, und du schreibst Briefe.
2. Ich trinke Kaffee, und du ißt ein Stück Torte.
3. Ich fahre nach Magdeburg, und du fährst nach Rostock.
4. Ich nehme den Zug, und du fährst deinen Wagen.

D. Einkaufen in Hamburg. *Retell the story in the present tense.*

Mein Bruder und ich sind nach Hamburg gefahren. Zuerst habe ich den
Wagen gefahren, aber ich bin müde geworden. Ich habe ein Aspirin
genommen, denn mein Kopf hat so gehämmert. Ich habe eine Weile
geschlafen.
    In Hamburg sind mein Bruder und ich einkaufen gegangen. Wir haben
Geschenke für unsere Familie gekauft. Wir haben eine Apotheke gesehen,
und ich habe Tempos gekauft. Ich habe eine Erkältung bekommen.

E. Was hat Sabine schon getan? *Restate the story in the present perfect tense.*

Sabine braucht Briefpapier. Sie sieht ein Schreibwarengeschäft und kauft das
Papier. Die Verkäuferin fragt sie etwas. Sabine sagt „ja" und dann „auf
Wiedersehen". Sie nimmt das Papier und verläßt das Geschäft.
    Später sucht Sabine ein Café. Bald findet sie das Café Metropol. Dort
trinkt sie einen Kaffee und schreibt Briefe.

F. Was sagen Dieter, Karin und Marie-Luise? Auf deutsch, bitte!

DIETER: My daughter Marie-Luise is getting a cold.
KARIN: Has she taken aspirin?
DIETER: Yes, but she also needs nasal spray.
KARIN: I saw a pharmacy back there.
DIETER: Good. We'll buy the nasal spray and then we'll eat lunch.
MARIE-LUISE: I'm not hungry. My head is throbbing.
KARIN: I believe your father would like something to eat.
DIETER: Yes, I drank so much coffee. Now I'm hungry.

G. **Interview: Was hat der Student/die Studentin getan?** *Ask another student as many questions as you can about his/her past activities, using verbs from the list.*

arbeiten	finden	nehmen	tragen
bekommen	kaufen	reisen	trinken
besuchen	lernen	schreiben	tun
brauchen	lesen	sehen	wohnen
fahren	machen	spielen	

H. **Was hat Ihr Gesprächspartner/Ihre Gesprächspartnerin gesagt?** *Give the results of your interview in Exercise G in an oral or a written report.*

Ein Spaziergang durch die Stadt

LINDA: Trägst du schon wieder diese Jeans? Ich finde sie nicht gerade attraktiv.
MIKE: Ich habe aber nur diese Jeans gefunden. Und außerdem habe ich sie frisch gewaschen. Als Student hatte ich nur ein Paar Jeans, und die habe ich immer getragen.
LINDA: Warum kaufst du nicht mal eine Cordhose?
MIKE: Ich weiß meine Größe nicht. In Amerika hatte ich immer „38", aber da war ich noch dick.
LINDA: Du brauchst bestimmt Größe 48.
MIKE: Größe 48?
LINDA: Ich meine doch Größe 48 in Deutschland.

· MÄNNER ·

AMERIKA						
34	36	38	40	42	44	46

EUROPA						
44	46	48	50	52	54	56

AMERIKA						
14	14½	15	15½	15¾	16	16½

EUROPA						
36	37	38	39	40	41	42

· FRAUEN ·

AMERIKA						
8	10	12	14	16	18	20

EUROPA						
36	38	40	42	44	46	48

AMERIKA						
32	34	36	38	40	42	44

EUROPA						
40	42	44	46	48	50	52

A. **Mikes Kleidung.**

1. Was trägt Mike? 2. Was hatte er als Student? 3. Weiß er seine Größe in Deutschland? 4. Welche Größe hatte er in Amerika? 5. War er früher dick? 6. Welche Größe braucht er in Deutschland?

B. **Fragen Sie Ihren Nachbarn/Ihre Nachbarin:**

1. Trägst du immer Jeans? 2. Findest du Jeans chic? 3. Welche Größe trägst du in Amerika? in Europa?

Past Tense: *haben* and *sein*

Although the present perfect tense is preferred in conversation for relating past events, the past tense is commonly used with the verbs **haben** and **sein.** These two words do have present perfect tense forms (**haben, hat gehabt; sein, ist gewesen**), but the past tense forms are more usual. Whereas the present perfect is a compound tense, the past, like the present, is a simple tense. Used in the past tense, **haben** and **sein** are not auxiliaries but independent verbs that correspond to the English past tense forms *had* and *was/were.*

haben			
ich	hatte	wir	hatten
du	hattest	ihr	hattet
er			
sie	hatte	sie	hatten
es			
	Sie	hatten	

sein			
ich	war	wir	waren
du	warst	ihr	wart
er			
sie	war	sie	waren
es			
	Sie	waren	

Notice that the present perfect tense of other verbs and the past tense of **haben** and **sein** are used in the same context to convey past events.

Als Student **hatte** ich nur ein Paar Jeans, und ich **habe** sie immer **getragen.**

As a student I had only one pair of jeans, and I always wore them.

Du **warst** müde, aber du **hast** nicht **geschlafen.**

You were tired, but you didn't sleep.

The past tense of verbs other than **haben** or **sein** is usually reserved for narrative writing or narrative speech and will be treated in Chapter 11.

Übungen

A. **Wo waren sie?**

BEISPIEL: Heinrich / Leipzig → Heinrich war in Leipzig.

1. Maria / München
2. Johann und Peter / Basel
3. ich / Graz
4. du / Potsdam
5. Sie / Würzburg
6. wir / Erfurt
7. ihr / Luzern
8. Josef / Linz

B. **Was hatten sie gern?**

BEISPIEL: Herr Schmidt / Musik → Herr Schmidt hatte Musik gern.

1. ich / Bücher
2. Sie / diese Stadt
3. wir / diese Wohnung
4. Inge / dieses Haus
5. du / Jeans
6. ihr / Filme
7. Anton / Literatur
8. Frau Müller / diese Bluse

C. **Wie viele?** *Restate each question in the past tense.*

1. Wie viele Bücher habt ihr?
2. Wie viele Hemden hat dieser Mann?
3. Wie viele Kleider haben Frau Klein und ihre Tochter?
4. Wie viele Briefmarken haben wir?
5. Wie viele Geschenke hast du?
6. Wie viele Freunde haben Sie?

D. **Was sagen Monika, Kris und Max?** *Auf deutsch, bitte!*

MONIKA: Kris and Max, where were you yesterday?
MAX: We were in Mainz.
MONIKA: How was the weather there?
KRIS: It was beautiful. We had sweaters, but we didn't need them.

E. **Früher war alles anders.**

BEISPIEL: Wir sind noch jung. → Früher waren wir noch jung.

1. Ich bin Student.
2. Du hast nicht viel Geld.
3. Jeans und T-Shirts sind billig.
4. Wir haben viele Freunde.
5. Wir sind froh.
6. Alles ist schön.

F. **Wie war alles früher?** *Tell how things used to be for you and your family and friends. Give as many details as possible.*

BEISPIEL: Früher . . .

G. **Gestern: Beschreiben Sie den Tag!** Wie war das Wetter? Was war die Temperatur? Hatten Sie gestern eine Deutschklasse? Wenn ja: Wer war da? Was haben Sie gestern getan?

H. **Als Kind.** Fragen Sie einen Studenten/eine Studentin:
1. Wie warst du als Kind? Warst du froh? freundlich? __?__
2. Hattest du Freunde und Freundinnen?
3. Hattest du einen Teddybären?
4. Hast du immer T-Shirts und Jeans getragen?
5. Hast du oft eine Erkältung bekommen?
6. Hast du oft Schokolade gegessen?
7. Hast du Baseball gespielt?
8. Hattest du Pizza und Cola gern?

I. **Fragen Sie Ihren Professor/Ihre Professorin: „Wie waren Sie als Kind?"** *Ask questions similar to those in Exercise H.*

Ein Einkaufsbummel

LINDA: Ich brauche Papier, Postkarten und Briefmarken. Hast du jetzt Zeit für einen Einkaufsbummel?

MIKE: Ja, ich habe meiner Schwester, meinem Bruder und meinen Eltern Geschenke versprochen. Was kaufe ich nur?

LINDA: Ich habe meinem Vater einen Tirolerhut geschenkt. Er trägt ihn aber nie.

MIKE: Vielleicht schicke ich meiner Familie Schokolade oder Marzipan.

LINDA: Ja, ich schicke meinen Freunden nur noch Eßbares.

A. **Linda und Mike möchten Geschenke kaufen.**
1. Was braucht Linda?   2. Wem hat Mike Geschenke versprochen?
3. Was hat Linda ihrem Vater geschenkt?   4. Trägt Lindas Vater den Hut?   5. Was schickt Mike seiner Familie?   6. Wem schickt Linda nur noch Eßbares?

B. **Fragen Sie Ihren Nachbarn/Ihre Nachbarin:**
1. Wem schreibst du Briefe? (deiner Mutter? deinem Freund? __?__)   2. Du hast Freunde in Deutschland. Welche Delikatessen aus Amerika schickst du diesen Freunden?

Dative Case: Nouns

Dative Case

You are already familiar with the uses of the nominative and accusative cases in German. In this chapter you will learn some of the uses of the dative case, which is used primarily to indicate the indirect object in a sentence. Whereas the direct object receives the action of the verb in a sentence, the indirect object is the person, thing, or abstraction *affected* by the action of the verb.

English has two ways to indicate an indirect object:

1. Word order: The indirect object generally precedes the direct object.

She gives *her father* a hat.

2. Use of a preposition: A preposition is used if the indirect object follows the direct object.

She gives a hat *to her father*.

In German the indirect object is indicated by the dative form of the noun or pronoun.

SUBJECT (NOMINATIVE)	VERB	INDIRECT OBJECT (DATIVE)	DIRECT OBJECT (ACCUSATIVE)
Sie	gibt	ihrem Vater	einen Hut.

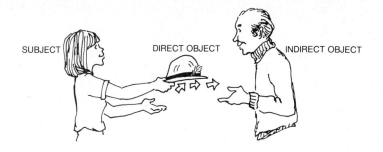

SUBJECT — DIRECT OBJECT — INDIRECT OBJECT

The indirect object answers the question *to whom?* or *for whom?* the action is done. In German this question is expressed by the dative form of **wer: wem.**

NOMINATIVE	wer	*who*
ACCUSATIVE	wen	*whom*
DATIVE	we**m**	*(to, for) whom*

Wem gibt sie einen Hut?
Sie gibt **ihrem Vater** einen Hut.

Nouns with *der-* and *ein-*Words

The definite article takes special forms to denote the dative case: **dem** for masculine and neuter, **der** for feminine, **den** for plural. The **der**-words (**dieser, jeder, welcher, mancher, solcher**) and the **ein**-words (**kein, mein, dein, sein, ihr, sein, unser, euer, ihr, Ihr**) all have dative endings that correspond to the dative forms of the definite article.

	MASCULINE	FEMININE	NEUTER	PLURAL
NOMINATIVE	der dieser ein kein } Mann	die diese eine keine } Frau	das dieses ein kein } Kind	die diese — keine } Leute
ACCUSATIVE	den diesen einen keinen } Mann	die diese eine keine } Frau	das dieses ein kein } Kind	die diese — keine } Leute
DATIVE	de**m** diese**m** eine**m** keine**m** } Mann	de**r** diese**r** eine**r** keine**r** } Frau	de**m** diese**m** eine**m** keine**m** } Kind	de**n** diese**n** — keine**n** } Leuten

Ich schenke { diese**m** / meine**m** } Mann den Hut.

Er schreibt { de**r** / seine**r** } Familie eine Ansichtskarte.

Wir kaufen $\left\{\begin{array}{l}\text{je\textbf{dem}}\\\text{unser\textbf{em}}\end{array}\right\}$ Kind Schokolade.

Sie verspricht $\left\{\begin{array}{l}\text{d\textbf{en}}\\\text{ihr\textbf{en}}\end{array}\right\}$ Eltern Geschenke.

All plural nouns add an **n** in the dative case unless they already end in **n** or **s**.

den $\left\{\begin{array}{l}\text{Leute\textbf{n}}\\\text{Tage\textbf{n}}\\\text{Züge\textbf{n}}\end{array}\right\}$ *but:* den $\left\{\begin{array}{l}\text{Socken}\\\text{Autos}\end{array}\right\}$

Monosyllabic masculine and neuter nouns sometimes have an optional **e** ending in the dative singular. This occurs mainly in such fixed expressions as **zu Hause** *(at home)* and **nach Hause** *([toward] home)* and in poetic language.

dem $\left\{\begin{array}{l}\text{Mann(e)}\\\text{Haus(e)}\\\text{Kind(e)}\end{array}\right\}$

All weak masculine nouns, including the adjectival nouns **(der Beamte/ein Beamter; der Deutsche/ein Deutscher),** add the **n** or **en** ending in the dative as well as in the accusative case.

NOMINATIVE	der	$\left\{\begin{array}{l}\text{Student}\\\text{Name}\\\text{Herr}\end{array}\right.$
ACCUSATIVE	den	$\left\{\begin{array}{l}\text{Studenten}\\\text{Namen}\\\text{Herrn}\end{array}\right.$
DATIVE	dem	$\left\{\begin{array}{l}\text{Studenten}\\\text{Namen}\\\text{Herrn}\end{array}\right.$

Übungen

A. **Wem hat Luise was geschenkt?**

BEISPIEL: ihr Vater / Hut → Luise hat ihrem Vater einen Hut geschenkt.

1. ihre Schwester / eine Bluse
2. ihr Neffe / ein Hemd
3. ihre Freunde / T-Shirts
4. die Kinder / Schokolade
5. das Mädchen / ein Kleid
6. Herr Braun / ein Kuchen
7. der Junge / ein Buch
8. ihr Freund / Socken

REICHE AUSWAHL AN ERLESENEN GESCHENKEN AUS GLAS, PORZELLAN UND SILBER SOWIE SCHMUCKWAREN

by

Steiner

Geschenke aus Salzburg

seit 1703 in der Judengasse

B. **Das Kaufhaus: Was machen die Leute?**

BEISPIEL: Die Verkäuferin bringt ____ Müller ____ Anzug. (Herr / ein) →
Die Verkäuferin bringt Herrn Müller einen Anzug.

1. Der Verkäufer gibt ____ Kunden ____ Buch. (der / das)
2. Frau Bach kauft ____ Kind ____ Geschenk. (jedes / ein)
3. Die Verkäuferin bringt ____ Mutter ____ Schuhe. (meine / diese)
4. Herr Kleinberg gibt ____ Verkäuferin ____ Geld. (die / das)
5. Der Verkäufer bringt ____ Mann ____ Hut. (dieser / der)
6. Herr Jahn verspricht ____ Eltern ____ Bücher. (seine / die)
7. Frau Schmidt kauft ____ Kusine ____ Rose. (ihre / eine)
8. Onkel Max verspricht ____ Sohn ____ Tirolerhut. (unser / ein)

C. **Und was haben die Leute schon gemacht?** *Restate each sentence in Exercise B in the present perfect tense.*

BEISPIEL: Die Verkäuferin bringt Herrn Müller einen Anzug. →
Die Verkäuferin hat Herrn Müller einen Anzug gebracht.

D. **Und diese Leute?** Was machen sie?

BEISPIEL: sie *(sg.)* / bringen / das Kind / das Papier →
Sie bringt dem Kind das Papier.

1. ich / sagen / die Verkäuferin / meine Größe
2. Ute / kaufen / ihr Vetter / ein Hut
3. ein Kunde / schreiben / Herr Müller / ein Brief
4. der Verkäufer / bringen / die Frau / die Bluse
5. Max / kaufen / der Junge / diese Schuhe
6. er / geben / seine Schwester / zu wenig Geld
7. wir / versprechen / unsere Brüder / Schokolade und Marzipan
8. Herr Klein / schicken / unser Nachbar / eine Geburtstagskarte

E. **Die Familie Weber geht einkaufen.**

1. Eine Verkäuferin bringt ____ ein Paar Schuhe. (*Mr. Weber*)
2. Frau Weber kauft ____ ein Kleid. (*her aunt*)
3. Erich Weber kauft Briefpapier, denn er hat ____ einen Brief versprochen. (*his grandparents*)
4. Anna Weber gibt ____ das Geld für die Jeans. (*the salesman*)
5. Herr und Frau Weber kaufen ____ Blumen. (*their neighbors*)
6. Herr Weber gibt ____ mehr Geld. (*his children*)

F. **Einkaufslisten.** Auf deutsch, bitte!

1. I promised my nieces presents.
2. My brother is buying his (male) friends specialty foods.
3. We're sending our parents chocolate.
4. And you, Hans? Did you buy your father a birthday card?
5. And, Margret and Paula, to whom are you giving this Tyrolean hat?
6. Mrs. König, did you buy your children facial tissues and nasal spray?

G. **Interview.** Fragen Sie einen Studenten/eine Studentin:

1. Wem schreibst du Briefe?
2. Wem schickst du Geburtstagskarten?
3. Wem kaufst du Geschenke?
4. Wem gibst du manchmal Geld?
5. Wem versprichst du Postkarten?
6. Wem bringst du manchmal Blumen?

H. **Wie bitte? Wem? Was?** *Work in groups of three: one person makes a statement; the other two question different aspects of it.*

BEISPIEL: S1: Ich gebe meinem Freund Schokolade.
S2: Wem gibst du Schokolade?
S1: Meinem Freund.
S3: Was gibst du deinem Freund?
S1: Schokolade.

Bruder/Schwester	Schokolade
Freund/Freundin	ein Geburtstagsgeschenk
Großmutter/Großvater/Großeltern	nichts
Kusine/Vetter	etwas
Neffe/Nichte	Socken
Vater/Mutter/Eltern	ein Buch
_____ ?	_____ ?

SAMMELTEXT

Linda und Mike sind Soldaten in Bayern.° Sie wohnen nicht in Militärwohnungen, denn sie sprechen gut Deutsch und wohnen gern privat. Mike ist noch nicht lange in Deutschland und er hat nicht genug Zivilkleidung.° Er macht nicht gern einen Einkaufsbummel oder Besuche in Uniform, denn die Deutschen stellen Mike dann viele Fragen: „Warum sind Sie Soldat geworden? Sind Sie für oder gegen Atomwaffen?" Sie stellen Linda auch viele Fragen, denn in Deutschland sind nur Männer Soldaten. Politik interessiert Mike sehr, aber er antwortet nicht gern jedem Fremden.°

In kurzer Zeit hat Mike viel über Deutschland und die Deutschen gelernt. Manches hat ihn sehr überrascht. Zum Beispiel hat er früher immer gedacht: „Alle Deutschen trinken viel Bier, essen Sauerkraut und Würstchen, tragen Dirndl° und Lederhosen,° usw." Das ist aber nicht so. Zum Beispiel ist die deutsche Küche° interessant und reichhaltig.°

Mike und Linda sind gern in München, aber manchmal ist das Leben dort etwas schwierig° für sie. Linda hat viele neue Freunde in Deutschland erwartet,° aber für Ausländer ist Kontakt zu Deutschen nicht immer leicht.° Mike und Linda haben aber doch Freunde in Deutschland gefunden, und zu Weihnachten° haben sie eine Einladung° bekommen. Ihre Freunde haben vier Kinder. Mike und Linda machen

Bavaria

civilian clothes

stranger

Bavarian peasant dress
leather shorts / cuisine
varied

schwer / expected
easy
Christmas
invitation

BERYL GOLDBERG

Christkindlmarkt zu Weihnachten (*Christmas*) in München. Hier kann man allerlei (*all sorts of*) Dekorationen und Ornamente für den Weihnachtsbaum (*Christmas tree*) kaufen.

eine Einkaufsliste, denn sie brauchen Blumen für die Gastgeber° und Weihnachtsgeschenke für die Kinder und auch für ihre Familien in Amerika. Sie haben viele Läden° und Kaufhäuser besucht, denn sie haben nicht alles gleich gefunden.

hosts
stores

Süßwarengeschäft:°	Schokolade	*candy store*
	Marzipan	
Kaufhaus:	einen Tirolerhut	
	ein Dirndl	
	eine Lederhose	
	eine Blumenvase	
	ein Halstuch	
Spielwarenladen:	Plüschtiere	
	eine Puppe	
	einen Fußball	
Blumenladen:	Nelken für Manfred und seine Frau	
Schreibwarengeschäft:	Briefpapier	
	Postkarten	

Wem haben Linda und Mike die Geschenke gegeben? Raten Sie! (*Guess.*) *Tell to whom Linda and/or Mike gave each present. Use the list at the end of the* **Sammeltext** *along with your own ideas.*

BEISPIELE: Linda hat ihrem Großvater in Phoenix Schokolade geschickt.
Linda und Mike haben ihren Freunden in München Marzipan geschenkt.

Sammelübungen

A. Wer . . . wem . . . was . . . ? Bilden Sie Sätze—im Perfekt bitte!

BEISPIELE: Meine Tante hat meiner Mutter einen Brief geschrieben.
Dieser Mann hat den Soldaten viele Fragen gestellt.

WER?		WEM?	WAS?
Vater	schicken	Sohn	Brief
Onkel	geben	Frau	Koffer
Mann	schreiben	Töchter	Bleistift
Tante	stellen	Neffe	Fragen
Franz	kaufen	Kinder	Hemd
Eltern	schenken	Familie	Geschenk
Leute	versprechen	Soldat	Marzipan
?	?	?	?

B. Was ist schon passiert? *Tell about past events. Use* haben *and* sein *in the past tense, other verbs in the present perfect. Then expand the information according to the cue.*

BEISPIEL: Hans kauft seiner Familie Geschenke, denn er hat viel Geld.
(die Kinder) →
Hans hat seiner Familie Geschenke gekauft, denn er hatte viel
Geld. Er hat den Kindern auch Geschenke gekauft.

1. Es ist sehr kalt, und Brigitte bringt ihrer Mutter ein Kännchen Kaffee. (ihr Großvater)
2. Eva ist wirklich nett, denn sie schreibt ihren Neffen und Nichten oft Briefe. (ihr Bruder und seine Frau)
3. Karin hat eine Torte, und sie gibt dem Mädchen ein Stück. (der Junge)
4. Ihr seid ein bißchen unfreundlich, denn ihr sagt euren Nachbarn nichts. (Herr Busch)
5. Sie sind nett, denn sie wünschen den Studenten Glück. (die Männer)
6. Wir schreiben unserer Tante und unserem Onkel keine Briefe, denn wir haben keine Zeit. (unsere Großmutter)

C. Wem? *Add the given phrase as an indirect object. Then restate the entire sentence in the present tense; begin with* oft.

BEISPIEL: Herr Schmidt hat Blumen geschenkt. (seine Frau) →
Herr Schmidt hat seiner Frau Blumen geschenkt.
Oft schenkt Herr Schmidt seiner Frau Blumen.

1. Die Geschäftsleute haben Geld gegeben. (diese Leute)
2. Wir haben Postkarten geschickt. (unsere Söhne)
3. Ich habe Schokolade gekauft. (mein Freund)
4. Frau Schmidt hat Geschenke versprochen. (der Junge)
5. Erich hat Briefe geschrieben. (seine Freundin)
6. Die Nachbarn haben Brot gebracht. (Herr Krüger)

D. **Stellen Sie jede Frage auf deutsch!**

1. Did the tourist find his suitcase?
2. How did the tourists describe the country to their friends?
3. Which presents did the parents give their children?
4. Why did the children bring their mothers flowers?
5. Why did your (*infor. sg.*) brother sleep here yesterday?
6. Did the boys wash their jeans?
7. How many books did the (male) students read?
8. Why did the (female) students become soldiers?
9. Why didn't the (male) soldiers wear their uniforms?
10. Were the people for or against nuclear weapons?

E. **Und Sie persönlich?** *Tell about yourself in the present perfect tense.*

ich	versprechen	mein	Mutter	ein	Zeitung
	sagen	?	Vater	der	Geschenk
	geben		Schwester	die	Buch
	bringen		Bruder	das	Bluse
	wünschen		Tante	?	Jeans
	schenken		Onkel		Marzipan
	kaufen		Sohn		Schokolade
	schreiben		Tochter		Hemd
	schicken		Kusine		Delikatessen
	?		Vetter		Brief
			Freund		Postkarten
			Freundin		Cola
			Mann		Blumen
			Frau		?
			Großeltern		

F. **Wem hast du . . . ?** *Use the vocabulary in Exercise E to ask questions of another student.*

BEISPIEL: S1: Wem hast du eine Cola gekauft?
S2: Ich habe meinem Freund eine Cola gekauft.

G. **Hinrichs.**

Hinrichs ist ein Fachgeschäft° in Deutschland. Hier kauft man Kleider. Man findet eine Riesenauswahl,° und alles ist bewußt preiswert.° Die Bedienung° ist immer freundlich. Hinrichs ist zuverlässig° in Mode,° Qualität und Preis. Hinrichs ist das größte° Mode- und Textilhaus in Emden und Borkum. Man weiß, wo man gut kauft: Hinrichs!

Beschreiben Sie die Leute! Was tragen sie?

specialty store
gigantic selection
bewußt . . . intentionally reasonable / service reliable
fashion / largest

KULTURECKE

▶ Shopping in a German-speaking country is in some ways similar to and in other ways different from shopping in the United States. Even though department stores are as common in Europe as in the United States, **Fachgeschäfte,** or **Spezialgeschäfte,** are still very popular. These are small stores that handle one commodity—stores such as the **Gemüseladen** for vegetables and the **Schlachter** (or **Metzger** or **Fleischer**) for meat.

When shopping, a customer is usually asked **Was hätten Sie gern?** or **Was wünschen Sie?** (*What would you like?*). The customer usually replies **Ich möchte . . .** or **Ich hätte gern . . .** or **Ich schaue nur** (*I'm just looking*).

A shopper usually takes along a **Tasche** (*tote bag*), an **Einkaufsnetz** (*shopping net*), or a **Plastiktüte** (*plastic bag*) to smaller stores for carrying purchases that may not otherwise be wrapped or put in sacks. In larger stores, purchases are put into sacks or plastic bags, as in the United States, but often the customer has to pay for them.

▶ While the United States no longer has a draft, military service is mandatory for all German men. It is possible, however, for conscientious objectors to substitute civil service for military service. Declining birth rates have led to discussions about a possible role for women in the military.

Many American soldiers who serve in West Germany feel isolated because of the language barrier, which limits their contact with Germans. It is expensive for American soldiers to live away from the base, to shop, and to travel in Germany, making it even more difficult to mingle with German people and to become acquainted with German culture.

Suspicion and cross-cultural misunderstandings are usually a result of the lack of language facility and cultural savvy. Learning the language is an important step toward understanding a foreign culture.

Schüler vor einer Bäckerei. Alles ist frisch und lecker (*delicious*).

Plastikgeld

Kreditkarten in Deutschland

In Amerika ist die Bezahlung° per Kreditkarte normal. In Deutschland ist es noch nicht die Norm, aber 1,5 Millionen Deutsche zahlen schon mit Kreditkarten. Die vier großen Kreditkartenfirmen in Deutschland sind Eurocard, American Express, Diners Club und Visa.   *payment*

    Auch gibt es jetzt Firmenkarten. Die Lufthansa hat die „Air-Plus" Karte, die Supermarktkette° Massa hat schon 100 000 „massa cards", und Versandhäuser° kündigen auch ihr eigenes° Plastikgeld an.° Die große Kaufhauskette Hertie hat schon Plastikgeld, und Karstadt und Kaufhof testen es.   *supermarket chain / mail order houses* *own* / kündigen . . . an *advertise*

A. **Wie ist es in Deutschland?**
1. Wie viele Deutsche besitzen (*possess*) Eurocard? American Express? Diners Club? Visa?
2. Welche Firmen haben schon ihr eigenes Plastikgeld?

B. **Und wie ist es in Amerika?** Fragen Sie einen Studenten/eine Studentin:

1. Du gehst einkaufen. Wie zahlst du? bar (*in cash*)? mit Schecks? mit Plastikgeld?
2. Wie viele Kreditkarten hast du? Welche?
3. Was hast du diesen Monat mit Kreditkarten gekauft? Kleider? Benzin (*gas*)? Essen? Geschenke? Haushaltsartikel? Fahrkarten? Theaterkarten? ___?

Materialien

Baumwolle *cotton*
Glas
Gold
Gummi *rubber*
Holz *wood*
Kunstfaser *synthetic fiber*
Leder *leather*
Papier
Plastik
Porzellan *china*
Silber
Stahl *steel*
Wolle *wool*

A. **Das Klassenzimmer.** Welche Materialien sehen Sie?

BEISPIELE: Die Fenster sind aus Glas. Dieser Tisch ist aus Holz. . . .

B. **Welche Materialien tragen Sie heute?**

BEISPIELE: Meine Hose ist aus Baumwolle. Meine Schuhe . . .

C. **Woraus macht man . . . ?** (*Out of what does one make . . . ?*)

BEISPIEL: S1: Woraus macht man Kleider?
S2: Man macht Kleider aus Baumwolle, Wolle, Leder und Kunstfaser.

Autos	Gabeln	Messer	Zeitungen
Bücher	Häuser	Möbel	___?
Flaschen	Kleider	Schuhe	

Krankheiten

A. **Kinderkrankheiten** (*childhood illnesses*). Fragen Sie einen Studenten/eine Studentin:

1. Warst du als Kind gesund (*healthy*)?
2. Hast du oft eine Erkältung bekommen? die Grippe (*flu*)?
3. Hattest du oft Fieber?
4. Hattest du oft Kopfschmerzen (*headache*)?
5. Hattest du eine Allergie gegen Katzen? gegen Milch? gegen __?__ Warst du allergisch gegen Parfüm? gegen Wolle (*wool*)? gegen Schule? gegen __?__
6. Hattest du als Kind Masern (*measles*)? Windpocken (*chicken pox*)? Lungenentzündung (*pneumonia*)? Bronchitis? __?__

Auch die Luftverschmutzung
fördert chronische Bronchitis

Arbeitskrankheiten

Viele Leute lachen und sagen: „Ich bin allergisch gegen Arbeit." Scherzen° sie immer oder sagen sie manchmal die Wahrheit?°

    Alle Menschen sind der Umweltverschmutzung und den Chemikalien in Nahrungsmitteln° ausgesetzt.° An ihrem Arbeitsplatz kommen aber auch täglich viele Menschen zusätzlich° mit gefährlichen Stoffen in Berührung.° Bergarbeiter° schlucken° Kohlenstaub,° Zahntechniker° Metallstaub. Maler° und Textilarbeiter atmen° Lösungsmittel.° Kosmetiker gehen mit Chemikalien um.° Büromenschen sind auch vor gefährlichen Stoffen nicht sicher. Man findet Formaldehyd in Wänden und Asbest in Decken.° Fotokopierer blasen Ozon heraus.° Korrekturflüssigkeiten° enthalten° Lösungsmittel.

    Arbeit macht manche Leute allergisch. Sie bekommen Kopfschmerzen, allergische Hautausschläge,° Asthma, Krebs° oder andere Berufskrankheiten. Das ist kein Scherz.°

joke
truth

foodstuff / exposed to

in addition / mit . . . in contact with dangerous substances / miners
swallow / coal dust / dental technicians / painters
breathe / solvents / gehen . . . um handle
ceilings / blasen . . . heraus emit
correction fluids / contain

skin rashes / cancer

joke

B. **Diskussion.** Mit welchen gefährlichen Stoffen kommen Studenten und Studentinnen täglich in Berührung? Wo findet man diese Stoffe? Wie kann man diese Stoffe vermeiden (*avoid*)?

Massenmedien in Deutschland

Frankfurter Hauptbahnhof:
Zeitungsstand. Was gibt's
Neues? (*What's new?*)

das Fernsehen

die Nachrichten (*pl.*)

die Werbesendung, -en

die Fernsehsendung, -en

der Krimi, -s

das Radio , -s

der Fernseher, -

der Zuschauer, -

---

fernsehen

Fernsehen (*to watch television*) is a verb with a separable prefix: In the present tense, the prefix (**fern**) is separated from the conjugated verb form and is placed at the end of the sentence.

> Ich **sehe** oft **fern**.   *I often watch television.*

With an auxiliary, such as **möchte,** the prefix is attached as part of the infinitive.

> Ich möchte **fernsehen**.   *I would like to watch television.*

In the present perfect tense, the past participle is formed by inserting the prefix **ge** between the separable prefix (**fern**) and the rest of the past participle (**sehen**).

> Ich **habe** gestern abend   *I watched television last night.*
> **fern***ge***sehen.**

In Chapter 13 you will learn additional separable prefix verbs and how to use them in other tenses and in other types of sentences.

A. **Die Massenmedien.** Fragen Sie Ihren Nachbarn/Ihre Nachbarin:

1. Hast du ein Radio? Hast du gestern abend Radio gehört? Was hörst du gern? Rockmusik? Jazz? Country-musik? Oldies? klassische Musik? Nachrichten?
2. Hast du einen Fernseher? Siehst du oft fern? Hast du gestern abend ferngesehen? Was siehst du gern? Filme? Nachrichten? Kultur? Sport? Politik? Theater und Musik? Dokumentarfilme? Krimis? Werbesendungen? Talk-Shows?
3. Welche Zeitung liest du? Hast du heute schon eine Zeitung gelesen? Liest du Wochenzeitungen wie „Time" oder „Newsweek"?

B. **Wer oder was ist das?**

1. Diese Person sieht fern.
2. Frauen besuchen diese Bar.
3. Für dieses Spiel braucht man einen Fußball.
4. Das ist ein Stück Brot mit Butter.
5. Wir besuchen diesen Arzt/diese Ärztin, denn wir möchten gesunde Zähne haben.
6. Das ist die Kurzform für „Kriminalfilm".
7. Das ist ein Zimmer. Dort kocht oder bäckt man.
8. Das bezahlt man.

   a. das Butterbrot
   b. die Küche
   c. der Zahnarzt/die Zahnärztin
   d. die Gebühr (*fee*)
   e. der Zuschauer
   f. das Fußballspiel
   g. die Frauenkneipe
   h. der Krimi

C. **Was?** *Answer each question with the appropriate word or words:* das Bier, die Brezel, das Butterbrot, der Film, der Krimi, die Nachrichten, das Radio, der Tee, die Werbesendung.

1. Was ißt man?
2. Was trinkt man?
3. Was sieht man im Fernsehen?
4. Was hört man?

die Brezel, -n

D. **Finden Sie die Antonyme!**

1. richtig
2. gesund
3. zuckerfrei
4. beginnen
5. bleiben
6. antworten
7. mit

   a. enden
   b. falsch
   c. ohne
   d. krank (*sick, ill*)
   e. mit Zucker (*sugar*)
   f. gehen
   g. fragen

E. **Fernsehen in Deutschland und Amerika.** *Read each statement to three or four other students, who should give one of the following responses.*

Das ist richtig.
Das ist falsch.
Ich glaube (*believe*), das ist richtig.

Ich glaube, das ist falsch.
Das weiß ich noch nicht.

You will learn the actual answers to these true/false statements as you work through the chapter.

1. Das Fernsehen in Deutschland ist staatlich (*government owned*).
2. In Deutschland bezahlen die Zuschauer eine Gebühr.
3. In Deutschland gibt es keine Werbesendungen.
4. Die Zuschauer finanzieren das Fernsehen in Amerika.
5. Die Deutschen importieren Fernsehsendungen aus Amerika.
6. In Amerika kommen alle Werbesendungen auf einmal (*at once*). Sie unterbrechen (*interrupt*) die Sendungen nicht.
7. Amerika hat nur drei Fernsehprogramme (*TV channels*).
8. In Deutschland laufen die Fernsehsendungen ohne Unterbrechung (*interruption*).
9. Deutschland hat zehn Fernsehprogramme.
10. Studenten in Deutschland hören manchmal die BBC (*British Broadcasting Corporation*) Nachrichten.

F. **Meine Lieblingszeitschrift.** „Hallo! Mein Name ist Wolfgang Schehlmann. Ich bin Polizeibeamter. Ich fahre gern Motorrad. Meine Lieblingszeitschrift ist ‚motorrad, reisen & sport‘. Diese Zeitschrift kostet nur vier Mark. Fahren Sie gern erster Klasse? Diese Zeitschrift ist dann auch für Sie!"

Wie heißen Sie? Wer sind Sie? Was machen Sie gern? Welche Zeitschrift lesen Sie gern? Warum? Wieviel kostet sie? Wem empfehlen (*recommend*) Sie diese Zeitschrift?

WORTSCHATZ

Adjectives and Adverbs

erfrischend	refreshing
falsch	false, wrong, incorrect
fertig	finished, done
geeignet	suitable; right
gesund	healthy
nachmittags	afternoons
neutral	neutral
politisch	political(ly)
richtig	right, accurate(ly), correct(ly), true; real(ly)
sofort	right away, at once
staatlich	government owned
toll	great, terrific
zuckerfrei	sugar free

Nouns

das Bier, -e	beer
die Brezel, -n	pretzel
das Butterbrot, -e	sandwich; slice of bread and butter
das Fernsehen	television
der Fernseher	TV (set)
der Film, -e	film, movie
die Frauenkneipe, -n	women's bar
das Fußballspiel, -e	soccer game
die Gebühr, -en	fee
der Kaugummi, -s	chewing gum
der Krimi, -s	detective show; detective story
die Küche, -n	kitchen
die Nachricht, -en	notification; *pl.* news (report)
das Päckchen, -	(small) package, pack
das Programm, -e	TV channel; program
das Radio, -s	radio
der Radiohörer, -	radio listener
die Sendung, -en	program, broadcast
die Serie, -n	series
der Tee	tea
die Unterbrechung, -en	interruption
die Werbesendung, -en	commercial
die Werbung	advertising
der Zahn, ¨-e	tooth

der Zahnarzt, ¨-e / die Zahnärztin, -nen	dentist
die Zeitschrift, -en	magazine
der Zuschauer, -	viewer

Dative Prepositions

aus	out of; from (*origin*)
außer	except, besides
bei	with; near; at the place of
mit	with, in the company of; by (*transportation*)
nach	after; according to; to (*names of geographical places*)
seit	since, for (*time span*)
von	from (*departure point*); of (*about*); by (*authorship*)
zu	to (*persons, things*); for

Verbs

beginnen, hat begonnen	to begin
bestimmen, hat bestimmt	to determine
bezahlen, hat bezahlt	to pay (*something*)
bleiben, ist geblieben	to stay, remain
empfehlen (empfiehlt), hat empfohlen	to recommend
finanzieren, hat finanziert	to finance
holen, hat geholt	to take; to fetch
importieren, hat importiert	to import
unterbrechen (unterbricht), hat unterbrochen	to interrupt
zeigen, hat gezeigt	to show

DATIVE VERBS

antworten, hat geantwortet	to answer
danken, hat gedankt	to thank

folgen, ist gefolgt	to follow		
gefallen (gefällt), hat gefallen	to please		
gehören, hat gehört	to belong		
glauben, hat geglaubt	to believe		
helfen (hilft), hat geholfen	to help		
nützen, hat genützt	to be of use		
passen, hat gepaßt	to fit		
stehen, hat gestanden	(*with dat.*) to suit, look good on		

SEPARABLE PREFIX VERB

fern·sehen (sieht fern), hat ferngesehen	to watch television

Useful Words and Phrases

bis dahin	by then
Geschirr spülen	to wash dishes
(meiner) Meinung nach	in (my) opinion
zu Hause	at home

GRAMMATIK

Eine Werbesendung im Fernsehen: Ein Junge geht mit seiner Mutter einkaufen.

DER JUNGE: Mutti, kaufst du mir bitte diesen Kaugummi?

DIE MUTTER: Nein, Hänschen, den kaufe ich dir bestimmt nicht. Den* brauchst du nicht. Er ist schlecht für die Zähne.

DIE VERKÄUFERIN: Aber Frau Müller, warum kaufen Sie ihm nicht diesen zuckerfreien „Gummi-Mint"? Mein Zahnarzt hat ihn mir empfohlen.

DIE MUTTER: Wirklich? Dann kaufen wir uns vielleicht doch ein Päckchen.

DER JUNGE: Du, Mutti, dieser Kaugummi ist toll!

DIE VERKÄUFERIN: Jawohl, Gummi-Mint: erfrischend, gesund und auch für Kinder geeignet. Gummi-Mint.

A. Die Werbesendung.

1. Wohin geht die Mutter? Wer geht mit ihr?   2. Was möchte Hänschen? Wie sagt er das?   3. Wie findet seine Mutter Kaugummi für die Zähne? 4. Welchen Vorschlag (*suggestion*) macht die Verkäuferin?   5. Wer hat ihn ihr empfohlen?   6. Hat Hänschen „Gummi-Mint" gern? Warum?

B. Fragen Sie Ihren Nachbarn/Ihre Nachbarin:

1. Siehst du gern Werbesendungen im Fernsehen? Warum (nicht)? 2. Welche findest du dumm? Welche sind lustig?   3. Hörst du gern Musik in Werbesendungen?

---

* Notice the use of the definite article as a demonstrative pronoun to mean *it*.

Dative Case: Personal Pronouns

The dative forms of the personal pronouns are as follows:

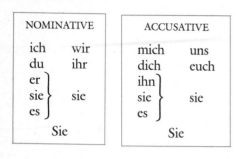

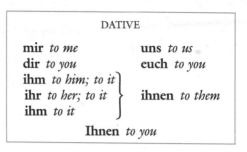

NOMINATIVE	
ich	wir
du	ihr
er	
sie }	sie
es	
	Sie

ACCUSATIVE	
mich	uns
dich	euch
ihn	
sie }	sie
es	
	Sie

DATIVE

mir *to me*	**uns** *to us*
dir *to you*	**euch** *to you*
ihm *to him; to it* }	
ihr *to her; to it* }	**ihnen** *to them*
ihm *to it* }	
	Ihnen *to you*

Note that the first-person plural and the second-person plural informal are the same in the dative as in the accusative case (**uns, euch**). All other personal pronouns have distinct dative-case forms. The second-person formal (**Ihnen**) is capitalized in the dative as in the nominative and accusative cases (**Sie**).

In each of the following sentences, the *dative* personal pronoun indicates the *indirect object*.

Großmutter hat **mir** ein Radio geschenkt.
Habe ich **dir** mein Radio gezeigt?
Großmutter hat **ihm** das Radio gekauft.
Heinz schickt **ihr** einen Brief.
Hat Großvater **uns** etwas gesagt?
Nein, er hat **euch** nichts gesagt.
Die Großeltern versprechen **ihnen** Geschenke.
Wie geht es **Ihnen,** Herr Kurz?

Word Order: Direct and Indirect Objects

In a sentence with both a direct and an indirect object, the usual order of objects is as follows:*

1. If both objects are NOUNS, the INDIRECT OBJECT (dative) is first.

   Die Frau gibt dem Mann das Radio.

2. If both objects are PERSONAL PRONOUNS, the DIRECT OBJECT (accusative) is first.

   Die Frau gibt es ihm.

3. If one object is a noun and the other a PERSONAL PRONOUN, the PRONOUN (dative or accusative) is first.

   Die Frau gibt { es   dem Mann.
                   { ihm das Radio.

---

*The usual order occurs in a typical sentence in which neither object is emphasized more than the other.

Übungen

A. Wer macht was?

1. Wir schreiben _____ einen Brief. (*him*)
2. Er kauft _____ ein Radio. (*us*)
3. Der Sohn bringt _____ Blumen. (*her*)
4. Ihr gebt _____ das Geld. (*them*)
5. Ich schicke _____ bald eine Geburtstagskarte. (*you* [*infor. sg.*])
6. Das Mädchen zeigt _____ die Zeitschrift. (*me*)
7. Eure Großmutter schenkt _____ ein Radio. (*you* [*infor. pl.*])
8. Ich zeige _____ das Buch. (*you* [*for.*])

B. Ja, ja. Beantworten Sie jede Frage!

BEISPIEL: Haben Sie Ihrem Freund ein Buch geschenkt? →
Ja, ich habe ihm ein Buch geschenkt.

1. Haben Sie Ihrer Schwester diesen Fernseher gezeigt?
2. Haben Sie Ihren Großeltern einen Brief geschrieben?
3. Haben Sie dem Verkäufer das Geld gegeben?
4. Haben Sie Maria Blumen gekauft?
5. Haben Sie den Kindern eine Torte versprochen?
6. Haben Sie Markus das Briefpapier geschenkt?

C. Wann? Morgen früh.

BEISPIEL: Wir kaufen dir das Radio. → —Wann?
—Wir kaufen es dir morgen früh.

1. Wir schicken euch das Geld.
2. Wir bringen Ihnen die Bücher.
3. Wir zeigen ihr die Fotos.
4. Wir schenken ihm diese Jeans.
5. Wir geben dir ein Geschenk.
6. Wir zeigen ihr das Zimmer.

Ein Deutscher auf einer Bank am Marktplatz liest die Zeitung.

D. **Nein, noch nicht.**

BEISPIEL: Hat Peter seiner Mutter die Zeitung gezeigt? →
Nein, er hat sie ihr noch nicht gezeigt.

1. Hat Frau Schmidt ihrem Sohn das Radio geschenkt?
2. Hat die Familie dem Großvater das Geld gegeben?
3. Haben die Verkäufer den Kunden diesen Fernseher gezeigt?
4. Hat der Student seiner Professorin den Zeitungsartikel gezeigt?
5. Hat Helga ihrem Freund das Buch gekauft?
6. Hat Kurt Herrn Schmidt die Zeitschrift gebracht?

E. **Was sagen diese Studenten?** Auf deutsch, bitte!

ROLF: I'd like a (cup of) coffee.
KRIS: I'll bring you a (cup of) coffee.

SUSI: My brother would like to see this book.
KARIN: I'll show it to him.

DIETER: My sister would like to read this newspaper.
URSULA: I'll give it to her.

FRANZ: My father would like to buy this TV.
HEINZ: The salesman will show it to your father.

F. **Eine Fernsehsendung.** Fritz Fischer hat Geburtstag. Er ist sechzig Jahre alt. Was passiert?

1. Was schenkt Sybille ihrem Vater?
2. Wem gibt Herr Fischer das Papier?
3. Wer bringt Herrn Fischer ein Geschenk?
4. Was gibt Ute den Kindern?
5. Was bringt Heinz Herrn Stammer?
6. Wer zeigt Bruno das Radio?

G. **Eine Beschreibung.** *Describe the picture in Exercise F in your own words.*

H. **Was möchten Sie?** *Mention something you would like. Other members of the class will offer appropriate responses.*

BEISPIELE: SIE: Ich möchte ein Radio.
S1: Ich bringe dir mein Radio. Ich brauche es nicht mehr.
S2: Kauft dein Vater dir vielleicht ein Radio?
S3: Ich zeige dir mein Radio. Vielleicht möchtest du es kaufen.
S4: Haben deine Eltern dir ein Radio versprochen? Vielleicht schicken sie dir ein Radio zum Geburtstag.

I. **Interaktion.** *Work with a small group. Students will take turns giving or showing various items to another member of the group. Others will ask questions about the action.*

BEISPIEL: S1: Ich gebe Martin meinen Bleistift.
S2: Wem gibst du deinen Bleistift?
S1: Ich gebe ihn Martin.
S3: Was gibst du Martin?
S1: Ich gebe ihm meinen Bleistift.

Konrad Kurz macht heute das Abendessen. Seine Frau sieht fern.

ANGELA: Heute abend kommt „Der Kommissar". Dieser Krimi gefällt dir doch so gut.
KONRAD: Jetzt schon?
ANGELA: Nein, du hast noch zehn Minuten. Jetzt laufen nur die Werbesendungen.
KONRAD: Was nützen mir zehn Minuten? Bis dahin werde ich nie fertig. Hilfst du mir vielleicht?
ANGELA: Na gut, du machst die Butterbrote und ich mache den Tee.

A. **Konrad und Angela Kurz.**

1. Welche Sendung gefällt Herrn Kurz? Wann beginnt sie? 2. Welche Sendungen laufen jetzt? 3. Warum nützen Herrn Kurz zehn Minuten nichts? Hilft seine Frau ihm?

B. **Fragen Sie Ihren Nachbarn/Ihre Nachbarin:**

1. Du hast einen Haushalt und eine Familie: Wer kocht? 2. Wer spült das Geschirr?

Dative Verbs

Most German verbs take an accusative object: **Ich sehe den Mann. Ich sehe ihn.** Certain verbs, however, take only a dative object: **Ich helfe dem Mann. Ich helfe ihm.** These must simply be learned as verbs that are followed by a noun or a pronoun in the dative case only.

antworten, hat geantwortet *to answer*	Der Vater **antwortet seinem Sohn.** *The father answers his son.*
danken, hat gedankt *to thank*	Der Mann **dankt seiner Frau.** *The husband thanks his wife.*
folgen, ist gefolgt *to follow*	**Wem folgen** wir? *Whom do we follow?*
gefallen (gefällt), hat gefallen *to please*	Wie **gefällt dir** solche Musik? *How do you like such music?*
gehören, hat gehört *to belong*	Das Radio **gehört dem Kind.** *The radio belongs to the child.*
glauben, hat geglaubt *to believe*	**Glauben** Sie **ihnen?** *Do you believe them?*
helfen (hilft), hat geholfen *to help*	Ich **helfe Ihnen** doch gern. *I'll be glad to help you.*
nützen, hat genützt *to be of use, benefit*	Was **nützt mir** das? *What good is that to me?*
passen, hat gepaßt *to fit*	Diese Jeans **passen Ihnen** nicht. *These jeans don't fit you.*
stehen, hat gestanden *here: to suit*	Die Uniform **steht ihr** sehr gut. *The uniform suits her very well.*

Note that **glauben** takes a dative object with a person but an accusative object with a thing or abstraction.

Ich glaube **dir** nicht.
but:
Ich glaube **es** nicht.
Ich glaube **die Nachricht** nicht.

Übungen

A. **Fragen und Probleme.**

1. Warum hilfst du *mir* nicht? (deine Mutter, dein Vater)
2. Warum antwortet ihr *uns* nicht? (ich, eure Eltern)

3. Dieses Buch gehört *dir*, nicht? (unser Nachbar, deine Freundin)
4. Gefallen *euch* die Werbesendungen? (du, die Kinder)
5. Diese Jeans passen *mir* nicht. (du, dein Sohn)
6. Diese Uniform steht *ihm* nicht. (mein Neffe, die Frau)
7. Warum glauben sie *uns* nicht? (ich, Sie)
8. Was nützt das *dem Kunden*? (die Familie, Herr Klein)
9. Dankt Herr Schultz *seiner Frau*? (seine Söhne, die Männer)
10. Folgt der Junge *seinem Vater*? (seine Brüder, seine Mutter)

B. **Sagen Sie wem!**

1. Das Mädchen glaubt ____. (*her father*)
2. Die Kinder helfen ____. (*their mother*)
3. Die Frau dankt ____. (*her husband*)
4. Die Schuhe passen ____ ganz gut. (*the boy*)
5. Diese Sendungen gefallen ____. (*the viewers*)
6. Ihre Söhne folgen ____. (*you [for.]*)
7. Ihre Kleider stehen ____ gut. (*the woman*)
8. Herr Groß antwortet ____. (*his [male] customer*)
9. Dieser Fernseher gehört ____. (*my [male] neighbor*)
10. Dieses Radio nützt ____ nichts. (*our grandparents*)

C. **Wem?**

BEISPIEL: Wem haben Sie geholfen? (die Männer) →
Ich habe den Männern geholfen.

1. Wem hat der Verkäufer geantwortet? (seine Kundin)
2. Wem hast du geglaubt? (mein Freund)
3. Wem hat Anna für das Geschenk gedankt? (ihre Großmutter)
4. Wem hat der Krimi gefallen? (Herr Müller)

BEISPIEL: Wem seid ihr gefolgt? (die Leute) →
Wir sind den Leuten gefolgt.

5. Wem hat das Geld gehört? (ich)
6. Wem hat dieser Fernseher genützt? (wir)
7. Wem haben diese Jeans gepaßt? (die Studentin)
8. Wem hat dieses Hemd gut gestanden? (der Student)

D. **Was sagen Herr und Frau Ziegler?** Auf deutsch, bitte!

MR. ZIEGLER: "The Police Inspector" is coming on TV. I like that detective show so much. (Use **gefallen**.)
MRS. ZIEGLER: I like it, too. (Use **gefallen**.)
MR. ZIEGLER: We have another 20 minutes. The commercials are still on.
MRS. ZIEGLER: What good are 20 minutes to me? I'll never be finished by then.
MR. ZIEGLER: I'll help you.

E. Interview: Was ist deine Meinung (*opinion*) **dazu?** Fragen Sie Ihren Nachbarn/Ihre Nachbarin:

1. Deine Eltern sagen „Drogen sind schlecht". Glaubst du ihnen?
2. Deine Freunde sagen „Bier ist okay". Glaubst du ihnen?
3. Madonna, Michael Jackson und Bruce Springsteen sind sehr populär. Wer gefällt dir?
4. Vielen Ländern in der Welt geht es schlecht. Wem sollen die USA helfen? Wem nicht?
5. Dein Nachbar im Flugzeug redet viel. Du kennst ihn nicht. Du bist müde. Antwortest du ihm? Was sagst du vielleicht?
6. Siehst du oft fern? Welche Fernsehsendungen gefallen dir? Gefallen dir die Werbesendungen? Warum (nicht)?

Ein Fernsehabend bei der Familie Kurz

ANGELA: Seit einer Stunde läuft der Fernseher schon wieder. Außer den Werbesendungen gibt's jetzt doch nichts.
KONRAD: Nach den Werbesendungen kommt Fußball.
ANGELA: Ach, kommt heute abend nichts außer Fußball?
KONRAD: (*scherzend*) Doch! Meine Kollegen kommen heute abend. Fußballabend bei uns!
ANGELA: Naja, dann hole ich euch Brezeln und Bier aus der Küche . . .
KONRAD: O, wie nett von dir!
ANGELA: . . . und dann gehe ich mit meiner Freundin zur Frauenkneipe.* Du bist ja bei den Kindern zu Hause.

A. Der Fußballabend.

1. Seit wann läuft der Fernseher? 2. Kommt jetzt etwas außer den Werbesendungen? 3. Was kommt nach den Werbesendungen? 4. Wer kommt zur Familie Kurz? Warum? 5. Woher holt Frau Kurz Brezeln und Bier? 6. Wohin geht Frau Kurz und mit wem? 7. Wo bleibt Herr Kurz?

B. Fragen Sie Ihren Nachbarn/Ihre Nachbarin:

Welche Sendungen gefallen dir? Sport? Nachrichten? Werbesendungen? Krimis?

---

* **Studentenkneipen** (*student bars*) have existed in Germany for a long time, as have the neighborhood pubs traditionally frequented by men. The **Frauenkneipen**—where women can meet, have a drink, listen to music, watch television, and discuss politics or other concerns—have gained popularity in recent years.

Dative Prepositions

As you recall, certain prepositions must be followed by the accusative form of a noun or pronoun. You will now learn some prepositions that must be followed by the dative form. Prepositions that require an object in the dative case are **aus, außer, bei, mit, nach, seit, von,** and **zu.** As the following examples demonstrate, most of these prepositions have more than one meaning.

PREPOSITIONS/MEANINGS		EXAMPLE
aus	*out of*	Die Kinder laufen **aus dem Haus.**
	from (origin)	Er kommt **aus Deutschland.**
außer	*except, besides*	**Außer den Werbesendungen** gibt's jetzt nichts.
bei	*with*	Du bleibst **bei den Kindern.**
	near	Er steht **beim Fenster.**
	at the place of	Sie wohnt **bei Frau Müller.**
mit	*with, in the company of*	Ich gehe **mit meiner Freundin** einkaufen.
	by (transportation)	Wir fahren **mit dem Zug.**
nach	*after*	**Nach den Werbesendungen** kommen die Nachrichten.
	according to	**Meiner Meinung nach*** ist diese Sendung interessant.
	to (geographical places or home)	Sie fahren jetzt **nach Berlin.** Wir gehen jetzt **nach Hause.**
seit	*since (time span)*	**Seit der Reise** hört er nur Rock-Musik.
	for (time span)	Sie sind **seit einer Stunde** hier.
von	*from (departure point)*	Sie kommen eben **von der Drogerie.**
	of (about)	Wir sprechen nicht **von der Frau.**
	by (authorship)	Diese Musik ist **von Bach.**
zu	*to (persons, things)*	Er fährt jetzt **zu seinem Vater.** Ich gehe **zur Drogerie.**
	at (home)	Sie bleibt **zu Hause.**
	for	Was essen Sie **zum Frühstück?**

The following contractions are common:

bei dem → beim
von dem → vom
zu dem → zum
zu der → zur

---

* In this usage, **nach** usually follows the object.

bei and *mit*

Although **bei** and **mit** can both mean *with* in English, they are not used interchangeably in German. **Bei** indicates one's presence at or inclusion in: to live *at* someone's house, to be employed *at* a place or a business, to be *at* someone's house or place of business, to be included *in* a particular group of people.

Mit indicates relationship, association, or companionship or means to live *with* someone, to work *with* someone, to interact *with* someone, to travel *by* some means of transportation.

BEI	MIT
Er wohnt **bei** der Familie Neumann.	Er wohnt **mit** seinem Bruder zusammen.
He lives with (rents a room from) the Neumann family.	*He lives with (shares lodging with) his brother.*
Herr Schmidt arbeitet **bei** einer Firma.	Herr Schmidt arbeitet **mit** Herrn Braun.
Mr. Schmidt works with (at) a company.	*Mr. Schmidt works with (is a co-worker of) Mr. Braun.*
Sie ist **beim** Bäcker.	Sie spricht **mit** dem Bäcker.
She is at the baker's (at the bakery).	*She is speaking with the baker.*
Bei uns in den USA ist es genauso.	Du kommst **mit** uns zum Kaufhaus.
It's exactly the same with us in the USA.	*You are coming with us to the department store.*

Andere machen Politik mit Frauen –

Bei uns machen Frauen Politik.

Die Grünen Frauen

seit

A prepositional phrase with **seit** indicates the beginning of a *time span*. To express an action that began at some point in the past and still continues, one must use the present tense with **seit.** This contrasts with English, where the present perfect progressive is used (has/have been . . . ing).

GERMAN: PRESENT (+ **SEIT**)	ENGLISH: PRESENT PERFECT
Herr Schmidt **wohnt** (schon) seit einem Jahr in Hamburg.	*Mr. Schmidt has been living in Hamburg for a year.*
Seit gestern **geht** es mir schlecht.	*I haven't been feeling well since yesterday.*
Seit einer Stunde **steht** Frau Wenzel da.	*Mrs. Wenzel has been standing there for an hour.*

Übungen

A. **Die Großeltern besuchen die Familie Koch.** Ersetzen Sie die Phrasen!

1. Die Großeltern sind seit *einem Monat* bei der Familie zu Besuch. (ein Jahr, ein Tag, eine Stunde)

2. Sie bleiben bei *den Kindern* zu Hause. (das Mädchen, der Junge, ihre Tochter)
3. Frau Koch geht mit *ihrem Mann* einkaufen. (ihre Freundin, ihr Sohn, die Familie)
4. Sie kauft nichts außer *den Blumen*. (das Bier, die Brezeln, der Kaugummi)
5. Herr Koch geht aus *dem Haus*. (sein Zimmer, die Wohnung, die Garage)
6. Er geht zu *seinem Freund*. (die Drogerie, das Blumengeschäft, sein Kollege)
7. Nach *dem Mittagessen* macht die Familie einen Spaziergang. (der Film, das Frühstück, die Fernsehsendung)
8. Die Großeltern sprechen oft von *mir*. (du, ihr, Sie)

B. **Das Fernsehen.**

1. ____ ist diese Sendung sehr interessant. (*in my opinion*)
2. Dieser Krimi kommt ____. (*from America*)
3. Diese Serie läuft schon ____. (*for a year*)
4. ____ kommt jetzt nichts. (*except for the commercials*)
5. Möchtest du ____ jetzt fernsehen? (*with me*)
6. ____ kommt ein Film. (*after this detective show*)
7. In Deutschland laufen die Sendungen ohne Unterbrechung. Ist es ____ in den USA genauso? (*with you [for.]*)
8. Möchtet ihr vielleicht ____ kommen? Wir sehen heute abend fern. (*to our house [to us]*)

C. **Bilden Sie Fragen!** *Use the correct form of each word.*

BEISPIEL: gehen / Frau Becker / mit / ihre Tochter / einkaufen? →
Geht Frau Becker mit ihrer Tochter einkaufen?

1. kommen / dein Kollege / heute abend / zu / wir?
2. mieten / der Student / ein Zimmer / bei / die Familie Grün?
3. deine Meinung / nach / gehen / es / er / schlecht?
4. wohnen / Frau Neubert / schon / seit / ein Monat / bei / ihr Sohn?
5. kommen / Herr Schmidt / mit / seine Frau / von / der Bahnhof?
6. kaufen / die Frau / etwas / zu / das Frühstück?
7. bleiben / der Vater / bei / seine Söhne / zu / Haus?
8. gehen / Anna / bald / nach / Haus?

D. **Fußballabend bei der Familie Sachs.** Auf deutsch, bitte!

Franz Kreider has been living for a year in Hamburg. He lives with the Schroeder family and works at a drugstore. He enjoys working with his colleague Peter Sachs.

Tonight Franz is going to Peter's because it's soccer evening. Peter and Franz will stay with the children at home. Peter's wife Eva is going with her sister to a women's bar.

Peter gets a beer from the kitchen and gives it to Franz. Soccer comes after the news.

E. **Und Sie?** Vervollständigen Sie die Sätze!

1. Ich wohne bei . . .
2. Ich gehe gern mit . . . zu . . .
3. Ich spreche gern mit . . .
4. Ich gehe nicht gern zu . . .
5. Ich kaufe nichts außer . . .
6. Meine Freunde und ich sprechen oft von . . .
7. Ich fahre oft nach . . .
8. Ich bin seit . . . hier.

F. **Was sagen Sie?** *Make up sentences that include each of the following phrases.*

1. aus dem Klassenzimmer
2. außer mir
3. bei uns zu Hause
4. mit meiner Familie
5. nach dem Frühstück
6. seit einer Woche
7. von meinen Freunden
8. zur Drogerie

G. **Meiner Meinung nach . . .** *Work with a group of students. Exchange opinions about the following topics.*

BEISPIEL: S1: Meiner Meinung nach gibt es zu viele Krimis, und sie sind alle dumm.
S2: Manche Krimis gefallen mir doch. Mein Lieblingskrimi ist . . .
S3: Habt ihr einmal . . . gesehen? Meiner Meinung nach ist dieser Krimi . . .

die Krimis
die Nachrichten
die Abendsendungen
die Werbesendungen
die Sportschau
die Musik von heute
Fernsehsendungen aus England
das Fernsehen in Amerika

SAMMELTEXT

Das Fernsehen in Deutschland ist anders als das Fernsehen in Amerika. Es gibt nicht so viel Werbung, denn die Zuschauer zahlen Gebühren für Radio und Fernsehen. Die Sendungen laufen immer ohne Unterbrechung, denn alle Werbesendungen kommen vor dem Abendprogramm zwischen 18 Uhr und 20 Uhr. Da denkt ein Amerikaner bestimmt: „Aber dann sieht ja niemand die Werbesendungen!" Das stimmt nicht.° Die Deutschen sehen die Werbung trotzdem,° denn es gibt immer einen Werbespot und dann einen kurzen Zeichentrickfilm.°

    In Deutschland gibt es nur drei Fernsehprogramme,° und früher brachten° diese Programme nur nachmittags und abends Sendungen. Seit 1982 laufen auch morgens Sendungen. Das sind aber nur Wiederholungen° vom Abendprogramm.

Das . . . *That's not so. / nevertheless cartoon*

TV channels / broadcast

repeats

Die Fernsehsendungen in Deutschland sind ähnlich wie die Sendungen in Amerika. Es gibt Quizshows, Musiksendungen, Krimis, Serien, Nachrichten, Informationssendungen, Dokumentarfilme und Spielfilme. Spielfilme aus Amerika oder Serien wie „Dallas", „Dynasty", „Charlie's Angels" und so weiter sind in Deutschland sehr beliebt.° Die Deutschen machen aber jetzt auch selbst Serien. Die deutsche Version von „Remington Steele" heißt „Monaco Franzl"; das deutsche „General Hospital" heißt „Die Schwarzwaldklinik".

populär

Kabelfernsehen und Videogeräte sind auch in Deutschland sehr beliebt, aber sie sind noch nicht so weit verbreitet° wie in Amerika.

weit . . . *widespread*

Manche Leute in Deutschland finden das Fernsehen nicht besonders gut. Sie denken, viele Filme sind zu brutal, und meinen auch, man verliert° Phantasie° und Kreativität durch das Fernsehen. Andere, vor allem ältere Leute, lieben das Fernsehen, denn sie haben viel Freizeit und sind oft allein.

loses / imagination

die Dienstleistungen *services*
die Freizeit *leisure time*
die Gesundheit *health*
die Sicherheit *safety*
die Sonderangebote *special offers*

Diskussion: Fernsehwerbung in Deutschland und in Amerika.

1. Um wieviel Uhr kommen die Werbesendungen im ZDF?
2. Was für Informationen bringen die Werbesendungen?
3. Was bieten (*offer*) die Werbesendungen in Amerika?

Sammelübungen   A. Das Fernsehen in Deutschland.

1. In Deutschland finanzieren die Zuschauer das Fernsehen ____. (*with fees*)
2. Das Abendprogramm kommt ____. (*after the commercials*)
3. ____ laufen auch morgens Fernsehsendungen in Deutschland. (*since the year 1982*)
4. Deutschland importiert Krimiserien ____. (*from America*)
5. Diese Serien ____. (*please some viewers*)
6. Die Programme im Kabelfernsehen ____ auch. (*please the Germans*)
7. Radiohörer bezahlen ____ eine Gebühr. (*for each radio*)
8. In Deutschland bekommt man die BBC, und das ____. (*helps the students*)
9. In Deutschland bekommt man auch Programme ____: Frankreich, Spanien, Italien und anderen. (*from these countries*)

B. **Das Familienleben.** Bilden Sie Sätze! *Do not change the word order.*

 1. seit / eine Stunde / helfen / der Junge / sein Vater
 2. die Kinder / folgen / ihre Mutter / aus / das Haus
 3. außer / dieser Tisch / gehören / die Möbel / die Familie
 4. nach / die Nachrichten / sprechen / der Vater / mit / seine Tochter
 5. die Jungen / antworten / ihre Eltern / und / die Eltern / glauben / sie
 6. diese Uniform / stehen / der Vater / ganz gut / aber / sie / gefallen / er / gar nicht
 7. die Mutter / sein / sehr nett / zu / ihr Sohn / und / sie / sprechen / oft / von / seine Arbeit
 8. der Sohn / schreiben / seine Mutter / ein Brief / und / danken / sie / für / der Fernseher

C. **Situationen.** Auf deutsch, bitte!

 1. I'm giving (**schenken**) you (*for.*) these flowers because you helped me.
 2. This TV belongs to us. Our parents bought it for us.
 3. Heinz went to the department store. He bought these shoes, but they don't fit him.
 4. You (*infor. sg.*) stay with the children at home, and I'll travel with my sister to Hamburg.
 5. My grandmother gave me this radio, but it's of no use to me. Would you (*infor. pl.*) like to have it? I'll give it to you.
 6. Ursula says she went with her sisters to the women's bar. Why don't you (*infor. sg.*) believe her? Why don't you speak well of her?

D. **Wie war es bei Ihrer Familie?**

 1. Wer hat nicht zu Hause gearbeitet?
 2. Wer ist bei den Kindern zu Hause geblieben?
 3. Wer hat das Geschirr gespült?
 4. Wer ist einkaufen gegangen?
 5. Wer hat die Wäsche (*laundry*) gemacht?
 6. Wer hat das Essen gemacht?
 7. Wer ist oft zu der Familie gekommen?
 8. Wer hat oft ferngesehen?

E. **Das Fernsehen in Amerika.** Fragen Sie einen Studenten/eine Studentin:

 1. Gefällt dir das Fernsehen in Amerika? Warum (nicht)?
 2. Gefallen dir die Werbesendungen? Welche Werbesendungen amüsieren dich?
 3. Gefallen dir die Fernsehserien? Welche ist deine Lieblingsserie? Welche Serien siehst du oft?
 4. Glaubst du den Fernsehnachrichten? Sind diese Nachrichten deiner Meinung nach wahr (*true*) oder oft nur sensationell?
 5. Wer bestimmt deiner Meinung nach das Fernsehen in Amerika? die Geschäftsleute? die Zuschauer? die Regierung? __?__ Warum sagst du das?

KULTURECKE

▶ The first German radio program was broadcast to 300 listeners on October 29, 1923, from a house on the Potsdamer Straße in Berlin. By 1926 there were ten radio stations in Germany, each operating independently and broadcasting to an assigned part of the Weimar Republic. In 1933 the Nazis brought all ten stations under the control of the **Reichsrundfunkgesellschaft** and turned them into mere disseminators of party propaganda. German television began in 1935 in Berlin; it, too, was an instrument for propaganda during the Nazi years.

In 1950 the ARD (**Arbeitsgemeinschaft der öffentlich-rechtlichen Rundfunkanstalten der Bundesrepublik Deutschland**) was founded to operate nine radio and television stations. Each station broadcasts to a specific area of Germany, and each is subject to the laws of its own particular region. A second network, the ZDF (**Zweites Deutsches Fernsehen**), is located in Mainz. Unlike the ARD, the ZDF is subject to federal rather than state law.

▶ The **Deutsche Welle** broadcasts in 34 different languages; the **Deutschlandfunk,** in 14. Both shortwave stations are located in Cologne and are operated by the ARD; they report on Germany's political, cultural, and economic life.

▶ German television traditionally offered three channels. **Erstes** and **Zweites Programm** (*Channels 1 and 2*) broadcast films, cultural programs, documentaries, entertainment, theater and music, commercials, sports, politics, news, specials, and announcements. **Drittes Programm** (*Channel 3*) is primarily educational.

Cable TV was introduced to Germany a few years ago, and now viewers have a choice of eight or more channels. The channels are beamed via satellite and are in part privately funded. The public response to cable TV was not as positive as expected, possibly because of the expense. One pays at least 400 marks for the installation, along with additional fees as well as the usual monthly radio and TV fees.

RENATE HILLER / MONKMEYER

Zwei Jungen sehen fern. Was gibt's Gutes im Fernsehen?

Fernsehen

die Tagesschau/Presseschau/
Umschau/Rundschau *magazine
program*
die Forschung *research*
sich verloben *to get engaged/be
married*
das Bein *leg*
die Spione (*pl.*) *spies*
raten (rät) *to advise*
die Hinweise (*pl.*) *tips, comments*
die Verhinderung *prevention*
die Straftaten (*pl.*) *criminal acts*
Feuer und Flamme *fire and flame;*
Feuer und Flamme sein *to go all
out for something*
die Nachtgedanken (*pl.*) *night
thoughts*
die Einsichten (*pl.*) *insights*
die Freizeit *leisure time*
der Puppentrickfilm *puppet cartoon*
die Erinnerungen an den Krieg
memories of the war
die Welt *world*
die Bergsteigersendung *mountain
climbers' program*
die Bildhauerin *sculptress*
die Werkstatt *studio, workshop*
die Bilder (*pl.*) *pictures*
die Vergangenheit *past*

1. Programm

10.00 Tagesschau und Tagesthemen
10.23 Circus
11.55 Umschau
12.10 Aus Forschung und Technik
12.55 Presseschau
13.00 Tagesschau
13.15 Videotext für alle
14.30 Videotext für alle
14.50 Salto Mortale (11)
15.50 Tagesschau
16.00 Pappi, was machst Du eigentlich
den ganzen Tag (3)
16.15 Schwierig sich zu verloben.
Spielfilm aus der DDR von 1982
17.40 Julia und der Rentenkavalier
(7). Schröder hat ein Kind ge-
kriegt
17.45 Tagesschau

17.55 Bayernstudio
18.05 Henry und ein linkes Bein
18.30 Ein schönes Wochenende
19.50 Bayernstudio
19.57 Heute im Ersten
20.00 Tagesschau
20.15 Spione und Agenten. Berüchtigt.
Amerik. Spielfilm (1946). Regie: Alfred Hitchcock
21.55 Die Kriminalpolizei rät. Hinweise zur Verhinderung von Straftaten
22.00 Tagesthemen
22.30 ARD-Sport extra. Tennis-Davis-
cup. USA – Bundesrepublik
Deutschland
0.30 ARD-Sommerkomödie. Feuer
und Flamme. Franz. Spielfilm
(1981)
2.15 Tagesschau
2.20 Nachtgedanken. Späte Einsichten mit Hans Joachim Kulen-
kampff

 2. Programm

10.00 Vormittagsprogramm wie ARD
13.15 Videotext für alle
14.40 ZDF – Ihr Programm
14.45 Heute
14.50 Das Spukhaus am Kensington-
Park. Amerik. Kinderfilm (1980)
16.10 Ferienexpreß
16.30 Freizeit . . . und was man dar-

aus machen kann
17.00 Heute. Anschl.: Aus den Ländern
17.15 Tele-Illustrierte
17.45 Robin Hood
19.30 Die Sport-Reportage. Tennis-
Davispokal USA – Deutschland.
1. Einzel
21.45 Heute-Journal
22.10 Aspekte. Kulturmagazin
23.20 Macho Callahan. Amerik. Spielfilm (1969)
0.55 anschl.: Heute

(III) 3. Programm

9.00 Schulfernsehen. Zum Religions-
unterricht
16.05 Für Kinder: Aus 1001 Tag. Puppentrickfilm
16.30 Das kannst du werden. Polizeibeamter
17.00 Pazifik. 2. Erinnerungen an den
Krieg. Sendereihe von Michael
Mcintyre
17.45 Hallo Spencer. Sechse kommen
durch die ganze Welt
18.15 Bayern-Report
18.45 Rundschau
19.00 Bergauf – bergab. Die Bergsteigersendung
19.45 Operation „Regentag". Engl.
Fernsehfilm
21.10 Die Bildhauerin Antje Tesche-

Mentzen. Blick in die Werkstatt.
Von Heidi Velten
21.30 Rundschau
21.45 Einmal Schottland und zurück.
Eine vergnügliche Reise von und
mit Walter Sedlmayr
22.30 „Nix für ungut" Der Wochen-
kommentar des Fernseh-Pfört-
ners Alois Baierl
22.30 Sport heute
22.50 Z.E.N. Impressionen aus Paler-
mo. Aus einem deutschen Re-
quiem
22.55 Nachtstudio. Bilder aus der
deutschen Vergangenheit. Das
Alte Reich am Main. Film von
Heinrich Biron und Bernhard
Dörries
23.35 Rundschau
23.40 „Ohne Filter" extra. Special mit
dem amerikanischen Gitarristen
Larry Carlton und seiner Band

A. **Was gibt es im Fernsehen?** Es ist ein Freitag im Sommer, und Sie verbringen den ganzen Tag zu Hause. Das Wetter ist schlecht—es regnet schon wieder—und Sie haben gestern eine Erkältung bekommen. Sie nehmen die Zeitung in die Hand. Was gibt es heute von 9 bis 18 Uhr im Fernsehen?

▶ Gibt es eine Religionssendung? Um wieviel Uhr?
▶ Sehen Sie gern Nachrichten? Gibt es Nachrichtensendungen? Um wieviel Uhr? Im ersten, im zweiten oder im dritten Programm?
▶ Gibt es Sendungen für Kinder? Wie heißen sie? Wann laufen sie?
▶ Wie heißt der Film aus der DDR? Um wieviel Uhr beginnt er? Im ersten, im zweiten oder im dritten Programm? Wie alt ist dieser Film?
▶ Möchten Sie Polizeibeamter werden? Es gibt um 16.30 Uhr im dritten Programm Informationen über diesen Beruf (*profession*). Wie heißt diese Sendung?
▶ Welche Sendungen möchten Sie heute sehen? Warum?

B. **Und Ihre Freunde?** *Work with a small group of students. Argue over which programs you want to see and why. Try to compromise on a schedule for the evening.*

BEISPIEL: S1: Ich möchte . . . sehen, denn . . .
S2: Das geht nicht, denn ich möchte um . . . Uhr im . . . Programm . . . sehen.
S3: Solche Sendungen interessieren mich nicht. Um . . . Uhr kommt doch . . .

Zeitungen und Zeitschriften

Heute gibt es drei Zentren für die Massenmedien in der Bundesrepublik, und in jedem erscheint° auch eine einflußreiche° Zeitung: in Hamburg die konservative „Welt", in Frankfurt die liberal-konservative „Frankfurter Allgemeine Zeitung" und in München die liberale „Süddeutsche Zeitung". Vor allem müssen° wir zwei sogenannte Wochenzeitungen in Hamburg nennen: „Der Spiegel" und „Die Zeit". Politisch unabhängig,° linksliberal, sehr kritisch und gefürchtet° von vielen Menschen im öffentlichen° Leben, hat „Der Spiegel" sehr großen Einfluß innerhalb der ganzen° Bundesrepublik. Seine Leitartikel° und Interviews mit politischen Persönlichkeiten aus der ganzen Welt haben ihn international bekannt gemacht. „Die Zeit" ist im Großformat wie eine Tageszeitung gedruckt° und ist besonders gut in ihrer kulturellen Berichterstattung.° Beide Zeitschriften genießen° ein hohes Prestige und werden oft von der ausländischen° Presse zitiert.°

appears / influential

must

independent / feared
public
entire / feature articles

published
commentary / enjoy
foreign / quoted

DAHINTER STECKT IMMER EIN KLUGER KOPF

Diskussion. Welche Zeitung lesen die meisten (*most*) Studenten und Studentinnen in der Deutschklasse? Welche Teile (*parts*) lesen sie?

die Schlagzeilen
   (*headlines*)?
die Karikaturen
   (*cartoons*)?
die Bildunterschriften
   (*captions*)?

die Leitartikel?
das Titelblatt (*front
   page*)?
die Sportnachrichten?
die Werbeanzeigen?
die Annoncen?

das Fernsehprogramm?
den Wetterbericht?
   __?__

Welche Zeitschriften lesen die Studenten und Studentinnen in der Deutschklasse regelmäßig (*regularly*)? Warum sind diese Zeitschriften bei jungen Menschen besonders populär?

dahinter *behind it*
stecken *to hide*
klug *clever*
Kopf *head*

Radio

▶ Woher kommt Radio M1? Radio Franken? SFB 2?
▶ Sie wohnen in Deutschland. Möchten Sie lieber Radio M1, Radio Franken oder SFB 2 hören? Warum?
▶ Was ist Ihre Lieblingsradiostation in Amerika? Warum? *Write a short descriptive ad for your favorite station.*

RADIO M1, München
Wir sind eine Rock-Station nach amerikanischem Vorbild. Wir präsentieren „Rock vom Feinsten" vom brandaktuellen Importtip bis zur Rock'n'Roll Show. Auf der redaktionellen Seite bieten wir Informationen aus der Münchner Musik-Kulturszene sowie Korrespondentenberichte, Kommentare, Satiren und Interviews zu aktuellen, jugendspezifischen Themen. Unser Ziel: ein spritziges, aktuelles Programm rund um die Rock-Musik.

RADIO FRANKEN, Nürnberg
Wir sagen was Sache ist in und um Nürnberg und machen trotzdem nicht viel Worte, sondern lieber gute Musik. Wenn's wo brennt, sind unsere Reporter vor Ort. Der Informationsweg vom Geschehen bis zum Hörer ist kurz, und kein großer Apparat behindert den direkten Draht unserer Hörer zu ihren Radio-Machern.

Strauß, Springsteen, Schily, Slade: SFB 2.

SFB 2: die schnelle Welle. Rock und Pop von früh bis spät. Dazwischen: kurze Infos zu allem, was läuft. Politik, Kultur und Musik. Aus Berlin, Deutschland und der ganzen Welt.
SFB Der kleine Dreh zum SFB: 92,4 MHz, SFB 2.

das Vorbild *model, example*
redaktionell *editorial*
bieten *to offer*
das Ziel *goal*
spritzig *lively*

was Sache ist *what's happening*
trotzdem *otherwise*
wenn's wo brennt *if something big
   is going on*
vor Ort *on the scene*
der Informationsweg *information
   route*
das Geschehen *event*
behindern *to prevent*
der Draht *wire*

die Welle *wave*

Realia. You might want to mention that phrase *was Sache ist* is not standard German.

Andere Länder, andere Sitten

Ein typisches altdeutsches Hotel.

A. **Die Straße.** Ergänzen Sie die fehlenden Wörter. *Use the picture.*

die Straße, -n

der Straßenmusikant, -en (*wk.*)

1. Diese _____ hat ein Kino, ein Fremdenverkehrsamt, ein Hotel und eine Bäckerei.
2. Der _____ macht Musik in den Straßen.
3. Im _____ bekommt man Informationen über Hotels und Preise.
4. Gäste übernachten im _____ .
5. Im _____ sieht man Filme.
6. In der _____ kauft man Brot und Brötchen.

B. **Wortbildung.**

BEISPIEL: der Kaffee + die Kanne = die Kaffeekanne
      S1: Wie heißt „die Kaffeekanne" auf englisch?
      S2: Sie heißt auf englisch *coffee pot.*

1. der Empfang + s + der Chef
2. einzel(n)* + das Zimmer
3. doppel(t)† + das Zimmer
4. früh + das Stück
5. das Wasser + das Klosett
6. die Straße + n + der Musikant
7. das Zimmer + das Mädchen

a. *breakfast room*
b. *hot plate*
c. *desk clerk*
d. *bellhop*
e. *single room*
f. *breakfast*
g. *ballpoint pen*

---
* The **n** is omitted in the compound.
† The **t** is omitted in the compound.

8. die Fremde + n + der
   Verkehr + s + das Amt
9. das Gepäck + der Träger
10. das Frühstück + s + das
    Zimmer
11. die Kugel + der Schreiber
12. die Wärme + die Platte

h. *double room*
i. *tourist office*
j. *toilet*
k. *chambermaid*
l. *street musician*

C. **Bilden Sie Sätze!** *Create sentences that use at least six compound words from Exercise B.*

D. **Das Hotel.**

1. Der Gast fragt _____ : „Haben Sie ein Doppelzimmer?"
   a. die Verkäuferin   b. den Empfangschef   c. den Straßenmusikanten
2. Der Empfangschef sagt: „Ich habe nur noch ein Doppelzimmer mit _____ ."
   a. Küche   b. Bad   c. Aufzug

3. Die Gäste essen im ____ .
   a. Frühstückszimmer   b. Einzelzimmer   c. Empfang
4. Ein Einzelzimmer hat nur ____ .
   a. ein Frühstück   b. einen Kugelschreiber   c. ein Bett
5. Die Empfangschefin gibt dem Gast ____ und sagt: „Sie haben
   Zimmer 6.“
   a. die Kaffeekanne   b. die Wärmeplatte   c. den Schlüssel
6. Die Gäste nehmen ____ im Erdgeschoß zum zweiten Stock.
   a. das Bad   b. den Aufzug   c. die Küche
7. ____ bringt das Gepäck ins Zimmer.
   a. der Gepäckträger   b. der Straßenmusikant   c. der Ober
8. Der Gast schreibt seinen Namen und seine Adresse auf ____ .
   a. den Schlüssel   b. den Kugelschreiber   c. das Formular

E. **Das Frühstück.**

die Kellnerin, -nen
das Ei, -er
der Kaffee
die Marmelade, -n
das Brötchen, -
die Butter
das Tablett, -e/-s
das Frühstück, -e

1. Was trägt die Kellnerin?
2. Was ißt der Hotelgast zum Frühstück?
3. Was essen Sie zum Frühstück? und Ihre Freunde?

F. **Fragen Sie Ihren Nachbarn/Ihre Nachbarin:**

1. Ißt du gern Eier? Brötchen? Marmelade?
2. Trinkst du gern Kaffee oder Tee?
3. Was ißt und trinkst du zum Frühstück?
4. Wo frühstückst du gern? in der Küche? zu Hause? im Café? auf einer
   Terrasse? ___?___

G. **Welches Wort paßt nicht?** Warum nicht?

BEISPIEL: der Gepäckträger, der Gast, das Zimmermädchen, die
          Empfangschefin →
          Der Gast paßt nicht, denn der Gepäckträger, das Zimmermädchen
          und die Empfangschefin arbeiten alle im Hotel.

1. das Ei, das Brötchen, die Butter, die Bäckerei
2. das Formular, das Tablett, die Kaffeekanne, die Wärmeplatte
3. die Terrasse, der Flur, der Schlüssel, der Empfang
4. die Tür, das Kino, das Hotel, das Fremdenverkehrsamt

WORTSCHATZ

Adjectives and Adverbs

beleidigt	insulted, offended
böse	angry
(un)geduldig	(im)patient(ly)
geradeaus	straight ahead
lieber	rather
schnell	fast
schreibfaul	lazy about writing
sparsam	thrifty
traurig	sad(ly)
unternehmungslustig	adventurous

Nouns

die Adresse, -n	address
der Aufzug, ⁀e	elevator
die Bäckerei, -en	bakery
das Brötchen, -	roll
die Butter	butter
das Ei, -er	egg
der Eingang, ⁀e	entrance
das Einzelzimmer, -	single room
der Empfang	reception area
der Empfangschef, -s / die Empfangschefin, -nen	desk clerk
das Erdgeschoß, -sse	ground floor
die Ferien (pl.)	vacation
die Schulferien	school vacation
der Flur, -e	hallway
das Formular, -e	form (here: registration form)
das Fremdenverkehrs-amt, ⁀er	tourist office
das Frühstück, -e	breakfast
der Frühstücksraum, ⁀e	breakfast area, space
das Frühstückszim-mer, -	breakfast room
der Gast, ⁀e	guest

der Gepäckträger, - / die Gepäckträgerin, -nen	bellhop
das Geschirr	dishes
das Hotel, -s	hotel
die Kaffeekanne, -n	coffeepot
das Kino, -s	movie theater
der Kugelschreiber, -	ballpoint pen
die Marmelade, -n	jam, preserves
der Musiker, - / die Musikerin, -nen	musician
der Schlüssel, -	key
die Sitte, -n	custom
das Sofa, -s	sofa
der Straßenmusikant, -en (wk.) / die Straßenmusikantin, -nen	street musician, performer
das Tablett, -s	tray
die Terrasse, -n	terrace
das Trinkgeld, -er	tip
die Tür, -en	door
die Wärmeplatte, -n	warming tray
das WC (Wasserklosett), -s	toilet
das Zimmermädchen, - / der Zimmerkellner, -	chambermaid/room service boy

Accusative or Dative Prepositions

an	at, up to, to
auf	on, upon, onto
hinter	behind
in	in, on (street), into
neben	next to, beside
über	over, above; across
unter	under, beneath; among
vor	in front of; before
zwischen	between

Verbs

frühstücken, hat gefrühstückt	to breakfast, have breakfast
lassen (läßt), hat gelassen	to leave; to allow, let
legen, hat gelegt	to lay, put down, place
liegen, hat gelegen	to lie, recline
schreiben auf (+ *acc.*)	to write on (*something*)
servieren, hat serviert	to serve
setzen, hat gesetzt	to place, set, put
sparen, hat gespart	to save (*money*)
stellen, hat gestellt	to place, put
warten, hat gewartet	to wait

Useful Words and Phrases

dann erst	only then
genauso wie	exactly as
immer noch	still

im ersten/zweiten Stock	on the second/third floor
in Ordnung sein	to be fine, in working order
soweit sein	to be ready, that far along
zum ersten/zweiten Stock	to the second/third floor
zur Abwechslung	for a change

GRAMMATIK

Frühstück. Frau Kronz sitzt allein an einem Tisch neben dem Fenster. Die Kellnerin bringt ein Tablett mit Frühstück und stellt es auf den Tisch.

FRAU KRONZ: Ach, das Wetter heute ist so schön. Ich glaube, ich möchte gern auf der Terrasse frühstücken. Geht das?

DIE KELLNERIN: Aber natürlich. Setzen Sie sich draußen an einen Tisch, und ich bringe das Frühstück auf die Terrasse.

FRAU KRONZ: Danke schön. Das ist sehr nett von Ihnen.

A. **Wo frühstückt Frau Kronz?**

1. Wohin bringt die Kellnerin das Frühstück zuerst?   2. Wo möchte Frau Kronz frühstücken?   3. Wohin geht sie?   4. Wohin bringt die Kellnerin das Tablett mit dem Frühstück?

B. **Fragen Sie Ihren Nachbarn/Ihre Nachbarin:** Wo frühstückst du?

Accusative or Dative Prepositions

You have learned the prepositions that require an accusative object and those that require a dative object. Now you will learn the so-called mixed prepositions, which require *either* an accusative *or* a dative object, depending on the context.

PREPOSITIONS/MEANINGS

an	*at, up to, to*
auf	*on, upon, onto*
hinter	*behind*
in	*in, on (street), into*
neben	*next to, beside*
über	*over, above, across*
unter	*under, beneath; among*
vor	*in front of, before*
zwischen	*between*

The following contractions are common.

an dem → am   auf das → aufs   in das → ins
  an das → ans   in dem → im

Generally, if there is some kind of motion from one place to another, the accusative is used. If there is an absence of motion, or if the action is localized within one place, the dative is used.

ACCUSATIVE   DATIVE

an

Die Frau geht **an den Tisch.**

Die Frau frühstückt **am Tisch.**

auf

Das Zimmermädchen stellt die Kaffeekanne **auf die Wärmeplatte.**

Die Kaffeekanne steht **auf der Wärmeplatte.**

ACCUSATIVE   DATIVE

hinter

Der Gepäckträger stellt den Koffer   Der Koffer steht **hinter dem Sofa.**
hinter das Sofa.

in

Heinrich geht **in die Küche.**   Heinrich arbeitet **in der Küche.**

neben

Max stellt die Kaffeekanne **neben**   Die Kaffeekanne steht **neben der**
die Marmelade.   **Marmelade.**

über

Ingrid hängt das Plakat **über den**   Das Plakat hängt **über dem**
Schreibtisch.   **Schreibtisch.**

ACCUSATIVE   DATIVE

unter

Herr Braun stellt die Schuhe **unter das Bett.**

Die Schuhe stehen **unter dem Bett.**

vor

Der Empfangschef geht **vor die Tür.**

Der Empfangschef wartet **vor der Tür.**

zwischen

   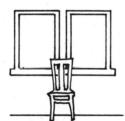

Brigitte stellt den Stuhl **zwischen die Fenster.**

Der Stuhl steht **zwischen den Fenstern.**

To decide which case is appropriate, ask the questions **wohin?** and **wo?**. The accusative case usually answers the question **wohin?**; the dative, **wo?**.

ACCUSATIVE

Wohin geht Heinrich?
(To) where is Heinrich going?
Er geht **in die Küche.**
He's going in(to) the kitchen.

DATIVE

Wo arbeitet Heinrich?
Where is Heinrich working?
Er arbeitet **in der Küche.**
He's working in the kitchen.

When used with verbs that express mental action, such as thinking, speaking, and writing, the "mixed" prepositions are frequently followed by an object in the accusative case.

ACCUSATIVE

Ich denke **an meinen Vater.**

Der Gast schreibt seinen Namen
auf das Papier.

You will learn more about these and other idiomatic verb/preposition combinations in Chapter 10.

Übungen

A. **Wer oder was ist wo?** Ersetzen Sie die Phrasen! *Use contractions where appropriate.*

1. Wer steht an *der Ecke*? (der Empfang, das Fenster, die Tür)
2. Was liegt auf *dem Tisch*? (das Tablett, die Straße [*street*], der Fernseher)
3. Wer arbeitet in *der Bank*? (das Hotel, diese Geschäfte, dieser Laden)
4. Wer steht hinter *meinem Auto*? (ich, Herr Kohler, die Kinder)
5. Wer steht neben *den Frauen*? (du, mein Freund, meine Freundin)
6. Was hängt über *Ihrem Schreibtisch*? (jedes Fenster, dein Bett, diese Tür)
7. Was liegt unter *dem Bett*? (diese Zeitung, der Stuhl, diese Kleider)
8. Was steht vor *dem Hotel*? (die Bank, sein Haus, der Aufzug)
9. Wer steht da zwischen *dem Postamt und der Bank*? (die Männer, Herr Leister und seine Tochter, der Empfangschef und sein Sohn)

B. **Wer? Was? Wo?** *Choose questions from Exercise A to ask another student. Based on his/her answer, two other students will continue with a* wo-*question and answer.*

BEISPIEL: S1: Wer steht am Fenster?
S2: Die Professorin steht am Fenster.
S3: Wo steht die Professorin?
S4: Am Fenster.

C. **Wer? Was? Wohin?** Ersetzen Sie die Phrasen! *Use contractions when appropriate.*

1. Wer geht an *die Ecke*? (das Telefon, der Tisch, die Tür)

2. Wer legt den Kugelschreiber auf *den Tisch*? (das Tablett, mein Papier, diese Zeitung)
3. Wer geht hinter *mein Haus*? (der Bus, die Stühle, unser Wagen)
4. Wer geht in *die Küche*? (ihr Zimmer, das Kino [*movie theater*], der Flur [*hall*])
5. Wer legt den Brief neben *die Wärmeplatte*? (der Bleistift, die Kaffeekanne, das Formular)
6. Wer hängt das Plakat über *den Empfang*? (das Bett, der Fernseher, dein Stuhl)
7. Wer legt das Buch unter *das Bett*? (der Schreibtisch, das Sofa, der Schrank)
8. Wer fährt den Wagen vor *das Hotel*? (mein Haus, die Drogerie, der Laden)
9. Wer stellt den Wagen zwischen *die Busse*? (ein Volkswagen und ein Bus, die Drogerie und das Postamt, das Hotel und die Bäckerei)

D. **Wer? Wohin?** *Choose questions from Exercise C to ask another student. Based on his/her answer, two other students will continue with a* wohin-*question and answer.*

BEISPIEL: S1: Wer geht an den Tisch?
          S2: Meine Freundin Hillary geht an den Tisch.
          S3: Wohin geht Hillary?
          S4: An den Tisch.

E. **Das Hotel.** Ergänzen Sie die Phrasen!

1. Frau Fischer hat ＿＿＿ gearbeitet. (in / das Hotel)
2. Sie hat ＿＿＿ gestanden. (an / der Empfang)
3. Die Gäste sind ＿＿＿ gekommen. (in / das Hotel)
4. Sie sind ＿＿＿ gegangen. (an / der Empfang)
5. Frau Fischer hat Formulare und einen Kugelschreiber ＿＿＿ gelegt. (auf / der Tisch)
6. Die Gäste haben ihre Namen und Adressen ＿＿＿ geschrieben. (auf / die Formulare)
7. Der Gepäckträger hat die Koffer ＿＿＿ getragen. (in / die Zimmer)
8. Er hat den Koffer ＿＿＿ gestellt. (neben / der Schrank)
9. Die Gäste haben ＿＿＿ gegessen. (in / das Frühstückszimmer)
10. Der Ober hat das Frühstück ＿＿＿ gebracht. (auf / ein Tablett)
11. Das Frühstückszimmer war klein und elegant: Die Tische haben alle ＿＿＿ gestanden. (vor / die Fenster)
12. Man hat eine Rose ＿＿＿ gestellt. (auf / jeder Tisch)
13. Später hat Hans das Geschirr ＿＿＿ gebracht. (in / die Küche)
14. Hans hat auch ＿＿＿ gearbeitet. (in / die Küche)

F. **Wo? Wohin?** Beantworten Sie jede Frage!

1. Wohin geht das Zimmermädchen? (auf / der Flur)

2. Wo wartet der Gepäckträger? (vor / die Tür)
3. Wo ist der Gast? (in / sein Zimmer)
4. Wo steht die Blumenverkäuferin? (in / die Bahnhofshalle)
5. Wohin geht Herr Schmidt? (an / der Empfang)
6. Wohin fährt das Taxi? (vor / das Hotel)
7. Wo steht die Frau? (zwischen / das Mädchen und der Junge)
8. Wohin läuft der Junge? (hinter / der Tisch)

G. **Die Familie Berger.** *Ask a question about each statement. Begin with* wo *or* wohin.

1. Herr Berger arbeitet im Postamt.
2. Frau Berger ist in der Bank.
3. Josef Berger geht an den Empfang im Hotel.
4. Margarete Berger fährt ihren Wagen direkt vor das Kaufhaus.
5. Franz Berger steht zwischen zwei Frauen in der Drogerie.
6. Anna Berger ist immer noch im Bett.
7. Onkel Max geht heute ins Kino.
8. Tante Ilse reist bald in die Schweiz.

H. **Heinrich hat gestern im Hotel gearbeitet.** Alles auf deutsch, bitte!

Heinrich brought a tray with breakfast into the room. He placed it on the table between the windows. Then he waited in the kitchen. Mr. and Mrs. Kronz breakfasted at the table. Then they went outside on the terrace. Later Heinrich brought the tray into the kitchen.

1. Where did Heinrich bring the tray?
2. Where did he place the tray?
3. Where did he wait?
4. Where did Mr. and Mrs. Kronz go after breakfast?

Wien, die Kärntnerstraße. Straßenmusikanten spielen in dieser berühmten Einkaufsstraße.

I. **Fragen Sie Ihren Nachbarn/Ihre Nachbarin:**

1. Arbeitest du? Wo?
2. Wohnst du in einem Haus, in einer Wohnung, in einem Studentenheim oder in einem Zimmer bei einer Familie?
3. Wo studierst du für deine Examen?
4. Wo kaufst du Aspirin?
5. Wohin möchtest du bald fahren?
6. Möchtest du in einem Hotel übernachten oder bleibst du lieber bei Freunden?

J. **Der Münzfernsprecher** (*pay phone*). Beschreiben Sie das Bild! Wie viele Menschen arbeiten im Büro? Wo steht oder sitzt jeder? Wer geht durch die Tür? Wohin geht er? Wer steht an der Tür hinter diesem Mann? Warum? Was sehen Sie auf den Schreibtischen? Was hängt an der Wand? Was sagt die Frau? Warum sagt sie das?

He wants to reduce us to beggary.

„Er will uns an den Bettelstab bringen."

Das Hotel zum Adler: der Empfang. Der Vater arbeitet als Empfangschef, und der Sohn arbeitet in den Schulferien als Gepäckträger.

EIN GAST: Geben Sie mir bitte ein Einzelzimmer mit Bad!
DER EMPFANGSCHEF: Wir haben nur noch ein Einzelzimmer ohne Bad und ein Doppelzimmer mit Bad.
DER GAST: Na, dann geben Sie mir das Doppelzimmer!

(Der Empfangschef gibt dem Gast einen Schlüssel, ein Formular und auch einen Kugelschreiber.)

DER EMPFANGSCHEF: Schreiben Sie bitte Ihren Namen und Ihre Adresse auf dieses Formular. Lassen Sie Ihr Gepäck hier; mein Sohn trägt es gleich aufs Zimmer. *(Er sagt zum Sohn:)* Trag das Gepäck auf Zimmer 25 und zeig dem Herrn auch gleich das Frühstückszimmer!

A. Im Hotel.

1. Was möchte der Gast? Wie sagt er das?   2. Was antwortet der Empfangschef?   3. Was gibt der Empfangschef dem Gast?   4. Was sagt der Empfangschef zum Gast?   5. Was sagt er zu seinem Sohn?

B. Fragen Sie Ihren Nachbarn/Ihre Nachbarin:

1. Arbeitest du in den Ferien? Hast du einmal als Gepäckträger gearbeitet?
2. Du bist in Deutschland. Was für *(what kind of)* ein Hotelzimmer möchtest du? ein Einzelzimmer mit Bad? ohne Bad? ein Doppelzimmer mit Bad? ohne Bad? Wie sagst du das?

Imperative

The *imperative* is the verb form used to issue commands, make requests, or give instructions and directions.

The imperative exists only in the second-person singular and plural (**Sie, du,** and **ihr**) and in the first-person plural (**wir**).

Gehen Sie ins Zimmer!
Geh(e) ins Zimmer!   *Go into the room.*
Geht ins Zimmer!
Gehen wir ins Zimmer!   *Let's go into the room.*

An imperative statement in German is often followed by an exclamation point.

Formal Imperative

VERB	SUBJECT	OTHER ELEMENTS	
Gehen	Sie	ins Zimmer!	*Go into the room.*
Arbeiten	Sie	nicht im Hotel!	*Don't work in the hotel.*
Lassen	Sie	das Gepäck hier!	*Leave the luggage here.*
Geben	Sie	ihm den Schlüssel!	*Give him the key.*

Wo ist Ihre nächste DBB-Filiale?

Fragen Sie uns.

DBB-Filiale = *branch of* Deutscher Beamtenbund, *an organization that looks out for the interests of civil service employees.*

The word order of the formal imperative is identical to that of the yes/no question. Only the intonation and punctuation are different.

rising intonation: Gehen Sie ins Zimmer?

falling intonation: Gehen Sie ins Zimmer!

An imperative is negated with the addition of **nicht.** This contrasts with English, in which a negative imperative begins with *do not* or *don't.*

Arbeiten Sie nicht im Hotel!   *Don't work in the hotel.*

Informal Imperative Singular

In the informal imperative singular, the present-tense verb stem comes first, without any expressed subject, followed by all other elements.

VERB (NO SUBJECT)	OTHER ELEMENTS	
Geh(e)	ins Zimmer!	*Go into the room.*
Arbeite	nicht im Hotel!	*Don't work in the hotel.*
Laß	das Gepäck hier!	*Leave the baggage here.*
Gib	ihm den Schlüssel!	*Give him the key.*

In written German an **e** must be added to a verb stem that ends in **d** or **t**: **rede, arbeite.** With other verbs the **e** ending is optional: **geh(e), fahr(e).** This optional ending is not generally used in conversation.

With stem-changing verbs of the **e → i** or **e → ie** type, the alternate stem is used but without the **e** ending: **nimm, lies, gib.** With stem-changing verbs of the **a →ä** or **a →äu** type, the regular stem (no umlaut) is used with or without the e ending: **laß, fahr(e), lauf.**

Informal Imperative Plural

In the informal imperative plural, the present-tense form of the verb comes first, without any expressed subject, followed by all other elements.

VERB (NO SUBJECT)	OTHER ELEMENTS	
Geht	ins Zimmer!	*Go into the room.*
Arbeitet	nicht im Hotel!	*Don't work in the hotel.*
Laßt	das Gepäck hier!	*Leave the luggage here.*
Gebt	ihm den Schlüssel!	*Give him the key.*

Übungen

A. Herr Wald plant seinen Urlaub. *Tell Mr. Wald to carry out each activity.*

BEISPIEL: Ich möchte in den Ferien nicht arbeiten. →
Arbeiten Sie nicht in den Ferien!

1. Ich möchte mit dem Wagen in die Schweiz fahren.
2. Ich möchte mit dem Zug nach Italien reisen.
3. Ich möchte zwei Tage in Florenz bleiben.
4. Ich möchte in diesem Hotel übernachten.
5. Ich möchte morgens um acht frühstücken.
6. Ich möchte lange Spaziergänge machen.

B. Mach es doch! *Give your friend directions and suggestions.*

BEISPIEL: gehen / links um die Ecke → Geh(e) links um die Ecke!

1. fahren / durch die Stadt
2. trinken / einen Kaffee mit mir
3. sagen / etwas zum Empfangschef
4. kommen / mit mir ins Kino
5. kaufen / ein Geschenk für deine Eltern
6. mieten / ein Zimmer bei der Familie Bloch
7. essen / das Frühstück auf dem Zimmer
8. sprechen / Deutsch mit den Leuten
9. lassen / ein Trinkgeld für den Zimmerkellner im Zimmer
10. geben / mir das Geld für die Karte
11. arbeiten / in der Küche
12. reden / nicht im Kino

C. Macht es! *Your friends are helping you with breakfast today. Tell them what to do.*

BEISPIEL: warten / im Flur → Wartet im Flur!

1. gehen / in die Küche
2. stellen / die Kaffeekanne auf die Wärmeplatte
3. tragen / dieses Tablett ins Frühstückszimmer
4. stellen / die Marmelade neben die Brötchen
5. bringen / das Geschirr gleich in die Küche

D. Ja, . . . *Respond to each question with the appropriate imperative, depending on who is speaking.*

BEISPIEL: Ilse und Peter: Essen wir auf der Terrasse? →
Ja, eßt auf der Terrasse!

1. Karl: Nehme ich den Bus in die Stadt?
2. Herr Ritter: Warte ich vor dem Eingang?
3. Frau Kaufmann: Bleibe ich hier im Hotel?

4. Angelika und Anna: Sprechen wir mit den Musikern?
5. Monika: Gebe ich dem Mann diesen Schlüssel?
6. Herr und Frau Schell: Frühstücken wir hier am Tisch?

E. **Wie sagt man das auf deutsch?**

1. Brigitte, carry the luggage to the railway station.
2. Heinrich, help the guests.
3. Mr. Schuhmacher, please believe the desk clerk.
4. Mrs. Keller, please follow the bellhop.
5. Friedrich, take (**holen**) the suitcases out of the car.
6. Erika and Paula, read the newspaper tonight.

F. **Braucht Ihr Freund/Ihre Freundin Ihre Hilfe?** *Suggest things that another student should do. He/she may or may not take kindly to your suggestions.*

BEISPIELE: S1: Lies dein Buch heute abend!
S2: Ich habe es schon gelesen.

S1: Schreib dann deiner Mutter einen Brief!
S2: Ich schreibe keine Briefe.

G. **Rollenspiel: Dialog am Empfang.** Sie reisen durch Österreich. Heute abend möchten Sie in Obertraun übernachten. Sie gehen in den Obertrauner Hof. Was sagen Sie zu der Empfangschefin? Was sagt sie zu Ihnen? Was sagt sie zum Gepäckträger? Was sagt der Gepäckträger zu ihr?

Wer spielt mit? DER/DIE REISENDE, DIE EMPFANGSCHEFIN, DER GEPÄCKTRÄGER

A-4831 Obertraun 90
Salzkammergut/Oberösterreich
Telefon 06131/456 und 450

SAM C. PIERSON, JR./PHOTO RESEARCHERS

Trier, älteste (*oldest*) Stadt in Deutschland. Touristen kaufen sich Postkarten am Marktplatz.

H. **Rollenspiel: Dialog im Kaffeehaus.** Sie haben die Nacht in Salzburg verbracht. Jetzt ist es acht Uhr morgens, und Sie haben Hunger. Sie gehen ins Kaffeehaus. Sie möchten am Tisch vor dem Fenster frühstücken. Ein Mann sitzt schon da, aber es sind noch zwei Plätze frei. Was sagen Sie? Was sagt der Mann? Der Ober kommt. Was sagt er zu Ihnen? Was sagen Sie zu ihm?

Wer spielt mit? DER GAST, DER MANN AM TISCH, DER OBER

Café-Restaurant
Glockenspiel

A-5020 Salzburg
Mozartplatz
Telefon (0 66 2) 84 14 03

Salzburgs größtes Kaffeehaus
mit Restaurant und Terrasse im 1. Stock.

Das Café ist ganzjährig geöffnet (im Sommer bis 24 Uhr)

Wir freuen uns auf Ihren Besuch!

KLEINES FRÜHSTÜCK

1	Kännchen Kaffee, Tee oder Schokolade, Brot mit Butter und 1 gekochtes Ei	6,—
1	Kännchen Kaffee, Tee oder Schokolade, mit Brot, Butter und 2 Eiern im Glas, Marmelade	7,50

BRÖTCHEN

2	Brötchen mit Butter	2,—
2	Brötchen mit Butter und Käse	4,—
2	Brötchen mit Butter und Wurst	4,—
2	Brötchen mit Butter und Schinken	5,—

Das Hotel zum Adler. Zwei Gäste stehen auf dem Flur vor dem Aufzug.

HERR GRUBER: Das Wetter ist heute so herrlich. Machen wir doch zur Abwechslung einen Spaziergang zur Bäckerei, und frühstücken wir dort!

FRAU GRUBER: Aber sie servieren das Frühstück hier sogar auf der Terrasse, und außerdem haben wir es schon bezahlt. Seien wir doch heute morgen lieber sparsam und gehen wir zum Mittagessen in die Stadt!

HERR GRUBER: Wie finden wir die Terrasse?

FRAU GRUBER: Wir nehmen den Aufzug zum Erdgeschoß und fragen den Empfangschef.

HERR GRUBER: Wo bleibt denn der Aufzug?

FRAU GRUBER: Sei doch nicht ungeduldig! Er kommt ja schon.

A. **Die Hotelgäste.**

1. Wo stehen die Gäste? 2. Was sagt Herr Gruber? 3. Wo serviert man das Frühstück im Hotel? 4. Was haben Herr und Frau Gruber schon

bezahlt? 5. Wann gehen Herr und Frau Gruber in die Stadt? Wie sagt Frau Gruber das? 6. Wie finden Herr und Frau Gruber die Terrasse? 7. Warum ist Herr Gruber ungeduldig?

B. **Fragen Sie Ihren Nachbarn/Ihre Nachbarin:**

1. Ist das Wetter heute herrlich? 2. Machst du oft etwas nur zur Abwechslung? 3. Ißt du oft in einem Restaurant in der Stadt?

Imperative; Time, Manner, Place

First-person Plural Imperative

In the first-person plural imperative (*let's . . .*), the present-tense form of the verb comes first, followed by the subject **wir,** followed by all other elements.

VERB	SUBJECT	OTHER ELEMENTS	
Gehen	wir	ins Zimmer!	*Let's go into the room.*
Arbeiten	wir	nicht im Hotel!	*Let's not work in the hotel.*
Lassen	wir	das Gepäck hier!	*Let's leave the baggage here.*
Geben	wir	ihm den Schlüssel!	*Let's give him the key.*

Imperative Forms of *sein*

The imperative forms of **sein** are irregular.

FORMAL	Seien Sie			
INFORMAL SINGULAR	Sei	} geduldig!	*Be*	} *patient.*
INFORMAL PLURAL	Seid			
FIRST-PERSON PLURAL	Seien wir		*Let's be*	

The imperative forms of **sein** are normally used with predicate adjectives. In negative expressions, **nicht** precedes the predicate adjective.

Seien Sie		unzufrieden!		*dissatisfied.*
Sei	} nicht	beleidigt!	*Don't be*	*insulted.*
Seid		schreibfaul!		*lazy about writing.*
Seien wir	nicht	ungeduldig!	*Let's not be*	*impatient.*

Time, Manner, Place

Time expressions generally come before expressions of place in a German sentence. Other adverbial elements, often grouped together under the category of "manner," are usually placed after expressions of time but before expressions of place. The usual order of adverbial elements, then, is *time, manner, place.*

TIME   PLACE

Wer geht jetzt ins Hotel?
Who's walking into the hotel now?

TIME   MANNER

Das Wetter ist heute so herrlich.
The weather is so beautiful today.

MANNER   PLACE

Gehen wir zur Abwechslung in die Stadt!
Let's go into the city for a change.

TIME   MANNER   PLACE

Fahren wir morgen mit dem Volkswagen in die Stadt!
Let's drive the Volkswagen into the city tomorrow.

If there are two or more elements of the same kind in a sentence, the order usually depends on the context and often parallels the position of adverbs in the equivalent English sentence.

PLACE

Wie viele Tage bleiben Sie hier | in München?
How many days are you staying here in Munich?

TIME

Frühstücken Sie immer | um acht Uhr | morgens?
Do you always eat breakfast at eight o'clock in the morning?

Frankfurt am Main. Japanische Touristen fotographieren Sehenswürdigkeiten (*the sights*) in der „Finanz-Hauptstadt" der Bundesrepublik.

Übungen

A. **Was machen wir?** *Make suggestions to your partner.*

BEISPIEL: den Aufzug zum Erdgeschoß nehmen →
Nehmen wir den Aufzug zum Erdgeschoß!

1. zur Abwechslung im Café
   frühstücken
2. nicht auf der Terrasse essen
3. zum Mittagessen in die Stadt
   gehen
4. heute abend ins Kino gehen
5. drei Tage in Frankfurt bleiben
6. bald in die Schweiz fahren

B. **Was sagen Sie zu anderen Leuten?** *Suggest to the following persons how they should behave.*

BEISPIEL: Herr Lenz: nicht beleidigt → Herr Lenz, seien Sie nicht beleidigt!

1. Herr Neumann: sparsam
2. Frau Wallenstein: nicht böse
3. Hans: nett
4. Dieter und Brigitte:
   unternehmungslustig
5. Herr und Frau Bach: geduldig
6. wir: froh
7. Angela: nicht schreibfaul
8. Petra, Ulrich und Kurt: nicht
   traurig
9. wir: zufrieden
10. Johann: freundlich

C. **Wann, wie, wo oder wohin?** *Add the suggested phrase to expand each sentence.*

1. Herr Mayer fährt heute nach Österreich. (mit seinem Bruder)
2. Frau Schmidt fährt mit dem Bus in die Stadt. (morgen)
3. Die Blumenverkäuferin ist gestern um neun Uhr gekommen. (ins Hotel)
4. Herr Wald arbeitet in diesem Hotel. (seit einem Jahr)
5. Frau Baumann arbeitet mit Herrn Weber. (freitags)
6. Die Kinder essen heute auf der Terrasse. (mit ihren Eltern)
7. Franz und Maria gehen morgen in die Stadt. (zum Mittagessen)
8. Die Männer nehmen den Aufzug zum Erdgeschoß. (jetzt)

D. **Was machen wir?** *Expand each sentence with the phrase in parentheses.*

1. Machen wir morgen früh einen Spaziergang! (durch den Park)
2. Essen wir im Restaurant! (heute abend)
3. Bleiben wir über Nacht! (im Hotel zum Adler)
4. Fahren wir morgen mit dem Bus in die Stadt! (zur Abwechslung)
5. Servieren wir heute das Frühstück auf der Terrasse! (hier)
6. Gehen wir gleich um die Ecke! (in die Hohenstraße)
7. Lassen wir ein Trinkgeld für das Zimmermädchen! (auf dem Tisch)
8. Warten wir hier vor dem Hotel! (zehn Minuten)

E. **Machen wir Pläne** (*plans*)! Bilden Sie Sätze!

WAS MACHEN WIR?	WANN?	WAS/WIE/MIT WEM?	WO/WOHIN?
fahren wir	jetzt	mit unseren Freunden	in / das Kino
gehen wir	bald		in / die Stadt
bleiben wir	immer	mit dem Bus	zu / die Bäckerei
essen wir	heute	das Frühstück	auf / die Terrasse
___?___	morgen	zum Mittagessen	in / die Schweiz
	heute abend	schnell	zu Hause
	später	zusammen	nach Hause
	___?___	bei der Familie	durch die Stadt
		mit dem Zug	___?___
		einen Spaziergang	
		___?___	

F. **Wie sagt man das auf deutsch?**

1. Mr. Lehmann, please don't be insulted. Leave your luggage here in the hallway in front of the elevator. My son will carry it up to your room.
2. Children, don't be sad; be happy. Let's take a walk to the café right away and have breakfast there.
3. Renate, don't be angry. Let's go into town for lunch tomorrow. Let's be thrifty this morning and have breakfast here on the terrace. We've already paid for it.
4. Max, let's be adventurous. Let's take a trip today by train through Germany into Switzerland.

G. **Ratschläge und Vorschläge.** *Give advice and make suggestions to various members of your class. How do they respond?*

BEISPIELE: SIE: Susan und James, gehen wir nach der Klasse zusammen ins Café!

SUSAN: Ja, ich möchte etwas essen. Ich habe Hunger.

JAMES: Danke, aber nach der Klasse gehe ich zu meiner Freundin.

SIE: David, sei froh! Warum bist du immer so traurig?

DAVID: Das ist meine Sache.

SAMMELTEXT

Susan reist mit ihrer Freundin Lynn durch Europa. Sie schreibt einen Brief an ihre Freunde Paul und Jan. Paul, Jan, Lynn und Susan sind alle Deutschstudenten in Amerika.

Liebe Jan, Lieber Paul,

so, nun bekommt Ihr doch endlich einen Brief von mir vor meiner Abreise° nach   *departure*
Frankreich. Seid nur nicht beleidigt, denn ich weiß schon, ich bin etwas schreibfaul.

Unsere Reise durch Deutschland war sehr interessant. Wir hatten immer Glück
mit den Hotels und Pensionen.° In Deutschland bekommt man nicht automatisch   *small private hotels*
ein Zimmer mit Bad; wir haben ein paarmal° Geld gespart° und ein Zimmer ohne   *ein . . . several times / saved*
Bad genommen. Das war nicht schlimm.° Das WC und die Dusche° waren gleich   *bad / shower*
um die Ecke im Flur.

In den Hotels in unserer Preisklasse haben wir nirgends° einen Fernsehapparat   *nowhere*
oder eine Klimaanlage° gefunden. Aber in Deutschland ist es nicht so schwül° wie   *air conditioner / humid*
in Amerika. Man lebt also sehr gut ohne Klimaanlagen.

Von Freunden haben wir noch etwas gelernt: Vor der Abreise läßt man in
Deutschland ein Trinkgeld für die Zimmermädchen und Zimmerkellner auf einem
Tisch im Hotelzimmer. Das haben wir natürlich auch gemacht.

Der Aufenthalt° in Stuttgart hat mir besonders gut gefallen. Wir haben in einem   *stay*
Hotel in der Fußgängerzone° übernachtet; neben dem Eingang haben Straßen-   *pedestrian mall*
musikanten gespielt. Man hört solche Musiker oft im Sommer in den Straßen vor
Kinos und Geschäften, aber auch in der U-Bahnstation.° In manchen Städten   *subway station*
brauchen diese Musiker schon eine Lizenz, sonst wird der Lärm° vor den Läden   *noise*
und Restaurants zu groß. Ich meine aber, das ist kein Lärm.

Herzliche Grüße°   *herzliche . . . warm greetings*
Eure Susan

✶   ✶   ✶   ✶

Lynn schreibt Notizen° in ihr Tagebuch:°   *notes / journal*

Luxushotels in Deutschland sind oft genauso wie in Amerika. Man bekommt
Einzelzimmer oder Doppelzimmer mit Bad, Telefon, Fernseher und Klimaanlage.
Man frühstückt auf dem Zimmer oder im Frühstücksraum. Meistens ist das Frühstück im Preis inbegriffen, und man bekommt ein Kochei,° Brötchen, Butter,   *boiled egg*
Marmelade und Kaffee oder Tee. Manche Hotels sind alt und haben noch Zimmer
ohne Bad und Fernseher, aber diese Hotels sind auch nicht sehr teuer. Dort
bekommt man oft Halbpension, das heißt: Frühstück und Mittagessen sind im
Preis inbegriffen. Informationen über Hotels findet man am Bahnhof. Dort fragt
man im Fremdenverkehrsamt nach Hotels und Preisen.

Hotels in Deutschland: richtig oder falsch?

1. In Deutschland bekommt man automatisch ein Zimmer mit Bad.
2. Keine Hotelzimmer in Deutschland haben einen Fernseher.
3. In Deutschland läßt man ein Trinkgeld für die Zimmermädchen und
   Zimmerkellner auf einem Tisch im Hotelzimmer.
4. Luxushotels in Deutschland sind oft genauso wie in Amerika.
5. In manchen Hotels bekommt man Halbpension, das heißt: nur das
   Frühstück ist im Preis inbegriffen.
6. Man findet Informationen über Hotels im Fremdenverkehrsamt.

Sammelübungen

A. Im Hotel. Bilden Sie Imperativsätze!

1. gehen / wir / um / die Ecke / in / der Flur / und / warten / wir / dort / vor / der Aufzug
2. Anna und Petra, / spielen / eure Musik / hier / auf / die Straße / vor / das Kino
3. frühstücken / wir / heute / auf / das Zimmer / und / nicht / in / der Frühstücksraum
4. essen / wir / hier / in / das Hotel / auf / die Terrasse, / denn / das Frühstück / sein / in / der Preis / inbegriffen
5. Frau Hammer, / nehmen / Sie / bitte / der Aufzug / in / das Erdgeschoß / und / sprechen / Sie / mit / die Empfangschefin
6. Karl, / gehen / an / der Empfang / und / geben / der Mann / dort / dieser Schlüssel
7. Kris, / tragen / dieser Koffer / in / das Zimmer 3, / denn / er / gehören / Herr Müller
8. Heidi und Erika, / sein / nicht faul! / tragen / diese Tabletts / in / das Zimmer / und / bringen / das Geschirr / dann / gleich / zurück / in / die Küche

B. Was sagen Sie zu diesen Leuten? Vervollständigen Sie jeden Satz! *Use appropriate words of your own choosing.*

BEISPIEL: Karl, ____ diese Blumen für ____ ! →
Karl, (kauf) diese Blumen für (deine Freundin)!

1. Angela, bist du traurig ohne ____ ? ____ froh!
2. Herr Leitner, ____ Sie bitte bei ____ !
3. Franz, ____ gleich aus ____ !
4. Christoph und Hans, ____ nicht immer gegen ____ !
5. Frau Schmidt, ____ Sie mit ____ !
6. Vater, ____ wir heute um ____ !
7. Kinder, ____ diesen Brief von ____ !
8. Inge, ____ den Stuhl zwischen ____ !
9. ____ wir mit ____ nach ____ !
10. Herr Sander, ____ Sie bitte in ____ !
11. Frau Wild, ____ Sie bitte den Schlüssel neben ____ !
12. Michael und Erika, ____ nicht vor ____ !
13. Liesl, ____ jetzt zu ____, aber kauf dort nichts außer ____ !
14. Günther, ____ das Plakat über ____ !
15. ____ wir das Gepäck hinter ____ !
16. Frau Zimmermann, ____ Sie mit ____ durch ____ !

C. Sie arbeiten in einem Hotel. Was sagen Sie? Auf deutsch, bitte!

1. Heinrich, go to the door.
2. Helga, lay the letter on the tray.
3. Mr. and Mrs. Busch, please stay in this hotel.

4. Margarete, hang this poster over your desk.
5. Mrs. Spiegel, don't forget your newspaper under the chair.
6. Jürgen, place the table in front of the window.

D. **Das Frühstück.** Beschreiben Sie dieses Foto! Antworten Sie auf jede Frage!

1. Wo steht der Tisch?
2. Wer sitzt am Tisch?
3. Frühstückt der Mann allein oder mit einem Freund/einer Freundin? Warum glauben Sie das?
4. Was hält der Mann in der Hand?
5. Was ißt er zum Frühstück?
6. Wie viele Eier stehen in Eierbechern (*eggcups*) auf dem Tisch?
7. Was ist im Korb?
8. Was liegt auf dem Teller (*plate*) neben dem Korb?
9. Wie viele Löffel (*spoons*) sehen Sie auf dem Tisch?
10. Liegt eine Gabel auf dem Tisch? Warum (nicht)?
11. Sehen Sie den Teller zwischen den Schlüsseln und dem Eierbecher? Was liegt auf diesem Teller?
12. Was liegt auf dem Tisch rechts von dem Teller mit Butter und Marmelade?
13. Wer hat die Schlüssel auf den Tisch gelegt?
14. Was steht in der Vase?
15. Wie viele Tischdecken liegen auf dem Tisch?

E. **Rollenspiel: Tourist/Touristin in München.** *Work with another student. Ask and answer questions about getting from one place to another.*

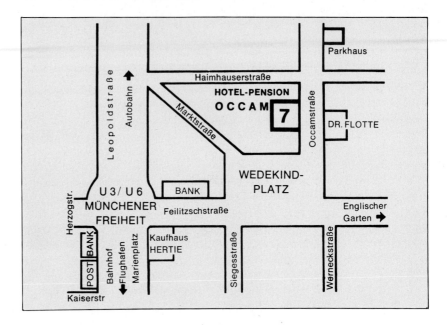

BEISPIEL: von der Hotel-Pension Occam zum Postamt →

  S1: Wie komme ich von der Hotel-Pension zum Postamt?

  S2: Gehen Sie rechts in die Occamstraße, geradeaus über den Wedekindplatz und dann rechts über den Platz in die Feilitzschstraße. Gehen Sie geradeaus über die Münchener Freiheit und dann links in die Leopoldstraße. Dort sehen Sie zuerst eine Bank. Neben der Bank steht das Postamt.

1. vom Postamt zum Parkhaus
2. vom Parkhaus zum Kaufhaus Hertie
3. vom Kaufhaus Hertie zum Englischen Garten
4. von der Hotel-Pension Occam zur Autobahn
5. vom Parkhaus zum Bahnhof
6. ___?___

KULTURECKE

▶ If you are visiting a city in a German-speaking country for the first time, you may want to go first to a **Fremdenverkehrsamt,** which is usually located in or near a **Bahnhof.** Here you can obtain a **Stadtplan** (*city map*) and information concerning local hotels; for a small fee you can often book rooms as well.

► The name **zum Adler** (*at the sign of the eagle*) is typical of many hotels in southern Germany. In the Middle Ages, monasteries offered shelter to travelers. Hotels that began in or near the monasteries still bear names of the evangelical symbols, such as **Engel** (*angel*), **Löwe** (*lion*), **Adler** (*eagle*), and **Stier** (*bull*). **Lilie** and **Rose,** flowers symbolic of the Virgin Mary, and **drei Könige** (*three kings*), a traveling symbol, are other common names of hotels.

Whereas southern Germany is predominantly Roman Catholic, northern Germany is mostly Protestant. Hotel names in the northern part of the country often reflect the name of the city: **Berliner Hof, Hamburger Hof, Stadt Hannover.** Regional interests and features are also reflected in hotel names such as **zum braunen Hirsch** (*deer*), **zur Tanne** (*fir tree*), **zum weißen Roß** (*steed*), **zum schwarzen Bären** (*bear*), **zur Linde** (*linden tree*), **alter Turm** (*tower*).

The postal system, founded in 1450, was originally in charge of stagecoach transportation, and many hotels that originated near the old postal stations bear the name **alte Post** or **zur Post.** The postal system is still involved with transportation today, and it operates an extensive bus system.

► You will notice that the various floors of hotels (and other buildings) in Germany are numbered differently from those of most buildings in the United States. What is considered in this country to be the first floor is generally called the **Erdgeschoß** in German-speaking countries. What we consider the second floor is **erster Stock** (*first floor*); our third floor is called **zweiter Stock** (*second floor*), and so on. The basement level is referred to as **Untergeschoß** or **Kellergeschoß.**

ULRIKE WELSCH

Miltenberg in Bayern.

ANWENDUNG

Englisch und Deutsch

Sie oder Du?

Englischsprecher haben es ganz leicht. Sie sagen einfach *you* zu einander und machen sich keine Gedanken darüber.° Freunde, Bekannte, Wildfremde,° zu allen sagt man ohne Unterschied° *you*.

    Der Gebrauch° von Vornamen ist auch im Englischen üblich,° und wenn man nicht sicher ist, fragt man einfach: *May I call you Jim?* Umgekehrt° hört man: *Please call me Mary.*

    Auf deutsch ist es nicht so einfach, aber früher gab es° wenigstens° eine strikte Etikette. Damals° wußte° man mehr oder weniger, wen man siezen° und wen man duzen sollte.° Bekannte haben den Übergang° vom Sie zum Du zeremoniell mit einem Kuß besiegelt° und Brüderschaft getrunken.

Brüderschaft trinken

    Heute ist das nicht mehr der Fall.° Neue Ideen beeinflussen° die deutsche Sprache wie auch die deutsche Gesellschaft.° Die alten Regeln° vom Siezen° und Duzen verändern sich° auch, und heute gibt es einen kleinen Kulturkampf zwischen den Siezern° und den Duzern.

    Einige Beispiele beim Einkaufen: Kauft man feine Waren in einem teuren Laden ein, dann hört man: „Sie wünschen?" In einer Jeans-Boutique, bei der Jazzgymnastik oder in einem Bioladen° hört man: „Was willst° du?"

    Das Alter° bestimmt auch nicht mehr die Grenzen° zwischen dem Sie und dem Du. Die Grünen° duzen zum Beispiel auch sehr alte Menschen, aber das Du für Wildfremde ist nicht nur den alternativen Zirkeln° eigen.°

    Das neue Du ist zugleich° bei den alltäglichsten° Massenprodukten beheimatet.° Täglich sieht und hört man Beispiele in der Werbung wie: „Hol dir heute diese neue Kaffeemaschine."

machen . . . *think nothing more about it* / *complete strangers*
difference
use / *customary*
conversely

gab . . . *there was* / *at least*
at that time / *knew* / *to say* Sie
was supposed / *switch*
sealed

case / *influence*
society / *rules* / *use of* Sie
verändern . . . *are changing*
persons who say Sie

health food store / *want*
age / *boundaries*
Greens Party
circles / *typical for*
equally / *most everyday* / *at home*

Was ist los in Salzburg?

Siehe SN.

Salzburger Nachrichten

Gebraucht° man das Sie oder das Du? Vornamen oder Familiennamen? Heute hört man in Werbeagenturen° und Büros° zum Beispiel oft Vornamen mit dem Sie. Unter sich° benutzen Männer oft nur Familiennamen ohne „Herr". Der Ort° und die Situation spielen aber eine Rolle: Auf dem Fußballplatz ist das Du in Ordnung, im Konzern° das Sie.

use
ad agencies / offices
unter . . . among themselves / place
corporate business

Interessant für Englischsprecher ist der reiche deutsche Wortschatz. Auf englisch gibt es nur das Wort *you*; auf deutsch gibt es die folgenden Wörter:

Sie, Ihnen / du, dich, dir	*you*
das Sie / das Du	Sie / du *form of address*
siezen / duzen	*to use* Sie / du
das Siezen / das Duzen	*the use of* Sie / du
der Siezer, - / der Duzer, -	*person who uses* Sie / du

Diese Männer sind alte Duzfreunde: Seit Jahren sagen sie „du" zu einander.

1. Wie haben Bekannte früher den Übergang vom Sie zum Du besiegelt?
2. Wo hört man das Du bei Wildfremden?
3. Oft hört man heute einen Mischmasch von Formen und Namen. Geben Sie Beispiele!
4. Was sagen Männer oft unter sich?
5. Warum nennt man einige Bekannte Duzfreunde?

Stereotypen

A. **Was halten die Deutschen von (halten von = *think of*) den Amerikanern?** Sind die Amerikaner wirklich so?

Manche Deutschen meinen:

1. Die Amerikaner haben keine Kultur.
2. Die Amerikaner sind offen und freundlich.
3. Die Amerikaner sprechen keine Fremdsprachen.
4. Die Amerikaner tragen Cowboyhüte und Aloha-Hemden aus Hawaii.
5. Die Amerikaner sind politisch naiv.
6. Das Leben in der Großstadt in Amerika ist brutal, und viele Amerikaner tragen eine Pistole.
7. Die Amerikaner denken nur an Macht (*power*) und Geld.
8. Alle Amerikaner verschwenden (*waste*) zu viel Energie.
9. Alle Männer über dreißig sind zu dick.
10. Amerikaner essen meistens Hamburger mit Ketchup.
11. ___?___

Was halten die Amerikaner von den Deutschen? Sind die Deutschen wirklich so? Welche Sätze sind richtig? Welche sind falsch? Warum sagen Sie das?

Manche Amerikaner meinen:

1. Alle Deutschen essen gern Sauerkraut.
2. Alle Deutschen trinken gern Bier.
3. Die Deutschen tragen immer Lederhosen und tanzen Walzer.
4. Die Deutschen lieben Ordnung und Disziplin.
5. Die Deutschen arbeiten viel und gerne.
6. Die Deutschen sind sehr romantisch.
7. Die Deutschen sind sehr autoritär.
8. Deutsche Frauen sind fast alle dick.
9. Fast alle Deutschen haben blaue Augen (*eyes*) und blonde Haare.
10. Alle Deutschen lesen gern Goethe und hören gern Mozart.
11. ___?___

B. **Diskussionsthemen.**

1. Ihrer Meinung nach, was ist typisch deutsch? Was ist stereotypisch deutsch?
2. Ihrer Meinung nach, was ist typisch amerikanisch? Was ist stereotypisch amerikanisch?

Beschreibung

Beschreiben Sie das Büro (*office*)! Beschreiben Sie den Chef (*boss*) und seine Sekretärin! Erzählen Sie dann eine kurze Geschichte (*story*). Was passiert? Was sagt der Chef? Was macht er? Was macht seine Sekretärin? Was sagt sie?

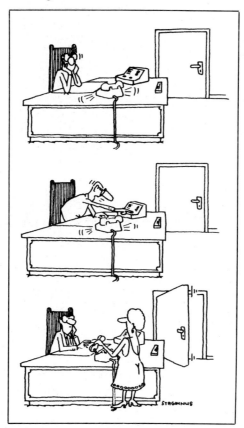

die Brille* *(pair of) (eye)glasses*
drücken *to press, push*
der Hörer *(telephone) receiver*
der Knopf *button*
öffnen *to open*

---

* **Die Brille,** like **die Hose,** is used in the singular.

Zu Hause

In der Küche. Vater macht das Abendessen mit Hilfe seiner zwei Söhne.

UTA HOFFMANN

A. **Was findet man in diesem Einfamilienhaus in Deutschland?** *Complete each statement according to the floor plan.*

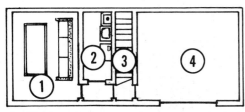

das Untergeschoß

1. das Arbeitszimmer   2. die Waschküche
3. die Treppe   4. die Garage

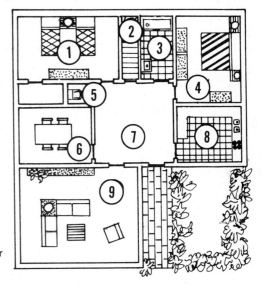

das Erdgeschoß

1. das Gästezimmer   2. die Treppe   3. das Bad
4. das Schlafzimmer   5. die Toilette   6. das Eßzimmer
7. der Flur   8. die Küche   9. das Wohnzimmer

1. Im Untergeschoß findet man das Arbeitszimmer, . . .
2. Im Erdgeschoß findet man ein Gästezimmer, . . .

B. **Das Einfamilienhaus.** In welchem Zimmer macht man was? *Answer each question according to the floor plan and the given vocabulary.*

1. In welchem Zimmer arbeitet man?
2. In welchem Zimmer schläft man?
3. In welchem Zimmer trinkt man Kaffee und spricht mit Gästen?
4. Wo kocht man?
5. In welchem Zimmer schlafen die Gäste?
6. Wo wäscht man Kleider?
7. In welchem Zimmer ißt man?
8. Was findet man in diesem Haus zwischen dem Gästezimmer und dem Bad? zwischen dem Eßzimmer und dem Gästezimmer?
9. Von welchem Raum (*area*) im Erdgeschoß geht man in alle Zimmer?
10. Wo steht das Auto?

C. **Interview: Lebensstil.** Fragen Sie Ihren Nachbarn/Ihre Nachbarin:

1. Hast du früher in einer Großstadt oder in einer Kleinstadt gelebt?
2. Hast du in einem Haus oder in einer Mietwohnung gewohnt?
3. Wie viele Zimmer hatte das Haus oder die Wohnung?

4. Was war dein Lieblingszimmer? Warum?
5. Hast du deine Nachbarn gekannt?
6. Waren deine Nachbarn auch deine Freunde oder waren sie nur Bekannte (*acquaintances*)?

D. **Türen.** Welche Tür beschreibt jeder Satz? Tür Nummer 202, 204, 206 oder 208?

1. Diese Tür ist offen, aber niemand (*no one*) ist da.
2. Diese Tür ist zu.
3. Jemand (*someone*) schließt diese Tür.
4. Jemand öffnet diese Tür.

E. **Türen: offen oder zu?** Fragen Sie Ihren Nachbarn/Ihre Nachbarin:

1. Hat jedes Zimmer in deinem Haus eine Tür?
2. Welche Türen stehen meistens offen? Welche bleiben meistens zu? Zum Beispiel: Du bist zu Hause. Steht deine Haustür (*front door*) offen, oder schließt du sie?
3. Du gehst ins Bad. Schließt du die Tür?
4. Deine Freunde kommen zu Besuch. Öffnest du alle Türen im Haus?
5. Bist du selber (*yourself*) meistens offen und freundlich oder bist du ein bißchen zurückhaltend?

F. **In der Küche.** Fragen Sie Ihren Nachbarn/Ihre Nachbarin:

1. Welche Haushaltsgeräte (*appliances*) hast du zu Hause? Hast du eine Kaffeemaschine? eine Geschirrspülmaschine? eine Waschmaschine? Welche Haushaltsgeräte brauchst du?
2. Wie oft benutzt du einen Toaster? einen Mixer? Brauchst du einen Toaster oder einen Mixer?
3. Benutzt du oft den Herd zu Hause? Kochst du manchmal Spaghetti? Kochst du gern? Warum (nicht)?
4. Benutzt du den Backofen zu Hause? Bäckst du manchmal Kuchen, Kekse oder Brot? Wenn ja: Für wen? Wer bäckt manchmal etwas für dich? Ißt du gern Kekse? Wo kaufst du manchmal Kekse?
5. Was findet man in deinem Kühlschrank? Cola? Bier? Butter? Eier? Marmelade? __?__

1. der Toaster
2. der Mixer
3. die Geschirrspülmaschine
4. der Herd

5. der Backofen
6. die Kaffeemaschine
7. der Kühlschrank
8. die Waschmaschine

WORTSCHATZ

Adjectives and Adverbs

besonders	especially
hübsch	pretty
langsam	slow(ly)
lieb	kind; nice
neugierig	curious(ly)
peinlich	embarrassing
ruhig	quiet(ly), calm(ly)
vorsichtig	careful(ly)
wichtig	important(ly)
wochenlang	for weeks
wohl	probably
zu	closed
zurückhaltend	reserved, cautious

Nouns

das Arbeitszimmer, -	study
der Backofen, ¨	oven
der Bekannte, -n (ein Bekannter) / die Bekannte, -n	acquaintance
das Einfamilienhaus, ¨er	single family house
das Eßzimmer, -	dining room
der Friedhof, ¨e	cemetery
die Garage, -n	garage
das Gästezimmer, -	guest room
das Haushaltsgerät, -e	household appliance
der Hausputz	housecleaning
der Herd, -e	stove, range
die Kaffeemaschine, -n	coffeemaker
der Keks, -e	cookie
der Kühlschrank, ¨e	refrigerator
das Mietshaus, ¨er	apartment building
die Mietwohnung, -en	(rental) apartment
der Mixer, -	blender
die Nachbarschaft	neighborhood
der Rasen, -	lawn, yard
der Raum, ¨e	area, space; room
das Schlafzimmer, -	bedroom
der Strauß, ¨e	bouquet
der Toaster, -	toaster
die Treppe, -n	stairs, staircase
das Treppenhaus, ¨er	stairwell
das Untergeschoß, pl. Untergeschösse	basement
die Waschküche, -n	laundry room
die Waschmaschine, -n	washer, washing machine

das Wohnzimmer, -	living room	kochen, hat gekocht	to cook
die Zukunft	future	mähen, hat gemäht	to mow (the lawn)
		öffnen, hat geöffnet	to open
		pflücken, hat gepflückt	to pick
		putzen, hat geputzt	to clean
		rauchen, hat geraucht	to smoke
		rufen, hat gerufen	to call out, yell
		schauen, hat geschaut	to look
		schließen, hat geschlossen	to close

Indefinite Pronouns

jemand	someone
niemand	no one

Modals

dürfen (darf)	to be allowed to, may
können (kann)	to be able to, can; to know how to
mögen (mag)	to like
müssen (muß)	to have to, must
sollen (soll)	to be supposed to, should
wollen (will)	to want to

verstehen, hat verstanden	to understand

Useful Words and Phrases

das stimmt	that's right
in (das Haus) ziehen, ist gezogen	to move into (the house)
packen wir's	let's get to it
was für	what kind(s) of
zu Besuch	for a visit
zum Beispiel (z.B.)	for example (e.g.)

Verbs

backen (bäckt), hat gebacken	to bake
benutzen, hat benutzt	to use

GRAMMATIK

Schuberts haben ein Einfamilienhaus gekauft, und diese Woche möchten sie in das Haus ziehen. Frau Schubert spricht mit ihrer Nachbarin, Frau Maurer.

FRAU MAURER: Das ist ja schon ganz hübsch hier.

FRAU SCHUBERT: Ach, Frau Maurer, das sagen Sie nur so. Wir werden wohl wochenlang putzen.

FRAU MAURER: Da werden Sie viel Arbeit haben. Ich habe heute nachmittag ein bißchen Zeit und werde Ihnen gern helfen.

FRAU SCHUBERT: Das ist ja wirklich lieb von Ihnen.

FRAU MAURER: Sie werden zuerst die Küche, das Schlafzimmer und das Badezimmer brauchen.

FRAU SCHUBERT: Ja, das stimmt. Morgen wird mein Mann zu Hause sein. Er wird mir mit dem Wohnzimmer und Gästezimmer helfen.

FRAU MAURER: Gut, packen wir's. Und später gibt es Kaffee und Kuchen bei mir. So ein Hausputz macht hungrig.

A. **Nachbarinnen.**

1. Was haben die Schuberts gemacht? 2. Mit wem spricht Frau Schubert? 3. Wie findet die Nachbarin Frau Schuberts Haus? 4. Was

werden die Schuberts wohl wochenlang machen?   5. Wie wird Frau Maurer Frau Schubert helfen?   6. Welche Zimmer werden die Frauen zusammen putzen?   7. Wann wird Herr Schubert seiner Frau helfen? 8. Was werden die zwei Frauen nach dem Hausputz tun?

B. **Fragen Sie Ihren Nachbarn/Ihre Nachbarin:**

1. Wohnt deine Familie in einem Einfamilienhaus oder in einer Wohnung? Wie viele Zimmer hat dieses Haus/diese Wohnung? Was für Zimmer hat es/sie?   2. Wirst du heute abend dein Zimmer putzen oder wirst du etwas anderes machen?

Future Tense

As an independent verb, **werden** means *to become* or *get*.

Das Kind **wird** müde.   *The child is becoming/getting tired.*

Used as an auxiliary to form the future tense, however, the present-tense forms of **werden** correspond to the English *will* or *shall*.

The future tense is formed with a present-tense form of **werden** in the appropriate verb position and the infinitive of the main verb at the end of the sentence.

Ich **werde** das Zimmer **brauchen.**	Wir **werden** das Zimmer **brauchen.**
Du **wirst** das Zimmer **brauchen.**	Ihr **werdet** das Zimmer **brauchen.**
Er Sie } **wird** das Zimmer **brauchen.** Es	Sie **werden** das Zimmer **brauchen.**

Sie **werden** das Zimmer **brauchen.**

As you recall, in everyday German conversation the present tense frequently refers to future events, particularly when future time is clearly indicated by context or by the use of time expressions (**morgen, bald,** and so on) that indicate the future:

Heute abend *brauche* ich das Gästezimmer.   *I'll be needing the guest room this evening.*

The future-tense construction with **werden** is often used for the following purposes:

1. to indicate future time when the use of the present tense could be misleading:

FUTURE	PRESENT
Er **wird** zu uns **kommen.**	Er **kommt** zu uns.
He will come to our house.	*He comes to our house.*
	He's coming to our house.
	He will come to our house.

2. to give particular emphasis to what will happen or be:

Sie **werden** bestimmt viel Arbeit **haben.** *You will definitely have a lot of work.*

3. to make demands on someone (phrased in the second person):

Gretchen, du **wirst** bitte nicht überall die Türen **öffnen.** *Gretchen, you will please not open the doors everywhere.*

4. to express a present probability or likelihood (often with the word **wohl**):

Das Kind **wird** wohl nur neugierig **sein.** *The child is probably only curious.*

Übungen

A. **Was wird die Familie zu Hause tun?**

BEISPIEL: Wir bleiben zu Hause. → Wir werden zu Hause bleiben.

1. Ingrid Braun kommt zu Besuch.
2. Ich putze alles.
3. Du machst den Kaffee.
4. Ihr kocht das Essen.
5. Wir spülen zusammen das Geschirr.
6. Die Kinder spielen im Garten.
7. Sie pflücken Blumen.
8. Großvater liest die Zeitung.

B. **Das wird wohl so sein.**

BEISPIEL: Er bleibt zu Hause. → Er wird wohl zu Hause bleiben.

1. Kris und Max laufen durch das Haus.
2. Susi öffnet überall die Türen.
3. Der Hausputz ist nötig.
4. Frau Meyer ist müde.
5. Sie frühstücken am Tisch.
6. Die Familie fährt mit dem Auto in die Stadt.

C. **Was wird passieren?** Auf deutsch, bitte! Benutzen Sie das Futur!

1. Johann will certainly work in the bank.
2. I will travel through Switzerland.
3. She is probably staying in the city.
4. Renate and Horst are probably living in the country (**auf dem Land**).
5. You (*for.*) will buy a house.
6. You (*infor. pl.*) will certainly be happy.
7. Brigitte will become a musician.
8. We will help our friends.
9. This house will belong to our children.

D. **Was sagen Sie zu Ihren Freunden und Bekannten?**

BEISPIEL: Annette, bleib zu Hause! →
          Annette, du wirst zu Hause bleiben.

1. Thomas, komm ins Zimmer!
2. Stefan und Karl, wartet im Flur!
3. Eva, lies das Buch!
4. Erich, öffne die Tür!
5. Anton, kauf einen Blumenstrauß für deine Freundin!
6. Anita und Niklaus, schreibt einen Brief an euren Großvater!

E. **In der Zukunft.** Fragen Sie Ihren Nachbarn/Ihre Nachbarin! Auf deutsch, bitte!

1. What will you do in the future?
2. Will you travel often? Where to?
3. Where will you work?
4. Will you live in the city or in the country?
5. Will you rent an apartment or buy a house?
6. Will you be happy? Why (not)?

F. **Beschreiben Sie Ihr Traumhaus** (*dream house*)!

Was für ein Haus werden Sie in der Zukunft haben? Wo wird es sein? in der Stadt? auf dem Land? auf einer Insel (*island*)? Wird es groß oder klein sein? Wie viele Zimmer wird es haben? Was für Zimmer wird es haben? Wird es einen Balkon haben? Wird es einen Garten haben? Wird das Haus viele Fenster haben? Wird es viele Türen haben oder wird alles offen sein? Wer wird mit Ihnen in diesem Haus wohnen?

Im Blumenladen. Gretchen (fünf Jahre alt) und ihr Vater, der Sohn von Frau Schubert, kaufen Blumen.

GRETCHEN: Vati, ich will Oma auch Blumen schenken!

HERR SCHUBERT: Wir können ja zwei Sträuße kaufen.

GRETCHEN: Meinst du, die Oma mag einen Strauß mit Butterblumen?

HERR SCHUBERT: Solche Blumen kann man nicht kaufen. Die* pflückt man doch einfach.

GRETCHEN: Schau, diese Blumen möchte ich haben. Sie sind so schön gelb.

HERR SCHUBERT: Das sind Chrysanthemen. Die* kannst du ihr nicht bringen, denn das sind Friedhofsblumen. Die* soll man nicht schenken. Wie gefallen dir die Rosen hier?

GRETCHEN: Toll. Die* werde ich kaufen.

A. Gretchen und ihr Vater kaufen Blumen.

1. Was möchte Gretchen machen?   2. Was für Blumen möchte sie zuerst kaufen? Warum geht das nicht?   3. Welche Blumen will Gretchen ihrer Großmutter dann bringen? Soll man diese Blumen schenken? Warum (nicht)?   4. Welche Blumen kauft Gretchen dann?

B. Fragen Sie Ihren Nachbarn/Ihre Nachbarin:

1. Möchtest du manchmal Blumen bekommen? Von wem?   2. Schenkst du manchmal Blumen? Wem schenkst du sie?   3. Darf man in Amerika Chrysanthemen schenken?

Modals

Modals are auxiliary (or helping) verbs that express an attitude toward the action or condition described by the main verb: *We must hurry. We want to be on time.*

German has six modals: **dürfen, können, mögen, müssen, sollen,** and **wollen.**

INFINITIVE / MEANINGS		ATTITUDE	MODAL + INFINITIVE
dürfen	*to be allowed to, may*	permission	Wir **dürfen** hier nicht **rauchen.**
können	*to be able to, can*	ability	Wir **können** Deutsch **sprechen.**[†]
mögen	*to like*	personal preference	Wir **mögen** ihn nicht **besuchen.**[‡]

---

*Notice the use of the definite article as a demonstrative pronoun to mean *those*.

[†]Used in this way, **können** implies ability in a field or an area of knowledge (*to know a language,* for example).

[‡]**Mögen** is not often used in positive statements. It occurs more frequently in negative statements or questions and usually with a noun rather than a verb.

Wir **mögen** diese Musik nicht.

Hans **mag** keine Brezeln. **Magst** du Brezeln?

| | müssen | *to have to, must* | necessity, compulsion | Wir **müssen** zu Hause **bleiben.** |

müssen   *to have to, must*   necessity, compulsion   Wir **müssen** zu Hause **bleiben.**
sollen   *to be supposed to,*   obligation   Wir **sollen** heute Hausputz **halten.**
          should*
wollen   *to want to*   desire, volition   Wir **wollen** nach Deutschland **reisen.**

Present Tense

Notice that all the modals except **sollen** undergo stem-vowel changes in the singular forms of the present tense.

	dürfen	**können**	**mögen / möchten**[†]	**müssen**	**sollen**	**wollen**
ich	darf	kann	mag / möchte	muß	soll	will
du	darfst	kannst	magst / möchtest	mußt	sollst	willst
er **sie** **es**	darf	kann	mag / möchte	muß	soll	will
wir	dürfen	können	mögen / möchten	müssen	sollen	wollen
ihr	dürft	könnt	mögt / möchtet	müßt	sollt	wollt
sie	dürfen	können	mögen / möchten	müssen	sollen	wollen
Sie	dürfen	können	mögen / möchten	müssen	sollen	wollen

Modals are normally used as auxiliaries together with a main verb. In present-tense constructions, the present tense of the modal is in the appropriate verb position, and the infinitive of the main verb comes at the end of the sentence. In the following examples, notice how the addition of the modal alters the meaning of each sentence.

Sagen Sie etwas!   Sie **dürfen** etwas **sagen.**
Ich **kaufe** nur eine Blume.   Ich **kann** nur eine Blume **kaufen.**
Trinkst du Bier?   **Magst** du Bier (**trinken**)?
Ihr **bleibt** zu Hause.   Ihr **müßt** zu Hause **bleiben.**
Was **schenken** wir?   Was **sollen** wir **schenken?**
Besucht sie ihre Großmutter? **Will** sie ihre Großmutter
                                 besuchen?

The main verb is sometimes unstated if it is clearly understood from the context.

Dürfen wir in die Küche (gehen)?   Ich **muß** jetzt nach Hause (gehen).
Sie **können** sehr gut Deutsch   Du **sollst** auf das Postamt (laufen).
(sprechen).   Er **will** ins Arbeitszimmer (gehen).
Mögen Sie Kaffee (trinken)?

---

* Although **sollen** usually means *should* or *supposed to*, it is sometimes used idiomatically to mean that something is said or reputed to be a certain way, expressing an attitude of *reputation* rather than *obligation*.
   Die Musik **soll** wirklich fantastisch sein.   *The music **is said** to be really fantastic.*
[†] You have already learned these special forms that mean *would like to* (rather than simply *like to*). The forms of **möchten** are used much more often than those of **mögen**.

Present Perfect Tense

When a modal plus infinitive is used in the present perfect tense, the order of verb elements is as follows:

1. The appropriate present-tense form of **haben** (the auxiliary for all modals) is in the usual verb position.
2. The infinitive of the main verb is in the next-to-last position.
3. The infinitive form (*not* the past participle form) of the modal is in the last position.

This is called a *double infinitive construction.*

Wir **haben** in die Küche **gehen dürfen.**	*We were permitted to go into the kitchen.*
Ihr **habt** das Haus nicht **sehen können.**	*You weren't able to see the house.*
Sie **hat** dort nicht **wohnen mögen.**	*She did not like to live there.*
Du **hast** ein Zimmer **mieten müssen.**	*You had to rent a room.*
Er **hat** Blumen **schenken sollen.**	*He was supposed to give flowers.*
Ich **habe** das Eßzimmer **sehen wollen.**	*I wanted to see the dining room.*

Although it is important to be able to recognize the double infinitive construction, modals are not frequently used in the present perfect tense, particularly in conversation. Like **haben** and **sein,** modals are used primarily in the present or past tense, which will be discussed in Chapter 11.

Übungen

A. Wer macht was in der Küche?

1. *Erika* soll heute abend kochen. (ich, die Eltern)
2. *Jakob* muß die Küche putzen. (wir, du)
3. *Peter* will Kekse backen. (ich, wir)
4. *Die Gäste* dürfen den Herd benutzen. (du, ihr)
5. *Ich* kann das Geschirr spülen. (er, die Kinder)
6. *Wir* mögen diesen Kuchen nicht. (ich, Erika)

B. Im Haushalt.

BEISPIEL: können / du / die Waschmaschine benutzen →
Kannst du die Waschmaschine benutzen?

1. dürfen / ihr / die Blumen pflücken
2. sollen / Sie / die Tür schließen
3. müssen / du / den Rasen mähen
4. können / ihr / Geld sparen
5. dürfen / man / hier rauchen
6. mögen / du / das Geschirr nicht spülen

Eine Frau arbeitet in ihrem Garten.

C. **Aktivitäten.**

BEISPIEL: Erika bleibt heute abend zu Hause. (wollen, sollen, müssen) →
Erika will heute abend zu Hause bleiben. Erika soll . . . Erika
muß . . .

1. Karin und Fritz gehen zu einer Party. (dürfen, wollen, sollen)
2. Ich spiele Karten. (können, möchten, wollen)
3. Wir besuchen unsere Eltern. (müssen, sollen, möchten)
4. Hans mietet ein Zimmer. (müssen, sollen, wollen)
5. Du schließt die Tür. (dürfen, müssen, sollen)
6. Ihr sprecht gut Deutsch. (können, sollen, wollen)

D. **Ich auch.**

BEISPIEL: Kris spricht Deutsch. (können) → Ich kann auch Deutsch.

1. Erika geht nach Hause. (müssen)
2. Hans geht ins Kino. (wollen)
3. Karin und Max gehen zur Bank. (sollen)
4. Peter and Karl sprechen Englisch. (können)
5. Anton geht ins Haus. (dürfen)
6. Monika ißt Brötchen. (mögen)

E. **Fragen.**

BEISPIEL: Erich raucht. (sollen) → Soll Erich rauchen?

1. Luise spricht Englisch. (können)
2. Kurt schließt die Tür seines Zimmers. (müssen)
3. Du trinkst Bier. (mögen) (*Remember to omit the main verb.*)
4. Ich sage etwas. (dürfen)
5. Wir gehen zur Party. (sollen)
6. Sie kaufen ein Haus. (wollen)

F. **Eine Wohnung in einem Mietshaus.** Wie soll alles sein?

BEISPIEL: das Mietshaus / alt → Das Mietshaus soll alt sein.

1. die Wohnung / groß
2. die Küche / modern
3. der Flur / lang
4. das Wohnzimmer / dunkel
5. das Bad / klein
6. das Schlafzimmer / schön

G. **Nicht heute, sondern gestern.**

BEISPIEL: Ihr dürft heute ins Kino gehen. →
Ihr habt gestern ins Kino gehen dürfen.

1. Ich kann heute nicht arbeiten.
2. Wir sollen heute zu Hause bleiben.
3. Er muß heute um sieben nach Hause kommen.
4. Du darfst heute nicht zur Party gehen.
5. Ihr müßt heute nach Salzburg fahren.
6. Sie wollen heute Ihre Eltern besuchen.

H. **Stellen Sie noch Fragen!**

BEISPIEL: Spricht er Deutsch? (können) →
Kann er Deutsch sprechen?
Hat er Deutsch sprechen können?

1. Pflückt man diese Blumen? (dürfen)
2. Warum schließen Sie die Türen? (wollen)
3. Warum putzen wir alles? (müssen)
4. Schenkst du Chrysanthemen? (wollen)
5. Kauft Frau Schneider ein Einfamilienhaus? (können)
6. Warum öffnet das Kind immer die Türen? (müssen)
7. Fährt man vorsichtig auf dieser Straße? (sollen)
8. Warum gehen Sie so langsam? (müssen)

I. **Was sagen Herr Schilling und sein Sohn Jürgen?** Auf deutsch, bitte!

JÜRGEN: May I visit Grandma and Grandpa today?
MR. SCHILLING: Yes, of course you may do that.
JÜRGEN: I want to bring Grandma a bouquet of flowers. And I should give Grandpa something, too. What can I give him? What does he like?
MR. SCHILLING: He likes you, and he would like to see you. But he would also like the flowers.

J. **Und Sie? Und Ihr Nachbar/Ihre Nachbarin?** Antworten Sie auf jede Frage! Fragen Sie dann Ihren Nachbarn/Ihre Nachbarin mit der du-Form!

1. Was sollen Sie heute tun?
2. Müssen Sie heute abend lernen?
3. Wollen Sie heute abend ins Kino gehen?

4. Welchen Film möchten Sie sehen? Warum?
5. Mit wem möchten Sie ins Kino gehen? Warum?

K. **In der Klasse.** *Tell about conduct in your classroom.*

BEISPIEL: In der Klasse darf man nicht rauchen.

In der Klasse	dürfen	die Studenten	(nicht) __?__
	können	ich	
	müssen	niemand	
	sollen	man	
	wollen		

Im Flur

FRAU SCHUBERT: Meine Freundinnen kommen gleich, und alle Türen stehen
offen. Ich mag das gar nicht!
GRETCHEN: Aber Oma, warum muß ich denn deine Türen schließen?
Meine lasse ich zu Hause immer offen.
FRAU SCHUBERT: Ja, das glaube ich dir gern. Aber deine Eltern schließen ihre
bestimmt immer.
GRETCHEN: Ich weiß nicht; warum ist es denn so wichtig?
FRAU SCHUBERT: Vom Flur kann man in alle Zimmer sehen. Das ist doch
peinlich. Meine Freundinnen kommen ja gleich.
GRETCHEN: Meine dürfen ruhig alles sehen. Es ist mir gar nicht peinlich.

A. **Türen und Zimmer.**

1. Läßt Frau Schubert immer ihre Türen offen? Läßt Gretchen ihre offen?
Schließen Gretchens Eltern ihre? 2. Dürfen Frau Schuberts Freundinnen in
alle Zimmer sehen? Dürfen Gretchens Freundinnen in ihre sehen?

GRAMMATIK 239

B. **Fragen Sie Ihren Nachbarn/Ihre Nachbarin:**

1. Läßt du deine Türen immer offen?   2. Dürfen deine Freunde in alle Zimmer sehen? Warum (nicht)?

Possessive Pronouns

The possessive adjectives (**mein, dein, sein, ihr, sein** [*neuter*], **unser, euer, ihr** [*pl.*], and **Ihr**) may also function as possessive pronouns: *possessive* since they imply ownership or relationship; *pronouns* since they, like all other pronouns, stand for or take the place of nouns. Possessive pronouns (with the exception of **Ihr**) are not capitalized.

	MASCULINE	FEMININE	NEUTER	PLURAL
NOMINATIVE	seiner	seine	sein(e)s	seine
ACCUSATIVE	seinen	seine	sein(e)s	seine
DATIVE	seinem	seiner	seinem	seinen

Warum muß ich **deine Türen** schließen? **Meine** lasse ich zu Hause immer offen.

Why must I close your doors? At home I always leave mine open.

Ich habe **meinen Schlüssel** verloren. Hast du vielleicht **deinen?**

I've lost my key. Do you have yours, perhaps?

Meine Tochter kommt zu Besuch. Kommt **Ihre** auch?

My daughter is coming for a visit. Is yours coming, too?

Euer Zimmer ist ja sehr schön. Habt ihr **meins** noch nicht gesehen?

Your room is very nice indeed. Haven't you seen mine yet?

Possessive pronouns have the same endings as **der**-words. The **e** in **mein(e)s, dein(e)s,** and **sein(e)s** is often omitted in conversation.

Ein and **kein** may also be used as pronouns with these endings.

Wo sind **die Briefe?** —**Einer** liegt auf den Tisch.

Where are the letters? —One is lying on the table.

Ich brauche **einen Schlüssel.** —Hast du **keinen?**

I need a key. —Don't you have one?

Übungen

A. **Was passiert?** Benutzen Sie die richtigen Endungen!

1. Du fährst deinen Wagen langsam, und ich fahre mein___ schnell.
2. Anna zeigt mir ihre Wohnung, und ich zeige ihr mein___ .
3. Sie sparen ihr Geld, und wir sparen unser____ .

4. Wir haben einen Fernseher, aber sie haben kein___ .
5. Ich bleibe in meinem Zimmer, und er bleibt in sein___ .
6. Ich brauche Geld, denn ich habe kein___ .
7. Kaufen Sie einen Blumenstrauß? Ich habe gestern ein___ gekauft.
8. Unsere Kinder sind sehr neugierig. Sind eur___ auch so?
9. Ich spreche mit meinen Freunden, und sie spricht mit ihr___ .
10. Mein Auto steht vor meinem Haus. Wo steht dein___ ?

B. **Zu Hause.**

1. Ich schließe meine Türen. Schließt du ____ ? (*yours*)
2. Wir wohnen in einem Einfamilienhaus. Wollen Sie vielleicht auch ____ kaufen? (*one*)
3. Mein Freund kommt gleich zu Besuch. Kommt ____ auch gleich? (*hers*)
4. Mein Wagen steht in der Garage. Fahren wir mit ____ in die Stadt? (*yours* [*infor. sg.*])
5. Mein Vater fährt einen Volkswagen. Habt ihr auch ____ ? (*one*)
6. Haben Sie eine Wohnung in der Stadt? Ich suche jetzt ____ . (*one*)
7. Lassen Sie Ihre Türen offen? Meine Eltern schließen ____ . (*theirs*)
8. In Deutschland hat jedes Haus einen Flur. Hat jedes Haus in Amerika auch ____ ? (*one*)
9. Herr und Frau Schultz haben schon sechs Enkelkinder. Wir haben aber ____ . (*none*)
10. Ich gehe oft zu meiner Familie. Gehen Sie zu ____ ? (*yours*)

Typisch deutsche Familie sitzt zusammen am den Kaffeetisch.

C. **Was sagen Herr Schmidt und sein Enkel?** Auf deutsch, bitte!

MR. SCHMIDT: Alexander, why do you open my doors?
ALEXANDER: I always leave mine open. You should leave yours open, too.
MR. SCHMIDT: No. From the hallway one can see into all the rooms. I find that embarrassing.
ALEXANDER: Is your (*male*) friend coming today?
MR. SCHMIDT: Yes, and yours is coming with him.
ALEXANDER: Mine? Do you mean Dieter?
MR. SCHMIDT: Yes. Close the doors now. My friend shouldn't see my bedroom.
ALEXANDER: Dieter may see mine. It's not at all embarrassing for me.

D. „Klein, aber Dein für 8630.–" Sprechen Sie mit einem Studenten/einer Studentin!

BEISPIELE: S1: Dieses Auto kommt aus Italien. Woher kommt deins?
S2: Meins kommt aus Japan.
oder: S2: Ich habe keins.

S1: Du willst einen Wagen. Woher kommt er?
S2: Ich will (einen Audi). Er kommt aus Deutschland.
oder: S2: Ich will keinen. Ich kann nicht fahren.

1. Dieses Auto kostet 8630. Wieviel hat deins gekostet? Wieviel kostet dein Traumauto (*dream car*)?
2. Dieser Wagen ist ein Fiat. Was für ein Wagen ist deiner? Was für einen Wagen möchtest du?
3. Man kann dieses Auto beim Autohaus Weger kaufen. Wo hast du deins gekauft? Wo möchtest du eins kaufen?
4. Man sagt: „Dieses Auto findet überall einen Parkplatz." Findet dein Auto überall einen?

5. Beim Autohaus Weger findet man ein Auto für ganz wenig Geld. Wo kann man in deiner Stadt eins für wenig Geld finden?
6. Der Fiat-Händler sagt: „Meine Adresse ist Adolf-Schmetzer-Straße 46." Was ist deine?
7. Die Verkäufer beim Autohaus Weger sagen: „Unsere Telefonnummer ist 79 81 67." Was ist deine?

E. **Reaktionen.** Kommentieren Sie jeden Satz!

BEISPIEL: Mein Haus ist nicht besonders groß. →
Meins ist auch nicht groß.
oder: Mein Haus ist groß, aber deins ist schön.
oder: Du hast ein Haus, und ich habe keins.
oder: ___?___

Ein Student/Eine Studentin sagt:

1. Ich lese ein Buch.
2. Ich verbringe meine Ferien in Europa.
3. Ich habe heute meinen Schlüssel vergessen.
4. Ich fahre meinen Wagen in die Stadt.
5. Ich spreche gern mit meinem Freund.
6. Ich kaufe heute eine Zeitung.
7. Ich habe einen Bruder.
8. Ich besuche oft meine Mutter.
9. Meine Freunde kommen oft zu Besuch.
10. Ich kenne meine Nachbarn.

SAMMELTEXT

Jedes Haus in Deutschland hat einen Flur. Sogar Einzimmerwohnungen haben einen Flur, denn man möchte nicht jeden Fremden,° zum Beispiel den Zeitungsverkäufer, den Briefträger° oder den Milchmann,° in die Wohnung führen.° Aber auch Gäste können nur das Wohnzimmer oder vielleicht auch das WC sehen, denn alle Türen bleiben zu. Schon die Kinder müssen viel über Privatsphäre lernen. Sogar bei Verwandten° darf man nicht einfach in alle Zimmer laufen.

Gretchen kann das nicht verstehen. Warum ist es den Erwachsenen° so peinlich? Einmal ist sie mit ihrer Mutter zu Tante Emma gegangen. Sie haben im Flur gestanden, und Gretchen ist ins Schlafzimmer gelaufen und hat geschrien:° „Tante Emma hat ihr Bett auch noch nicht gemacht!" Tante Emma ist rot geworden, die Mutter ist böse geworden und beide° haben gesagt: „Das darfst du nie wieder tun!" Aber Gretchen hat das nicht ganz verstanden. Man sitzt im Wohnzimmer oder im Eßzimmer, und alle rufen: „Mach die Tür zu, es zieht°!" Gretchen findet das komisch;° sie denkt: Das ist sicher bloß eine Gewohnheit,° denn meine Frage,

stranger
mail carrier / milkman / admit

relatives

adults

yelled

both

es . . . it's drafty
odd / habit

„Warum muß ich immer alle Türen schließen?" hat noch kein Erwachsener beantworten können.

Gretchen bleibt lieber zu Hause, da darf sie viel mehr tun. Ihre Freundin wohnt
in einer Mietwohnung. Man darf nicht im Treppenhaus oder vor dem Haus spielen.
Und hinter dem Haus auf dem Spielplatz° darf man nicht laut spielen, sonst ruft   *playground*
jemand bestimmt „Ruhe° da unten!"   *quiet*

Gretchens Freundinnen kommen gern zu ihr ins Haus. Gretchen wohnt in einer
Straße, wo auf den Schildern° steht: „Spielstraße. Anlieger frei."° Das bedeutet,°   *signs / Anlieger . . . Residents*
wenn man in einem Haus an dieser Straße wohnt, darf man sein Auto langsam und   *only. / means*
vorsichtig auf dieser Straße fahren. Sonst ist die Straße nicht offen für den Durchgangsverkehr.° Gretchens Eltern haben einen Garten hinter dem Haus, und die   *through traffic*
Nachbarn haben auch einen. Dort dürfen die Kinder über den Rasen laufen und
viel Lärm° machen. Diese Nachbarschaft ist besonders kinderfreundlich.°   *noise / nice for children*

Richtig oder falsch?

1. Einzimmerwohnungen in Deutschland haben einen Flur.
2. In einem deutschen Haus bleiben alle Türen zu.
3. In deutschen Häusern kann ein Gast in alle Zimmer sehen.
4. Gretchen geht gern zu ihren Freundinnen, denn sie darf mit ihnen dort
   im Treppenhaus oder vor dem Haus spielen.
5. Im Garten hinter Gretchens Haus dürfen die Kinder über den Rasen
   laufen.
6. Gretchens Nachbarschaft ist besonders kinderfreundlich.

Sammelübungen

A. Was bringt die Zukunft? Was fragt das Kind? Benutzen Sie das Futur!

BEISPIEL: Darf ich ins Kino gehen? →
Werde ich ins Kino gehen dürfen?

1. Können wir in dieser Nachbarschaft wohnen?
2. Dürfen die Kinder auf dieser Straße spielen?
3. Darfst du dort mit deinem Auto fahren?
4. Dürfen wir viel Lärm machen?
5. Darf meine Freundin über den Rasen laufen?
6. Dürft ihr im Treppenhaus spielen?
7. Muß ich immer die Türen schließen?
8. Können die Eltern unsere Fragen beantworten?

B. **Was passiert in der Nachbarschaft?**

BEISPIEL: Anna zeigt Hans ihr Auto, und Hans zeigt ihr sein___ . (wollen) →
Anna will Hans ihr Auto zeigen, und Hans will ihr seins zeigen.

1. Die Kinder spielen vor ihrem Haus. Sie spielen aber nicht vor
unser___ . (dürfen)
2. Schließt du deine Türen? Schließt Heinrich auch sein___? (müssen)
3. Vom Fenster sehe ich meinen Volkswagen. Dein___ sehe ich aber
nicht. (können)
4. Angela schenkt ihrer Großmutter Blumen. Wir schenken unser___ auch
Blumen. (sollen)
5. Ich besuche deine Familie. Besuchst du mein___? (möchten)
6. Wir verstehen eure Kinder nicht. Versteht ihr unser___? (können)
7. Seine Wohnung ist sehr schön. Ist ihr___ auch so schön? (sollen)

C. **Was schreibt Jürgen über seine Mietwohnung in Deutschland?** Sätze und
auch Fragen auf deutsch, bitte!

I live with my parents in an apartment. I'm not permitted to play in the
stairwell or in front of the house. My friends and I are permitted to play in
back of the house, but we always have to stay quiet. I can't understand that.
I want to visit my friend Eva. Her neighborhood is especially friendly; the
neighbors like children.

1. Where does Jürgen live?
2. With whom does he live?
3. Where may he and his friends play?
4. What is Jürgen not permitted to do?
5. Can he understand that?
6. Whom does he want to visit today? Why?

D. **Was wird aus diesem Mädchen werden?** Was glauben Sie? Was glauben
Ihre Nachbarn und Nachbarinnen?

1. Wie heißt das Mädchen? Wie alt ist sie?
2. Wird sie studieren wollen? Wenn ja, was wird sie studieren wollen? Wo?
3. Wird sie arbeiten wollen? Wo?
4. Wird sie schwer arbeiten müssen? Warum (nicht)?
5. Wird sie viel Geld verdienen (*earn*)? Warum (nicht)?
6. Was wird sie kaufen wollen? ein Haus? einen Wagen? ___?
7. Was wird sie machen wollen? reisen? berühmt werden? Kinder
bekommen? ___?

E. **Diskussionsthemen.**

1. Soll man zu Hause alle Türen schließen? Warum (nicht)?
2. Soll man im Park über den Rasen laufen? Warum (nicht)?
3. Für wen soll man Vornamen benutzen? Für wen soll man
Familiennamen benutzen?

ULRIKE WELSCH

Was wird aus ihr werden?

4. Gibt es einen Unterschied zwischen Freunden und Bekannten? Wenn ja: Was ist der Unterschied?

KULTURECKE

▶ The best place to observe people of another culture may well be in their homes. However, Europeans are usually not as casual about inviting visitors into their homes as Americans are. In America people often say "come over sometime" as a way of parting or saying goodbye. Such an invitation can be accepted at any time, or it can simply be ignored. Germans do not issue such open-ended invitations, however. If they sincerely want someone to visit them at home, they extend an invitation with a specific time and date.

▶ Many people in German-speaking countries enjoy **Kaffee und Kuchen** on Sunday afternoons, with or without guests, at home or in a **Café.** When invited for **Kaffee und Kuchen** at someone's home, one may bring flowers as a present to the hostess. It is customary to bring an uneven number of flowers and to remove the paper wrapping before presenting the flowers.

On Sunday afternoons, **Kaffee und Kuchen** may be followed by a walk, often in the woods or countryside. Fields are delineated by walkways (**Feldwege**) that are open to the public.

▶ After a person is introduced, the usual reply is **es freut mich, Sie kennenzulernen** (or simply **freut mich** or **freut mich sehr**). The response to this expression is **guten Tag** or **guten Abend.** It is inappropriate to respond with **wie geht es Ihnen?** or *how are you?* as we would in English. Women, as well as men, shake hands when they are introduced.

It is customary to address persons with whom you have a formal relationship by their titles. You would address a doctor with **guten Tag, Herr Doktor/Frau Doktor;** a university professor with **guten Tag, Herr Professor/Frau Professor.** Many older women still prefer to be addressed with their husbands' titles; the title **Frau Doktor,** therefore, may be used to address either a female doctor or a doctor's wife.

▶ Americans sometimes think Germans are reserved to the point of being standoffish, formal to the point of being unfriendly. Germans often see Americans as amazingly open and uninhibited. This is because Germans, to a much greater extent than Americans, experience a so-called **Privatsphäre,** an imaginary buffer zone maintained by a set of culturally determined, universally recognized rules and formalities.

The first and most obvious social rule is the distinction in German between **du** and **Sie.** Another involves the use of first names. This is one problem that Americans and Germans have when they work together. Americans think that a German who refuses to call them by their first names either doesn't like them or is just plain unfriendly. Germans think that an American who insists on calling them by first names is either superficial or lacking in respect.

In German-speaking countries, the term **Freund** is used with greater discrimination than the English equivalent *friend* in the United States. There is a fairly sharp distinction between **Freund** and **Bekannter** (*acquaintance*). In the course of an entire lifetime, a German-speaking person may have only a few **Freunde,** though many **Bekannte.**

The **Privatsphäre** is also maintained in building design. In contrast to the typical American floor plan, in which one room runs into another, the typical German house or apartment features a major hallway from which individual rooms open. Each room has a door, and each door usually has its own lock and key. These doors are invariably kept closed.

Balconies or decks are usually walled in. Yards are apt to be surrounded by fences, hedges, or both. Windows are often equipped with **Rolläden**—a kind of Venetian blind on the outside of the house—which, when closed, can render a room pitch black even during the day.

Wohnorte

image-factory

Wie Sie sehen, sind diese Wohnungen besonders schön.

Was Sie nicht sehen, ist das ebenso beachtenswerte Drumherum: Das ganze DORF ist verkehrsberuhigt. Hier haben Fußgänger Vorfahrt, hier gibt es mehr Spielplätze als Parkplätze und mehr Fußwege als Straßen (Ihr Auto hat natürlich seinen Platz in der Tiefgarage). Zur Grundschule und zum Gymnasium sind es nur fünf Minuten zu Fuß, zur S 6 geht man nur zehn Minuten.

Drei Beispiele:
<u>Zwei-Zimmer-Wohnung</u>, großes Wohnzimmer mit rundverglastem Eß-Erker, 54 m²

Wohnfläche, inkl. Stellplatz DM 218 500,–.
<u>Drei-Zimmer-Gartenwohnung</u> mit Terrasse und Pergola, Wohnzimmer mit Erker, 66 m² Wohnfläche, inkl. Stellplatz DM 263 500,–.
<u>Drei-Zimmer-Dachterrassenwohnung</u>, Wohnzimmer mit

Westland/Utrecht (Deutschland) GmbH

KYREIN GMBH + CO BAUBETREUUNGS KG
Musterhaus
Graf-Andechs-Str. 22
8011 Heimstetten
Tel. 089/903 69 00

Luftraum und Galerie, Wohnküche, Gäste-WC, Hobbyraum im Dachgeschoß, 107 m² Wohn-/Nutzfläche, inkl. Stellplatz DM 400 500.–

Das DORF liegt in Kirchheim-Heimstetten. Mit dem Auto fahren Sie über Bogenhausen auf der B 12 bis zur Ausfahrt Feldkirchen-Ost/Heimstetten. Dann folgen Sie den grünen Hinweishänden zum DORF an der Gruber Straße.

<u>Das Musterhaus ist geöffnet:</u>
Mo.–Do. 9–18 Uhr, Fr. 9 bis 15 Uhr, Sa./So. 14–18 Uhr.

DAS DORF
Denn Heimat ist mehr als vier Wände.

ebenso *just as*
beachtenswert *noteworthy*
das Drumherum *trappings*
verkehrsberuhigt *light traffic*
die Fußgänger (*pl.*) *pedestrians*
die Vorfahrt *right of way*
die Fußwege (*pl.*) (*foot*)*paths*
die Grundschule *elementary school*
das Gymnasium *secondary school*
rundverglast *glassed all around*
der Erker *bay window*
die Wohnfläche *living space*
der Stellplatz *parking space*
die Pergola *arbor*
der Luftraum *cathedral ceiling*
das Dachgeschoß *top floor; attic floor*
die Nutzfläche (*pl.*) *usable floor space*
die Ausfahrt *exit ramp*
die Hinweishände (*pl.*) *signs*
das Musterhaus *model house*

A. **Immobilien** (*real estate*).

1. Wer hat Vorfahrt im DORF?
2. Gibt es dort mehr Fußwege oder Straßen?
3. Wie weit ist es zur Grundschule oder zum Gymnasium?
4. In wieviel Minuten kann man zur S 6 (Schnellbahn 6) gehen?
5. Wie viele Beispiele beschreibt die Anzeige (*ad*)?
6. Wo liegt das DORF?
7. Wann kann man das Musterhaus besuchen? Was ist die Adresse?
8. Welche Wohnung möchten Sie kaufen? Warum? Beschreiben Sie sie! Wieviel kostet diese Wohnung? Wie groß ist die Wohnfläche?

B. **Rollenspiel: die Wohnungssuche.** *Read through the following student ads. Then take the part of a person looking for a place to live or someone calling in response to a particular ad.*

BEISPIEL: (*S1 dials the number from an ad.*)
    S2: Hier (Müller).
    S1: Ja. Ich habe Ihre Anzeige in der Zeitung gelesen. Haben Sie schon ein Zimmer gefunden?
    S2: Nein. Noch nicht.
    S1: Ich habe . . .
    S2: Ist dieses Zimmer . . . ?

WG = die Wohngemeinschaft *people sharing an apartment/house*
die Umgebung *area*
m = männlich *male*
w = weiblich *female*
dringend *urgently*
am liebsten *preferably*
möglichst (uninah) *as (close to the university) as possible*
eng *cramped*
die Uninähe *area close to the university*
alles drum und dran *everything included*
das Bauernhaus *farmhouse*
der Kater *tomcat*

◆ Ludwigsburg und Ulm.: Elisabeth (22) sucht Zimmer in netter WG (muß nicht in der Stadt, kann auch auf dem Land sein) ab Oktober oder später. 08436/2379

◆ Ulm und Umgebung: Wir (m 27, w 28, w 1) suchen sehr dringend Haus oder Wohnung am liebsten zusammen mit Leuten mit Kindern. 07423/44 35 57.

◆ Bremen: ich (w, 20) suche Zimmer. Möglichst billig, möglichst uninah. 0321/87 42 47

◆ Göttingen: 2 Frauen suchen Zimmer in WG zum 1.9. Martina 0551/880967 oder Renate 0551/897072.

◆ Heidelberg: Ich (Jürgen, 24) suche 1-Z-Whg. od. Zi. in kleiner aber nicht enger WG in Uninähe. Zahle bis 300 DM für alles drum und dran. 030/463 43 87

◆ Mainz, Medizinstudentin (w, 21) möchte mit drei Menschen in altem Bauernhaus zusammen leben. 07033/422 94

◆ Tübingen: Frau (Sabine, 26) mit Kind (Christian, 2) und Kater sucht Wohnung oder Zimmer mit Garten.

◆ Landshut: wir (w 30, w 28, m 31, Hund 5) suchen Landhaus ab Oktober. 0871/243 22

C. **Wo Sie wohnen.** Die Leute in Göttingen wollen keine Herstellung (*manufacturing*), Lagerung (*storage*) und Verwendung (*deployment*) von Atomwaffen in ihrem Gebiet (*area*). Wie ist es, wo Sie wohnen?

Atomwaffenfreie Zone
Göttingen
Herstellung, Lagerung und Verwendung von Atomwaffen ist in diesem Gebiet verboten!

1. **Diskussionsthema:** Ist Ihre Universitätsstadt menschenfeindlich (*hostile to human beings*) oder menschenfreundlich?

   ▶ Gibt es dort viel oder wenig Luftverschmutzung (*air pollution*)?
   ▶ Gibt es dort zu viel oder nicht genug Industrie?
   ▶ Gibt es dort zu viele oder nicht genug Sportplätze?
   ▶ Gibt es dort gute oder schlechte Schulen?
   ▶ Ist die Luft (*air*) schädlich (*harmful*) oder nicht schädlich?
   ▶ Gibt es zu viele oder nicht zu viele Autos? Darf man radfahren (*ride a bicycle*)?
   ▶ Gibt es dort genug oder nicht genug Clubs?
   ▶ Gibt es dort einige oder keine Museen? Bibliotheken (*libraries*)? __?__
   ▶ Gibt es dort viele oder keine Parks?
   ▶ Gibt es dort einen oder keinen Zoo?
   ▶ Gibt es dort genug oder nicht genug Ärzte (*doctors*) und Zahnärzte (*dentists*)?

2. **Diskussionsthema:** Wie kann man das Leben für die Leute in Ihrer Stadt besser machen?

Raucher und Nichtraucher

Leserbriefe°   *letters to the editor*

Ich bin 25, habe noch nie in meinem Leben eine einzige° Zigarette geraucht und   *single*
werde nie Raucher werden. Meine Familie hat auch nie geraucht, mit Ausnahme°   *exception*
meines Großvaters. Er hat täglich eine Zigarre geraucht und starb° mit 93 mit einer   *died*
Zigarre im Mund.° Der Rauch hat uns nie gestört.° Heute müssen wir ganz andere   *mouth / bothered*

Sachen einatmen,° und diese sind alle gefährlicher° als Zigarren- und Zigaret-   *inhale / more dangerous*
tenrauch.

Bettina Schuster,
Dortmund

Haben Sie Asthma? Müssen Sie ständig° neben einem Raucher sitzen? Müssen Sie   *continually*
immer qualmverpestete° Luft° in Banken, Postämtern, Läden, Restaurants, Cafés   *smoke-filled / air*
und sogar Krankenhäusern° einatmen°? Haben Sie einen Raucher höflich° gebe-   *hospitals / breathe / politely*
ten,° doch für kurze Zeit das Rauchen einzustellen° und dann Antworten gehört   *asked / to stop*
wie „Suchen Sie sich doch einen anderen Platz"? Dann werden Sie verstehen: Für
mich sind Raucher Menschen letzter Klasse.

Klaus Winkler,
Hamburg

Ich bin 32, habe selber° 17 Jahre geraucht. Seit 2 Jahren bin ich wieder Nicht-   *myself*
raucher. Warum? Ich habe einfach zu viele Zigaretten geraucht, und ich will nicht
jung sterben.° Meine Frage: Wie kann ich jetzt meine Freundin überzeugen,° auch   *to die / convince*
das Rauchen aufzugeben°? Sie raucht Tag und Nacht, eine Zigarette nach der   *to give up*
anderen. Sie raucht bei der Arbeit, nach dem Essen, beim Kaffeetrinken, beim
Zeitungslesen, beim Fernsehen—nie sehe ich ihre Finger ohne eine Zigarette. Sie
sagt mir: „Ich rauche, denn ich will. Zigaretten schmecken° mir."   *taste good*

Konrad Rainer,
Göttingen

Diskussionsthemen.

1. Was meint Bettina? Stört der Rauch sie oder ihre Familie? Warum
   (nicht)? Stört er Sie? Warum sagen Sie das?
2. Warum kämpft Klaus gegen das Rauchen? Er raucht nicht, aber er muß
   immer Zigarettenrauch einatmen. Er muß sozusagen „mitrauchen". Ist
   das fair? Was meinen Sie?
3. Warum raucht Konrad nicht mehr? Was fragt er heute? Ist das, Ihrer
   Meinung nach, „sein" Problem? Wie kann er dieses Problem lösen?
4. Sind Sie Raucher oder Nichtraucher? War es immer so?
5. Wenn Sie Raucher sind: Wie viele Zigaretten rauchen Sie pro Tag?
   Rauchen Sie gern? Wann rauchen Sie? Wo rauchen Sie? Fragen Sie
   zuerst: „Darf ich hier rauchen?" Oder: „Stört es Sie, wenn ich rauche?"
   Oder rauchen Sie einfach? Ein Nichtraucher sagt zu Ihnen: „Rauchen Sie
   hier nicht, bitte!" Was sagen Sie zu dieser Person?
6. Wenn Sie Nichtraucher sind: Andere Leute rauchen, und Sie müssen
   dann ihren Rauch einatmen. Stört Sie das? Warum (nicht)? Was sagen
   Sie zu Rauchern? Wie antworten sie Ihnen?

Theater und Filme

Deutscher Filmregisseur Werner Herzog filmt „Fitzcarraldo" in Peru. Dafür gewinnt er einen hohen Preis in Cannes.

JEAN-LOUIS ATLAN/SYGMA

Das Theater: Heute abend sieht man eine Oper auf der Bühne.

A. **Im Theater und im Kino:** Definitionen.

> BEISPIEL: S1: Wer sind die Theaterbesucher und Theaterbesucherinnen?
> S2: Diese Leute gehen ins Theater.

1. die Bühne
2. das Theater
3. das Kino
4. die Pause
5. das Theaterstück
6. die Schauspieler und Schauspielerinnen
7. die Ermäßigung
8. der Dramatiker / die Dramatikerin

a. Diese Menschen spielen in Theaterstücken.
b. Das sind 15 oder 20 Minuten zwischen den Akten einer Vorstellung (*performance*). Während (*during*) dieser Zeit kann man etwas trinken und mit den anderen Theaterbesuchern sprechen.
c. Man singt, tanzt oder spielt Theaterstücke darauf (*on it*).
d. Damit (*with it*) muß man nicht so viel für eine Theaterkarte bezahlen.
e. Dieser Mensch schreibt Theaterstücke.
f. Das ist ein Schauspiel (eine Komödie, eine Tragödie usw.).
g. Dort sieht man Schauspiele, Ballette und andere Vorstellungen.
h. Dort sieht man Filme.

B. **Fragen über Filme.**

1. Wie heißt der Film von Helga Reidemeister?
2. Wie heißt Marcel Camus' Meisterwerk?
3. Was ist die Adresse der (*of the*) „Filmbühne"?
4. Was ist die Telefonnummer der „Filmbühne"?
5. Was sagt man über den Film von Gottfried Junker?
6. In welchem Kino kann man „Versteckte Liebe" sehen?
7. Welchen Film möchten Sie sehen? Warum?

C. **Wer ist ein Filmnarr/eine Filmnärrin** (*movie buff*)? Fragen Sie andere Studenten/Studentinnen:

1. Gehst du oft ins Kino? Hast du ein Lieblingskino? Wieviel muß man dort für eine Karte bezahlen?
2. Siehst du Filme auf Videokassette zu Hause?
3. Was ist dein Lieblingsfilm? Warum? Wievielmal hast du diesen Film gesehen? (einmal? zweimal? siebenmal? _?_)
4. Für welchen Schauspieler schwärmst du? (Welchen Schauspieler magst du besonders gern?) In welchen Filmen hat er gespielt?
5. Für welche Schauspielerin schwärmst du? In welchen Filmen hat sie gespielt?

D. **Was spielt im Theater?** Lesen Sie das Programm und antworten Sie auf jede Frage!

Freitag 24. 9	**Der Kaukasische Kreidekreis** Stück von Bert Brecht mit Friedrich Schütter, Angelique Duvier u.v.a. Regie: Harry Buckwitz Ernst-Deutsch-Theater, Hamburg
Samstag 30. 10	**Fräulein Julie** Trauerspiel von August Strindberg mit Christine Buchegger, Michael Degen, Elisabeth Endriss Regie: Ingemar Bergman Bayrisches Staatsschauspiel, München/Münchner Tournee
Freitag 19. 11	**Der Postmeister** Schauspiel von Alexander Puschkin mit Sigfrit Steiner, Renate Schauss u.a. Regie: Gerhard Klingenberg Bühne 64
Donnerstag 20. 1 »J«	**Nathan der Weise** Dramatisches Gedicht von Gotthold Ephraim Lessing mit Traugott Buhre u.v.a. Regie: Claus Peymann Schauspielhaus Bochum
März	**Eine neue Inszenierung** vom Düsseldorfer Schauspielhaus
Freitag 15. 4	**Die Räuber** Schauspiel von Friedrich Schiller Regie: Günther Fleckenstein Deutsches Theater Göttingen

1. Wer hat den „Kaukasischen Kreidekreis" (*Caucasian Chalk Circle*) geschrieben? Kennen Sie den Autor dieses (*of this*) Stückes? Kennen Sie dieses Stück? Haben Sie es auf englisch gelesen? Haben Sie es vielleicht auf der Bühne gesehen? Kennen Sie andere Werke (*works*) von Brecht? Welche? Wer spielt in dieser Vorstellung? Wer ist der Regisseur (*director*)? Wo spielt dieses Stück?
2. Welches Stück hat August Strindberg geschrieben? Was für ein Stück ist es? Wer sind die Schauspielerinnen in dieser Vorstellung des (*of the*) Stückes? Wer ist der Schauspieler? In welchem Theater sieht man dieses Stück? In welcher Stadt findet man dieses Theater? Dieses Stück ist unter der Regie von ＿＿＿. Kennen Sie Bergman als Filmregisseur? Welche Bergman-Filme kennen Sie?

3. Welches Stück kommt aus Rußland? Wer hat es geschrieben? Wer spielt in dieser Vorstellung? Wer ist der Regisseur? Auf welcher Bühne sieht man diese Vorstellung?
4. Welches Stück hat Deutschlands Klassiker Gotthold Ephraim Lessing geschrieben? Wo spielt dieses dramatische Gedicht (*poem*)? Wer ist einer der Schauspieler? Wer ist der Regisseur?
5. Welches Stück spielt am Freitag dem 15. (fünfzehnten) April? Welcher Klassiker hat dieses Schauspiel geschrieben? Kennen Sie dieses Stück auf englisch (*The Robbers*)? Kennen Sie andere Werke von Schiller? („Don Carlos"? „Wilhelm Tell"?) Wo spielt man „Die Räuber"? Wer ist der Regisseur?

E. **Schwärmen Sie fürs Theater?** (Mögen Sie Theater?) Antworten Sie auf jede Frage!

1. Gehen Sie gern ins Theater? Warum (nicht)? Gibt es Theater in Ihrer Stadt? Bekommt man leicht Theaterkarten? Sind die Karten teuer?
2. Sehen Sie manchmal Theaterstücke oder Opern im Fernsehen?
3. Welche Schauspieler oder Schauspielerinnen gefallen Ihnen besonders? In welchen Stücken haben sie gespielt?
4. Haben Sie ein Lieblingsstück? Wie heißt das Stück?
5. Wer ist Ihr Lieblingsdramatiker/Ihre Lieblingsdramatikerin? Welche Stücke von ihm/ihr haben Sie gelesen? Welche haben Sie auf der Bühne gesehen?

WORTSCHATZ

Adjectives and Adverbs

echt	(*adj.*) genuine; (*adv.*) really
gruselig	creepy
mindestens	at least
popularisiert	popularized

Nouns

der Austausch	exchange
das Austauschpro-gramm, -e	exchange program
der Austauschschü-ler, - / die Austausch-schülerin, -nen	exchange student
der Autor, -en / die Autorin, -nen	author
die Bühne, -n	stage
die Ermäßigung, -en	discount
das Foyer, -s	lobby
die Freundschaft, -en	friendship
das Gymnasium, *pl.* Gymnasien	academic preparatory school
die Handlung, -en	plot
der Klassiker, - / die Klassikerin, -nen	classic (*author*)
der Komiker, - / die Komikerin, -nen	comedian / comedienne
die Oper, -n	opera
die Pause, -n	intermission
das Projekt, -e	project
der Regisseur, -e / die Regisseurin, -nen	stage or film director
die Rolle, -n	role
die Schallplatte, -n	phonograph record
der Schauspieler, - / die Schauspielerin, -nen	actor/actress

die Schule, -n	school
das Schuljahr, -e	school year
der Schüler, - / die Schülerin, -nen	student, pupil
der Stummfilm, -e	silent film
das Theater, -	theater
der Theaterbesucher, - / die Theaterbesucherin, -nen	theatergoer
die Theaterkarte, -n	theater ticket
das Theaterstück, -e	stage play
die Uhr, -en	watch; clock
der Vertreter, - / die Vertreterin, -nen	representative
die Vorstellung, -en	performance

Genitive Prepositions

(an)statt	instead of
trotz	despite, in spite of
während	during, in the course of
wegen	because of, on account of

Subordinating Conjunctions

bevor	before
da	since (*cause*)
damit	in order that, so that
daß	that
nachdem	after
ob	whether, if
seitdem	since (*time*)
während	while
weil	because
wenn	if, whenever

wenn die Gruppe reisen muß:

030 - 401 38 34

FIDIBUS-REISEN BERLIN

Verbs

beeindrucken, hat beeindruckt	to impress
bemerken, hat bemerkt	to notice
besprechen (bespricht), hat besprochen	to discuss
erkennen, hat erkannt	to recognize
lächeln, hat gelächelt	to smile
singen, hat gesungen	to sing

IDIOMATIC VERB/PREPOSITION COMBINATIONS

antworten auf (+*acc.*)	to respond to
arbeiten an (+*dat.*)	to work on
denken an (+*acc.*)	to think of
fragen nach (+*dat.*)	to ask about
lachen über (+*acc.*)	to laugh at
schauen auf (+*acc.*)	to look at
schwärmen für (+*acc.*)	to be crazy about
sprechen über (+*acc.*)	to talk about
warten auf (+*acc.*)	to wait for

Useful Words and Phrases

prima!	great!
Schlange stehen	to stand in line
die (zwanziger) Jahre	the (twenties)

GRAMMATIK

Martin ist ein Austauschschüler aus New York. Während er ein Jahr lang auf ein Gymnasium in Deutschland geht, lebt er bei einer deutschen Familie. Margit ist eine Klassenkameradin. Martin trifft sie auf der Straße vor seinem Haus.

MARGIT: Tag, Martin. Gut, daß ich dich sehe. Ich soll dich fragen, ob du heute abend Zeit hast.

MARTIN: Ja, warum?

MARGIT: Weil wir ins Theater gehen wollen.

MARTIN: Prima. Seitdem ich in Deutschland bin, bin ich noch nicht im Theater gewesen. Was wollt ihr sehen?

MARGIT: „Die Dreigroschenoper" von Brecht. Wenn du willst, kommen wir um halb sieben zu dir; dann können wir alle zusammen gehen.

A. **Martin und Margit.**

1. Wo lebt Martin, während er in Deutschland ist?   2. Was soll Margit ihn fragen? Warum soll sie ihn fragen?   3. Geht Martin oft ins Theater?   4. Warum kommen Margit und ihre Freunde um halb sieben zu Martin?

B. **Fragen Sie Ihren Nachbarn/Ihre Nachbarin:** Was tust du abends, wenn du Zeit hast?

Subordinate Clauses

Subordinating Conjunctions

In German, coordinating and subordinating conjunctions affect word order differently. As you know, *coordinating* conjunctions—**aber, denn, oder, sondern, und**—combine two equal clauses without altering the word order of either. Both clauses are independent and can stand as separate sentences.

INDEPENDENT CLAUSE	INDEPENDENT CLAUSE
Martin kommt nicht zu uns,	**denn** er geht ins Kino.
Martin kommt nicht zu uns.	Er geht ins Kino.

A *subordinating* conjunction, however, joins two unequal clauses: an independent (main) clause and a dependent (subordinate) clause. The dependent clause cannot stand alone as a complete sentence. When a clause begins with a subordinating conjunction, the verb comes at the end of the clause.

MAIN CLAUSE	SUBORDINATE CLAUSE
Martin kommt nicht zu uns,	**weil** er ins Kino **geht.**
Martin isn't coming to our house	*because he's going to the movies.*

In modal constructions or in a compound tense, such as the present perfect, the conjugated verb generally follows the past participle or the infinitive.

MAIN CLAUSE	SUBORDINATE CLAUSE
Martin ist nicht zu uns gekommen,	**weil** er ins Kino **gegangen ist.**
Martin kommt nicht zu uns,	**weil** er ins Kino **gehen will.**

A subordinate clause may precede or follow the main clause in a sentence. When a subordinate clause follows the main clause, the word order of the main clause remains unchanged: **Martin kommt nicht zu uns, weil er ins Theater geht.** When a subordinate clause *precedes* the main clause, however, the subordinate clause functions as the first element of the entire sentence. The verb of the main clause must then follow directly as the second element. The subject of the main clause and all other elements follow. The word order of the subordinate clause remains the same, regardless of whether the subordinate clause precedes or follows the main clause.

	1	2	3	4
	ELEMENT	VERB	SUBJECT	OTHER ELEMENTS
	SUBORDINATE CLAUSE		MAIN CLAUSE	
PRESENT	Weil Martin ins Kino geht,	**kommt**	er	nicht zu uns.
PRESENT PERFECT	Weil Martin ins Kino gegangen ist,	**ist**	er	nicht zu uns gekommen.

„Wenn's zu laut wird, hört Theo immer seine Cassette mit Meeresrauschen."

Meeresrauschen *sounds of the sea*

The following list includes the most common subordinating conjunctions. Notice the word order in the sample sentences.

daß	*that*	Ich weiß, **daß** er das Buch einmal gelesen hat.
		I know that he once read the book.
damit	*in order that, so that*	Ich komme um sieben zu dir, **damit** wir zusammen ins Theater gehen können.
		I'll come to your place at seven, so that we can go to the theater together.
ob	*whether, if*	Sie fragt, **ob** er heute abend Zeit hat.
		She asks whether he is free tonight.
wenn	*if, whenever*	**Wenn** du Zeit hast, wirst du uns bitte besuchen?
		If you have time, will you please visit us?
da	*since (cause)*	**Da** er so gut Deutsch kann, liest er die Stücke im Original.
		Since he knows German so well, he reads the plays in the original.
weil	*because*	Martin kennt diesen Film, **weil** er das Buch gelesen hat.
		Martin is familiar with this film because he read the book.
bevor	*before*	**Bevor** wir ins Theater gehen, essen wir im Restaurant.
		Before we go to the theater we'll eat out.

während	*while*	**Während** du arbeitest, sehe ich einen Film im Fernsehen.
		While you work, I'll watch a film on TV.
seitdem*	*since (time)*	**Seitdem** ich in Deutschland bin, bin ich noch nicht im Theater gewesen.
		Since I've been in Germany I haven't yet been to the theater.
nachdem†	*after*	Gehen wir ins Theater, **nachdem** wir gegessen haben!
		Let's go to the theater after we've eaten.

Interrogative Words

Like subordinating conjunctions, interrogative words are frequently used to introduce subordinate clauses.

wann	Wissen Sie, **wann** man „Die Räuber" von Schiller spielen wird?
warum	Margit fragt Martin, **warum** er noch nicht im Theater gewesen ist.
was	Weißt du, **was** das ist?
wer (wen, wem, wessen [*whose*])	Ich möchte wissen, **wer** zu uns kommt.
wo (wohin, woher)	Martin fragt, **wo** das Theater ist.
wie (wieviel, wie viele)	Du fragst, **wie** ich das Stück gefunden habe.

wissen and Subordinate Clauses

As you will recall, the three German verbs **kennen, können,** and **wissen** all roughly correspond to the English verb *to know.* They are not used interchangeably, however.

KENNEN = FAMILIARITY

Martin kennt diesen Film.   *Martin knows (is familiar with) this film.*

KÖNNEN = ABILITY

Martin kann gut Deutsch.   *Martin knows (is proficient in) German.*

WISSEN = FACTUAL INFORMATION

Martin weiß die Antwort.   *Martin knows (for a fact) the answer.*

Unlike **kennen** and **können, wissen** most frequently occurs in sentences with a subordinate clause.

Du weißt, daß ich diesen Film gesehen habe.
Wissen Sie, wo das Kino ist?

---

* Note that **seitdem** is commonly used with the present tense. In conversation **seitdem** is often shortened to **seit.**
† Note that **nachdem** is generally not used with the present tense but rather with the present perfect or another past tense.

Übungen

A. Die Austauschschülerin aus New York.

1. Wo wohnt die Austauschschülerin, ____ sie auf ein Gymnasium in Augsburg geht? (*while*)
2. Ich möchte sie fragen, ____ sie oft ins Theater geht. (*whether*)
3. Ist sie im Theater gewesen, ____ sie in Deutschland ist? (*since* [*time*])
4. Sie kann heute abend nicht ins Theater gehen, ____ sie so spät keine Karte mehr bekommen kann. (*because*)
5. ____ sie will, kann sie meine Karte haben. (*if*)
6. Sie sagt, ____ sie die Karte haben möchte. (*that*)
7. Sie kommt um sechs zu uns, ____ wir alle zusammen gehen können. (*so that*)
8. Essen wir im Restaurant, ____ wir ins Theater gehen? (*before*)
9. Gehen wir ins Café, ____ wir das Stück gesehen haben! (*after*)
10. ____ die Austauschschülerin schon gut Deutsch spricht, versteht sie bestimmt alles. (*since* [*cause*])

B. Margit und ihre Freunde.

BEISPIEL: Margit kommt nach Hause. (nachdem) Sie hat den Film gesehen. →
Margit kommt nach Hause, nachdem sie den Film gesehen hat.

1. Dieter fährt nach Wien. (damit) Er kann dort ein Stück von Peter Handke sehen.
2. Maria ist müde. (seitdem) Sie hat eine Erkältung.
3. Margit fragt den Austauschschüler. (ob) Er hat einen Brief an seine Eltern geschrieben.
4. Sabine liest die Zeitung. (während) Sie hört Radiomusik.
5. Jürgen ist traurig. (wenn) Seine Freunde können nicht zu ihm kommen.
6. Christine liest ein Buch. (bevor) Sie geht schlafen.
7. Margit und Josef bemerken. (daß) Ein Film von Fassbinder spielt jetzt im Kino.
8. Fritz kauft die Theaterkarte. (da) Sie ist nicht sehr teuer.
9. Stefan geht oft in die Oper. (weil) Er ist Musikstudent.

C. Das Kino, das Theater und die Oper.

BEISPIEL: (ob) Wir sehen einen Film von Fassbinder oder einen von Herzog. Es ist uns gleich. (*Omit* **es**.) →
Ob wir einen Film von Fassbinder oder einen von Herzog sehen, ist uns gleich.

1. (bevor) Ihr geht in die Oper. Ihr sollt zuerst den Text lesen.
2. (seitdem) Wir sind in Berlin. Wir gehen mindestens einmal in der Woche ins Theater.
3. (da) Diese Oper ist sehr lang. Es gibt drei Pausen.
4. (während) Man spielt das Theaterstück in München. Wir wollen es sehen.

5. (wenn) Wir sehen diese Komikerin. Wir müssen lachen.
6. (damit) Man kann eine Theaterkarte kaufen. Man muß Schlange stehen.
7. (daß) Mozart hat diese Oper geschrieben. Wir wissen das schon. (*Omit* **das.**)
8. (damit) Du kannst mit uns ins Kino gehen. Du mußt rechtzeitig (*on time*) nach Hause kommen.
9. (nachdem) Wir haben den Film gesehen. Wir sollen ihn besprechen.
10. (weil) Wir können nicht ins Theater gehen. Wir gehen ins Kino.

D. **Du, du . . .** *Combine appropriate clauses with a subordinating conjunction to make up sentences.*

BEISPIEL: Seitdem du in dieser Stadt bist, gehst du oft ins Kino.
  oder: Du gehst oft ins Kino, seitdem du in dieser Stadt bist.

du sagst	daß	du bist Student/Studentin
du fragst	damit	du willst
du weißt	ob	du bist in dieser Stadt
du hast vergessen	wenn	das Kino ist weit weg
du besuchst deine Freunde	da	du kaufst Blumen
du arbeitest schwer	weil	du hast Geld
du lernst Deutsch	bevor	du hast keine Zeit
du gehst nur selten ins Theater	während	du hast den Film gesehen
du bemerkst	seitdem	du hast die Musik gehört
du siehst das Stück	nachdem	du bist ins Kino gegangen
du gehst oft ins Kino		du bist nach Hause gegangen
du trinkst einen Kaffee		du kannst eine Karte kaufen
du bist traurig		du brauchst Geld
du bist froh		du kannst die Deutschen verstehen
du hast keine Briefe geschrieben		

Die deutsche Schauspielerin Hanna Schygulla singt das Lied „Lili Marleen" in dem gleichnamigen (*of the same name*) Film von Fassbinder.

E. **Was planen Sie?**

1. Wenn ich nach Hause komme, . . .
2. Während ich in dieser Stadt bin, . . .
3. Seitdem ich Student/Studentin bin, . . .
4. Nachdem ich Deutsch gelernt habe, . . .
5. Weil ich keine Zeit habe, . . .
6. Bevor ich nach Deutschland fahre, . . .
7. Da ich schon ein bißchen Deutsch kann, . . .

F. **Was möchten Sie wissen? Was fragen Sie?** *Make up your own statements and questions.*

Ich möchte wissen,   warum . .   was . . .
Weißt du,   wo . . .   wen . . .
Wissen Sie,   wie viele . . .   wem . . .
Wißt ihr,   wann . . .   wieviel . . .
       ob . . .   wie . . .
       wer . . .

Im Foyer während der Pause. Martin and Margit wollen etwas trinken. Weil aber viele Theaterbesucher dasselbe wollen, müssen sie Schlange stehen.

MARGIT: Mir gefällt das Stück besonders wegen der Musik von Kurt Weill. Brechts „Dreigroschenoper" haben wir oft zu Hause gehört. Das war eine Lieblingsschallplatte meines Vaters.

MARTIN: Ja, ich kenne die Musik auch schon, aber popularisiert. Ich habe die Moritat* sofort erkannt. (*Er singt ein bißchen.*)

MARGIT: Sing doch auf deutsch statt auf englisch!

MARTIN: (*Er lächelt.*) Als Vertreter der USA heute abend bleibe ich lieber bei Englisch.

A. **Im Theater.**

1. Warum sind Martin und Margit im Foyer? 2. Warum müssen sie Schlange stehen? 3. Warum gefällt Margit das Stück? 4. Wessen (*whose*) Lieblingsplatte war Brechts „Dreigroschenoper"? 5. Was hat Martin sofort erkannt? 6. Wie soll Martin Margits Meinung nach singen?

Eine Vorstellung von Brechts „Dreigroschenoper".

* **Die Moritat** is the "Ballad of Mack the Knife" popularized in the early sixties by Bobby Darin, among others.

1. Mußt du auch manchmal Schlange stehen? Wann?   2. Wessen (*whose*)
Musik gefällt dir?   3. Magst du Opern? Wenn ja, magst du eine Oper
wegen der Musik oder wegen der Handlung (*plot*)?

Genitive Case

Genitive and Possession

A German noun or pronoun may be used in one of four grammatical cases, depending on how it functions in a sentence. You are familiar with the nominative,
accusative, and dative. In this chapter you will learn to use the genitive case, which
denotes a relationship of possession or dependency, usually between two nouns.

With proper names, possession is indicated by adding an **s,** and the name
precedes the noun: **Brechts „Dreigroschenoper", Margits Theaterkarte.** Unlike
English, there is no apostrophe before the **s** unless the name ends in **s** or **z.** In such
cases, an apostrophe follows the name, and no **s** is added: **Hans' Buch, Heinz'
Auto.**

With other nouns, the genitive case is indicated by special forms of the **der-** or
ein-word and, in the neuter and masculine singular, by an ending on the noun itself.
Notice that in German the genitive phrase follows the noun to which it refers.

Das ist das Lieblingsstück **meines Vaters.**	*That's my father's favorite play.*
Martin ist ein Gast **der Familie.**	*Martin is a guest of the family.*

A genitive phrase in a sentence often answers the question *whose?,* which is expressed in German by the genitive form of **wer: wessen.**

NOMINATIVE	wer (*who?*)	**Wer** geht ins Theater?
		Who is going to the theater?
ACCUSATIVE	wen (*whom?*)	**Wen** haben Sie heute gesehen?
		Whom did you see today?
DATIVE	wem ([*to*] *whom?*)	**Wem** gibt die Frau das Geld?
		To whom is the woman giving the money?
GENITIVE	**wessen** (*whose?*)	**Wessen** Karte ist das?
		Whose ticket is that?

Ein Hauch italienischer Stadtkultur

der Hauch *breath*

Nouns with *der-* and *ein-*Words

The definite article has two forms to indicate the genitive case: **des** for masculine
and neuter, **der** for feminine and plural. **Der-**words (**dieser, jeder, welcher, mancher, solcher**) and **ein-**words (**ein, kein, mein, dein, sein, ihr, sein, unser, euer,
ihr, Ihr**) indicate the genitive case with an **es** ending in the masculine and neuter
forms and an **er** ending in the feminine and plural forms. These endings correspond
to the genitive forms of the definite article.

	MASCULINE	FEMININE	NEUTER	PLURAL
NOMINATIVE	der dieser ein kein } Flur	die diese eine keine } Karte	das dieses ein kein } Theater	die diese — keine } Opern
ACCUSATIVE	den diesen einen keinen } Flur	die diese eine keine } Karte	das dieses ein kein } Theater	die diese — keine } Opern
DATIVE	dem diesem einem keinem } Flur	der dieser einer keiner } Karte	dem diesem einem keinem } Theater	den diesen — keinen } Opern
GENITIVE	des dieses eines keines } Flures	der dieser einer keiner } Karte	des dieses eines keines } Theaters	der dieser — keiner } Opern

Der Preis **unserer Karten** war hoch.   *The price of our tickets was high.*
Das Foyer **dieses Theaters** ist schön.   *The lobby of this theater is beautiful.*

Masculine and neuter nouns of more than one syllable generally end in **s** in the genitive singular.

   die Schallplatte meines Vaters   das Zimmer eines Schülers

Masculine and neuter nouns of one syllable usually end in **es** in the genitive singular. This rule also applies to compound nouns that have a one-syllable masculine or neuter noun as the last element.

   die Theaterkarte des Mann**es**
   der Autor dieses Stück**es**
   der Autor dieses Theaterstück**es**

As in the accusative and dative cases, weak masculine nouns take an **n** or **en** ending in the genitive case.

   die Frage eines Student**en**   der Freund des Her**rn**

Feminine and plural nouns take no special endings to indicate the genitive case.

   der Gast der Familie   der Preis ihrer Karten

Genitive Prepositions

You are familiar with those prepositions that take only accusative case objects, those that take only dative case objects, and those that take accusative *or* dative case objects, depending on the context. Prepositions that take genitive case objects include **(an)statt, trotz, während,** and **wegen.**

PREPOSITIONS	MEANINGS	
(an)statt	*instead of*	**Statt eines Filmes** sieht er ein Theaterstück.
		Instead of a movie he's seeing a stage play.
trotz	*despite, in spite of*	**Trotz des Preises** hat er die Karte gekauft.
		Despite the price he bought the ticket.
während	*during, in the course of*	**Während der Pause** wollen die Leute etwas trinken.
		During the intermission the people want to have a drink.
wegen	*because of, on account of*	Mir gefällt das Stück besonders **wegen der Musik.**
		I like the play particularly because of the music.

Übungen

A. Fragen.

1. Ist das die Karte *des Schülers*? (der Student, die Schülerin, das Kind)
2. Ist sie ein Gast *der Familie*? (der Autor, Ihre Eltern, die Schauspieler)
3. Gehört dieser Schlüssel dem Freund *seines Bruders*? (seine Schwester, Ihr Neffe, sein Vater)
4. Sind diese Karten für die Töchter *deiner Freundin*? (dein Kollege, der Mann, die Autorin)
5. Schreiben Sie an die Eltern *der Schülerin*? (der Schüler, Ihr Gast, das Kind)
6. Wer schließt die Tür *des Theaters*? (das Haus, die Kirche, das Kino)

B. Wer sind diese Menschen?

BEISPIEL: Jürgen Schulz ist der Onkel ＿＿＿. (der Schüler) →
Jürgen Schulz ist der Onkel des Schülers.

1. Frau Keller ist eine Kollegin ＿＿＿. (meine Mutter)
2. Richard Schneider ist der Vater ＿＿＿. (dieser Junge)
3. Jörg ist der Sohn ＿＿＿. (ein Schauspieler)
4. Vera ist die Nichte ＿＿＿. (unsere Gäste)
5. Ursula ist eine Freundin ＿＿＿. (seine Frau)
6. Max ist der Bruder ＿＿＿. (unser Freund)

C. Wessen?

BEISPIEL: Wessen Volkswagen kauft er? (*my parents'*) →
Er kauft den Volkswagen meiner Eltern.

1. Wessen Brief liegt auf dem Tisch? (*my [male] cousin's*)
2. Wessen Schlüssel hat er? (*his neighbor's*)
3. Wessen Theaterkarte ist das? (*the [male] professor's*)
4. Wessen Haus bemerkt sie? (*our grandmother's*)

5. Wessen Wagen fährt er? (*his [female] cousin's*)
6. Wessen Eltern gehört das Haus? (*our friends'*)

D. Was möchten Sie? Was gefällt Ihnen?

1. Was möchten Sie statt *dieses Filmes* sehen? (diese Oper, dieses Theaterstück, die Nachrichten)
2. Was möchten Sie während *der Pause* machen? (der Tag, die Woche, das Jahr)
3. Möchten Sie trotz *des Wetters* ins Theater? (Ihre Erkältung, Ihr Projekt, der Regen)
4. Gefällt Ihnen das Stück wegen *der Musik*? (die Schauspielerinnen, der Text, die Handlung)

E. Ein Theaterabend.

1. _____ sind wir zu spät ins Theater gekommen. (*because of the party*)
2. _____ war die Vorstellung fantastisch. (*in spite of the actress*)
3. _____ haben wir viel gelacht. (*during the performance*)
4. _____ haben wir mit Stefan gesprochen. (*during the intermission*)
5. _____ waren wir alle sehr froh. (*because of the play*)
6. _____ haben wir das Stück besprochen. (*instead of the weather*)

F. Im Theater. Alles auf deutsch, bitte!

During the intermission the theatergoers drink something and discuss the play. They like Brecht's *Threepenny Opera,* especially because of the music. During the performance the Americans recognized "Mack the Knife" immediately. They are in the theater this evening as representatives of the school.

1. What do the theatergoers do during the intermission?
2. Do they like the play because of the text?
3. Did the Americans recognize Kurt Weill's melody?
4. Are these people representatives of the theater?

G. Und Sie? Ergänzen Sie jede Phrase—im Genitiv!

BEISPIEL: Ich suche einen Freund _____. →
　　　　　Ich suche einen Freund (meines Bruders).

1. Ich besuche oft die Eltern _____.
2. Ich spreche gern mit einem Bekannten _____.
3. Ich sehe jetzt das Buch _____.
4. Das Haus _____ gefällt mir.
5. Ich kenne den Namen _____ nicht.
6. Ich bin oft ein Gast _____.

H. Fragen Sie Ihren Nachbarn/Ihre Nachbarin! Auf deutsch, bitte!

Do you know a representative . . .

1. of the government?
2. of the students?
3. of the university?
4. of the city?
5. of the industry?

6. of the bank?
7. of the business people?
8. of the neighbors?
9. of the church?
10. of the post office?

I. **Wessen?** *Point to various objects in the classroom. Each time ask whose it is.*

BEISPIEL: S1: Wessen Kugelschreiber ist das?
S2: Das ist der Kugelschreiber des Professors.

Margit und Martin lesen das Kinoprogramm in der Zeitung. Man wird
Stummfilme der zwanziger Jahre zeigen. Sie sprechen darüber.

MARGIT: Du schwärmst doch so für Stummfilme. Schau, am Freitag kommt
Murnaus „Nosferatu".
MARTIN: Echt? Ich habe den Film schon einmal gesehen. Max Schreck in der
Rolle des Nosferatu hat mich sehr beeindruckt. Ist er nicht gruselig?
MARGIT: Ja, du wirst über mich lachen, aber wenn ich nachts an ihn denke,
kann ich nicht schlafen.
MARTIN: Na, da muß ich wirklich lachen. Schauen wir lieber noch einmal in das
Programm! Da—sieh! Sie zeigen auch Fritz Langs „Metropolis".

Szene aus „Nosferatu".

A. **Das Kinoprogramm.**

1. Worüber sprechen Margit und Martin?   2. Wofür schwärmt Martin?
3. Wer hat Martin beeindruckt? Warum?   4. Was passiert, wenn Margit an
diesen Schauspieler denkt?   5. Was macht Martin, wenn er das hört?

> 1. Schwärmst du für Stummfilme? Wenn ja: Was ist dein Lieblingsstummfilm? Wenn nein: Was für Filme magst du? 2. Hast du „Nosferatu" oder „Metropolis" gesehen?

da- and *wo-*Compounds; Verbs and Prepositions

da- and *wo-*Compounds

The words **da** and **wo** may combine with prepositions to form compound words with various meanings: **dafür** (*for it/them*), **wofür** (*for what*), **davon** (*about it/them, of it/them, from it/them*), **wovon** (*about what*), and so on. Notice in the following examples that **da-** and **wo-**compounds refer to something already asked or talked about.

Er hat **für die Plätze** nicht viel bezahlt.	*He didn't pay much for the seats.*
Er hat **dafür** nicht viel bezahlt.	*He didn't pay much for them.*
Wofür hat er nicht viel bezahlt?	*For what didn't he pay much?*
Die Leute sprechen **von der Oper.**	*The people are talking about the opera.*
Die Leute sprechen **davon.**	*The people are talking about it.*
Wovon sprechen die Leute?	*What are the people talking about?*

In statements that refer to an inanimate object or to an idea, it is stylistically preferable to use a **da**-compound instead of a preposition plus a pronoun (such as **sie** [*sg. or pl.*], **es, ihn, ihm, ihr,** or **ihnen**). Similarly, questions about an inanimate object or an idea are formulated with a **wo**-compound instead of with a preposition plus **was. Da-** and **wo-**compounds refer only to things or concepts; they do not refer to people.

The following are lists of those prepositions that frequently form compounds with **da(r)** and **wo(r).** For review and recognition, these compounds are listed according to the groups of prepositions you have learned, except for the genitive prepositions, which do not combine with **da** or **wo.**

Notice that if a preposition begins with a vowel, an **r** is inserted between **da** or **wo** and the preposition: **daran, woran.**

1. prepositions with only accusative objects (except **ohne**):

durch	→	dadurch	wodurch?
für	→	dafür	wofür?
gegen	→	dagegen	wogegen?
um	→	darum	worum?

2. prepositions with only dative objects (except **außer** and **seit**):

aus	→	daraus	woraus?
bei	→	dabei	wobei?
mit	→	damit	womit?
nach	→	danach	wonach?
von	→	davon	wovon?
zu	→	dazu	wozu?

3. prepositions with either dative or accusative objects:

an	→	daran	woran?
auf	→	darauf	worauf?
hinter	→	dahinter	—
in	→	darin	worin?
neben	→	daneben	—
über	→	darüber	worüber?
unter	→	darunter	worunter?
vor	→	davor	wovor?
zwischen	→	dazwischen	—

»DEUTSCHE
EXPRESSIONISTEN«
ÖLBILDER · AQUARELLE · ZEICHNUNGEN
DRUCKGRAPHIK

GALERIE WELZ
SIGMUND-HAFFNER-GASSE 16
TELEFON 0662/841771-0

Remember, **da-** and **wo-**compounds may be applied to things only. To refer to persons, use a preposition plus the appropriate personal pronoun for statements, or use a preposition plus the appropriate form of **wer** for questions.

—**Auf wen** warten Sie?
—Ich warte **auf Herrn Schmidt.**
—Wir warten auch **auf ihn.**

—Viele Leute haben **nach der Schauspielerin** gefragt.
—Ich habe nicht **nach ihr** gefragt.
—**Nach wem** haben Sie gefragt?

Verbs and Prepositions

In German, as in English, certain prepositions are used with certain verbs to form idiomatic phrases. In addition to learning the particular verb/preposition combination of a given idiom, it is important that you learn the case of the noun or pronoun that is required by the preposition. As usual, some prepositions simply require the accusative case, and some simply require the dative.

schwärmen für (+ *acc.*)	*to be crazy about*	Wofür schwärmen die Leute? —Sie schwärmen für diesen Film.
fragen nach (+ *dat.*)	*to ask about*	Hat er nach der Vorstellung gefragt? —Ja, er hat danach gefragt.

Prepositions of the *either dative or accusative type* do not always follow the usual rules, however, so it is important to learn the case required by a particular verb/preposition combination. Notice, in the following combinations with prepositions of the *either/or type,* only **arbeiten an** requires a dative object; all others require an accusative object, even though no motion is implied.

arbeiten an (+ *dat.*)	*to work on*	Woran arbeiten Sie? —Ich arbeite an einem Projekt.
antworten auf (+ *acc.*)	*to respond to, answer*	Warum antwortest du nicht auf meine Fragen? —Ich will darauf nicht antworten.
denken an (+ *acc.*)	*to think of, about*	Woran denken die Studenten? —Sie denken an den Text.
lachen über (+ *acc.*)	*to laugh at*	Worüber lacht ihr? —Wir lachen über ein Buch.
schauen auf (+ *acc.*)	*to look at*	Worauf schaust du? —Ich schaue auf die Uhr.
sprechen über (+ *acc.*)	*to talk about*	Wer spricht über das Theater? —Die Schauspieler sprechen darüber.
warten auf (+ *acc.*)	*to wait for*	Wartet er auf den Bus? —Ja, er wartet darauf.

When an idiomatic expression includes a preposition that can be followed by either the dative or accusative, the correct case is listed with the idiom in the **Wortschatz**.

Übungen

A. **Fragen und Antworten.**

BEISPIEL: Worauf schaut sie? (die Uhr, der Text, die Bühne) →
Sie schaut auf die Uhr. Sie schaut auf den Text. Sie schaut auf die Bühne.

1. Worauf wartet er? (der Bus, ein Brief, ein Buch)
2. Woran denkt sie? (das Theaterstück, der Film, der Krimi)
3. Worüber lachen sie? (das Buch, die Werbesendung, der Brief)
4. Worauf antwortet er? (meine Grüße, ihre Frage, dieser Brief)
5. Wonach fragt sie? (die Vorstellung, die Karte, ihr Platz)
6. Woran arbeiten sie? (das Projekt, ein Film, eine Oper)
7. Worüber spricht er? (das Programm, der Austausch, die Schallplatte)
8. Wofür schwärmen die Leute? (dieser Film, dieses Stück, dieser Saft)

B. **Was macht jeder Mensch?**

BEISPIELE: Heinz wartet auf ____ . (sein Bruder) →
Heinz wartet auf seinen Bruder. Auf wen wartet Heinz?

Ute denkt an ____ . (die Theaterkarten) →
Ute denkt an die Theaterkarten. Woran denkt Ute?

1. Franz lacht über ____ . (ein Buch)
2. Monika spricht über ____ . (die Oper)
3. Klaus und Uwe denken an ____ . (eine Autorin)
4. Erich fragt nach ____ . (die Theaterbesucher)
5. Sibylle schwärmt für ____ . (die Klassiker)
6. Michael arbeitet an ____ . (ein Aufsatz)

7. Luise wartet auf _____ . (der Aufzug)
8. Richard und Ursula denken an _____ . (der Film)
9. Elisabeth spricht über _____ . (der Autor)

C. **Wir auch.**

BEISPIELE: Helga hat viel **für die Karten** bezahlt. →
Wir haben auch viel **dafür** bezahlt.

Helmut hat **von dem Komiker** gesprochen. →
Wir haben auch **von ihm** gesprochen.

1. Die Leute haben von dem Theaterstück gesprochen.
2. Herr und Frau Sommer brauchen Karten für die Vorstellung.
3. Susanne hat an Herrn Schmidt gedacht.
4. Die Studenten denken oft an die Zukunft.
5. Die Theaterbesucher haben auf die Schauspieler gewartet.
6. Man hat gestern gegen die Umweltverschmutzung demonstriert.
7. Frau Ziegler ist mit dem Zug nach Salzburg gefahren.
8. Brigitte hat an Frau Müller geschrieben.
9. Die Kinder haben über den Komiker gelacht.
10. Rolf hat über die Oper gesprochen.

D. **Was sagen Petra und Dieter? Was fragt Eva?**

BEISPIEL: PETRA: Ich arbeite an diesem Projekt. →
DIETER: Ich arbeite auch daran.
EVA: Woran arbeitest du?

1. Ich denke an unsere Freundschaft.
2. Ich warte auf diesen Film.
3. Ich möchte über die Oper sprechen.
4. Ich muß nicht viel für die Karte bezahlen.
5. Ich soll nicht immer auf die Uhr schauen.
6. Ich bitte um die Adresse.
7. Ich schwärme für diese Krimis.
8. Ich antworte auf die Fragen.

E. **Was sagen Erika, Niklaus und Thomas?** Auf deutsch, bitte!

NIKLAUS: What are you thinking about?
ERIKA: I'm thinking about the movie.
NIKLAUS: Yes, I'm thinking about it, too. Some of it impressed me very much.
ERIKA: You're really crazy about silent films from the twenties.
NIKLAUS: Aren't you crazy about them, too?
ERIKA: Yes, especially films with Max Schreck. He's so creepy.
THOMAS: What are you talking about?
ERIKA: We're talking about silent films.
THOMAS: Tonight they're showing a film by Fritz Lang.
NIKLAUS: Great! I have to see that.

F. Und Sie?

1. Auf wen müssen Sie oft warten?
2. Woran denken Sie heute?
3. Denken Sie immer an Ihre Arbeit?
4. Denken Sie oft an die Zukunft?
5. Haben Sie heute über etwas gelacht? Worüber?
6. Worüber sprechen Sie gern mit Ihrem Freund/Ihrer Freundin?
7. Antworten Sie immer auf die Fragen Ihrer Freunde?
8. Haben Sie etwas gegen die Umweltverschmutzung? gegen die Regierung? gegen die Universität?

G. Und Ihr Nachbar/Ihre Nachbarin?
Jetzt stellen Sie Ihrem Nachbarn/Ihrer Nachbarin jede Frage in Übung F! Benutzen Sie die du-Form!

H. Wofür schwärmen Sie?
Fulda ist eine Stadt in Deutschland. Manche Leute schwärmen dafür. Für welche Stadt schwärmen Sie? Fragen Sie einen Studenten/eine Studentin: Wofür schwärmst du?

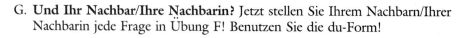

1. für welche Stadt?
2. für welches Land?
3. für welchen Film?
4. für welche Fernsehsendung?
5. für welchen Autor/welche Autorin?
6. für welchen Filmschauspieler/welche Filmschauspielerin?
7. für ___?___

SAMMELTEXT

Martin kommt aus Amerika. Dieses Jahr besucht er im Rahmen° des Schüleraustausches zwischen Deutschland und Amerika ein Gymnasium in Augsburg. Martin hat einmal an einem Artikel für seine Schülerzeitung gearbeitet. Darum hat er an das Goethe-Institut* in New York geschrieben und um Informationen gebeten.° Das Institut hat gleich auf seinen Brief geantwortet. Von dem Goethe-Institut hat er Informationen über den Schüleraustausch, aber auch über den DAAD[†] bekommen. Wenn er später an einem College in Amerika studiert, wird er bestimmt versuchen,° ein DAAD-Stipendium° zu bekommen.

Martin findet den Austausch sehr wichtig. Was man in einem Land erlebt,° kann man nicht in Büchern lesen. Zum Beispiel ist Martin erstaunt° über das Kino in Deutschland. Während man in vielen Kinos vor allem Kassenbrenner° aus Amerika zeigt, kann man in anderen Kinos Filme aus Deutschland sehen.

im . . . under the auspices (lit., within the framework)

requested

try / scholarship
experiences
amazed
blockbusters

---

*The Goethe Institute is a German cultural center with headquarters in Munich and branches in eleven cities in the United States, four in Canada, and others throughout the world.
[†]**DAAD = Deutscher Akademischer Austauschdienst** (German Academic Exchange Service).

Martin hat ein Buch über die Geschichte° des Films in Deutschland gekauft, | *history*
denn er hat schon immer wissen wollen, warum das Kino in Deustchland in manchen Perioden so gut und in anderen so schlecht ist. Dort hat er gelesen, daß fast alle Regisseure, Drehbuchautoren° und Schauspieler aus der klassischen °*screenplay authors* Stummfilmzeit Deutschland vor und während der Nazizeit verlassen haben. Zwischen 1933 und 1945 hat man in Deutschland vor allem Propagandafilme gedreht.° *produced*

Nach dem Krieg haben die Alliierten gewollt, daß die Deutschen die Grundzüge° der Demokratie lernen, und man hat während dieser Zeit in Deutschland viele Filme aus Amerika und England gezeigt. Bald nach dem Krieg hat es auch in Deutschland wieder eine Filmindustrie gegeben, aber die Regisseure und Produzenten haben Hollywoodfilme imitiert. Viele Filme waren oberflächlich° und wirklichkeitsfern,° denn man hat wohl gedacht, daß das Publikum nicht nachdenken° wollte. *rudiments* / *superficial* / *unrealistic* / *reflect*

In den sechziger Jahren hat es plötzlich eine Revolution im deutschen Kino gegeben. Den jungen Regisseuren nach war „Papas Kino" jetzt tot. Diese Regisseure haben Finanzhilfe° für unabhängige° Filmprojekte von der Regierung gefordert° und bekommen, und damit ist der Neue Deutsche Film entstanden.° Regisseure wie Rainer Werner Fassbinder, Doris Dörrie, Werner Herzog und viele andere sind seitdem bekannt geworden. Ihre Filme sind oft unkonventionell, gesellschaftskritisch° und unbequem,° manchmal aber auch spannend° oder lustig.° Diese Filme kann man nicht nur in Deutschland, sondern auch im Ausland sehen. *financial aid* / *independent* / *demanded* / *created* / *critical of society* / *uncomfortable* / *exciting* / *funny*

Martin und das Kino in Deutschland.

1. Wohin hat Martin geschrieben und um Informationen gebeten?
2. Woher hat Martin Informationen über den Schüleraustausch bekommen?
3. Worüber ist Martin erstaunt?
4. Zwischen welchen Jahren hat man Propagandafilme in Deutschland gedreht?
5. Woher haben die jungen Regisseure Finanzhilfe für Filmprojekte bekommen?

Sammelübungen   A. **Der Austauschschüler.**

1. Dieses Jahr besucht Jim . . . ein Gymnasium in Deutschland. (*because of the exchange program*)
2. . . . zwischen Deutschland und Amerika sind viele Schüler in diesem Programm. (*because of the friendship*)
3. . . . in Augsburg ist Jim oft ins Theater gegangen. (*during his school year*)
4. Jim ist erstaunt, . . . (*that so many students go to the theater*)
5. Jim fragt Karin . . . (*about the reason*)
6. Karin sagt: „. . . , kostet das mindestens acht bis zehn Mark, aber Schüler bezahlen nur drei Mark für eine Theatervorstellung." (*whenever one goes to the movies*)

7. Jim fragt: „Warum bezahlen die Schüler so wenig . . . ?" (*for it*)
8. Karin sagt, daß Schüler eine Ermäßigung haben. . . . bekommt ein Schüler eine Theaterkarte für drei Mark. (*because of the discount*)
9. Jim . . . (*is crazy about the theater*)
10. Jim fragt Karin, . . . (*if she is also crazy about it*)

B. **Fragen.**

BEISPIEL: Wo ist die Karte ____? (*my brother's*) Ich möchte wissen, . . . →
Wo ist die Karte meines Bruders?
Ich möchte wissen, wo die Karte meines Bruders ist.

1. ____ liest der Schüler? (*whose book*) Herr Schmidt fragt, . . .
2. Sabine wartet auf einen Freund ____. (*her sister's*) Weißt du, warum . . . ?
3. Ich kenne die Stücke ____. (*that [male] author's*) Frau Müller hat mich gefragt, ob . . .
4. Du fragst nach den Eltern ____. (*the exchange student's*) Ich weiß nicht, warum . . .
5. Ihr sprecht oft über die Bücher ____. (*this [female] author's*) Wir wissen, daß . . .
6. Wie oft gehst du ____ ins Kino? (*during the week*) Ich möchte wissen, . . .
7. ____ besuchen wir oft die Familie Meyer. (*because of our friendship*) Sie wissen, daß . . .

C. **Was sagen Fritz und seine Freunde?** Auf deutsch, bitte!

FRITZ: What are you working on?
SUSI: I'm working on a project.
FRITZ: What is your brother's girlfriend waiting for?
MARIA: She's waiting for a train from Dortmund.
FRITZ: Tell me why you're smiling.
ULRICH: I'm happy because I'm going to the movies.
FRITZ: You're really crazy about films.
ULRICH: And what are you crazy about?
FRITZ: I don't understand why you don't answer (respond to) my questions.
CHRISTINE: I don't want to answer (respond to) them.
BRIGITTE: You question her too much. You ask her what she's laughing at, what she's thinking of, . . .

D. **Filme.** Fragen Sie Ihren Nachbarn/Ihre Nachbarin:

1. Wie oft gehst du ins Kino?
2. Mußt du Schlange stehen, wenn du eine Kinokarte kaufen willst?
3. Wieviel kostet es, wenn du ins Kino gehst?
4. Findest du, daß der Preis der Kinokarten zu hoch ist?
5. Arbeitest du nachmittags, damit du abends ins Kino gehen kannst?

6. Was bemerkst du, wenn du ins Kino gehst?
7. Schwärmst du für Filme aus Deutschland im Original? Verstehst du, was passiert? Verstehst du, was die Schauspieler auf deutsch sagen?
8. Welche Filme haben dich besonders beeindruckt? Warum?

E. **Und Sie?** Antworten Sie auf jede Frage!

1. Wann müssen Sie auf einen Bus warten?
2. Wann denken Sie an Ihre Arbeit?
3. Wann denken Sie an Ihre Familie?
4. Wonach fragen Sie Ihre Eltern?
5. Schauen Sie immer auf die Uhr? Wollen Sie immer wissen, wieviel Uhr es ist? Warum (nicht)?
6. Gehen Sie oft ins Theater? in die Oper? Warum (nicht)?
7. Wann sind Sie froh?
8. Wann sind Sie traurig?

KULTURECKE

▶ Gymnasium students are called **Schüler** or **Schülerinnen,** whereas university students are called **Studenten** or **Studentinnen.** Students who qualify attend a secondary school, usually called a **Gymnasium,** for about nine years after the initial four years in the **Grundschule.** When they graduate, they are on an academic level roughly equivalent to that of American students who have had one or two years of college.

▶ In a normal year, about 7,000 Americans participate in student exchange programs in West Germany. In 1983, however, in celebration of the 300th year of German–American friendship, the number of students increased to 10,000. During that year there were special cultural exchange programs between German and American cities. Particular attention was given to the role of German immigrants in the United States and the contributions they made to American life.

▶ In the Western world, the theater as a social institution began in central Europe with the Christian Mass of the early Middle Ages. The forerunners of the theater as we know it today, however, were the "strolling players" of the nonaristocratic classes and the court theaters of the aristocracy in the seventeenth and eighteenth centuries. Beginning in the late eighteenth and throughout the nineteenth century, the municipal theater and the court theater existed side by side. When the aristocracy was abolished as a legal entity in Germany in 1918, the court theater was taken over by the individual states. Today there are **Stadttheater** (under the jurisdiction of city governments) and **Staatstheater** (under the jurisdiction of the individual states, or **Bundesländer**).

The theater is so heavily subsidized by taxes that every effort is made to serve as many people as possible. Ticket prices are kept relatively low, and reduced rates are available to subscribers, theater audience organizations, students, and others.

Thousands of people work in the theater as employees of the state. These include singers, dancers, directors, producers, designers, and musicians. Although most actors are native German speakers, at least 40 percent of the singers are foreigners.

Only about half of all plays performed in Germany are written by German playwrights. The most popular playwrights in Germany since World War II have been Bertolt Brecht, Shakespeare, and Molière. Plays by the German classicists Lessing, Schiller, and Goethe are also very popular.

Kultur

Notiz: „Der Ring des Nibelungen"

Der Opernkomponist Richard Wagner wurde 1813 in Leipzig geboren.° Sein
größtes° Werk, „Der Ring des Nibelungen", stammt° aus einer Sage° der
altnordischen° Mythologie. Das Werk besteht° aus dem Prolog „Das Rheingold"
und der Trilogie „Siegfried", „Die Walküre"° und „Die Götterdämmerung".°

wurde . . . geboren *was born*
greatest / derives / saga
Old Norse / consists
Valkyrie / Twilight of the Gods

Das Rheingold

Die Götterdämmerung

Siegfried

Die Walküre

A. **Wagners Opern und die Geschäftswelt** (*business world*). *Prepare a dramatization of the following satire with two other members of the class. The characters are as follows:*

Gerd Sperling, Geschäftsmann
Gerda Sperling, seine Frau
Herr Schwertmüller, Generaldirektor vom Import-Export

Der ganze „Ring" für die Katz

(Kurz vor einer Aufführung° im Foyer des Bayreuther Festspielhauses)   Vorstellung

    Müssen wir denn morgen abend auch wieder in die Oper gehen, Gerda?
    Der „Ring" hat vier Tage, Gerd. „Rheingold", „Walküre", „Siegfried" und „Götterdämmerung".
    Und jedes Mal dauert es sechs Stunden?
    „Rheingold" dauert zweieinhalb, „Walküre", „Siegfried" und „Götterdäm-
merung" jeweils° sechs mit Pause.   *each*
    Und was ist heute dran?
    „Siegfried".
    Schrecklich!°   *terrible*
    Willst du nun Chef° vom Import-Export werden oder nicht!?   *boss*
    Schon, aber . . .
    Na also. Glaub mir, Gerd, hier in Bayreuth ist die beste Gelegenheit,° ein paar   *opportunity*
Worte mit Generaldirektor Schwertmüller persönlich zu wechseln.° In der Pause   zu . . . *to exchange*
bei einem Glas Sekt° sieht alles ganz anders aus.° Na, und dann, wenn Direktor   *champagne* / sieht . . . aus *will look*
Schwertmüller sieht, wie interessiert du an der Kultur bist . . . wo er doch jedes Jahr
nach Bayreuth fährt!
    Aber ich interessiere mich doch gar nicht für Kultur.
    Wenn du hier bist, sieht es aber so aus.
    Und Krause? Warum ist Krause nicht hier? Krause möchte doch auch Chef vom
Import-Export werden.
    Aber das ist es doch gerade! Deswegen° sind wir ja hier!   *that's why*
    Wegen was?
    Weil Krause nicht hier ist. Direktor Schwertmüller scheint° ein leiden-   *appears*
schaftlicher° Opernfan zu sein. Er soll sehen, daß du etwas Besseres° bist.   *avid* / etwas . . . *of a better class (of people)*
    Etwas Besseres?
    Etwas Besseres als Krause, mein Gott! Eben° ein kulturinteressierter Mensch!   *such*
    Gerda, weißt du was?
    Nein.
    Wenn ich im Festspielhaus sitze und die Musik hören muß, wird mir manchmal
richtig schlecht.

Reiß' dich zusammen,° Gerd. Ich habe dir schon hundertmal gesagt: „Wenn man Karriere° machen will, muß man sich zusammenreißen."

Ich reiße mich zusammen, Gerda, aber die vielen Töne° und der schreckliche Gesang,° das alles dreht mir den Magen um.°

Ich will jetzt nichts mehr davon hören, Gerd! Von einer Führungspersönlichkeit wie du sie werden willst, erwartet° man, daß sie auch schwierigen° Situationen psychisch und physisch standhält°!

Auch einer Wagner-Oper?

Auch einer Wager-Oper!

Manchmal glaube ich, Gerda, ich möchte überhaupt keine Führungspersönlichkeit werden.

Wie!!?

Ich möchte nach Hause fahren, Gerda.

Soll das heißen, wir haben uns gestern und vorgestern „Rheingold" und „Walküre" umsonst° angeschaut°!?

Ja.

Wenn man weiß, daß man keine Karriere machen will, braucht man nicht extra° nach Bayreuth zu fahren! Meinst du, mir macht es Spaß,° bei dem schönen Wetter andauernd° im dunklen Festspielhaus zu sitzen! Es ist immer das gleiche° mit dir, du bist ein Versager° . . . Achtung,° Gerd, Schwertmüller! Guten Tag, Herr Generaldirektor!

Guten Tag, gnädige° Frau. Guten Tag, Sperling. Auch hier in Bayreuth!? Soso. Schön, schön.

Mein Mann interessiert sich sehr für° Wagner.

Soso? Aha.

Er liebt° besonders den „Siegfried", den „Siegfried", den° wir heute sehen werden, ganz, besonders.

Beschäftigen Sie sich° viel mit der Kunst,° Sperling?

O ja, mein Mann geht jede Woche mindestens° dreimal ins Theater. Er kann ohne Theater nicht leben.

Soso, Sperling, soso. Gut, daß ich das weiß. Ich hatte mir schon fast so etwas gedacht. Menschen wie Sie sind sensibel,° sie brauchen Kultur, um atmen zu können.°

Sehr richtig, Herr Generaldirektor. Ohne Kultur bekommt er Krämpfe! Sauerstoffmangelkrämpfe!°

Gut, daß Sie mir das sagen. Ich wollte Sie nämlich schon fast zum Leiter° vom Import-Export machen, Sperling, aber wissen Sie, Menschen wie Sie, die Sinn° für die Kunst haben, passen dort nicht hin.° Im Import-Export geht es um knallhartes° Geschäft. Sensible Menschen ersticken° dort, verstehen Sie? Nein, Sperling, der Posten ist nichts für Sie. Wissen Sie, ich glaube, im Führungsstab° unserer Firma müssen Sie sein wie ich, ein Vollblutgeschäftsmann° . . .

Sehen Sie, nach Bayreuth fahre ich zum Beispiel bloß,° weil der Generaldirektor

reiß' . . . pull yourself together
career

sounds
*singing / dreht . . . turns my
stomach*

expects / difficult
stands up to

for nothing / watched

specially
*meinst . . . do you think it's fun for
me*
continuously / same
failure / look out

gracious

interessiert . . . is very interested in

loves / which

*beschäftigen . . . do you occupy
yourself / the arts*
at least

sensitive

um . . . in order to breathe

cramps due to a lack of oxygen
director
feeling
*passen . . . do not fit in there /
brutal*
suffocate
top management
full-blooded businessman

simply

Eine Aufführung (*performance*) von Richard Wagners „Lohengrin" in Bayreuth.

der „Österreichischen Motoren"—wie Sie wissen unser größter° Exportabneh-   *biggest*
mer—ein leidenschaftlicher Wagner-Fan ist. Können Sie sich das vorstellen?!° We-   können . . . *can you imagine that?*
gen eines Geschäfts höre ich mir eine sechsstündige Wagner-Oper an. Verrückt,°   *crazy*
nicht wahr!? Aber, was tut man nicht alles fürs Geschäft. Oh, dort drüben steht er.
Guten Abend, Sperling!

B. **Was sagen Sie dazu?** Diskussionsthemen:

1. Frau Sperling sagt zu ihrem Mann: „Du bist ein Versager." Wie meint sie das? Wie beschreibt Frau Sperling ihren Mann gegenüber Herrn Schwertmüller? Warum? Was für ein Mann ist Ihrer Meinung nach Gerd Sperling? Erklären Sie Ihre Antwort!
2. Beschreiben Sie Gerda Sperling! Denken Sie, daß Frau Sperling eine emanzipierte Frau ist? Kennen Sie eine Person wie sie? Erzählen Sie etwas von dieser Person! Mögen Sie diesen Menschentyp?
3. Wer ist Krause? Was wissen Sie über diesen Mann? Wird er vielleicht Chef vom Import-Export? Warum sagen Sie das?
4. Erklären Sie, warum Herr Schwertmüller nach Bayreuth fährt! Glauben Sie, daß er ein „Vollblutgeschäftsmann" ist? Erklären Sie Ihre Antwort!
5. Und Sie? Sind Sie „ein leidenschaftlicher Opernfan"? Warum (nicht)? Sind Sie ein „kulturinteressierter Mensch"? Erklären Sie Ihre Antwort!

6. Gerda sagt: „Von einer Führungspersönlichkeit . . . erwartet man, daß sie auch schwierigen Situationen psychisch und physisch standhält!" Warum sagt sie das zu ihrem Mann? Glauben Sie, daß Gerd eine Führungspersönlichkeit ist? Warum (nicht)? Wie beschreiben Sie eine Führungspersönlichkeit?

C. **Aufführungen.**

die Oper   das Drama   das Ballett

das Kabarett   der Zirkus   das Marionettentheater

1. Frau Sperling sagt: „Mein Mann geht jede Woche mindestens dreimal ins Theater. Er kann ohne Theater nicht leben." Wie oft gehen Sie ins Theater? einmal in der Woche? einmal im Monat? zweimal im Jahr? selten? nie? Warum?
2. Was für eine Vorstellung haben Sie einmal gesehen? Beschreiben Sie sie! (Wo? Wann? Was war der Titel? Wer hat das Stück geschrieben? Wer hat die Musik komponiert? Wer hat die Hauptrolle gespielt? gesungen? getanzt? Beschreiben Sie alles.)

Berichte und Geschichten

Würzburg. Statue von einem
Bischof im Vordergrund und die
Marienburg im Hintergrund.

VORSCHAU

A. Was ist das?

BEISPIEL: S1: Was ist eine Ratte?
S2: Das ist ein kleines Tier.

1. ein Rattenfänger
2. ein Rathaus
3. ein Schloß
4. ein Dorf
5. ein Märchen
6. eine Flöte
7. ein Fremder
8. ein Fremdenführer

a. Das ist ein musikalisches Instrument.
b. Diese Person ist neu in der Stadt; niemand kennt ihn.
c. Diese Person fängt (*catches*) Ratten.
d. Das ist eine Geschichte (*story*) für Kinder.
e. In diesem Gebäude (*building*) spricht man darüber, was in der Stadt passiert.
f. Diese Person führt (*leads*) Touristen durch die Stadt.
g. Hier haben ein König und eine Königin gewohnt.
h. Das ist eine kleine Siedlung (*settlement*) auf dem Land.

B. Geschichten: Wer hat was getan?

Wortschatz

bereuen, hat bereut *to regret*
erobern, hat erobert *to conquer*
ertrinken, ist ertrunken *to drown*
erzählen, hat erzählt *to tell*
fordern, hat gefordert *to demand*

heiraten, hat geheiratet *to marry*
predigen, hat gepredigt *to preach*
retten, hat gerettet *to save*
töten, hat getötet *to kill*
verwandeln, hat verwandelt *to transform*

1. Die Fremdenführerin hat den Schülern eine Geschichte ____.
2. Martin Luther hat in dieser Kirche ____.
3. Die Ratten sind im Fluß ____.
4. Der Rattenfänger hat sein Geld ____.
5. Die Leute haben ihre Untaten (*misdeeds*) ____.
6. Die Armee hat die Stadt ____.
7. Der General hat keinen Mann ____.
8. Die Frauen haben ihre Männer ____.
9. Elisabeth hat Ludwig ____.
10. Gott hat das Brot in Rosen ____.

C. **Marburg: eine Stadt aus dem Mittelalter** (*Middle Ages*). Lesen Sie über die Stadt Marburg und antworten Sie auf jede Frage!

1. Marburg an der Lahn: Die Lahn ist ein Fluß. Gibt es einen Fluß in der Nähe (*near*) Ihrer Stadt? Wenn ja: Wie heißt er?
2. Marburg ist eine Stadt aus dem Mittelalter. Viele Städte in Deutschland stammen (*stem*) aus dem Mittelalter. Wie alt ist Ihre Stadt?
3. In Deutschland sieht man viele Schlösser. Es gibt zum Beispiel ein Schloß auf einem Berg in der Nähe von Marburg. Gibt es ein Schloß in der Nähe Ihrer Stadt? Wenn ja: Wie heißt das Schloß? Gibt es Berge in der Nähe Ihrer Stadt?
4. Das Schloß in der Nähe von Marburg ist 600 Jahre alt. Gibt es Gebäude in Amerika, die (*which*) 600 Jahre alt sind? Wenn ja: Wo sind sie? Wer hat sie gebaut (*built*)?
5. Marburg ist eine Kleinstadt mit 74 000 Menschen. Wohnen Sie in einer Kleinstadt? in einem Dorf? in einer Großstadt? in der Hauptstadt? Wie viele Menschen wohnen in Ihrer Stadt?

WORTSCHATZ

Adjectives and Adverbs

blöd	dumb
kaum	hardly
krank	sick, ill
lahm	lame
schließlich	finally, eventually
verzweifelt	in despair

Nouns

die Altstadt	old city
die Armee, -n	army
der Bürger, -	citizen
das Ding, -e	thing
das Dorf, ̈-er	village
der Einfall, ̈-e	notion, brainstorm
das Erstaunen	amazement
die Flöte, -n	flute
der Fremde, -n (ein Fremder) / die Fremde, -n	stranger
der Fremdenführer, - / die Fremdenführerin, -nen	tour guide
das Gebäude, -	building
die Geschichte, -n	history; story
die Hilfe	help
der König, -e / die Königin, -nen	king/queen

die Krankheit, -en	illness	hinein·marschieren, ist	to march into
der Lohn, -̈e	payment, pay, wages	hineinmarschiert[†]	
das Mitleid	compassion	predigen, hat gepredigt	to preach
das Mittelalter	Middle Ages	retten, hat gerettet	to save
das Rathaus, -̈er	city hall	stammen, hat gestammt	to stem, come from originally
die Ratte, -n	rat		
der Rattenfänger, -	ratcatcher; pied piper	sterben (stirbt), starb, ist gestorben*	to die
die Rede, -n	speech		
der Rücken, -	back	töten, hat getötet	to kill
das Schloß, *pl.* Schlösser	castle	verbieten, verbot, hat verboten (+ *dat.*)*	to forbid
die Untat, -en	misdeed, crime		
der Wandertag, -e	outing, field trip	verwandeln, hat verwandelt	to change, transform
die Welt, -en	world		

Verbs

bereuen, hat bereut	to regret
bewundern, hat bewundert	to admire
erklären, hat erklärt	to declare; to explain
erobern, hat erobert	to conquer
ertrinken, ertrank, ist ertrunken*	to drown
erzählen, hat erzählt	to tell
fordern, hat gefordert	to demand
heiraten, hat geheiratet	to marry, get married
hinein·führen, hat hineingeführt[†]	to lead into

Useful Words and Phrases

am Fuße (+ *gen.*)	at the foot
am nächsten Tag	(on) the next day
auf Wandertag gehen	to go on a field trip
die heilige (Elisabeth) / der heilige (Augustinus)	Saint Elizabeth / Saint Augustine
in der Nähe (von)	near, close, in the vicinity (of)
obwohl	although
x-mal	countless times
zur Welt kommen	to be born, come into the world

GRAMMATIK

Anne-Marie und Petra sind zwei Schülerinnen einer Gymnasialklasse, die an einem Wandertag Marburg besucht. Die Schüler, die schon etwas ungeduldig geworden sind, sitzen zusammen im Tour-Bus, während der Fremdenführer durch das Mikrophon spricht.

DER FREMDENFÜHRER: Vor uns sehen wir das Michelchen. Das ist die Kirche, in der Martin Luther gepredigt hat.

ANNE-MARIE: Und das ist eine Rede, die ich bestimmt schon x-mal gehört habe! Ich finde es so blöd, wenn Schüler, die

---

* Beginning with this chapter, all three principal parts of strong verbs will be listed: infinitive, past tense of the third person singular, past participle.
† **Hineinführen** and **hineinmarschieren** are separable prefix verbs and are treated in the same way as **fernsehen** (**sieht fern, sah fern, hat ferngesehen**) in Chapter 7. Separable prefix verbs will be treated in full detail in Chapter 13.

schon siebzehn oder achtzehn Jahre alt sind, noch auf
Wandertag gehen müssen.

PETRA: Aber ich finde es manchmal interessant, wenn ich über
Dinge oder Leute höre, deren Geschichte ich schon gut
kenne. Die heilige Elisabeth, zum Beispiel, ist eine Frau,
die ich schon lange bewundere.

A. **Am Wandertag.**

1. Was sagt der Fremdenführer über das Michelchen?   2. Warum findet
Anne-Marie die Rede des Fremdenführers nicht interessant?   3. Was findet
Anne-Marie auch blöd?   4. Über wen hört Petra gern Geschichten?
5. Wer ist, für Petra, die heilige Elisabeth?

B. **Fragen Sie Ihren Nachbarn/Ihre Nachbarin:** Wer ist eine Person, die du
bewunderst?

Relative Pronouns

A relative pronoun begins a relative clause and refers back to a noun (called the
antecedent) in the main clause.

MAIN CLAUSE	RELATIVE CLAUSE
Das ist **eine Kirche,**	**die** sehr interessant ist.
That is a church	*that is very interesting.*

MAIN CLAUSE	RELATIVE CLAUSE
Das ist **der König,**	**dessen** Namen ich vergessen habe.
That is the king	*whose name I've forgotten.*

The relative pronoun has the same forms as the definite article, except that an **en**
ending is added to the dative plural and to all forms in the genitive case. Note that
in the masculine and neuter genitive forms the **s** is doubled before the **en** ending:
dessen.

	MASCULINE	FEMININE	NEUTER	PLURAL
NOMINATIVE	der	die	das	die
ACCUSATIVE	den	die	das	die
DATIVE	dem	der	dem	den**en**
GENITIVE	des**sen**	der**en**	des**sen**	der**en**

When forming a relative clause in German, you need to remember the following:

1. Unlike in English, the relative pronoun is never omitted in German: **der
Mann, den ich gesehen habe** (*the man I saw*).
2. Like other prepositional objects, the relative pronoun follows the preposition
in a phrase: **der Bus, auf den wir warten.**

3. A relative clause is set off by commas.
4. Like other dependent clauses, a relative clause ends with the conjugated verb.
5. The relative pronoun must agree with the *antecedent* in *gender and number*.
6. The *case* depends on the *function* of the relative pronoun within its own clause—that is, whether it is a subject (nominative), a direct object (accusative), an indirect object (dative), or a prepositional object (accusative, dative, or genitive, depending on the preposition and verb) or whether it expresses a type of possessive relationship (genitive).

NEUTER SINGULAR	(SUBJECT) NOMINATIVE

Wo ist **das Kind,**   **das** auf dem Wandertag war?
                  (**Das Kind** war auf dem Wandertag.)
Where is the child   *who was on the school outing?*
                  (*The child was on the school outing.*)

MASCULINE SINGULAR	(DIRECT OBJECT) ACCUSATIVE

Ist das **der Bus,**   **den** wir genommen haben?
                (Wir haben **den Bus** genommen.)
Is that the bus   *that we took?*
                (*We took the bus.*)

MASCULINE SINGULAR	(PREPOSITIONAL OBJECT) DATIVE

Der Bus,   **mit dem** wir gefahren sind, steht da.
          (Wir sind **mit dem Bus** gefahren.)
The bus   *on which we came is standing there.*
          (*We came by bus.*)

FEMININE SINGULAR	(PREPOSITIONAL OBJECT) DATIVE

Die Kirche,   **von der** wir sprechen, ist bestimmt sehr alt.
            (Wir sprechen **von der Kirche.**)
The church   *of which we're speaking is certainly very old.*
            (*We're talking about the church.*)

FEMININE SINGULAR	(OBJECT OF DATIVE VERB) DATIVE

Die Studentin,   **der** ich eben geantwortet habe, ist meine Freundin.
                (Ich habe **der Studentin** geantwortet.)
The student   *whom I just answered is my friend.*
                (*I answered the student.*)

PLURAL	(POSSESSIVE) GENITIVE

Diese Leute,   **deren** Geschichte wir lernen, haben hier gewohnt.
              (Wir lernen die Geschichte **dieser Leute.**)
These people,   *whose history we're studying, lived here.*
              (*We're studying these people's history.*)

Kontraste in Bayern. Kirche
neben elektronischer Erdstation
(*earth station*).

Übungen

A. Was interessiert Sie?

BEISPIEL: eine Kirche → Das ist eine Kirche, die mich interessiert.

1. ein Dorf
2. eine Geschichte
3. ein Film
4. ein Krimi
5. eine Stadt
6. ein Projekt

B. Wessen Namen haben Sie vergessen?

BEISPIEL: der Mann →
Das ist der Mann, dessen Namen ich vergessen habe.

1. die Frau
2. das Geschäft
3. der Schauspieler
4. der Fluß
5. das Krankenhaus
6. die Bäckerei

C. Wie kann man das noch sagen?

BEISPIEL: Das ist das Geschäft, in dem wir das Aspirin gekauft haben. →
Wir haben das Aspirin in diesem Geschäft gekauft.

1. Das ist ein Mensch, den ich schon lange bewundere.
2. Das ist eine Rede, die ich nie vergessen werde.
3. Das ist der Autor, mit dem ich sprechen will.
4. Das ist ein Stück, das ich schon gut kenne.
5. Das ist der Mann, dessen Sohn mein bester Freund ist.
6. Das ist die Familie, bei der ich wohne.

D. **Machen Sie alles klar!** *Supply the correct relative pronoun to complete each sentence.*

1. Das Büch, von ＿＿ Sie sicher schon gehört haben, ist sehr interessant.
2. Die Leute, mit ＿＿ wir gestern gesprochen haben, wohnen in Köln.
3. Das ist das Projekt, an ＿＿ ich sehr lange gearbeitet habe.
4. Ich mag die Sendung nicht, für ＿＿ die Leute schwärmen.
5. Das ist eine Rede, ＿＿ ich nicht mehr hören will.
6. Das Schloß, in ＿＿ der König gewohnt hat, ist sehr alt.
7. Elisabeth, ＿＿ Geschichte ich kenne, hat in Marburg gewohnt.
8. Der Fremdenführer, auf ＿＿ wir gewartet haben, kennt die Geschichte dieses Gebietes sehr gut.
9. Die Schüler, ＿＿ wir gestern geholfen haben, waren auf Wandertag.
10. Wir stehen jetzt vor der Kirche, in ＿＿ Luther gepredigt hat.
11. Der Schauspieler, an ＿＿ du immer denkst, stammt aus diesem Dorf.

E. **Der Wandertag.** Auf deutsch, bitte!

The students, who have already grown somewhat impatient, are sitting together on the tour bus. Mrs. Stein, who is their tour guide today, is speaking through a microphone. "In front of us we see the church in which Martin Luther preached."

HEINZ: That's a church I've certainly seen countless times!

SUSI: And that's a speech we've heard countless times in school.

THOMAS: Don't you (*infor. pl.*) find it dumb that students who are seventeen or eighteen years old still have to go on school outings?

ANDREAS: I find it interesting when I hear about things or people whose history I already know well. Martin Luther, for example, is a man whom I've admired for a long time.

F. **Sprechen Sie mit Ihrem Nachbarn/Ihrer Nachbarin!** *Use the following vocabulary and ask your partner to name specific persons, places, or things.*

BEISPIELE: S1: Nenne eine Stadt, die du besuchen möchtest!
S2: Berlin ist eine Stadt, die ich besuchen möchte.

S1: Nenne einen Autor, dessen Bücher du lesen möchtest!
S2: Thomas Mann ist ein Autor, dessen Bücher ich lesen möchte.

ein Land	sehen
eine Frau	besuchen
ein Mann	kennen
ein Dorf	sprechen mit
ein Buch	kaufen
ein Film	helfen
eine Fernsehsendung	danken
eine Stadt	besprechen
ein Autor/eine Autorin	sprechen über
ein Auto	wohnen

G. **Fotos und Bilder.** *Bring several snapshots, postcards, and/or magazine pictures to class. Be prepared to tell about them and to answer questions.*

BEISPIELE: S1: Hier ist ein Foto von meinem Bruder Michael, der jetzt in Minneapolis wohnt. Und das ist seine Frau Emily, die in einer Bank arbeitet.

S2: Wer ist der Junge?

S1: Das ist Jason. Er ist Emilys Sohn und der Stiefsohn meines Bruders.

S3: Hier ist ein Bild von einem Auto, das ich eines Tages kaufen möchte.

S4: Wieviel kostet dieses Auto?

Der Rattenfänger von Hameln

Vor Jahren waren die Bürger der Stadt Hameln ganz verzweifelt. In ihrer Stadt lebten so viele Ratten, daß die Menschen nichts mehr zu essen hatten.

Eines Tages besuchte ein Fremder die Stadt und sagte: „Ich kann euch helfen, aber nur, wenn ihr mir viel Geld für meine Hilfe versprecht." Die Bürger waren froh und akzeptierten sein Angebot.

Der Rattenfänger spielte auf seiner Flöte, und alle Ratten folgten ihm, auch als er in einen Fluß hineinmarschierte. Weil Ratten aber kurze Beine haben, mußten sie alle darin ertrinken.

Später, als der Rattenfänger seinen Lohn forderte, wollten die Bürger ihn nicht bezahlen. Er mußte die Stadt ohne sein Geld verlassen.

Eine Woche später konnte man den Rattenfänger wieder in der Stadt sehen. Es war Sonntag, und alle Leute außer den Kindern waren in der Kirche. Der Rattenfänger spielte wieder auf seiner Flöte, aber jetzt folgten ihm nicht die Ratten, sondern alle Kinder der Stadt. Er führte die Kinder von Hameln in einen Berg hinein.

Ein Junge konnte dem Rattenfänger nicht folgen, weil er lahm war. Also konnte er später den Bürgern von Hameln alles erzählen. Obwohl die Bürger ihre Untat bereuten und die Kinder lange suchten, konnten sie ihre Kinder nie wiederfinden.

Der Rattenfänger von Hameln.

1. Welches Problem hatten die Bürger der Stadt Hameln?   2. Wie konnte der Fremde den Bürgern helfen?   3. Was sollten die Bürger dann für ihn tun?   4. Wie befreite der Fremde die Stadt von den Ratten?   5. Warum mußte er die Stadt ohne seinen Lohn verlassen?   6. Was passierte später, als der Fremde nach Hameln zurückkam und wieder auf seiner Flöte spielte? 7. Von wem hörten die Eltern die Geschichte?

Eine pastorale Szene. Ein Hirt (*shepherd*) mit seiner Herde im Schwarzwald.

Past Tense: Weak Verbs; Modals

The past tense, like the present tense, is a simple tense that consists only of the conjugated verb form. In this chapter you will learn how to form and use the past tense of all three types of German verbs: weak, strong, and irregular weak.

	PRESENT TENSE
WEAK VERB	Ratten **leben** in Hameln.
STRONG VERB	Die Bürger **gehen** in die Kirche.
IRREGULAR WEAK VERB	Die Eltern **denken** an ihre Kinder.
	PRESENT PERFECT TENSE
WEAK VERB	Ratten **haben** in Hameln **gelebt.**
STRONG VERB	Die Bürger **sind** in die Kirche **gegangen.**
IRREGULAR WEAK VERB	Die Eltern **haben** an ihre Kinder **gedacht.**
	PAST TENSE
WEAK VERB	Ratten **lebten** in Hameln.
STRONG VERB	Die Bürger **gingen** in die Kirche.
IRREGULAR WEAK VERB	Die Eltern **dachten** an ihre Kinder.

As far as meaning is concerned, the present perfect and the past tense are often virtually interchangeable in German. The English *I visited,* for example, can be expressed either as **ich habe besucht** (present perfect) or as **ich besuchte** (past). The present perfect tense is generally preferred in conversation, however, whereas the past tense is preferred in written or more formal verbal accounts—particularly those that relate a series of events that occurred in the past. In short, the present perfect tense can be thought of as the *conversational past,* and the past tense, as the *narrative past*.

Weak Verbs

The past tense of weak verbs is formed by adding the past endings, which begin with **t,** to the verb stem. Note that the **ich** and **er, sie, es** forms are the same.

	leben		
ich	leb**te**	wir	leb**ten**
du	leb**test**	ihr	leb**tet**
er sie es	leb**te**	sie	leb**ten**
	Sie leb**ten**		

As in the present tense, an **e** is inserted between the verb stem and the past-tense ending when pronunciation would otherwise be difficult: **ich arbeitete; ich öffnete; es regnete.**

Modals

The past tense of modals is formed by adding the past endings of weak verbs to the verb stem minus any umlaut. Note that the past stem of **mögen** is **moch.**

INFINITIVE	**dürfen**	**können**	**mögen**	**müssen**	**sollen**	**wollen**
PAST STEM	**durf**	**konn**	**moch**	**muß**	**soll**	**woll**
ich	durf**te**	konn**te**	moch**te**	muß**te**	soll**te**	woll**te**
du	durf**test**	konn**test**	moch**test**	muß**test**	soll**test**	woll**test**
er sie es	durf**te**	konn**te**	moch**te**	muß**te**	soll**te**	woll**te**
wir	durf**ten**	konn**ten**	moch**ten**	muß**ten**	soll**ten**	woll**ten**
ihr	durf**tet**	konn**tet**	moch**tet**	muß**tet**	soll**tet**	woll**tet**
sie	durf**ten**	konn**ten**	moch**ten**	muß**ten**	soll**ten**	woll**ten**
Sie	durf**ten**	konn**ten**	moch**ten**	muß**ten**	soll**ten**	woll**ten**

Sentences with modals in the past tense are formed just as in the present tense, with the modal in the appropriate verb position and the infinitive of the main verb at the end.

> Die Bürger **konnten** ihre Kinder nicht finden.
>
> *The townspeople couldn't find their children.*

Hameln: das Rattenfänger-Haus, 1602 erbaut.

Das Rathaus in Groß Heubach.

Übungen

A. **Der Rattenfänger von Hameln.** Erzählen Sie die Geschichte im Imperfekt (*past tense*)!

1. Die Bürger sind verzweifelt.
2. Viele Ratten leben in ihrer Stadt.
3. Eines Tages besucht ein Fremder die Stadt.
4. Er kann den Bürgern helfen.
5. Die Bürger akzeptieren sein Angebot.
6. Der Rattenfänger spielt auf seiner Flöte.
7. Alle Ratten folgen ihm.
8. Er führt die Ratten in den Fluß hinein.

B. **Fragen über die Geschichte.** Stellen Sie jede Frage im Imperfekt!

1. Wer kann den Leuten helfen?
2. Warum müssen die Ratten ertrinken?
3. Warum muß der Rattenfänger die Stadt ohne sein Geld verlassen?
4. Warum kann ein Kind dem Rattenfänger nicht folgen?
5. Können die Bürger die Kinder finden?

C. **Fragen und Antworten.** Stellen Sie einem Studenten/einer Studentin jede Frage in Übung B!

BEISPIEL: S1: Wer konnte den Leuten helfen?
S2: Der Fremde konnte den Leuten helfen.

D. **Was machten die Touristen in der deutschen Stadt?** *Restate each sentence first with* ich *and then with* wir *as the subject.*

BEISPIEL: Sie wollten alles sehen. →
Ich wollte alles sehen. Wir wollten alles sehen.

1. Sie mußten im Tour-Bus sitzen.
2. Sie mochten den Tour-Bus nicht.
3. Sie konnten den Fremdenführer gut verstehen.
4. Sie durften die Universität besuchen.
5. Sie sollten eine Stunde in der Altstadt verbringen.
6. Sie mußten drei Kirchen besuchen.

E. **Alle Ratten verließen die Stadt Hameln und ertranken in dem Fluß. Und dann?** Erzählen Sie den Rest der Geschichte auf deutsch!

The Pied Piper demanded his payment, but the people did not want to pay him. He had to leave the town without his money. One week later the Pied Piper visited the town again. He played his flute, and all the children followed him. He led them into a mountain, and their parents could never find them.

F. **Als Kind . . .** Sie möchten einen Studenten/eine Studentin besser kennenlernen. Stellen Sie Fragen!

BEISPIEL: müssen / immer früh nach Hause gehen →
S1: Mußtest du als Kind immer früh nach Hause gehen?
S2: Ja, ich mußte immer um neun Uhr nach Hause gehen. / Nein, ich konnte nach Hause gehen, wann ich wollte.

1. dürfen / oft ins Kino gehen
2. sollen / das Geschirr spülen
3. können / Deutsch sprechen
4. wollen / immer im Park spielen
5. mögen / Pizza und Cola
6. müssen / an Schultagen früh ins Bett gehen

G. **Erzählen Sie von einer Stadt, die Sie einmal besucht haben!** *Tell or write about your experiences in a narrative. Answer the following questions.*

1. Welche Stadt besuchten Sie einmal?
2. Was machten Sie dort?
3. Wen besuchten Sie dort?
4. Was wollten Sie dort sehen?
5. Warum mußten Sie schließlich die Stadt verlassen?
6. Mochten Sie diese Stadt? Warum (nicht)?

Die Weiber* von Weinsberg

Vor vielen Jahren kam eine Armee nach Weinsberg und eroberte die Stadt. Der General der Armee wollte alle Männer der Stadt töten. Mit den Frauen hatte er jedoch Mitleid, und er sagte: „Morgen dürft ihr alle die Stadt verlassen, und die Dinge, die ihr auf eurem Rücken tragen könnt, dürft ihr auch aus der Stadt bringen."

Die Frauen schliefen in dieser Nacht kaum. Sie wußten nicht, was sie tun sollten und dachten nur an ihre Männer, die am nächsten Tag sterben mußten.

Als es am nächsten Tag wieder hell wurde, verließen die Frauen die Stadt. Aber zu dem Erstaunen des Generals trug jede Frau ihren Mann auf dem Rücken. Der General bewunderte diesen Einfall der Frauen so sehr, daß er die Männer deswegen nicht tötete. So konnten die Weiber von Weinsberg ihre Männer retten.

Die Weiber von Weinsberg.

1. Was wollte der General machen, dessen Armee Weinsberg eroberte?
2. Wie zeigte er sein Mitleid mit den Frauen?   3. Wann sollten die Frauen die Stadt verlassen?   4. Welchen Plan machten die Frauen in der Nacht vorher?   5. Wie verließen die Frauen die Stadt?   6. Warum tötete der General die Männer nicht?

Past Tense: Strong Verbs; Irregular Weak Verbs

Strong Verbs

In the past tense of strong verbs, the stem vowels—and sometimes the stem consonants—differ from those of the infinitive. The past endings of strong verbs are the same as the present endings, except that no ending is added to the first- and third-person singular forms.

kommen			
ich	kam	wir	kam**en**
du	kam**st**	ihr	kam**t**
er sie es	kam	sie	kam**en**
	Sie	kam**en**	

gehen			
ich	ging	wir	ging**en**
du	ging**st**	ihr	ging**t**
er sie es	ging	sie	ging**en**
	Sie	ging**en**	

* **Weiber = Frauen.** Today the word **das Weib, -er** has a negative connotation.

„Als Kind wollte ich immer im Freien (*outdoors*) spielen."

Irregular Weak Verbs

The past tense of irregular weak verbs is formed by adding the past endings of weak verbs to the verb stem. As with strong verbs, however, the stem vowel of the past tense differs from that of the infinitive. The stem consonants of some irregular weak verbs also change.

kennen			
ich	kann**te**	wir	kann**ten**
du	kann**test**	ihr	kann**tet**
er sic es	kann**te**	sie	kann**ten**
	Sie	kann**ten**	

bringen			
ich	brach**te**	wir	brach**ten**
du	brach**test**	ihr	brach**tet**
er sie es	brach**te**	sie	brach**ten**
	Sie	brach**ten**	

Principal Parts

The three principal parts of verbs are the infinitive, the past-tense form of the third-person singular, and the auxiliary plus the past participle.

WEAK VERB	wohnen, wohnte, hat gewohnt
STRONG VERB	kommen, kam, ist gekommen
IRREGULAR WEAK VERB	bringen, brachte, hat gebracht

The principal parts of weak verbs are regular and predictable, but the principal parts of strong verbs must be learned individually. Many strong verbs have a different stem vowel in each of the three principal parts: **finden, fand, hat gefunden.** By knowing the principal parts, you will be able to form all the tenses of the verb. The following is a reference list of the verbs you have learned so far.

	INFINITIVE	PAST	AUXILIARY + PAST PARTICIPLE
WEAK	wohnen	wohnte	hat gewohnt
IRREGULAR WEAK	bringen	brachte	hat gebracht
	denken	dachte	hat gedacht
	haben	hatte	hat gehabt
	kennen	kannte	hat gekannt
	nennen	nannte	hat genannt
	wissen	wußte	hat gewußt
STRONG	beginnen	begann	hat begonnen
	bleiben	blieb	ist geblieben
	essen	aß	hat gegessen
	fahren	fuhr	ist gefahren
	finden	fand	hat gefunden
	geben	gab	hat gegeben
	gefallen	gefiel	hat gefallen
	gehen	ging	ist gegangen
	halten	hielt	hat gehalten
	heißen	hieß	hat geheißen
	helfen	half	hat geholfen
	kommen	kam	ist gekommen
	lassen	ließ	hat gelassen
	laufen	lief	ist gelaufen
	lesen	las	hat gelesen
	liegen	lag	hat gelegen
	nehmen	nahm	hat genommen
	rufen	rief	hat gerufen
	schlafen	schlief	hat geschlafen
	schließen	schloß	hat geschlossen
	schreiben	schrieb	hat geschrieben
	sehen	sah	hat gesehen
	sein	war	ist gewesen
	singen	sang	hat gesungen
	sitzen	saß	hat gesessen
	sprechen	sprach	hat gesprochen
	stehen	stand	hat gestanden
	sterben	starb	ist gestorben
	tragen	trug	hat getragen
	treffen	traf	hat getroffen
	trinken	trank	hat getrunken
	tun	tat	hat getan
	verbieten	verbot	hat verboten
	vergessen	vergaß	hat vergessen
	waschen	wusch	hat gewaschen
	werden	wurde	ist geworden

Neuschwanstein in den Bayrischen Alpen. Romantisches Traumschloß (*dream castle*) von König Ludwig II.

The principal parts of verbs with the so-called inseparable prefixes (**erkennen, beschreiben, verlassen**) follow the same pattern as those of the basic verbs (**kennen, schreiben, lassen**), except that the past participle form has no **ge** prefix.

kennen	kannte	hat	gekannt
erkennen	erkannte	hat	erkannt
schreiben	schrieb	hat	geschrieben
beschreiben	beschrieb	hat	beschrieben

Übungen

A. **Peter gab eine Party.** Erzählen Sie, was jede Person brachte!

BEISPIEL: ich / Blumen → Ich brachte Blumen.

1. wir / das Bier
2. du / das Brot
3. Helga / die Wurst
4. Sie / die Brezeln
5. Max / nichts
6. ihr / eine Torte
7. ich / den Kaffee
8. Anna und Karl / die Musik

B. **Einige Jahre später.** Erzählen Sie, was jede Person wurde!

BEISPIEL: Elisabeth Fischer / Schauspielerin →
Elisabeth Fischer wurde Schauspielerin.

1. Dieter Berg / Historiker
2. wir / Freunde
3. ich / Reiseführerin
4. Sie / Architekt
5. Rudolf Mayer und Maria Schwarz / Mann und Frau
6. du / Politikerin
7. ihr / Studenten
8. Margarete Engel / Nonne

C. **Herr Jones, ein Amerikaner, machte eine Reise nach Europa.** Was tat er in jeder Stadt? Erzählen Sie die Geschichte im Imperfekt!

1. Herr Jones bleibt eine Woche lang in Paris.
2. Er nimmt den Zug nach Frankfurt.
3. In Heidelberg geht er aufs Schloß.
4. Er sieht einige Kirchen in Mainz.
5. Er trinkt Bier in München.
6. Er schreibt Postkarten in Zürich.
7. Er trifft Freunde in Salzburg.
8. Er verläßt Österreich und fährt nach Rom.

D. **Ich . . . / Wir . . .** *Restate the story in Exercise C with different subjects:* ich, *then* wir.

BEISPIEL: Herr Jones blieb eine Woche lang in Paris. →
Ich blieb eine Woche lang in Paris. . . .
Wir blieben eine Woche lang in Paris. . . .

E. **Die Weiber von Weinsberg.** Ergänzen Sie die Verben im Imperfekt!

Eine Armee ___ (kommen) nach Weinsberg und ___ (erobern) die Stadt. Der General ___ (wollen) alle Männer der Stadt töten. Mit den Frauen ___ (haben) er Mitleid. Sie ___ (dürfen) die Stadt verlassen, aber sie ___ (dürfen) nur die Dinge, die sie auf dem Rücken tragen ___ (können), aus der Stadt bringen.

    Die Frauen ___ (schlafen) kaum. Sie ___ (wissen) nicht, was sie tun ___ (sollen). Sie ___ (denken) nur an ihre Männer, die am nächsten Tag sterben ___ (müssen).

    Am nächsten Tag ___ (tragen) die Frauen ihre Männer auf dem Rücken aus der Stadt und ___ (retten) sie.

F. **Stellen Sie Fragen über die Geschichte!** Auf deutsch, bitte!

1. Who came to Weinsberg and conquered the town?
2. Why did the women of the town hardly sleep?
3. Why did they think only of their husbands?
4. Did they know how they could save their husbands?
5. How did the women leave the town?
6. What did they carry on their backs?

G. **Karl sitzt im Café und schreibt in sein Tagebuch** (*diary*). Geben Sie den Text im Imperfekt!

Ich bin allein. Ich sitze im Studentencafé. Ich trinke einen Kaffee und esse ein Wurstbrot. Ich lese nicht, weil ich keine Zeitungen sehe. Ich bemerke einen Professor und eine Professorin, die über ein Stück von Brecht sprechen. Ein Student, der viele Bücher trägt, geht durch die Tür. Eine Studentin, die ich nicht kenne, kommt an meinen Tisch. Ich schreibe nicht mehr, weil . . .

H. **Und dann? Was schrieb Karl weiter?** Wie hieß die Studentin, die an seinen Tisch kam? Was dachte er? Was sagte diese Studentin? Was sagte Karl? Nahm die Studentin an seinem Tisch Platz? Wovon sprachen sie und Karl? Trank sie etwas? Und dann? *Pretend you are Karl and finish his notes (from Exercise G) as he might have done later that day.*

I. **Gestern.** Was taten Sie? Wohin gingen Sie? Was aßen Sie? Was tranken Sie? Was sahen Sie? Wen besuchten Sie? Wer kam zu Ihnen? Mit wem sprachen Sie? Was lasen Sie? Was mußten Sie schreiben? Schliefen Sie während des Tages? Blieben Sie den ganzen Tag zu Hause? Sahen Sie fern?

1. Fragen Sie Ihren Nachbarn/Ihre Nachbarin, was er/sie gestern alles machte!
2. Erzählen Sie der Klasse, was er/sie gemacht hat!

SAMMELTEXT

Die Geschichte von der heiligen Elisabeth aus Marburg

Marburg ist eine Stadt aus dem Mittelalter, die auch modern ist. Während manche Gebäude der Universität neu sind, stammen viele Gebäude der Altstadt und das Schloß noch aus dem Mittelalter. Ungefähr° zehn Minuten zu Fuß° vom Rathaus entfernt° ist die Elisabethkirche, die schon 600 Jahre alt ist. Man hat sie nach der heiligen Elisabeth benannt.° *approximately / zu . . . on foot* *away* *called*

Elisabeth kam 1207 in Ungarn zur Welt. Sie war die Tochter des Königs. Als sie vier Jahre alt war, brachte man sie auf die Wartburg. Ihr Spielkamerad,° den man mit ihr zusammen auf der Wartburg erzog,° war Landgraf° Ludwig IV.* von Thüringen. Schon als Elisabeth vier war, verlobte° man sie mit Ludwig, und als sie vierzehn war, heiratete sie ihn. Sie lebten zusammen auf der Wartburg in Thüringen; auch Marburg gehörte der Familie des Grafen. *playmate / brought up / Count / betrothed*

Elisabeth liebte Ludwig, und er liebte sie auch, doch konnte er ihre Barmherzigkeit° nie ganz verstehen. Sie ging fast jeden Tag in das Dorf, wo sie den Leuten half. Ludwig verbot ihr das. *compassion*

Eines Tages verließ Elisabeth das Schloß mit einem Korb° voll Brot. Ludwig wollte in den Korb schauen. Nach der Sage° verwandelte Gott das Brot in Rosen. Als Elisabeth die Leute dann erreichte,° denen sie das Brot geben wollte, verwandelte Gott die Rosen wieder in Brot. *basket / legend / reached*

Ludwig ging 1227 nach Italien, wo Kaiser Friedrich II.* einen Kreuzzug° organisierte. Während er aber noch in Italien war, starb er an einer Krankheit. *crusade*

Elisabeth ging dann nach Marburg. Doch wohnte sie nicht in dem Schloß, das ihr seit ihrer Hochzeit° gehörte. Sie entsagte° der Welt und wurde Nonne. Sie gründete° am Fuße des Berges in der Nähe des Flusses ein Krankenhaus.° Dort arbeitete sie, bis sie 1231 starb. Aus ganz Deutschland kamen Leute zu ihrem Grab.° Man sagte, daß Menschen, die krank waren und das Grab besuchten, wieder gesund wurden.° Im Juni 1235 sprach der Papst° Elisabeth heilig,° und im August begann man mit dem Bau° der Elisabethkirche. *wedding / renounced / founded / hospital / grave / wieder . . . regained health / pope / sprach . . . heilig declared a saint / construction*

Elisabeth aus Marburg.

1. Woher stammte Elisabeth?
2. Wie alt war Elisabeth, als man sie auf die Wartburg brachte?
3. Wen heiratete Elisabeth?
4. Warum ging Elisabeth jeden Tag ins Dorf?
5. Was verwandelte Gott in Rosen?
6. Wo starb Ludwig?

---

* Read as **Ludwig der Vierte; Kaiser Friedrich der Zweite.**

Sammelübungen

A. Wer war Elisabeth?

Elisabeth _____ (*came*) 1207 in Ungarn zur Welt und war die Tochter _____ _____ (*of the king*). Als sie vier Jahre alt war, _____ (*brought*) man sie auf die Wartburg. Ihr Spielkamerad, _____ (*whom*) man mit ihr zusammen auf der Wartburg erzog, _____ (*was*) Ludwig IV. von Thüringen. Als sie vierzehn war, _____ (*married*) Elisabeth Ludwig, und sie _____ (*lived*) zusammen auf der Wartburg in Thüringen.

B. Eine Liebesgeschichte. Erzählen Sie die Geschichte im Imperfekt!

Margarete kommt in Deutschland zur Welt. Sechs Jahre später bringen ihre Eltern sie nach Österreich. Die Familie zieht in ein großes Haus, das zwanzig Zimmer hat. Sie wohnt auf dem Land in der Nähe von Salzburg. Mit siebzehn heiratet Margarete Friedrich, dessen Familie viel Geld hat. Weil Friedrich sie liebt, gibt er Margarete ein Schloß, das ihm gehört, als Geschenk. Margarete und Friedrich wohnen dreißig Jahre zusammen auf diesem Schloß.

C. Heinrich. Erzählen Sie die Geschichte im Präsens!

Der König und die Königin konnten ihren Sohn Heinrich nicht verstehen. Sie gaben Heinrich alles, aber er wollte nur den armen (*poor*) Leuten helfen, die im Dorf wohnten. Eines Tages verließ Heinrich das Schloß mit viel Brot, das er den Leuten geben wollte. Die Königin sah das Brot und verbot ihm das. Heinrich ging nach Italien, wo er Mönch (*monk*) wurde.

D. Deutsche Literatur. *Each of the following sentences is the opening of a short story. Use the correct past-tense form(s) to complete each story.*

1. Joseph Roth: Es _____ (sein) einmal ein Kaiser.
2. Hans Bender: Mein Leutnant _____ (haben) immer Hunger.
3. Peter Altenberg: Sie (*fem. sg.*) _____ (können) den Pudel nicht mit in das Theater nehmen. So _____ (bleiben) der Pudel bei mir im Café, und wir _____ (erwarten) die Herrin.
4. Robert Walser: Ich _____ (sehen) einst im Theater einen Tänzer, der mir und vielen anderen Leuten, die ihn ebenfalls _____ (sehen), einen tiefen Eindruck (*impression*) _____ (machen).
5. Franz Kafka: Es _____ (sein) sehr früh am Morgen, die Straßen rein (*clear*) und leer (*empty*), ich _____ (gehen) zum Bahnhof.
6. Hans Bender: Krasno Scheri _____ (heißen) das Dorf seit der Revolution.
7. Wilhelm Schäfer: Einmal _____ (fahren) der boshafte Spötter (*malicious mocker*) Otto Erich Hartleben in der ersten Klasse, weil er allein sein _____ (wollen).
8. Wolfgang Borchert: Dabei _____ (sein) mein Onkel natürlich kein Gastwirt (*innkeeper*). Aber er _____ (kennen) einen Kellner. Dieser Kellner _____ (verfolgen) meinen Onkel so intensiv mit seiner Treue (*loyalty*) und

mit seiner Verehrung (*veneration*), daß wir immer _____ (sagen): „Das ist sein Kellner." Oder: „Ach so, sein Kellner."

E. **Ein Wandertag in Marburg.** Auf deutsch, bitte! (*Use the past tense.*)

Johann and Michael were students (in) a Gymnasium class that visited Marburg. The students, who were already seventeen or eighteen years old, had to go on the outing. The (male) tour guide, who spoke through a microphone, knew the city very well. He showed the students a church that especially interested them. He also talked about people whose history the students knew.

KULTURECKE

▶ **Gymnasium** classes still preserve the custom of the **Wandertag.** This day was originally set aside for hiking, but it now includes cultural outings as well. After graduation, students sometimes take a class trip to Greece, Italy, or elsewhere for a week or so.

▶ About 2,000 cities like Marburg were founded in Germany during the Middle Ages; most originated with a castle occupied by a member of the aristocracy. The burgher class inhabited the city in what was later called the **Altstadt,** which was typically built around a large **Marktplatz.** The peasant class lived and worked at the **Fronhof,** a farm owned by a feudal lord.

▶ The **Elisabethkirche** in Marburg is one of the earliest examples of Gothic architecture in Germany. It was clearly influenced by the designs of the French cathedrals of Reims and Amiens. The **Philipps-Universität,** founded in 1527 by Count Philipp of Hesse, was the second Protestant university in Europe; the first was in Wittenberg. Boris Pasternak (author of *Doctor Zhivago*), T. S. Eliot, and the Grimm brothers were students there.

▶ As a scholar, Martin Luther is perhaps best known for his translation of the *New Testament* from Greek into German, a task he accomplished during just one year's stay in the Wartburg. Luther was born in 1483 in Eisleben, now part of East Germany. In celebration of the 500th anniversary of his birth, the East German government proclaimed 1983 Luther Year. Among the East German cities that played a

role in Luther's life are Erfurt, where he studied and became a priest, and Wittenberg, where he is supposed to have posted his 95 theses and where he is buried.

▶ Today more than 96 percent of the population in West Germany belongs to either the Evangelical (Protestant) church, which predominates in northern Germany, or the Roman Catholic church, which predominates in southern Germany.

The Jewish community numbers about 30,000 in West Germany today, with 6,000 members in West Berlin. In 1933 there were approximately 530,000 Jews in Germany. The Nazi atrocities claimed the lives of an estimated 6 million European Jews.

Berühmte Menschen

THE BETTMANN ARCHIVE

Der Schweizer Maler, Paul Klee
(1879–1940).

Klees „Um den Fisch" (1926).

A. **Ein Quiz: Wer war die Person, die . . . ?** Fragen Sie einen Studenten/eine Studentin!

BEISPIEL: S1: Wer war der Künstler (*artist*), der „Um den Fisch" malte (*painted*)?
S2: Das war Paul Klee. Wer war . . . ?
S1: Das war . . .

GERMAN INFORMATION CENTER

Wolfgang Amadeus Mozart
Ingeborg Bachmann
Ludwig van Beethoven
Maria Theresia
Nelly Sachs
Thomas Mann
Richard Wagner
Günter Grass
Marlene Dietrich
Albert Einstein
Hannah Arendt
Martin Luther
Peter Weiss
Johann Wolfgang von Goethe

Wer war . . .

1. der Komponist, der neun Sinfonien komponierte?
2. der Autor, der „Die Blechtrommel" schrieb?
3. der Mönch, der für die protestantische Reformation verantwortlich (*responsible*) war?
4. die Frau, die Kaiserin von Österreich wurde?
5. der Opernkomponist, der den Text und die Musik von dem „Ring des Nibelungen" schrieb?
6. die blonde Filmschauspielerin, die durch ihre romantischen Rollen in der ganzen Welt bekannt wurde?

7. der Komponist, der „Eine kleine Nachtmusik" komponierte?
8. die Autorin, die 1966 den Nobelpreis für Literatur bekam?
9. der Wissenschaftler (*scientist*), der entdeckte (*discovered*), daß Raum (*space*) und Zeit relativ sind?
10. die emigrierte politische Philosophin, die in Amerika lehrte und durch ihre Bücher Aufsehen erregte (*caused a sensation*)?
11. der große deutsche Klassiker, der „Faust" schrieb?
12. die österreichische Schriftstellerin (*writer*), die besonders durch ihre Gedichte (*poetry*) und Erzählungen (*short stories*) bekannt wurde?
13. der Autor, der „Buddenbrooks" schrieb?
14. der Dramatiker, der das Theaterstück „Marat/Sade" schrieb?

B. **Wie heißt . . . ?** Stellen Sie Fragen über berühmte Menschen!

BEISPIEL: Wie heißt die Autorin, die „The Color Purple" schrieb?

Wie heißt der Schauspieler/die Schauspielerin, . . . ?

der Autor/die Autorin,
der Sänger/die Sängerin,
der Komiker/die Komikerin,
der Rockstar,
der Filmstar,
die Frau,
der Mann,
____?

Märchen

A. **Die Brüder Grimm.** Welche Märchen von den Brüdern Grimm kennen Sie? Welche hörten Sie oft als Kind? Erzählen Sie ein Märchen!

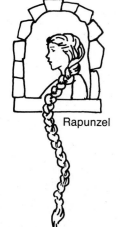

Rapunzel

Aschenputtel

Rotkäppchen

Rumpelstilzchen

Hänsel und Gretel

B. **Schreiben Sie ein Märchen!** *The questions and vocabulary items will give you some ideas.*

Es war einmal ein/eine ____ , der/die . . .

▶ War diese Person reich (*rich*) oder arm (*poor*)?
▶ Wo wohnte diese Person?
▶ Hatte diese Person drei Söhne? drei Töchter? keine Kinder? __?__

▶ Wer wollte was?
▶ Wer mußte was tun?
▶ Wer half wem?
▶ Wer hinderte (*hindered*) wen? Wie?
▶ Wer verwandelte wen in was?
▶ Wer sollte wen töten (*kill*)?
▶ Wer sollte wen küssen (*kiss*)?
▶ Wer heiratete wen?

1. die Elfe, -n
2. der Riese, -n (*wk.*)
3. das Schwert, -er
4. der Prinz, -en (*wk.*)
5. der König, -e
6. die Königin, -nen
7. die Prinzessin, -nen
8. die Hexe, -n
9. der Bauer, -n (*wk.*)
10. der Ritter, -
11. der Drache, -n (*wk.*)

Nachrichten

Der Todesfahrer:° ein guter Mann, der gern lachte   *deadly driver*

Er lebte friedlich.° Zu Hause hatte er eine liebevolle° Frau, zwei nette Kinder, ein   *peacefully / loving*
Pferd und auch einen Hund. „Er war ein guter Mensch," sagte seine Frau Ute, „und
er lachte gern."

  Bis Freitagabend, als Horst Ringel (41) auf der Autobahn° mit seinem   *freeway*
Lastwagen° fuhr, war sein Leben ganz froh und einfach gewesen. Gegen 22 Uhr   *truck*
schlief er aber am Steuer° ein° und sah nichts mehr, bis er am nächsten Morgen im   *steering wheel / schlief . . . ein fell asleep*
Krankenhaus aufwachte.°   *woke up*

Vier Tote,° sechs Verletzte°—wie kann dieser gute Mensch wieder lachen und glücklich sein?

„Er war todmüde,"° sagte Ute. „Freitag hat er den ganzen Tag sehr hart gearbeitet . . . jetzt liegt er im Krankenhaus und weint."°

Vor zwanzig Jahren wollte Horst mit seinem Bruder nach Amerika auswandern.° Sein Bruder zog nach Los Angeles, aber Horst blieb in der Bundesrepublik—weil er nicht gut Englisch konnte. Er ging zu den US-Streitkräften° in Mannheim, fuhr als Zivil-Angestellter° schwere Lastwagen und übte° Englisch.

Bei einem Besuch zu Hause traf er eine hübsche Frau namens° Anneliese. Zwei Monate später wurde sie seine Frau. Er wollte nicht mehr in die USA.

Horst wechselte° den Job und pachtete° mit Anneliese eine Gaststätte.°

Heute sagt seine erste Frau, Anneliese: „Horst konnte hart arbeiten, aber ihm machte die Arbeit auch Spaß.° In der Gaststätte war er meist in der Küche und machte das Essen, denn er kochte sehr gern, und ich stand hinter der Theke.° Die Kneipe lief gut; aber wir konnten nicht mehr zusammen leben. Nach drei Jahren ließen wir uns scheiden.° Aber wir sind heute noch gute Freunde."

Horst zog von Mainz in das Weindorf Gimmeldingen und traf dort Ute, die Tochter eines Weinbauern.° 1977 heirateten sie und kauften sich° einen kleinen Weinberg. Ein Sohn und eine Tochter wurden geboren.°

Heute sagt Ute: „Horst war immer ein so lieber Mann. Fröhlich° und immer hilfsbereit.° Er war auch immer ein guter, vorsichtiger Autofahrer. Wenn er am Steuer saß, konnte ich die Augen zumachen° und schlafen."

Sein Sohn Willi: „Oft nahm er meine Schwester und mich an die Hand und ging mit uns und dem Hund spazieren."

Seine Tochter Susi: „Er kaufte uns ein Pferd und lehrte uns reiten."°

Freitagabend klopfte ein Polizist an die Tür. Horst lag im Krankenhaus. Ute rief Anneliese in Mainz an.°

„Der arme Horst," sagte Anneliese und fuhr sofort° zum Krankenhaus.

dead / injured	
dead tired	
cries	
emigrate	
armed forces	
civil employee / practiced	
by the name of	
changed / leased / inn	
machte . . . Spaß *was fun*	
bar	
ließen . . . *we got a divorce*	
vintner / themselves	
wurden . . . *were born*	
happy	
ready to help	
close	
lehrte . . . *taught us to ride*	
rief . . . an *called up (by phone)*	
immediately	

A. **Horst Ringel.**

1. Wie konnte man bis Freitagabend Horst Ringels Leben beschreiben?
2. Was passierte am Freitagabend?
3. Was wollte Horst vor zwanzig Jahren?
4. Warum zog Horst nicht nach Los Angeles?
5. Was machte Horst bei den US-Streitkräften in Mannheim?
6. Warum wollte Horst nicht mehr nach Amerika?
7. Wie beschreibt Anneliese Horsts Leben in der Gaststätte?
8. Wer war Ute?
9. Was machte Horst mit seinen Kindern?

B. **Andere Nachrichten.** *Offer a short summary of a recent local, national, or international news item.*

KAPITEL 12

Guten Appetit!

Hannover. Vater und Sohn zu
Hause beim Mittagessen.

UTA HOFFMANN

306

das Obst und das Gemüse

der Apfel, ¨

die Banane, -n

die Erdbeere, -n

die Kirsche, -n

der Pfirsich, -e

die Bohne, -n

die Kartoffel, -n

der Kopfsalat

die Möhre, -n

die Tomate, -n

das Brot, -e   das Brötchen, -

das Fleisch

der Fisch, -e

die Wurst, ¨e

der Schinken, -

das Ei, -er

der Käse, -

die Butter

das Eis

A. Essen und Trinken. Fragen Sie Ihren Nachbarn/Ihre Nachbarin:

1. Welche Obstsorten magst du? Welche magst du nicht?
2. Welche Gemüsesorten ißt du gern? Welche ißt du nicht gern?
3. Welche Suppen und welche Salate ißt du gern? Gemüsesuppe? Gemüsesalat? Bohnensuppe? Bohnensalat? Kartoffelsuppe? Kartoffelsalat? Tomatensuppe? Tomatensalat?
4. Magst du Fleisch? Fisch? Wurst? Schinken? Käse?
5. Ißt du gern Eier zum Frühstück? zum Mittagessen? zum Abendessen?
6. Wie oft ißt du Brot? jeden Tag? zweimal in der Woche? nie? Ißt du morgens Brötchen mit Butter und Marmelade? Ißt du oft belegte Brote (*sandwiches*) zum Mittagessen?
7. Was ißt du gern zum Nachtisch? Eis? Kirschtorte? Apfelstrudel? Apfelkuchen? Käsekuchen? Pudding? Schokolade?
8. Was trinkst du gern? Wasser? Mineralwasser? Cola? Apfelsaft? Bier? Rotwein? Weißwein? Kaffee? Tee? Milch?

B. Suchen Sie die Synonyme!

BEISPIEL: „Die Vorspeise" und „das Vorgericht" sind Synonyme.

1. der Nachtisch	a. die Spezialität
2. Durst haben	b. die Nachspeise
3. Hunger haben	c. hungrig sein
4. das Spezialgericht	d. „Mahlzeit!"
5. das Gericht	e. die Speise
6. „Guten Appetit!"	f. durstig sein

C. Was ist . . . ?

BEISPIEL: S1: Was ist das Mittagessen?
           S2: Das ist das Essen, das man zu Mittag ißt.

a. das Abendessen	f. der Nachtisch	k. der Stammgast
b. der Arbeitstag	g. der Rotwein	l. der Stammtisch
c. der Ecktisch	h. der Schnellimbiß	m. die Weinkarte
d. der Gasthof	i. der Sommertag	n. der Weißwein
e. die Gaststätte	j. die Speisekarte	

1. Das ist etwas, was man am Ende des Essens ißt.
2. Das ist ein Restaurant, in dem man besonders schnell etwas zu essen bekommen kann.
3. Das ist ein Tisch in der Ecke.
4. Das ist ein Gast, der regelmäßig ins Restaurant kommt.
5. Das ist ein Tag im Sommer.
6. Das ist ein Wein, der klar ist.
7. Das ist ein Essen, das man am Ende des Tages ißt.
8. Das ist ein Tag, an dem man arbeitet.
9. Das ist ein Restaurant, das auch ein Hotel sein kann.
10. Das ist eine Karte, auf der man die Angebote eines Restaurants liest.
11. Das ist ein Wein, der rot ist.
12. Das ist ein Restaurant.
13. Das ist eine Karte, auf der man die Weinliste findet.
14. Das ist ein Tisch, der für Stammgäste reserviert ist.

D. Situationen: Was sagen Sie?

a. Mm, es schmeckt gut!	e. Bringen Sie uns die Weinkarte, bitte!
b. Guten Appetit!	
c. Einmal Sauerbraten und einmal Wiener Schnitzel.	f. Herr Ober, zahlen bitte!
d. Ist hier noch frei?	g. Warte doch nicht auf mich! Sonst wird es kalt!
	h. Herr Ober, die Speisekarte bitte!

1. Sie gehen an einen Tisch, wo zwei Leute sitzen. Vier Plätze sind noch frei. Was fragen Sie, bevor Sie Platz nehmen?
2. Sie möchten die Speisekarte sehen. Was sagen Sie?

3. Sie bestellen Sauerbraten für sich (*yourself*) und Wiener Schnitzel für Ihren Freund/Ihre Freundin. Was sagen Sie zum Ober?
4. Sie möchten die Weinkarte sehen. Was sagen Sie zum Ober?
5. Der Ober bringt Ihrem Freund/Ihrer Freundin das Wiener Schnitzel. Was sagen Sie zu Ihrem Freund/Ihrer Freundin?
6. Ihr Freund/Ihre Freundin ißt nicht, weil der Ober Ihnen Ihr Gericht noch nicht gebracht hat. Was sagen Sie zu Ihrem Freund/Ihrer Freundin?
7. Sie finden den Sauerbraten ausgezeichnet (*excellent*). Was sagen Sie?
8. Sie möchten zahlen. Was sagen Sie?

E. **Was wünschen Sie?** Schauen Sie auf die Speisekarte, und dann beantworten Sie die Fragen!

Zur Goldenen Krone

Vorspeisen

Suppen		Salate	
Gulaschsuppe	4,–	Heringssalat	4,50
Nudelsuppe	3,20	Tomatensalat	4,–
Tagessuppe	3,20	Endiviensalat	4,–

Hauptgerichte

Filetsteak mit Spätzle	18,50
Sauerbraten mit Nudeln	16,–
Wiener Schnitzel mit Kartoffeln	15,20
Rippchen mit Sauerkraut	14,50
Omelette mit Spinat und Butterreis	10,80
Würste mit Kartoffeln und Äpfeln	9,20

Nachtische

Schokoladentorte	3,20
Käsekuchen	2,80
Apfelstrudel	2,80

1. Was haben Sie schon einmal probiert (*tried*)?
2. Was haben Sie noch nicht gegessen?
3. Was möchten Sie vielleicht probieren?
4. Was möchten Sie bestimmt nicht probieren? Warum?
5. Was möchten Sie jetzt bestellen? Wieviel kostet das alles? Finden Sie das teuer oder billig?

WORTSCHATZ

Adjectives and Adverbs

andere (*pl.*)	other
ausgezeichnet	excellent(ly)
berufstätig	professional(ly); working
besetzt	occupied, taken
getrennt	separate(ly)
hausgemacht	homemade
herrlich	wonderful(ly), splendid(ly)
jung	young
knusprig	crusty
mager	lean
nächst	nearest
nötig	necessary
regelmäßig	regular(ly)
riesig	huge, gigantic
romantisch	romantic
stark	strong

Nouns

das Abendessen, -	evening meal
der Apfel, ¨	apple
die Banane, -n	banana
das Bild, -er	picture
die Bohne, -n	bean
das Eis	ice cream
der Eisbecher, -	ice cream sundae
die Erdbeere, -n	strawberry
das Essen	food, meal
der Fisch, -e	fish
das Fleisch	meat
der Gasthof, ¨e	restaurant; inn
die Gaststätte, -n	restaurant
das Gemüse	vegetable
die Gemüsesorte, -n	sort/type of vegetable
das Gericht, -e	dish, course
das Getränk, -e	drink, beverage
die Kalorie, -n	calorie
die Kartoffel, -n	potato
der Käse	cheese
die Kirsche, -n	cherry
der Kopfsalat	(head of) lettuce
die Küche	(*here*) cuisine
die Möhre, -n	carrot
der Nachtisch, -e	dessert
das Obst	fruit
die Obstsorte, -n	sort/type of fruit
der Pfirsich, -e	peach
das Restaurant, -s	restaurant
der Rotwein, -e	red wine
der Salat, -e	salad
der Schinken, -	ham
der Schnellimbiß, *pl.* Schnellimbisse	fast food place
die Spezialität, -en	specialty
der Stammgast, ¨e	regular customer
der Stammtisch, -e	table reserved for regular customers
das Steak, -s	steak

die Suppe, -n	soup
der Teil, -e	share; part
die Tomate, -n	tomato
das Vorgericht, -e	appetizer
der Vormittag, -e	morning
der Wein, -e	wine
der Weißwein, -e	white wine

Verbs

probieren, hat probiert	to try, sample
schmecken, hat geschmeckt (+ *dat.*)	to taste
es schmeckt mir	I like it, enjoy it

Useful Words and Phrases

auf dem Weg nach Hause	on the way home
(kalter) Aufschnitt	cold cuts, cold meat
das belegte Brot	sandwich
das stimmt so	keep the change; that's OK
einmal (Sauerbraten)	one order of (sauerbraten)
es ist mir egal	I don't care
guten Appetit	enjoy your meal
mir läuft das Wasser im Mund zusammen	my mouth waters
zahlen bitte	the check, please

GRAMMATIK

Herr und Frau Braun—junge, berufstätige Leute—sind eines Abends auf dem Weg nach Hause.

FRAU BRAUN: Ich habe riesigen Hunger. Können wir nicht zum Schnellimbiß gehen? Da gibt es doch auch gute Wurst und frischen Salat.

HERR BRAUN: Aber auf dem Markt bekommt man heute frische Landeier und knuspriges Landbrot. Mir läuft das Wasser im Mund zusammen, wenn ich daran denke.

FRAU BRAUN: Na gut, dann machen wir zu Hause einen „Strammen Max";* das geht ja auch schnell.

A. Herr und Frau Braun.

1. Arbeiten Herr *und* Frau Braun? 2. Wer hat Hunger? 3. Wohin will Frau Braun gehen? 4. Was gibt es im Schnellimbiß? 5. Was bekommt man auf dem Markt? 6. Denkt Herr Braun gern an Landbrot? Woher wissen Sie das? 7. Welches Abendessen kann man schnell machen?

B. Fragen Sie Ihren Nachbarn/Ihre Nachbarin:

1. Gibt es in amerikanischen Schnellimbissen auch frischen Salat? 2. Ißt du gern in einem Schnellimbiß? 3. Gibt es einen Markt in deiner Stadt? 4. Was kauft man dort?

* **Strammer Max** is an open-faced sandwich consisting of bread, a slice of fried ham, and a fried egg.

Strong Adjective Endings

Attributive Adjectives

An adjective is a word that modifies (qualifies, limits, clarifies, specifies, or otherwise describes) a noun or noun equivalent. You have learned how to use *predicate* adjectives, which describe the subject of a sentence and which are usually placed in the predicate after a verb such as **sein, werden,** or **bleiben.**

PREDICATE ADJECTIVES

Der Salat ist **frisch.**	*The salad is fresh.*
Die Wurst ist **gut.**	*The sausage is good.*
Das Brot ist **billig.**	*The bread is cheap.*
Die Getränke sind **kalt.**	*The drinks are cold.*

An adjective that appears directly before the noun it modifies is called an *attributive* adjective. Attributive adjectives take special endings according to the gender, number, and case of the nouns they modify.

ATTRIBUTIVE ADJECTIVES

Es gibt hier **frischen** Salat.	*There's fresh salad here.*
Es gibt hier **gute** Wurst.	*There's good sausage here.*
Es gibt hier **billiges** Brot.	*There's cheap bread here.*
Es gibt hier **kalte** Getränke.	*There are cold drinks here.*

There are two kinds of adjective endings in German: strong and weak. Attributive adjectives that follow neither **der-** nor **ein-**words take strong endings; those that follow **der-**words take weak endings; those that follow **ein-**words take a combination of strong and weak endings.

Strong Endings

An attributive adjective that follows neither a **der-**word nor an **ein-**word takes strong adjective endings. These endings match those of the definite article, except in the masculine and neuter genitive. The genitive forms of strong attributive adjectives are not used very often in modern German.

	MASCULINE	FEMININE	NEUTER
NOMINATIVE	frischer Salat	gute Wurst	billiges Brot
ACCUSATIVE	frischen Salat	gute Wurst	billiges Brot
DATIVE	frischem Salat	guter Wurst	billigem Brot
GENITIVE	frischen Salat(e)s	guter Wurst	billigen Brotes

	PLURAL
NOMINATIVE	kalte Getränke
ACCUSATIVE	kalte Getränke
DATIVE	kalten Getränken
GENITIVE	kalter Getränke

Adjectives that end in **el** or **er** (**dunkel, teuer**) drop the **e** when endings that begin with **e** are added: **dunkle, teure Restaurants; dunkles, teures Bier.**

When more than one adjective precedes a noun, all the adjectives in the sequence have the same ending.

Hier serviert man gut**en,** frisch**en,** billig**en** Salat.
Hier serviert man viel**e** gut**e,** kalt**e** Getränke.

The indefinite plural adjectives **andere, einige, viele,** and **wenige** (*few*) are treated like other plural adjectives.

Ich bin mit **einigen guten** Freunden ins Restaurant gegangen.	*I went to the restaurant with some good friends.*

Übungen

A. **Was ißt und trinkt jede Person gern?** Ersetzen Sie!

BEISPIEL: Anna mag alles frisch. Frischer Fisch schmeckt ihr gut. (Butter) →
Frische Butter schmeckt ihr gut.

1. Anna kauft nur frische Eier. (Brot)
2. Sie trinkt nur frischen Apfelsaft. (Milch)
3. Peter mag alles warm. Er ißt gern warme Suppe. (Brot)
4. Er bestellt gern warmen Kartoffelsalat. (Brezeln)
5. Was trinkt Hans dazu? Zu hausgemachter Gemüsesuppe trinkt er deutschen Weißwein. (Wurst / Bier)
6. Zu ausgezeichnetem Kuchen trinkt Maria erfrischenden Tee. (Salate / Mineralwasser)

B. **Herr und Frau Huber sprechen über internationale Küche.** *Use the correct form of each adjective in parentheses.*

HERR HUBER: Ich esse gern ＿＿ Gerichte. (chinesisch)
FRAU HUBER: Ich trinke gern ＿＿ Tee. (japanisch)
HERR HUBER: Ich esse gern Fisch mit ＿＿ Gemüse. (italienisch)

FRAU HUBER: Ich esse gern Schinken mit ＿＿＿ Brot. (französisch)

HERR HUBER: Ich mag ＿＿＿, ＿＿＿, ＿＿＿ Rotweine. (gut, alt, französisch)

FRAU HUBER: Ich mag ＿＿＿, ＿＿＿ Weißweine. (jung, deutsch)

HERR HUBER: Zu ＿＿＿ Brot soll man ＿＿＿ Bier trinken. (deutsch / deutsch)

FRAU HUBER: Und zu ＿＿＿ Weißbrot soll man ＿＿＿, ＿＿＿ Kaffee trinken. (französisch / heiß, stark)

HERR HUBER: Ich gehe gern in ＿＿＿ Restaurants. (schwedisch)

FRAU HUBER: Ich esse gern in ＿＿＿ Restaurants. (dänisch)

HERR HUBER: ＿＿＿ Restaurants sind interessant. (amerikanisch)

FRAU HUBER: ＿＿＿ ＿＿＿ Restaurants gefallen mir nicht, aber ich finde ＿＿＿ ＿＿＿ Restaurants sehr gemütlich. (groß, amerikanisch / klein, amerikanisch)

C. **Herr Schrenzel spricht über das Essen und die Getränke in Italien.** *Use the correct form of the italicized adjective to complete the second sentence.*

1. Das Essen in Pisa war sehr *gut*. Ich bekam ＿＿＿ Essen in Pisa.
2. Die Restaurants in Rom waren *interessant*. Ich aß in ＿＿＿ Restaurants in Rom.
3. Der Rotwein in Venedig war *schlecht*. Ich trank ＿＿＿ Rotwein in Venedig.
4. Die Tomaten in Italien waren *schön* und *rot*. Ich sah ＿＿＿, ＿＿＿ Tomaten in Italien.
5. Der Kaffee war sehr *stark*. Morgens trank ich ＿＿＿ Kaffee.
6. Alles war sehr *frisch*. In Italien aß ich ＿＿＿ Fisch, ＿＿＿ Brot und ＿＿＿ Eier.

D. **Angela ist neu hier. Was sagt sie?** Ergänzen Sie die richtigen Endungen!

1. Ich kenne schon viel＿ interessant＿ Leute.
2. Einig＿ gut＿ Freunde von mir wohnen im Studentenheim.
3. Ich spreche gern mit ander＿ amerikanisch＿ Studenten.
4. Man sieht wenig＿ alt＿ Leute im Studentencafé.

E. **Was sagen Herr und Frau Müller?** Auf deutsch, bitte!

MR. MÜLLER: I'm so hungry. Let's go to a fast food place.

MRS. MÜLLER: Can one order good sausage and fresh salad there?

MR. MÜLLER: Yes, homemade sausage with homemade salad is a specialty there.

MRS. MÜLLER: Good. My mouth waters when I think about it.

F. **Fragen Sie Ihren Nachbarn/Ihre Nachbarin!**

BEISPIEL: S1: Magst du Restaurants, die klein und romantisch sind?

S2: Ja, ich mag kleine, romantische Restaurants.

oder: Nein, ich mag kleine, romantische Restaurants nicht.

1. Magst du Brot, das frisch und knusprig ist?
2. Magst du Bier, das aus Deutschland kommt?

3. Magst du Gemüsesuppe, die kalt ist?
4. Schmeckt dir Salat, der frisch und kalt ist?
5. Schmeckt dir Schinken, der mager ist?
6. Kaufst du Eier, die schlecht sind?
7. Trinkst du Kaffee, der stark und heiß ist?
8. Trinkst du Rotwein, der gut und alt ist?
9. Ißt du gern in Restaurants, die dunkel sind?

G. **Was schmeckt Ihnen? Und den anderen Studenten und Studentinnen?**
Fragen Sie sie!

BEISPIEL: S1: Was schmeckt dir?

S2: Mir schmeckt frischer Fisch mit grünem Salat und knusprigem, französischem Brot. Zum Nachtisch schmecken mir besonders frische, rote Erdbeeren. Und dir, (Steve)?

ausgezeichnet	Äpfel
deutsch	Bananen
französisch	Brot
frisch	Brötchen
grün	Eis
gut	Erdbeeren
hausgemacht	Fisch
herrlich	Kartoffelsuppe / Kartoffelsalat
kalt	Käsekuchen
knusprig	Pfirsiche
mager	Salat
teuer	Schinken
warm	Wurst
?	?

Herr und Frau Braun gehen zum Mittagessen.

HERR BRAUN: Nach solch einem langen Vormittag bin ich wirklich froh, wenn ich einfach ins nächste Restaurant gehen kann.

FRAU BRAUN: Ja, aber schau, der romantische Ecktisch ist heute besetzt.

HERR BRAUN: Es gibt noch Plätze an dem riesigen Stammtisch da hinten.

FRAU BRAUN: Fragen wir den Ober, ob der jetzt reserviert ist.

HERR BRAUN: Nicht nötig. Die Stammgäste kommen bestimmt erst später, und bis dahin ist der kleine Tisch vielleicht frei, und wir können dann dort sitzen.

A. **Im Restaurant.**

1. Was möchte Herr Braun machen, wenn er lange gearbeitet hat? 2. Was ist schon besetzt? 3. Wo gibt es noch Plätze? 4. Was will Frau Braun

den Ober fragen, bevor sie und Herr Braun Platz nehmen?   5. Was meint Herr Braun?   6. Was können Herr und Frau Braun machen, wenn die Stammgäste kommen?

B. **Fragen Sie Ihren Nachbarn/Ihre Nachbarin:**

1. Was machst du gern nach langer Arbeit?   2. Sitzt du gern an einem Tisch mit anderen Leuten zusammen?

Weak Endings: Adjectives Following *der*-Words

The **der**-words, as you recall, include the definite article, **dieser, jeder, mancher, solcher,** and **welcher.** An attributive adjective that follows a **der**-word takes a weak ending. There are only two weak adjective endings: **e** and **en.** The **e** ending is used only in the nominative singular (all genders) and the accusative singular (feminine and neuter).

	MASCULINE	FEMININE	NEUTER
NOMINATIVE	der frische Salat	die gute Wurst	das billige Brot
ACCUSATIVE	den frischen Salat	die gute Wurst	das billige Brot
DATIVE	dem frischen Salat	der guten Wurst	dem billigen Brot
GENITIVE	des frischen Salat(e)s	der guten Wurst	des billigen Brotes

	PLURAL
NOMINATIVE	die kalten Getränke
ACCUSATIVE	die kalten Getränke
DATIVE	den kalten Getränken
GENITIVE	der kalten Getränke

Attributive adjectives in a sequence all have the same ending.

Dieser gute, frische, grüne Salat schmeckt mir.
Ich möchte mal solche gute, frische, heiße Wurst kaufen.

Adjectives that follow the plural **alle** have the same endings as those that follow the plural **der**-words.

Diese kleinen, romantischen Restaurants gefallen mir.
Alle kleinen, romantischen Restaurants gefallen mir.

"Erst wenn
der letzte Baum gerodet
der letzte Fluss vergiftet
der letzte Fisch gefangen
werdet Ihr feststellen
daß man Geld
nicht essen kann!"

Weissagung der Cree

Übungen

A. **Hanni und Josef möchten etwas zu Mittag essen.** Was sagen sie? Ersetzen Sie!

BEISPIEL: Gehen wir ins nächste *Restaurant*! (der Schnellimbiß) →
Gehen wir in den nächsten Schnellimbiß!

HANNI: Gehen wir ins nächste *Restaurant!* (die Gaststätte, der Gasthof, das Café)

JOSEF: Möchtest du bei *dem* großen *Fenster* sitzen? (die Türen, der Schrank, die Lampe)

HANNI: Siehst du *die* schöne *Aussicht?* (die Rosen, der Ecktisch, das Plakat)

JOSEF: *Dieser* kleine *Tisch* gefällt mir. (diese Ecke, dieses Messer, diese Blumen [gefallen])

B. **Herr und Frau Busch haben eine Reise nach Österreich gemacht.** Was sagen sie darüber? Ergänzen Sie die richtigen Endungen!

HERR BUSCH: Das alt__, romantisch__ Hotel, in dem wir übernachtet haben, war teuer.

FRAU BUSCH: Ja, aber das groß__ Zimmer mit den schön__ Möbeln hat mir gefallen.

HERR BUSCH: Wir haben alle berühmt__, alt__ Kirchen gesehen.

FRAU BUSCH: Ja, und die modern__ Gebäude waren auch interessant.

HERR BUSCH: Die österreichisch__ Küche hat mir sehr geschmeckt.

FRAU BUSCH: Der jung__, österreichisch__ Weißwein, den wir zu den österreichisch__ Gerichten getrunken haben, war herrlich.

HERR BUSCH: Die gemütlich__ Gaststätten in den klein__ Dörfern haben mir besonders gefallen.

FRAU BUSCH: Wir haben solche nett__, freundlich__ Leute in jedem klein__ Dorf getroffen.

HERR BUSCH: In welcher klein__ Bäckerei haben wir das frisch__, knusprig__ Landbrot gekauft?

FRAU BUSCH: Das weiß ich nicht. Alle österreichisch__ Bäckereien haben gut__ Brote und Brötchen.

HERR BUSCH: Wir müssen dieses schön__ Land noch einmal besuchen.

FRAU BUSCH: Ja, mir gefällt dieses Land wegen der schön__ Landschaften und der freundlich__ Leute.

C. **Fritz schreibt über seinen Abend im Restaurant.**

BEISPIEL: Das Restaurant war *klein* und *dunkel*. Ich habe den Abend in diesem ____, ____ Restaurant verbracht. →
Ich habe den Abend in diesem kleinen, dunklen Restaurant verbracht.

1. Der Ober war *ungeduldig* und *unfreundlich*. Ich wollte mit dem ____, ____ Ober nicht sprechen.
2. Ich sah einen Tisch, der *groß* war und *freie* Plätze hatte. Ich ging an den ____ Tisch mit den ____ Plätzen.

3. Drei Leute, die *jung* waren, saßen an diesem Tisch. Ich fragte die _____ Leute: „Ist der Platz noch frei?"
4. Die Speisekarte war *lang*. Ich las die _____ Speisekarte.
5. Die Spezialität war *frisch* und *hausgemacht*. Ich bestellte die _____, _____ Spezialität.
6. Der Wein war *gut*. Ich mußte nicht viel für den _____ Wein bezahlen.
7. Der Abend war *schön*. Ich denke oft an diesen _____ Abend.

D. **Was sagen Herr und Frau Schneider?** Auf deutsch, bitte!

MRS. SCHNEIDER: After such a long day I'm really glad when we can just go into the nearest restaurant.

MR. SCHNEIDER: Yes, but look, the little romantic corner table in the back is already taken.

MRS. SCHNEIDER: There are still some places at the huge **Stammtisch.**

MR. SCHNEIDER: I'll ask the waiter whether that's reserved right now.

MRS. SCHNEIDER: That's not necessary. The regular guests will certainly come later, and by then the small table may be free and we can sit there.

MR. SCHNEIDER: Look, the table in front of the big window will be free in five minutes.

MRS. SCHNEIDER: Good. Let's wait for it.

E. **Horst und Brigitte.** *Embellish the story. Add at least one appropriate adjective before each italicized noun.*

Horst und Brigitte gehen in die *Gaststätte.* Sie sitzen an dem *Tisch* vor dem *Fenster.* Der *Ober* bringt ihnen die *Speisekarte.* Horst bestellt das *Fischgericht,* das ihm sehr gut schmeckt. Brigitte bestellt die *Gemüsesuppe,* die eine Spezialität des Hauses ist. Während des Essens spricht Brigitte über das *Buch,* das sie gestern gelesen hat. Horst spricht von den *Filmen,* die ihm besonders gefallen. Nach dem *Abend* in der *Gaststätte* trinken Horst und Brigitte zu Hause Tee.

alt	frisch	jung	(un)freundlich
amerikanisch	gemütlich	kalt	warm
deutsch	groß	klein	?
dick	hausgemacht	modern	
elegant	interessant	neu	

F. **Und jetzt sind Sie in Ihrem Lieblingsrestaurant . . .** Beschreiben Sie es! Wo sitzen Sie? Was sehen Sie? Wen sehen Sie? Wer kommt an Ihren Tisch? Was bringt diese Person? Was bestellen Sie? Warum? *Try to include* der*-words with adjectives in your answers.*

Schnellimbiß in München. Hier kann man billig, gut und schnell essen. Man steht am Paulaner Bierfaß-Tisch.

Nach dem Mittagessen

FRAU BRAUN: Ein ausgezeichnetes Mittagessen war das!

HERR BRAUN: Ja, ich weiß nicht, wann ich das letzte Mal so ein schönes dickes Steak gegessen habe.

FRAU BRAUN: Ja, und ich habe nicht gedacht, daß ein alter Rotwein mittags so gut schmeckt! Aber jetzt brauche ich einen starken Kaffee, sonst kann ich heute nichts mehr tun.

HERR BRAUN: Ich möchte auch starken Kaffee, und zum Nachtisch bestelle ich einen herrlichen Eisbecher. Heute sind mir die Kalorien egal.

(*Eine halbe Stunde später: Frau und Herr Braun sind mit dem Essen fertig.*)

HERR BRAUN: Herr Ober, zahlen bitte!

DER OBER: Zusammen oder getrennt?

HERR BRAUN: Zusammen.

DER OBER: 36, 70 DM.

HERR BRAUN: 38 DM. Das stimmt so.

A. Nach dem Mittagessen.

1. Wie beschreibt Frau Braun ihr Mittagessen?   2. Was für ein Steak hat Herr Braun gegessen?   3. Was trinkt man nach einem guten Essen?   4. Was bestellt Herr Braun heute trotz der Kalorien?

1. Trinkst du mittags gern Wein, oder macht dich das müde? 2. Ißt du gern kalorienreiche (*calorie-rich*) Eisbecher? 3. Denkst du bei jedem Essen an die Kalorien?

Weak/Strong Endings: Adjectives Following *ein*-Words

The **ein**-words, as you will recall, include **ein, kein,** and all the possessive adjectives: **mein, dein, ihr, sein, unser, euer, ihr, Ihr.** An attributive adjective that follows an **ein**-word takes the strong endings in the masculine nominative and the neuter nominative and accusative, where there is no ending on the **ein**-word. In all other instances there is an ending on the **ein**-word, and the adjective takes a weak ending (**e** or **en**).

	MASCULINE	FEMININE	NEUTER
NOMINATIVE	ein frisch**er** Salat	eine gut**e** Wurst	ein gut**es** Brot
ACCUSATIVE	einen frisch**en** Salat	eine gut**e** Wurst	ein gut**es** Brot
DATIVE	einem frisch**en** Salat	einer gut**en** Wurst	einem gut**en** Brot
GENITIVE	eines frisch**en** Salat(e)s	einer gut**en** Wurst	eines gut**en** Brotes

	PLURAL
NOMINATIVE	unsere kalt**en** Getränke
ACCUSATIVE	unsere kalt**en** Getränke
DATIVE	unseren kalt**en** Getränken
GENITIVE	unserer kalt**en** Getränke

Remember, attributive adjectives that appear in a sequence all have the same ending.

Möchten Sie noch etwas zu Ihrem kalt**en,** frisch**en** Salat?
Kaufen Sie heute kein gut**es,** frisch**es,** knusprig**es** Brot?

Summary

Endings on **der**-words, **ein**-words, and attributive adjectives help to identify the number, gender, and case of a German noun. The following chart shows the endings on adjectives that don't follow an **ein**- or **der**-word, those that follow **der**-words, and those that follow **ein**-words.

5. Das ist die Jacke _____. (*of a little child*)
6. Das ist das Auto _____. (*of a German [female] student*)

E. **Was sagen Franz and Ute?** Auf deutsch, bitte!

FRANZ: Are you finished with your meal?
UTE: Yes. That was an expensive lunch, but it was excellent.
FRANZ: For dessert I'm going to order a wonderful ice cream sundae. I don't care about the calories today.
UTE: I'd like (a) hot tea.
(*later*)
FRANZ: Waiter, the check, please.
THE WAITER: Together or separately?
FRANZ: Together.
THE WAITER: 43 Marks 60 Pfennigs.
FRANZ: 44 Marks. Keep the change.
(*later*)
UTE: Here are the 22 Marks for my share of the meal.
FRANZ: Thanks.

F. **Was sehen Sie?** *Describe something you see in the classroom. The other students will try to guess what it is.*

BEISPIEL: S1: Ich sehe etwas, was groß und blau ist.
S2: Ein großes, blaues Bild hängt an der Wand. Ist es das Bild?
S1: Nein.
S3: Mark trägt einen langen, blauen Mantel. Ist es Marks Mantel?
S1: Ja.

G. **Menschen, die Sie kennen.** Erzählen Sie etwas von Ihrer Familie und Ihren Freunden!

BEISPIELE: Ich habe eine kleine, interessante Familie. Meine berufstätigen Eltern . . .

Ich habe viele, gute Freunde. Mein alter Freund Peter . . .

SAMMELTEXT

Herr und Frau Braun wohnen am Rande° einer großen Stadt, und jeden Morgen fahren sie mit ihrem neuen Auto zur Arbeit. Sie arbeiten in demselben° Stadtteil, und wenn sie in der langen Mittagspause beide° Lust auf ein richtiges Mittagessen haben,° dann gehen sie in ein kleines Restaurant. Das machen sie besonders an heißen Sommertagen, wenn sie keine belegten Brote zur Arbeit mitnehmen wollen.

edge
the same
both
Lust auf . . . haben *want, feel like*

Deutsche essen auch lieber ein warmes Mittagessen, denn in Deutschland ißt man die große Mahlzeit° nicht am Abend, sondern am Mittag.

    Wenn Herr und Frau Braun den langen Arbeitstag beendet haben, gehen sie oft noch schnell zum Markt; in Bonn kann man dort auch um sechs Uhr abends noch frisches Obst, frisches Gemüse und andere frische Sachen kaufen. Abends essen sie gern eine kleine leichte° Mahlzeit. Wenn sie keine Zeit haben, oder nicht kochen wollen, gehen sie manchmal in einen kleinen Schnellimbiß am Rande des Marktplatzes. Hausgemachte Wurst ist eine Spezialität dort, aber man kann auch billig hausgemachte Salate bekommen. Wenn die Brauns zu Hause nicht kalten Aufschnitt mit frischem Brot und frischen Tomaten essen, dann machen sie gern einen Strammen Max. Für einen herrlichen Strammen Max braucht man mageren Schinken, den man in der Pfanne° mit einem Ei brät° und dann auf Brot serviert.

    Es gibt in Deutschland noch viele private Schnellimbisse, die nicht Teil einer riesigen Schnellimbißkette° sind. Man findet freilich° auch Filialen° amerikanischer Schnellimbißketten, für die besonders Jugendliche° schwärmen. Aber die große Mehrheit° der Leute geht gern in die kleinen Restaurants mit ihren hausgemachten Spezialitäten und den gemütlichen Sitzecken,° wo man noch lange nach dem Mittagessen mit einer Zeitung und einem starken Kaffee sitzen kann.

meal

light

pan / fries

fast food chain / of course / branches
young people
majority
corner booths

Richtig oder falsch?

1. Herr und Frau Braun wohnen in einem kleinen Dorf.
2. Jeden Morgen fahren sie mit ihrem alten Volkswagen zur Arbeit.
3. Wenn sie Lust auf ein richtiges Mittagessen haben, dann gehen sie in einen Schnellimbiß, der Teil einer riesigen amerikanischen Schnellimbißkette ist.
4. Abends essen die Brauns eine kleine leichte Mahlzeit.
5. Manchmal essen die Brauns in einem kleinen privaten Schnellimbiß, in dem hausgemachte Wurst eine Spezialität ist.

Sammelübungen   A. **Wer ist David?** Ergänzen Sie jeden Satz!

1. Ich heiße David und ich bin ein ____ Student. (amerikanisch)
2. Ich studiere an der ____ Universität in Freiburg. (alt)
3. Ich komme aus einer ____ Stadt in Texas. (klein)
4. Jetzt wohne ich in einem ____ Studentenheim. (neu)
5. Ich habe jetzt ____ Hunger. (riesig)
6. Ich gehe in ein ____ Restaurant. (deutsch)
7. Ich sitze an dem ____ Tisch bei dem ____ Fenster. (lang / offen)
8. Ich habe ____ Durst. (groß)
9. In ____ Restaurants bringen die Ober automatisch Eiswasser, aber das ist hier nicht so. (amerikanisch)
10. Der Ober bringt eine ____ Speisekarte. (lang)
11. Ich bestelle sofort ein ____, ____ Bier. (gut, deutsch)
12. Später bestelle ich ein ____ Brot. (belegt)

B. **Fragen über die Brauns.** Ergänzen Sie jede Frage!

1. Wohnen Herr und Frau Braun in ___ oder in ___? (*a small village / a big city*)
2. Fahren sie mit ___ oder mit ___ zur Arbeit? (*their new Volkswagen / their old car*)
3. Was machen sie in ___? (*the long lunch break*)
4. Gehen sie jeden Tag in ___? (*a little restaurant*)
5. Wollen sie an ___ ___ zur Arbeit mitnehmen? (*hot summer days / sandwiches*)
6. Was machen Herr und Frau Braun, wenn sie ___ beendet haben? (*the long work day*)
7. Wo kaufen sie ___, ___ und ___? (*fresh fruit / fresh vegetables* [*sg. noun*] / *other fresh things*)
8. Wann gehen die Brauns in ___? (*a small fast food place*)
9. Kann man ___ mit ___ im Schnellimbiß bestellen? (*homemade sausage / a homemade salad*)
10. Essen die Brauns gern ___ mit ___ und ___? (*cold cuts / fresh bread / fresh tomatoes*)
11. Wofür brauchen die Brauns ___ und ___? (*lean ham / fresh eggs*)

C. **Erzählen Sie diese Geschichte auf deutsch!**

After a long workday, Peter wants to cook something fast. On the way home he goes to the open market, where he buys fresh bread, fresh eggs, and fresh tomatoes. At home he makes a good tomato salad. With the fresh eggs, the fresh bread, and the lean ham that he bought yesterday, he makes a wonderful dish. With this good meal he drinks a German white wine. Enjoy your meal, Peter!

D. **Was ist anders?** Beschreiben Sie jedes Bild! Benutzen Sie viele Adjektive!

E. **Beschreiben Sie ein Bild oder ein Foto!** *Bring a picture (photo, artwork, illustration, postcard, or poster) to class. Describe it as completely as possible, using attributive adjectives.*

KULTURECKE

▶ Dining out in a German-speaking country may be similar to dining out in this country, but with a few interesting differences:

Restaurants usually close one day a week (**der Ruhetag**).

A menu is posted in a glass case outside the restaurant so that you can study what is offered, along with the prices, before going inside.

It is not impolite or uncommon to share a table with strangers. If you seat yourself, you should ask the other people at the table **Ist hier noch frei?** before sitting down.

A **Stammtisch** is a table reserved for regular customers, often a group that meets regularly to play cards, drink, and discuss politics. **Stammgäste** usually don't meet during peak meal hours. If the **Stammtisch** is empty, anyone is permitted to sit there after asking permission from the **Ober.** If the **Stammgäste** arrive, however, anyone sitting at the **Stammtisch** is asked to move to another table.

Germans usually drink beer, bottled water, or nothing at all with their midday meal. Many young people drink cola. Since tap water is usually not consumed as a beverage, ice water is not brought to the tables.

In many restaurants, food is brought from the kitchen when it is done, regardless of whether other dinners within a party are ready. When you receive your food, others at your table may wish you **guten Appetit,** and you are expected to begin eating without them—**sonst wird das Essen kalt.**

A waitress is often called **Fräulein,** regardless of her age. This term can be avoided, however, by saying **Bedienung** (*service*).

To pay, the customer says (**Herr Ober**), (**ich möchte**) **zahlen bitte.** The waiter/waitress carries a black leather purse full of bills and change, and the customer pays directly. Prices include the tax and the tip, but it is customary to increase the tip slightly by rounding off the bill. If the bill were 7.25 you would pay **8 Mark.** If the bill were something like 7.85, however, you would pay **9 Mark** since it would be embarrassing to give less than 50 Pfennig extra.

When two students go out on a dinner date, each usually pays his/her own way. The man may pay for both meals in the restaurant, but he will expect the woman to reimburse him afterward for her share.

▶ There are ten wine-growing regions in Germany. The five major areas are Rheinpfalz, Rheinhessen, the Rheingau, the Mosel-Saar-Ruwer-Gebiet, and Franken. The other five areas—Nahe, Württemberg, Ahr, Mittelrhein, and Baden—produce only for their own areas and do not export. Most of these ten areas primarily produce white wines.

KEYSTONE / THE IMAGE WORKS

Beim Okotoberfest auf der „Wies'n" in München.

Frankfurter und Hamburger

Das Frankfurter Würstchen

In Amerika ist das Wort **Frankfurter** oder **Frankforter** überall als Synonym für *hot dog* bekannt. Man produziert das echte° Frankfurter Würstchen aber nur in der Umgebung° von Frankfurt. Für dieses Würstchen benutzt man nur das beste Schweinefleisch° und umhüllt° es mit Naturdärmen.° [genuine / environs / pork / wraps / natural casings]

Das Frankfurter Würstchen ist mehr als fünfhundert Jahre alt. Wahrscheinlich° waren die ersten „Frankfurter" etwas derb° und hatten mit dem heutigen Produkt nur entfernte Ähnlichkeit.° 1975 beschrieb der Frankfurter Autor Heinz P. Müller in seinem Buch „Frankfurter Küch° und Sprüch°" das heutige Produkt als „schlank° und elegant, zierlich,° aber prall° und ohne Fältchen,° zart besaitet,° mit leicht gebräuntem Teint, angenehmem Äußeren,° pikant und von hohem inneren Wert."° [probably / crude / entfernte . . . vague similarity / Küche / sayings / mager / dainty / full / wrinkles / zart . . . thin-skinned / appearance / quality]

Was gut und erfolgreich° ist, versucht man aber immer zu imitieren. Das gilt auch für die Frankfurter Würstchen. So kam es im Jahre 1929 zu einem Prozeß.° Nach einer Entscheidung° des Berliner Kammergerichts° ist „Frankfurter Würstchen" eine Herkunftsbezeichnung° und nur die Fabrikanten° im Wirtschaftsgebiet Frankfurt haben das Recht, dieses Würstchen **Frankfurter** zu nennen. [successful / lawsuit / decision / Supreme Court / designation of origin / producers]

Obwohl° im allgemeinen° Sprachgebrauch° die Amerikaner fast alles **Frankfurter** nennen, was dem originalen Frankfurter ähnelt,° schützen° auch sie das echte Produkt. Nach den *regulations governing meat inspections* darf man nur die Würstchen, die tatsächlich° aus dem Wirtschaftsgebiet Frankfurt kommen, als „Frankfurter" oder „Frankforter" verkaufen. [although / common / parlance / resembles / protect / wirklich]

    A. **Das Würstchen.**

        1. Woher kommt das echte Frankfurter Würstchen?
        2. Woraus macht man dieses Würstchen?
        3. Wie alt ist das Frankfurter Würstchen?
        4. Wer ist Heinz P. Müller? Wie beschrieb er das Produkt?
        5. Andere Fabrikanten wollten das Würstchen imitieren. Wann kam es zu einem Prozeß?
        6. Wer darf das Würstchen **Frankfurter** nennen?
        7. Wie schützen die Amerikaner das Produkt von Frankfurt am Main?

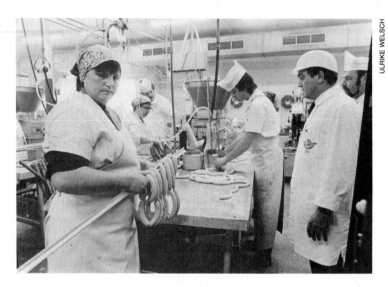

Wurstfabrik in Bayern.

ULRIKE WELSCH

B. **Diskussionsthema: der Hamburger.**

Auf deutsch steht das Wort **Hamburger** für ein „Hamburger Steak", das man aus gehacktem Rindfleisch (*ground beef*) macht und zwischen den getoasteten Hälften eines Brötchens serviert. Das echte Hamburger Steak kommt natürlich aus der deutschen Stadt Hamburg. Was ist Ihrer Meinung nach ein guter, saftiger (*juicy*) amerikanischer Hamburger? Beschreiben Sie ihn! Essen Sie ihn gern mit Ketchup, Senf (*mustard*) oder Mayonnaise? mit Gürkchen- (*pickles*), Tomaten- oder Zwiebelscheiben (*onion slices*)? mit geschnitzeltem (*shredded*) Kopfsalat? Essen Sie ihn gern auf einem Brötchen?

Pizza

A. **Rollenspiel: Im Restaurant.** Sie gehen mit einigen guten Freunden in die Gaststätte „Zum Schöppche".

erste Szene: Sie suchen einen Tisch. Wo finden Sie einen?

zweite Szene: Der Ober bringt die Speisekarte. Sie suchen auf der Speisekarte etwas, was Ihnen schmeckt. Natürlich müssen Sie alles lesen. Was sagen Sie und Ihre Freunde? (Welche Zutaten [*ingredients*] hat Nummer 4? Wieviel kostet Nummer 2? Wenn Sie Pizza nicht mögen, was können Sie sonst bestellen?)

dritte Szene: Sie und Ihre Freunde bestellen.

vierte Szene: Der Ober bringt das Essen. Was sagt er? Was sagen Sie?

belegt *covered*
geschält *peeled*
gerieben *grated*
herzhaft *hearty*
die Plockwurst *salami made from beef, pork, and bacon*
schmackhaft *tasty*
der Champignon, -s *mushroom*
saftig *juicy*
der Vorderschinken *shoulder of ham*
der Paprikastreifen, - *pepper strip*
würzig *spicy*
die Kaper, -n *caper*
gebr. = gebraten *fried*
das Hähnchen *chicken*

fünfte Szene: Sie sind mit dem Essen fertig und möchten jetzt dafür zahlen. Was machen Sie? Was sagen Sie? Was sagt der Ober?

B. **Eine gute, frische Pizza.** Beschreiben Sie eine Pizza, die Sie besonders gern essen möchten! *The following new words will help.*

die Anschovis   die Peperoni   die Tomatensoße
die Kruste   die Salami

Probleme im Restaurant

A. **Eine Fliege in der Suppe!** Erzählen Sie, was in der Zeichengeschichte (*cartoon strip*) passiert! Beschreiben Sie den Gast, den Ober und den Tisch! Was sagt der Gast? Was macht der Ober? Was bringt er? Warum?

LACHEN MIT HÖRZU

der Deckel,- *lid*
fangen (fängt), fing, hat gefangen *to catch*
die Fliege, -n *fly*
das Handtuch, ¨er *towel*
die Suppe bespritzt den Gast *the soup splashes on the guest*
der Teller,- *plate*
die Zunge, -n *tongue*

B. **Rollenspiel: Sie haben ein Problem im Restaurant.** Was sagen Sie? Was sagt der Ober? Was passiert? *Choose one or more of the following problems to act out with another student.*

▶ Sie sehen ein Haar in der Suppe.
▶ Sie brauchen eine andere Gabel, weil die Gabel, die auf dem Tisch liegt, ein bißchen schmutzig (*dirty*) ist.
▶ Der Ober bringt etwas, was Sie nicht bestellt haben.
▶ Das Essen ist schlecht. Die Suppe ist schon kalt, und der Salat ist nicht mehr frisch. Sie wollten Ihr Steak innen rosa haben, aber Sie haben ein durchgebratenes (*well-done*) Steak bekommen.
▶ Erst nach dem Essen entdecken (*discover*) Sie, daß Sie gar kein Geld bei sich haben.

Junge Menschen

Liebespaar.

VORSCHAU

A. Welcher Satz beschreibt welches Bild?

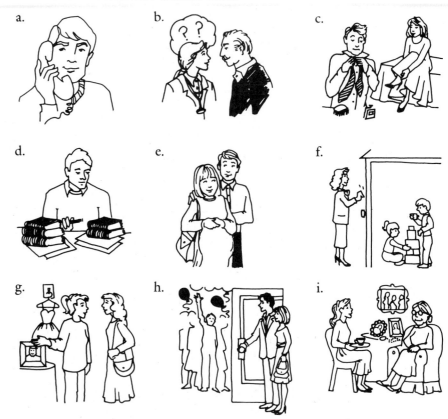

1. Peter muß viel arbeiten, aber er hat noch nicht angefangen.
2. Frau Kandel hat den ganzen Tag bei der Bank gearbeitet. Jetzt muß sie ihre Kinder bei Frau Körner abholen.
3. Max hat Susi zu einer Party eingeladen. Susi mag Parties und hat seine Einladung gern angenommen.
4. Rolf möchte mit seiner Freundin reden. Er ruft sie an.
5. Heute abend gehen Herr und Frau Keller aus.
6. Frau Schrenzel ist fast neunzig Jahre alt und hat viel erlebt.
7. Frau Scheel erwartet ein Baby.
8. Monika fragt Renate, ob sie mit ihr ins Kino gehen möchte, aber Renate hat schon etwas vor.
9. Helga hat Medizin studiert. Sie weiß aber nicht, ob sie diesen Beruf (*profession*) ausüben (*practice*) will. Ihr Vater schlägt vor, daß sie mit ihren Professoren sprechen soll.

B. **Und Ihr Nachbar/Ihre Nachbarin?** Fragen Sie ihn/sie:

1. Benutzt du gern das Telefon? Rufst du oft deine Freunde und Freundinnen an? Wie viele Minuten verbringst du pro Tag am Telefon?
2. Kannst du heute abend ins Kino gehen, oder hast du schon etwas vor?
3. Erwartest du eine Einladung zum Kaffee? ins Kino? zum Essen? Wenn ja: Wirst du diese Einladung annehmen? Wenn nein: Wen möchtest du zum Essen einladen?
4. Was hast du erlebt? Hast du einmal eine lange Reise gemacht? Hast du einmal einen Abend in einem deutschen Restaurant verbracht? im Theater? bei einem Rock-Konzert? bei einem Fußballspiel?
5. Gehst du abends oft aus, oder bleibst du meistens zu Hause? Arbeitest du, wenn du zu Hause bist? Siehst du fern? Liest du?

C. **Das Gesellschaftsleben** (*social life*). Was sollen Ihrer Meinung nach Männer und Frauen tun, wenn sie ausgehen?

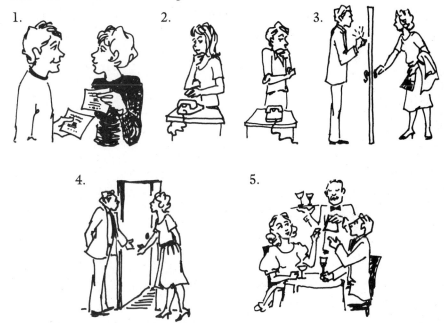

1. Wer soll wen einladen?
2. Wer soll wen anrufen?
3. Wenn sie zusammen ausgehen, soll der Mann die Frau abholen, oder soll er sie irgendwo (*somewhere*) treffen?
4. Soll der Mann oder die Frau zuerst in ein Gebäude oder in ein Zimmer hineingehen?
5. Soll der Mann alles (z.B. das Essen, die Kinokarten, die Theaterkarten) bezahlen? Soll die Frau alles bezahlen? Oder soll jeder für seinen Anteil (*share*) bezahlen?

D. **Ihre berufliche Zukunft.** Was erwarten Sie von einem Beruf? Zum Beispiel: Ist es Ihnen wichtig, daß Sie viel Geld verdienen? daß Sie sehr berühmt werden? daß Sie mit Ihrem Beruf zufrieden sind? daß Sie anderen Leuten helfen? daß Sie oft reisen? __?__ Warum? (Es ist mir wichtig, daß . . . , denn . . .)

E. **Woran haben Sie Interesse?** Haben Sie zum Beispiel Interesse an einem Beruf in der Industrie? Medizin? Physik? Chemie? Elektronik? Politik? Musik? Filmindustrie? im Theater? Bauwesen (*construction*)? Informatik (*computer science*)? __?__ Warum?

F. **Die Fragerei** (*questioning*). Man stellt jungen Leuten viele Fragen über ihre Zukunftspläne. Fragt man Sie oft, zum Beispiel, ob Sie einen Freund/eine Freundin haben? ob Sie heiraten wollen? Fragt man Sie auch oft, was Sie studieren? wie Sie das Leben an der Universität finden? was Sie aus Ihrem Leben machen wollen? was für einen Beruf Sie ausüben wollen? Wie antworten Sie auf diese Fragen?

WORTSCHATZ

Adjectives and Adverbs

aktiv	active(ly)	**früh**	early
arbeitslos	unemployed	**konservativ**	conservative(ly)
dezent	modest; understated	**kritisch**	critical(ly)
engagiert	committed	**sozial**	social(ly)

ständig	constant(ly)	an · kommen, kam an, ist angekommen	to arrive
unbedingt	no matter what, without fail	an · nehmen (nimmt an), nahm an, hat angenommen	to accept
verschieden	different(ly)		
zukünftig	future	an · rufen, rief an, hat angerufen	to call up, phone

Nouns

der Ausschnitt	neckline (of a dress)	auf · machen, hat aufgemacht	to open
der Beruf, -e	profession	auf · stehen, stand auf, ist aufgestanden	to get up
die Beschäftigung, -en	pastime; employment, occupation	auf · wachsen (wächst auf), wuchs auf, ist aufgewachsen	to grow up
die Bewegung, -en	movement		
das Büro, -s	office	aus · gehen, ging aus, ist ausgegangen	to go out
die Einladung, -en	invitation		
die Fabrik, -en	factory	ein · laden (lädt ein), lud ein, hat eingeladen	to invite
das (Fahr)rad, ¨-er	bicycle		
die Fragerei	(annoying) questioning	erwarten, hat erwartet	to expect
die Friedensbewegung	peace movement	her · fahren (fährt her), fuhr her, ist hergefahren	to travel from (*toward the speaker*)
die Generation, -en	generation		
die Geschwister (*pl.*)	siblings, brother(s) and sister(s)	her · kommen, kam her, ist hergekommen	to come from (*toward the speaker*)
die Hochzeit, -en	wedding		
der Job, -s	job	hinein · fahren (fährt hinein), fuhr hinein, ist hineingefahren	to travel into (*away from the speaker*)
der Krieg, -e	war		
das Leben	life		
der Plan, ¨-e	plan	hin · fahren (fährt hin), fuhr hin, ist hingefahren	to travel to (*away from the speaker*)
die Sicherheit	security, safety		
das Tempo, -s	pace		
die Umweltschutzbe-wegung	environmental protection movement	mißfallen (mißfällt), mißfiel, hat mißfallen (+ *dat.*)	to displease
der Verlobte, -n (ein Verlobter) / die Verlobte, -n	fiancé/fiancée	mit · kommen, kam mit, ist mitgekommen	to come along, accompany
das Vorbild, -er	model, example	mit · machen, hat mitgemacht	to participate; to go through
der Wohlstand	prosperity	planen, hat geplant	to plan
das Ziel, -e	goal	rad · fahren (fährt Rad), fuhr Rad, ist radgefahren	to bicycle

Verbs

ab · holen, hat abgeholt*	to pick up	reden, hat geredet	to talk
an · fangen (fängt an), fing an, hat angefangen	to begin, commence	sorgen (für), hat gesorgt	to care (for)
		verdienen, hat verdient	to earn
an · klopfen, hat angeklopft	to knock	verlieren, verlor, hat verloren	to lose

---

*To help you identify separable prefix verbs, they are listed in this book with a dot: ab · holen. In context, however, there would be no separation in the infinitive: abholen.

vorbei·kommen, kam vorbei, ist vorbeigekommen	to come by; to pass	bei diesem Tempo	at this rate, pace
		das hängt (davon) ab, das hing (davon) ab	that depends, that depended (on that)
vor·haben (hat vor), hatte vor, hat vorgehabt	to plan to do, intend	das kommt nicht in Frage	that's out of the question
vor·schlagen (schlägt vor), schlug vor, hat vorgeschlagen	to suggest	eine Hochzeit halten	to have a wedding

MEIN BERUF STINKT MIR

MEIN BERUF MACHT MIR SPASS

wieder·kommen, kam wieder, ist wiedergekommen	to come again, return		
ziehen (in + *acc.*) *or* (nach + *name of city*), zog, ist gezogen	to move, change residence		
zurück·fahren (fährt zurück), fuhr zurück, ist zurückgefahren	to travel back	einen Beruf ausüben	to pursue a career
		im Alter	in the age bracket
		in den Krieg gehen	to go to war
zurück·kommen, kam zurück, ist zurückgekommen	to come back, return	Kredit aufnehmen	to buy on time, take out credit

Useful Words and Phrases

		wie lästig!	what a nuisance!
am Anfang	at the beginning	zum (letzten) Mal	for the (last) time
am Ende	at the end		

GRAMMATIK

A

Im Geschäft. Maria ist Medizinstudentin, 26 Jahre alt. Maria und Karl werden bald heiraten, aber Maria hat noch kein Kleid für die Hochzeit.

MUTTER: Das erste Kleid war zu elegant, aber das zweite war schön, und so dezent.

MARIA: Das dritte Kleid war gerade richtig.

MUTTER: Aber das dritte ist doch ein einfaches, weißes Kostüm—und so ein Ausschnitt . . .

MARIA: Ach, Mutter . . .

MUTTER: Bei diesem Tempo werdet ihr die Hochzeit ja nie vor Ende Dezember halten.

MARIA: Das ist doch egal. In die neue Wohnung können wir in der ersten Januarwoche ziehen, und heiraten können wir auch in der zweiten oder dritten Woche.

MUTTER: Aber was werden die Nachbarn dazu sagen?

A. **Maria wird heiraten.**

1. Welches Brautkleid (*wedding dress*) war zu elegant?   2. Welches Kleid fand die Mutter dezent?   3. Welches Kleid gefiel Maria?   4. Was hält die Mutter vom dritten Kleid?   5. Wann können Maria und Karl in die neue Wohnung ziehen?   6. Wann werden Maria und Karl vielleicht erst heiraten?   7. Was fürchtet (*fears*) die Mutter?

B. **Fragen Sie Ihren Nachbarn/Ihre Nachbarin:**

1. Kaufst du immer das erste Kleid oder das erste Hemd, das du anprobierst (*try on*)?   2. Was machst du in der ersten Juliwoche?

Ordinal Numbers

Cardinal numbers are used in counting; ordinal numbers are adjectives that indicate the order of elements in a sequence.

CARDINAL NUMBER	ORDINAL STEM
eins	erst
zwei	zweit
drei	dritt
vier	viert
fünf	fünft
sechs	sechst
sieben	siebt*
acht	acht
neun	neunt
zehn	zehnt
zwanzig	zwanzigst
hundert	hundertst
tausend	tausendst

In German, the ordinal stem consists of the cardinal number plus **t** for numbers up to twenty, and the cardinal number plus **st** for numbers above twenty. Note the following exceptions, however:

eins   → erst
drei   → dritt
sieben → siebt (**en** is dropped from the cardinal number)
acht   → acht (no change)

Like all other attributive adjectives, ordinal numbers must agree in gender, number, and case with the nouns they modify. The adjective endings are added to the ordinal stem.

Wie war das erst**e** Hemd?
Was machen Sie in der zweit**en** Woche?

---

*The ordinal stem **sieben**t is also correct, although **siebt** is more common.

In German, ordinal numbers are abbreviated with a period after the figure: **1., 2., 3., 4.,** . . . (*1st, 2nd, 3rd, 4th,* . . .).

Den wievielten haben wir heute? Den **zwölften** Oktober. (Den **12.** Oktober.)

Wann ist die Hochzeit? Am **vierundzwanzigsten** Mai. (Am **24.** Mai.)

In dates, note that **am** (**an dem**) is equivalent to the English *on* (*the*): **am ersten Februar** (*on the first of February, on February first*).

Übungen

A. Daten.

BEISPIEL: Die Party war am ＿＿. (2. September; 8. März; 31. Oktober) →
Die Party war am zweiten September. . . . am achten März. . . . am einunddreißigsten Oktober.

1. Ist Ihr Geburtstag am ＿＿? (12. Juli; 16. August; 25. September)
2. Die Hochzeit ist am ＿＿. (1. Oktober; 11. November; 30. Dezember)
3. Gestern war der ＿＿. (6. Januar; 3. Februar; 12. März)
4. Heute haben wir den ＿＿. (2. April; 7. Mai; 28. Juni)

B. Nummer X.

BEISPIEL: Monika hat die ＿＿ Karte gekauft. (1.; 25.; 1 200.) →
Monika hat die erste Karte gekauft. . . . fünfundzwanzigste . . . . . . zwölfhundertste . . .

1. Sie sind die ＿＿ Person, die die Fernsehstation angerufen hat. (4.; 14.; 40.)
2. Geben Sie jedem ＿＿ Kind ein kleines Geschenk! (5.; 15.; 20.)
3. Ich höre dieses Musikstück zum ＿＿ Mal. (10.; 100.; 1 000.)
4. Wir möchten diesen ausgezeichneten Film zum ＿＿ Mal sehen. (2.; 8.; 9.)
5. Hans ist der ＿＿ Student, der unsere Einladung annimmt. (3.; 13.; 23.)
6. Das ist das ＿＿ Mal, daß wir diese blöde Rede hören. (50.; 500.; 5 000.)

C. Fragen. *Use appropriate ordinal numbers to complete each question.*

1. Siehst du dieses Stück zum ＿＿ oder ＿＿ Mal?
2. Kauft Petra ihren ＿＿ oder ihren ＿＿ Wagen?
3. Sind wir die ＿＿ oder die ＿＿ Generation unserer Familie, die in dieser Stadt wohnt?
4. Bleibt dein Vater vom ＿＿ zum ＿＿ oder vom ＿＿ zum ＿＿ Juli?
5. Hat der Schwimmer den ＿＿ oder den ＿＿ Platz gewonnen (*Did . . . win*)?
6. Haben wir heute den ＿＿ oder den ＿＿ März?

D. **Erika und Ulrich suchen eine Wohnung.** Erzählen Sie die Geschichte auf deutsch!

It is already the second week of December. Erika and Ulrich are getting married in the first week of January, but they haven't found an apartment yet. The first apartment that they saw was too expensive, and the second one was too small. The third apartment was large and not too expensive. But many other people want this beautiful apartment, too.

E. **Welche Daten sind Ihnen besonders wichtig?** Zum Beispiel, wann haben Sie Geburtstag? Wann hat Ihr Freund/Ihre Freundin Geburtstag? Ist der 25. Dezember Ihnen wichtig? Warum (nicht)? Was wollen Sie in der vierten Dezemberwoche tun? Ist der 1. Januar Ihnen wichtig? Warum (nicht)? der 14. Februar? der __?__ *Give some dates that are important to you, and tell why they are important.*

F. **Interview: Was hast du vor?** Was machst du nächsten Monat?

BEISPIEL: S1: Was machst du am ersten?
S2: Ich weiß es noch nicht. Am ersten habe ich nichts vor.
S1: Und am zweiten?
S2: Am zweiten will ich den neuen Film im Century-Kino sehen.
S1: Und am dritten?

Maria und Karl, ihr Verlobter, fahren mit den Fahrrädern zu Marias Mutter.

MARIA: Fragt deine Mutter dich denn auch ständig, ob wir vor Januar heiraten werden?

KARL: Ja, die Fragerei hat auch bei uns schon angefangen. Und warum will denn deine Mutter unbedingt für uns das Mittagessen kochen? Dieses Hin- und Herfahren* ist ja so lästig: Morgens fahren wir in die Stadt hinein, mittags fahren wir zurück und dann wieder in die Stadt . . .

MARIA: Ich gebe zu, Radfahren ist auch nicht meine Lieblingsbeschäftigung. Mutter will uns doch nur helfen, sonst können wir die neuen Möbel nicht bezahlen.

KARL: Nehmen wir doch Kredit auf; wir verdienen doch bald beide.

MARIA: Das kommt nicht in Frage.

---

*The infinitive of almost any German verb can be capitalized and used as a neuter noun—often equivalent to an English verbal noun that ends in *ing*: **das Fahren** (*traveling*), **das Hinfahren** (*traveling there*), **das Herfahren** (*traveling back*), **das Radfahren** (*bicycling*).
   Dieses Hin- und **Herfahren** ist ja so lästig.   *This traveling back and forth is so inconvenient.*

1. Möchten Karl und Maria unbedingt vor Januar heiraten? 2. Wer kocht das Mittagessen für Karl und Maria? 3. Was mißfällt Karl? 4. Wohin fahren Karl und Maria jeden Tag? Womit? 5. Fährt Maria gern Rad? 6. Warum kocht die Mutter für Maria und Karl? 7. Was möchte Karl aufnehmen? 8. Gefällt diese Idee Maria, oder mißfällt sie ihr?

B. **Fragen Sie Ihren Nachbarn/Ihre Nachbarin:**

1. Fährst du gern Rad? 2. Hast du eine Kreditkarte? Benutzt du sie oft?

Separable and Inseparable Prefix Verbs

Separable Prefixes

As you recall, a separable prefix verb consists of a basic verb (**sehen**) plus a prefix (**fern**): **fernsehen.** The prefix is *separable* because in an independent clause in the present or past tense it is detached from the verb; that is, the conjugated form of the basic verb is in the appropriate verb position, but the prefix is at the end of the clause.

Wir	sehen	heute abend	fern	.	*We're watching TV tonight.*
Ich	sah	gestern	fern	.	*I watched TV yesterday.*
	Sehen	Sie oft	fern	?	*Do you often watch TV?*

A separable prefix may be a preposition (such as **an** or **mit**), an adverb (such as **wieder** or **zurück**), or another verb (such as **kennen: kennenlernen**). There are many separable prefixes and prefix/verb combinations in German. Each prefix alters the meaning of a basic verb, and a single verb may take on many shades of meaning through the addition of various prefixes. Look at the verb **kommen,** for example, and notice how the meaning changes with each prefix.

kommen	*to come*
an | kommen	*to arrive*
mit | kommen	*to come along with*
vorbei | kommen	*to come by; to pass*
wieder | kommen	*to come again, return*
zurück | kommen	*to come back, return*

Principal Parts

The infinitive of a separable prefix verb consists of the prefix plus the infinitive of the basic verb (**anfangen**).

The past participle of a separable prefix verb consists of the prefix plus the past participle of the basic verb: **an** + **gefangen** = **angefangen.**

The separable prefix is the stressed syllable, regardless of the verb form: ˈan·fangen (fängt ˈan), fing ˈan, ˈangefangen.

Position of Separable Prefix

The separable prefix is detached from the conjugated verb in an independent clause in the present and past tense.

> Er **nimmt** die Einladung **an.**
> Er **nahm** die Einladung **an.**

The separable prefix is attached to the verb in the following constructions:

1. infinitive

   > Er **wird** die Einladung **annehmen.**
   > Er **muß** die Einladung **annehmen.**

2. past participle

   > Er **hat** die Einladung **angenommen.**
   > Er **hatte** die Einladung **angenommen.**

3. dependent clause

   > Ich weiß, daß er die Einladung **annimmt.**
   > Ich weiß, daß er die Einladung **annahm.**

Directionals: *hin* and *her*

The separable prefixes **hin** and **her** have opposite meanings: **Hin** indicates motion directed away from the speaker; **her** indicates motion directed toward the speaker.

Der Bus **fährt** zur Stadtmitte **hin.** Wohin **fährt** der Bus?

Der Bus **kommt** von der Stadt **her.** Woher **kommt** der Bus?

Hin and **her** are often combined with other separable prefixes to give more specific directions. The resulting combinations function as single separable prefixes: **herein·kommen, hinunter·gehen.**

Kommen Sie bitte **herein!**	*Come in, please.*
Ich **gehe** die Treppe **hinunter.**	*I'm going downstairs.*

Inseparable Prefix Verbs

An inseparable prefix verb consists of a basic verb plus a prefix that is a fixed part of the verb and cannot be separated from it. You are familiar with many inseparable prefix verbs.

be:	bezahlen	*to pay*
emp:	empfehlen	*to recommend*
ent:	entschuldigen	*to excuse*
er:	erleben	*to experience*
ge:	gefallen	*to please*
miß:	mißfallen	*to displease*
ver:	verdienen	*to earn*
zer:	zerstören	*to destroy*

An inseparable prefix may subtly or considerably change the meaning of a basic verb: **kommen** (*to come*); **bekommen** (*to get*). Since the prefix is a fixed part of the verb, the principal parts of an inseparable prefix verb resemble those of other verbs, except in the past participle, where the prefix **ge** is not added: **bezahlen, bezahlte, hat bezahlt.** The past participles of some *strong* inseparable prefix verbs look the same as the infinitives: **gefallen (gefällt), gefiel, hat gefallen; bekommen, bekam, hat bekommen.**

To pronounce inseparable prefix verbs properly, remember that the stress is on the verb stem: **be ˈzahlen, be ˈzahlte; hat be ˈzahlt; ge ˈfallen, ge ˈfiel, hat ge ˈfallen.**

Summary: The following are the basic differences between separable and inseparable prefixes.

SEPARABLE PREFIX

1. a preposition, an adverb, another verb, or a noun
2. detached from the verb in an independent clause in the present and past tense
3. stressed

4. added to the regular past participle of the basic verb

INSEPARABLE PREFIX

1. usually a syllable that cannot carry independent meaning
2. a fixed part of the verb that cannot be detached

3. not stressed (the stress is on the verb stem)
4. part of the past participle; no **ge** prefix

Ein Hochzeitspaar in West-Berlin. Statue oder Menschen?

Übungen

A. Was plant Peter im Dezember für das nächste Jahr? Was sagt er im Mai?

BEISPIEL: Ich komme in der zweiten Januarwoche in Hamburg an. →
Ich bin in der zweiten Januarwoche in Hamburg angekommen.

1. Mein neuer Job fängt in der dritten Januarwoche an.
2. Ich fahre morgens in die Stadt hinein.
3. Ich komme abends zurück.
4. Ich gebe zu, dieses Hin- und Herfahren ist lästig.
5. Ich verdiene aber viel, und ich bezahle die neuen Möbel.
6. Ich nehme keinen Kredit auf.
7. Anfang April mache ich eine Reise nach Köln. Ende April fahre ich zurück.

B. Was schreibt Peter im Mai? Formulieren Sie die Sätze in Übung A im Imperfekt!

BEISPIEL: Ich komme in der zweiten Januarwoche in Hamburg an. →
Ich kam in der zweiten Januarwoche in Hamburg an.

C. Wie, bitte? Sie sprechen mit Petra, aber Petra spricht undeutlich (*indistinctly*).

BEISPIEL: PETRA: Stefan ruft mich an.
SIE: Wie, bitte?
PETRA: Ich habe gesagt, daß Stefan mich anruft.

1. Stefan lädt mich ins Kino ein.
2. Er holt mich gleich ab.
3. Er klopft bei mir an.
4. Ich mache die Tür auf.
5. Stefan kommt herein.
6. Johanna und Dieter kommen auch vorbei.
7. Stefan und ich gehen ins Kino, und Johanna und Dieter kommen mit.
8. Wir verbringen alle vier den Abend im Kino.

D. Petra, was hast du gestern abend gemacht? Wie antwortet Petra auf diese Frage? Formulieren Sie die Sätze in Übung C im Perfekt!

BEISPIEL: Stefan ruft mich an. → Stefan hat mich angerufen.

E. Ursula und Paul heiraten bald. Vorher müssen sie sparen. Erzählen Sie etwas von diesem jungen Paar. Auf deutsch, bitte!

Ursula and Paul, her fiancé, bicycle to Ursula's mother's. Ursula's mother is constantly asking whether they're going to marry before the end of May. The questioning has already started at Paul's house, too. The traveling back and forth is fun in (**bei**) good weather: In the morning they ride into town, and in the afternoon they ride back. Ursula's mother cooks for them. She wants to help them; otherwise they won't be able to pay for the new car. Paul would like to eat in a restaurant, but Ursula says that's out of the question.

F. **Was sagt man in jeder Situation?**

BEISPIELE:

ins Zimmer hereinkommen →
Kommen Sie bitte ins Zimmer
herein!

ins Haus hineingehen →
Geh ins Haus hinein!

1. hier herauskommen

2. bitte die Treppe
hinuntergehen

3. herunterkommen
und mit deinen
Freundinnen spielen

4. heraufkommen

5. dort hinausgehen

6. die Treppe hinaufgehen
und herausfinden, ob
Herr Schwarz morgen
um elf Uhr frei ist

G. **Interview.** Fragen Sie einen Studenten/eine Studentin:

1. Hast du heute abend etwas vor?

2. Gehst du freitagabends oft aus?
3. Mit wem möchtest du ausgehen?
4. Wen rufst du oft an?
5. Wer ruft dich manchmal an?
6. Du planst eine Party. Wen möchtest du einladen?
7. Du bekommst eine Einladung zu einer Party. Nimmst du die Einladung automatisch an? Warum (nicht)?
8. Du möchtest ein neues, teures Auto kaufen. Wartest du, bis du genug Geld verdient hast? Oder nimmst du Kredit auf?
9. Deine Freunde möchten Samstagabend zusammen ausgehen, aber sie wissen noch nicht, wohin sie gehen wollen oder was sie machen wollen. Was schlägst du ihnen vor?

H. **Pläne.** Fragen Sie einen Studenten/eine Studentin, ob er/sie mit Ihnen ausgehen will. Wenn er/sie Ihre Einladung annimmt, machen Sie Pläne! Zum Beispiel, was schlagen Sie vor? Möchten Sie ins Kino gehen? ins Theater? ins Restaurant? ___?___ Wann fängt der Film oder das Theaterstück an? Wenn Sie die andere Person abholen, wann kommen Sie vorbei? Rufen Sie noch einmal an? Warum? Kommen andere Studenten auch mit?

Verben

abholen	ausgehen	annehmen	vorhaben
anfangen	mitkommen	vorbeikommen	
anrufen	einladen	vorschlagen	

Im Wohnzimmer

KARL: Manchmal kann ich es nicht verstehen. Deine Eltern sind so konservativ, und du bist so modern.

MARIA: Meine Eltern sind eben eine ganz andere Generation. Sie sind während des Krieges und in der Nachkriegszeit aufgewachsen. Als meine Mutter zehn Jahre alt war, hatte sie schon ihren Vater verloren. Mein Vater hatte schon früh für seine Geschwister sorgen müssen, weil mein Großvater Soldat war und meine Großmutter in einer Fabrik arbeiten mußte.

KARL: Ja, sie hatten wohl schon viel mitgemacht, als sie in unserem Alter waren. Vielleicht sind Wohlstand und Sicherheit deshalb so wichtig für sie.

A. **Marias Eltern.**

1. Was kann Karl nicht verstehen? 2. Wann sind Marias Eltern aufgewachsen? 3. Was war schon passiert, als Marias Mutter zehn Jahre alt war? 4. Was hatte ihr Vater schon früh für seine Geschwister tun müssen?

5. Was hatte Marias Großmutter im Krieg tun müssen? 6. Warum sind Wohlstand und Sicherheit jetzt so wichtig für Marias Eltern?

B. **Fragen Sie Ihren Nachbarn/Ihre Nachbarin:** Was hatten deine Eltern schon gemacht, als sie in deinem Alter waren?

Past Perfect Tense

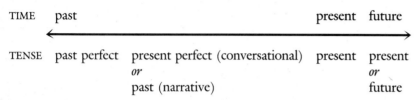

You are familiar with four tenses in German: future, present, present perfect, and past. Now you will learn the past perfect tense, which is used to describe an event that occurred before another, more recent past event.

PAST TENSE

Als sie in unserem Alter waren,
When they were our age,

PAST PERFECT TENSE

hatten sie schon viel mitgemacht.
*they had already gone through so
  much.*

Formation

The past perfect tense resembles the present perfect, except that the *past* tense of the auxiliary **haben** or **sein** is used instead of the present tense.

PAST PERFECT TENSE WITH **HABEN**

ich	hatte erlebt	wir	hatten erlebt
du	hattest erlebt	ihr	hattet erlebt
er			
sie }	hatte erlebt	sie	hatten erlebt
es			
	Sie	hatten erlebt	

PAST PERFECT TENSE WITH **SEIN**

ich	war gegangen	wir	waren gegangen
du	warst gegangen	ihr	wart gegangen
er			
sie }	war gegangen	sie	waren gegangen
es			
	Sie	waren gegangen	

PRESENT PERFECT

Er **hat** viel **erlebt.**
Sie **ist** nach Hause **gegangen.**

He has experienced a lot.
She went home.

PAST PERFECT

Er **hatte** schon viel **erlebt.**
Sie **war** schon nach Hause
  gegangen.

He had already experienced a lot.
She had already gone home.

Modals

The past perfect tense of modals is formed in the same way as the present perfect, except that the past tense of **haben** is used instead of the present tense. The double infinitive—or the past participle of the modal, if the main verb is unstated—is at the end of the clause or sentence.

Richard **hatte** bis sieben **arbeiten müssen**.   *Richard had had to work until seven.*

Angela **hatte** nicht **ausgehen wollen**.   *Angela hadn't wanted to go out.*

Sie **hatten** nicht ins Kino **gewollt**.   *They hadn't wanted to go to the movies.*

Sequence of Tenses

In German, as in English, the past perfect tense usually occurs in a context in which one past action precedes another in time. The more distant event is described by the past perfect tense; the more recent event, by the present perfect or the past tense. When these events are described in the same sentence, the clauses are often joined by the subordinating conjunctions **bevor, als,** or **nachdem**.

Bevor wir nach Hause **kamen, hatten** wir Marias Eltern **besucht**.
Before we came home, we had visited Maria's parents.

Als sie in unserem Alter **waren, hatten** sie schon viel **mitgemacht**.
When they were our age, they had already gone through a lot.

Nachdem er **gegessen hatte, ist** er wieder nach Hause **zurückgefahren**.
After he had eaten, he drove back home again.

Vater liest seinen Kindern abendliche Erzählungen vor. Sind das vielleicht Grimms Märchen oder mal was Modernes?

Übungen

A. Wer hatte was schon gemacht?

BEISPIEL: Ich bin aufgestanden. (Erich) → Erich war schon aufgestanden.

1. Ich habe an die Tür geklopft. (Karin)
2. Ich habe Hans angerufen. (seine Eltern)
3. Ich bin in die Stadt gefahren. (Ute)
4. Susi und Kurt sind zusammen ausgegangen. (wir)
5. Wir haben geheiratet. (ihr)
6. Wir sind in die Stadt gezogen. (unser Freund)
7. Paula und Brigitte sind vorbeigekommen. (Stefan)
8. Karl hat unsere Einladung angenommen. (du)

B. Und Sie? Ich hatte schon . . . / Ich war schon . . .

BEISPIEL: Vera trank einen Kaffee. →
Ich hatte schon einen Kaffee getrunken.

1. Vera aß zwei Brötchen.
2. Sie fuhr in die Stadt.
3. Sie ging in die Bank.
4. Sie arbeitete schwer.
5. Sie verbrachte eine Stunde im Restaurant.
6. Sie kam nach Hause zurück.
7. Sie sah die Nachrichten im Fernsehen.
8. Sie las die Zeitung.

C. Was hatte jede Person machen müssen, bevor sie ausgehen konnte?

BEISPIEL: Ariane mußte arbeiten. →
Ariane hatte arbeiten müssen, bevor sie ausgehen konnte.

1. Ich mußte einen Brief schreiben.
2. Du mußtest ein Buch lesen.
3. Wir mußten essen.
4. Ihr mußtet das Haus putzen.
5. Andreas mußte seinen Vater anrufen.
6. Sie mußten die Nachrichten hören.

D. Was sagen Ulrich und Karin über ihre Eltern? Auf deutsch, bitte.

ULRICH: When my father was my age, he had already experienced so much. At nineteen he had studied in America.

KARIN: My father had had to work at nineteen. At twenty my parents had already married. My mother had wanted to become a teacher, but she had to stay home with the children. My parents are a completely different generation.

E. Interview: du und deine Familie. Fragen Sie einen Studenten/eine Studentin:

1. Bist du modern oder konservativ? Und deine Eltern?
2. Findest du, daß deine Eltern eine ganz andere Generation sind?

3. Was hatten deine Eltern schon gemacht, als sie in deinem Alter waren?
4. Weißt du, was deine Großeltern schon gemacht hatten, als sie in deinem Alter waren?
5. Mußte dein Vater in einen Krieg gehen?
6. Spricht deine Familie über die Kriegszeit in Vietnam?
7. Was hattest du schon erlebt, als du 18 warst?
8. Was hattest du schon tun dürfen, bevor du 18 warst?

SAMMELTEXT

Das Deutsche Jugendinstitut in München hat vor kurzem° junge Frauen zwischen 15 und 19 Jahren in der ganzen Bundesrepublik befragt. Die Interviewten repräsentierten alle sozialen Gruppen. Sie waren Schülerinnen aller Schultypen, Berufstätige ebenso wie Arbeitslose. Die große Mehrheit° dieser Generation zeigt Bildungswillen° und Berufsorientierung. Sie ist engagiert, politisch interessiert und kritisch.

 Das Leben dieser jungen Frauen ist ganz anders als die Welt ihrer Mütter. Die Generation der Mütter ist nicht mehr das Vorbild, weil diese jungen Frauen neue Probleme lösen und neue Rollenbilder° entwickeln° müssen. Die Studentenproteste der sechziger Jahre und der Anfang der modernen Frauenbewegung haben junge Frauen in vielen Bereichen° emanzipiert.

 Die Mütter dieser Generation, im Alter zwischen Ende 30 und Anfang 50, sind zu 60 Prozent nicht berufstätig; 10 Prozent waren es nie. Für sie hing der Erfolg° im Leben besonders davon ab,° ob sie „den Richtigen"° fanden. Die Töchter haben heute andere Ziele. Obwohl° die große Mehrheit Kinder haben wollen, wollen sie auch Karriere machen.°

vor . . . *recently*

majority
desire for education

role models / develop

areas, realms

success
hing . . . ab *depended on / "right one"*
although
Karriere . . . *build careers*

Eine junge Facharbeiterin (*skilled worker*) in Bonn.

Dreizehn Prozent der jungen Frauen machen bei der Friedensbewegung und bei der Umweltschutzbewegung mit. Nach der Umfrage° wollen weitere° 60 Prozent mehr über diese Bewegungen wissen. Sind die Fünfzehn- bis Neunzehnjährigen in der Frauenbewegung aktiv? Kaum. Zwanzig Prozent haben Interesse daran, aber an Mitarbeit° sind sie nicht interessiert.

opinion poll / a further

participation

Einundvierzig Prozent der Frauen erwarten von ihren zukünftigen Partnern, daß diese—im Gegensatz zu° ihren eigenen° Vätern—im Haushalt mitarbeiten.° Fünfundzwanzig Prozent erwarten mehr Mithilfe bei der Kindererziehung.°

im . . . in contrast to / own / participate
child-rearing

Frauen, räumt den Herd, macht Platz für die Männer.

Die Grünen Frauen

räumen = verlassen

A. **Deutsche Frauen.**

1. Wie alt waren die Frauen, die das Deutsche Jugendinstitut befragt hat?
2. Welche sozialen Gruppen repräsentierten diese jungen Frauen?
3. Wie beschreibt man die große Mehrheit dieser Frauen?
4. Warum ist die Generation der Mütter nicht mehr das Vorbild für diese jungen Frauen?

B. **Zur Diskussion:** Haben Sie Interesse an der modernen Frauenbewegung? an der Umweltschutzbewegung? an der Friedensbewegung? In welchen Bewegungen sind Sie aktiv? Warum?

Sammelübungen

A. **Daten.** Sie hatten alles schon früher getan: Ich hatte/war schon am . . .

BEISPIEL: Sabine rief Michael am 5. März an. (3. März) →
Ich hatte Michael schon am 3. März angerufen.

1. Jörg nahm am 1. April die Einladung an. (31. März)
2. Ursula und Thomas fuhren am 5. Mai in die Stadt. (2. Mai)
3. Kris machte am 10. Juni bei der neuen Friedensbewegung mit. (20. Mai)
4. Eva erlebte am 23. Juni einen Studentenprotest. (4. Juni)
5. Karl zog am 22. Juli in die neue Wohnung. (15. Juni)
6. Susi fing am 17. August den neuen Job an. (1. August)
7. Dieter nahm am 18. September Kredit auf. (12. September)
8. Hans und Uwe fuhren am 26. Oktober nach Frankfurt zurück. (7. Oktober)

B. **Die Fragerei fängt an.** Was fragt Herr Stein seine Tochter, bevor sie ausgeht? nachdem sie nach Hause zurückgekommen ist?

BEISPIEL: Warum gehst du aus? → Warum bist du ausgegangen?

1. Um wieviel Uhr kommst du zurück?
2. Um wieviel Uhr fängt der letzte Film an?
3. Kommt deine Schwester mit?
4. Was schlägt dein Freund für den Abend vor?
5. Was hast du nach dem Film vor?

Auf einer Straße in München.

C. **Nachdem Paula . . .**

BEISPIEL: aufstehen / Kaffee machen →
Nachdem Paula aufgestanden war, hat sie Kaffee gemacht.

1. frühstücken / zur Arbeit gehen
2. die Einladung annehmen / ein Kleid für die Party kaufen
3. zurückkommen / zwei Stunden fernsehen
4. ins Haus gehen / die Fenster aufmachen
5. in die Stadt ziehen / einen neuen Job anfangen
6. den Job verlieren / kein Geld verdienen können

D. **Ihre Zukunftspläne.** Wie sehen Ihre Zukunftspläne aus? Welche Ziele haben Sie? (Wollen Sie einen Beruf ausüben? Wollen Sie heiraten? Wollen Sie Kinder haben?)

E. **Zur Diskussion: das Generationsproblem.**

1. Ist das Leben der jungen Frauen in Amerika sehr verschieden von der Welt ihrer Mütter? Wieso?
2. Ist das Leben der jungen Männer in Amerika sehr verschieden von der Welt ihrer Väter? Wieso?
3. Ist die Generation Ihrer Eltern das Vorbild Ihrer Generation? Warum (nicht)?

4. Ist Ihre Mutter berufstätig? War Ihre Großmutter berufstätig? Warum (nicht)?

F. **Zur Diskussion: Was ist wichtig?**

wahr *true*

Da haut's euch um, was? *Doesn't that blow your mind?*
die einzige *the only one*

die Zweierbeziehung *relationship*
längerfristig *long term*
aufbauen *to build*

endlich *finally*
der Sinn *meaning*

Warum ist die junge Frau so froh? Was macht Sie froh? Wie kann man, Ihrer Meinung nach, Sinn im Leben finden? Fragen Sie auch die anderen Studenten! Kann man Sinn im Leben zum Beispiel nur durch eine Zweierbeziehung finden? Kann man Sinn durch eine Beziehung zur Familie finden? zu Freunden? zu anderen Leuten und Kulturen? Kann man Sinn durch Religion finden? durch Erziehung (*education*)? durch Nachdenken (*meditation*)? durch Leiden (*suffering*)? durch Spaß? durch __?__ Was ist wichtig in Ihrem Leben? Warum?

KULTURECKE

▶ When dating, German students are more likely to meet someplace than to have the man pick up the woman at her home. They also tend to "go Dutch." (The term itself is a corruption of **Deutsch.**) It is not expected, as it often is in the United States, that the man pay the woman's way.

▶ When couples get engaged in Germany, usually both the man and the woman put an engagement band on their left hand. When they marry, couples sometimes replace a silver engagement ring with a gold wedding ring, which they wear on the right hand. Or, if the engagement ring is gold, they simply transfer it, often after having it engraved, to the right hand.

▶ Most Germans have two wedding ceremonies: a civil one at the **Standesamt** and a religious one (optional) in a **Kirche.** The civil ceremony is mandatory, as a result of a law passed in 1875 that was part of Bismarck's **Kulturkampf** against the Roman Catholic church.

▶ Married couples in West Germany are producing fewer and fewer children. The average decreased from 4.1 children per couple in 1900 to 2.1 in 1968 and to 1.5 in 1979. By 1972, in fact, West Germany had achieved the lowest birth rate in the world. Both East Germany and West Germany continue to decrease in population.

▶ During World War II many women worked in factories and took over other traditionally male jobs to support the war effort. After the war, however, most returned to running the household. As a result of the contemporary women's movement, a woman's role and potential beyond that of mother and home-maker, as well as the traditional role of the man as provider, continue to be challenged as much in the German-speaking world as in the United States.

Hyphenated names are becoming more and more common, especially among women in public life who wish to use their maiden names: **Herta Maier-Bosch.**

▶ When it comes to household finances, Germans and Americans tend to differ. The average German saves a far greater proportion of his/her paycheck than does the average American, and most Germans are hesitant to borrow against a future income.

Arbeitssuche

A. Eine Stellenanzeige aus der Zeitung.

M: *Hast Du's schon gehört?*

O: *Was?*

M: *Bei rentaman in München wird eine Stelle frei.*

O: *Wer ist denn rentaman?*

M: *rentaman ist ein pfiffiges Zeitarbeitsunternehmen, das anders arbeitet als andere.*

O: *Warum sprichst Du eigentlich ausgerechnet mit mir darüber?*

M: *Weil Du doch so ein Engagement brauchst, in dem Du selbständig schalten und walten kannst.*

O: *Mmh.*

M: *Ja – und vom Mitarbeiter disponieren, einstellen und betreuen, Firmen akquirieren und beraten verstehst Du doch eine ganze Menge. Und kaufmännisch denken und handeln kannst Du doch auch. Oder?*

O: *Mmh. Mmh.*

M: *Na, sag doch mal was dazu!*

O: *Ja, ich glaube Du hast recht. Ich rede mal mit dem Geschäftsführer von rentaman.*

M: *Toll. Hier hast Du gleich seinen Namen und seine Telefonnummer: Herr Schmidt, im Büro (0 89) 4 48 88 70 und zu Hause (0 81 58) 67 77.*

O: *Danke Dir für den guten Tip.*

M: *Viel Erfolg!*

1. Bei welcher Firma ist eine Stelle frei?
2. In welcher Stadt ist dieses Zeitarbeitsunternehmen?
3. Wie beschreibt „M" rentaman?
4. Warum spricht „M" mit „O" über rentaman?
5. Wovon versteht „M" schon eine ganze Menge?
6. Wie heißt der Geschäftsführer von rentaman?
7. Was ist seine Telefonnummer im Büro? zu Hause?
8. Wer sind Ihrer Meinung nach „M" und „O"?

die Stelle, -n (*work*) *position*
pfiffig *sharp, smart*
das Zeitarbeitsunternehmen *temporary work firm*
ausgerechnet *of all* (*people, things, etc.*)
selbständig schalten und walten können *to be able to have a free hand*
Mitarbeiter disponieren *to delegate jobs to coworkers*
einstellen *to hire*
betreuen *being in charge*
Firmen akquirieren *getting business*
beraten *giving advice*
eine ganze Menge *a lot*
du hast recht *you're right*
Viel Erfolg! *Best of luck!*

B. Rollenspiel: das Interview bei rentaman. Sie sind „M", und heute interviewt Sie Herr/Frau Schmidt, der Geschäftsführer/die Geschäftsführerin von rentaman. Was möchten Sie über die Stelle wissen? Was will Herr/Frau Schmidt von Ihnen wissen?

SIE

Wie viele Personen arbeiten im
  Büro?
Was sind die Geschäftsstunden
  (*business hours*)?
Wie hoch ist das Gehalt (*salary*)?
Wann kann ich anfangen?
  _____?_____

HERR/FRAU SCHMIDT

Wie alt sind Sie?
Was sind Ihre Qualifikationen?
Woher kommen Sie?
Wo wohnen Sie?
Wo haben Sie früher gearbeitet?
Warum wollen Sie diese Stelle?
Sind Sie bereit (*prepared*), viel zu
  reisen?
Können Sie Überstunden leisten
  (*work overtime*)?
  _____?_____

C. **Berufe und Erwartungen** (*expectations*). Sprechen Sie mit anderen
   Studenten und Studentinnen über ihre Berufspläne und Erwartungen!

BEISPIEL: S1: Welchen Beruf möchtest du ausüben?
          S2: Ich möchte Astronaut/Astronautin werden.
          S1: Warum? Was erwartest du von diesem Beruf?
          S2: Als Astronaut/Astronautin kann ich . . .

BERUFE

der Arzt/die Ärztin (*medical doctor*)
der Astronaut (*wk.*)/die Astronautin
der Bäcker/die Bäckerin
der Bauer (*wk.*)/die Bäuerin (*farmer*)
der Geschäftsmann/die Geschäftsfrau
der Jurist (*wk.*)/die Juristin (*lawyer*)
der Lehrer/die Lehrerin (*teacher*)
der Mechaniker/die Mechanikerin
der Physiker/die Physikerin
der Politiker/die Politikerin
der Polizist (*wk.*)/die Polizistin
der Reiseführer/die Reiseführerin
der Sekretär/die Sekretärin

ERWARTUNGEN

im Freien (*outdoors*) arbeiten
keinen/vielen Leuten helfen
meistens am Schreibtisch arbeiten
keine/viele interessante(n) Leute
  treffen
viel/wenig Geld verdienen
(nicht) berühmt werden
(nicht) reisen
die ganze Welt sehen
mit (keinen) neuen Ideen arbeiten
die Welt (nicht) ändern (*change*)
keinen/viel Spaß haben
andere Leute froh machen
wenig/viel lernen
(nicht) schwer arbeiten

Drogen und Alkohol

„Da fühlt man nicht mehr und nichts mehr": Im Teufelskreis° von Drogen   *vicious circle*

Es begann damit, daß er immer Kopfschmerzen hatte. Man gab ihm Tabletten. Einmal nahm er drei davon auf einmal: da spürte° er es. Die Angst° verschwand.° „Ich fühlte, daß ich jemand bin." Einer aus der „Szene" riet ihm, die Wirkung° der Tabletten durch Alkohol zu steigern.° Er tat es, und er spürte es. Es präparierte ihn für Haschisch und Heroin: eine nahezu klassische Drogenkarriere. Seitdem hängt° der Gymnasiast Peer an der Nadel,° vom Gebrauch° zum Mißbrauch° war es nur ein kleiner Schritt.° Nach einiger Zeit fand er in Drogen keine Stimulation mehr, keine Euphorie, kein inneres Universum. Da war nur noch die Jagd° nach dem nächsten Fix und das Warten auf den *flash,* wenn das Heroin die unerträglichen° Entzugsschmerzen° stillte. „Da fühlt man nicht mehr und nichts mehr; nichts mehr von dem, was dich gelockt° hat. Nichts mehr von dem, was man die ersten hundert Nadeln vielleicht gespürt hat. Gar nichts mehr. Du drückst° nur noch das Zeug° in dich hinein, damit du ohne Schmerzen bist."

felt (the effects of) / fear / disappeared
effect
increase

has depended
needle / use / abuse
step

hunt
unbearable
withdrawal pains
lured

push / stuff

In seinem Roman° „Fix und fertig"° erzählt Wolfgang Gabel die wahre° Geschichte vom suchtkranken° Peer. Er hat nur die Namen erfunden.°

novel / Fix . . . Fixed and Finished / true
addicted / fictionalized

Zuerst sieht Peer nicht so aus, als sei er drogengefährdet.° Er ist begabt,° Klassenbester,° hat eine attraktive Freundin und Eltern, von denen er alles bekommt, was er will. Auch lebt er in einer Kleinstadt, alles wohlgeordnet.° Man sieht die Schattenseiten° dieses Milieus erst auf den zweiten Blick.° Da wird die rigide Aufsteiger°-Mentalität der Eltern bald unerträglich, die sich „hochgearbeitet" und jeden Pfennig gespart° haben, damit es den Kindern einmal besser geht. Der einzige Mensch, der Peer versteht, ist ein homosexueller Studienrat;° Peers intime Freundschaft zu ihm macht ihn in dieser hessischen Kleinstadt zum Dropout.

als . . . as if he were at risk from drugs / talented
at the top of his class
well ordered
dark sides / look
social climber
saved

high school teacher

Allein mit Entziehungskuren,° das macht diese Geschichte sehr klar, ist es nicht getan. Man muß auch die psychischen und sozialen Ursachen° einer Drogenabhängigkeit° erforschen° und therapieren. Sonst wird der Süchtige° tiefer und tiefer in soziale Isolation, Kriminalisierung und schließlich Selbstzerstörung° getrieben.°

cures for addiction
causes
drug dependency / research / addict
self-destruction / wird . . . is driven

A. **Was wissen Sie über Peer?** Richtig oder falsch?

1. Peer war Gymnasiast.
2. Er wohnte in einer Kleinstadt in Hessen.
3. Er war ein guter Schüler, der beste in der Klasse.
4. Er hatte viele Freunde, die ihn gut verstanden haben.
5. Er hatte eine attraktive Freundin.
6. Seine Eltern hatten immer schwer gearbeitet.
7. Seine Eltern waren Alkoholiker und haben nur selten gearbeitet.
8. Peer hat alles von seinen Eltern bekommen, was er wollte.
9. Peer hatte immer Kopfschmerzen und nahm Tabletten dagegen.

B. **Analyse der Geschichte.**

1. Peer sagt: „Da fühlt man nicht mehr und nichts mehr." Erklären Sie das!
2. „Vom Gebrauch zum Mißbrauch war es nur ein kleiner Schritt." Erklären Sie diesen Satz!
3. Erklären Sie die Mentalität und den Lebensstil von Peers Eltern!

C. **Diskussionsthema:** Viele berühmte Menschen haben Alkohol oder Drogen mißbraucht. Einige starben an diesem Mißbrauch. Nennen Sie berühmte Personen, die Probleme mit Drogen oder Alkohol hatten!

Bekanntschaften

A. **Anzeigen** (*ads*). Viel mehr Deutsche als Amerikaner suchen einen Partner/eine Partnerin durch Anzeigen. Ein paar Beispiele:

liebenswert *lovable*
arm *poor*
großgewachsen *tall*
der Bayer (*wk.*) / die Bayerin *Bavarian* (*person*)
der Sportler / die Sportlerin *athlete*
der Verstand *common sense*
das Gemüt *warmheartedness*
einfühlsam *understanding*
absäbeln *to chop off*
hassen *to hate*

> Immer zusammen frühstücken? Das wünscht eine Berlinerin, Sekretärin, die gern ins Theater geht, die die Sonne und Reisen liebt und die einen liebenswerten Partner sucht.

Student, 28, sucht Partnerin für Reise nach Bulgarien und Istanbul im August.

Mutter (27) und Sohn (2) suchen Partner und Vater, nicht zu jung, nicht zu arm.

Münchner Geschaftsfrau, attraktiv und gutsituiert, sucht IHN für private und berufliche Aktivitäten.

Arzt sucht schicke, intelligente Sie aus gutsituierter Familie.

> Individualistin, sensibel, radikal, kreativ, sucht Bekanntschaft mit intellektuellem, großgewachsenem Mann.

Ein Bayer, der das Leben liebt, Sportler, sucht Sportlerin mit Verstand und Gemüt.

Gibt es IHN? SIE, blond, offen und einfühlsam, sucht humorvollen IHN mit Interesse an Literatur, Geschichte, Natur und mehr.

Ich habe Dich vom 1.–14. Juli fast jeden Tag am Strand zwischen Timmendorf und Scharbeutz gesehen. Du warst dort mit deiner Familie und hattest den blauen Strandkorb Nr. 46, ich hatte den grünen Nr. 61. Ich bin der rothaarige Junge, der Deinem Vater mit dem Frisbee fast den Kopf „abgesäbelt" hat. Schreib ganz schnell einen langen Brief an mich, dann schreibe ich einen langen Brief an Dich!

> Suche den Jungen, mit dem ich an einem schönen Abend im Februar im Café Metropol gesprochen habe. Du hast schwarze Haare, liebst Musik und spielst Gitarre. Ich bin das Mädchen mit den blonden Haaren, dem roten Pullover und den Jeans, das Chemie und Physik haßt, aber Bücher und Ballet liebt. Schreib bitte mit Foto.

B. **Antworten Sie auf eine dieser Anzeigen!** Schreiben Sie einen Brief an die Person, die einen Partner/eine Partnerin sucht!

C. **Schreiben Sie eine Anzeige, in der Sie Fragen wie diese beantworten:** Wer sind Sie? Wie alt sind Sie? Wie sehen Sie aus? Was interessiert Sie? Was für einen Partner/eine Partnerin suchen Sie?

Freizeit und Sport

Katarina Witt bei der XV. Winter-
Olympiade in Calgary, Kanada.
Sie gewann die Goldmedaille für
die DDR.

der Fußball   der Football   der Baseball   der Basketball   der Volleyball

das Laufen   das Skilaufen   das Rollschuhlaufen   das Schlittschuhlaufen   das Segeln

das Wandern   das Reiten   das Turnen   das Schwimmen   das Autorennen

das Tennis   das Tischtennis   das Schach

A. **Sport und Spiele.**

1. Welcher Sport braucht Partner? Mannschaften (*teams*)?
2. Wie viele Spieler hat eine Fußballmannschaft? eine Footballmannschaft? eine Baseballmannschaft? eine Volleyballmannschaft? eine

Basketballmannschaft?

3. Welchen Sport kann man allein treiben (*pursue*)?
4. Welchen Sport spielt man mit einem Ball?
5. Welcher Sport ist ein Wintersport? ein Sommersport?
6. Welcher Sport ist aktiv? passiv?

B. **Interview.** Fragen Sie einen Studenten/eine Studentin:

1. Spielst du manchmal Schach?
2. Treibst du gern Sport? Was ist dein Lieblingssport? Warum?
3. Spielst du Tennis? Tischtennis? Fußball? Football? Golf? Volleyball? Baseball? Basketball?
4. Gehst du gern Skilaufen? Rollschuhlaufen? Schlittschuhlaufen?
5. Magst du Zuschauersport? Welche Sportsendungen siehst du am liebsten (im Fernsehen)?
6. Was für ein Spiel hast du gesehen? ein Baseballspiel? ein Fußballspiel? ein Footballspiel? ein Tennisspiel? ein Tischtennisspiel? ein Basketballspiel? ein Volleyballspiel?

C. **Autos and Autorennen.**

1. Fahren Sie Auto? Warum (nicht)?
2. Was für ein Auto fahren Sie (oder Ihr Freund/Ihre Freundin)? Beschreiben Sie es!
3. Was für ein Auto möchten Sie haben? Warum?
4. Mögen Sie Autosport?
5. Sehen Sie gern Autorennen im Fernsehen? Warum (nicht)?
6. Was ist die Geschwindigkeitsbegrenzung in den USA? Finden Sie, daß alle Fahrer sie beachten (*observe*)? Finden Sie, daß Busfahrer und Taxifahrer die Geschwindigkeitsbegrenzung in der Stadt beachten?
7. Gibt es Autobahnen, wo Sie wohnen? Fahren Sie gern auf solchen Strecken (*stretches*) ohne Ampeln und Kreuzungen?

D. **Interview: Freizeit** (*leisure time*). Fragen Sie einen Studenten/eine Studentin:

Wie verbringst du gern deine Freizeit? Wanderst du? Schwimmst du? Reitest du? Spielst du mit Freunden Karten? Liest du Bestseller? Schläfst du? Machst du lange Spaziergänge? Gehst du ins Kino?

WORTSCHATZ

Adjectives and Adverbs

aggressiv	aggressive(ly)
begeistert (für)	enthusiastic (about); enthusiastically
deutlich	clear(ly); distinct(ly)
erfolgreich	successful(ly)
ernst	serious(ly)
gefährlich	dangerous(ly), treacherous(ly)
klar	clear(ly)
knapp	only, barely, scarce(ly)
kommend	coming
kostenlos	free of charge
kurz	short(ly)
lang	long; tall
öffentlich	public(ly)
passiv	passive(ly)
populär	popular(ly)
spannend	exciting
sportlich	sporty; athletic
unheimlich	incredible; incredibly
(un)wahrscheinlich	(im)probable; (im)probably

Nouns

die Ampel, -n	traffic light
der Ansager, - / die Ansagerin, -nen	announcer
die Autobahn, -en	freeway
das Autorennen	car racing; car race
der Ball, ⁻e	ball
die Freizeit	leisure time
der Fußball	soccer
die Geschwindigkeits- begrenzung, -en	speed limit
die Kreuzung, -en	intersection
die Mannschaft, -en	team
der Mittelstürmer, -	center forward (soccer)
das Publikum	audience
das Rollschuhlaufen	roller skating
das Schach	chess

das Schlittschuhlaufen	ice skating
das Skilaufen	skiing
das Spiel, -e	game
der Spieler, - / die Spielerin, -nen	player
der Sport	sport(s)
die Sportart, -en	type of sport
der Sportler, - / die Sportlerin, -nen	athlete
der Sportverein, -e	sports club, athletic association
der Straßenkreuzer, -	"tank," big car
die Strecke, -n	stretch
das System, -e	system
das Tennis	tennis
der Tennisplatz, ⁻e	tennis court
das Tischtennis	table tennis
das Tor, -e	goal (*sports*); gate
der Turnlehrer, - / die Turnlehrerin, -nen	physical education teacher
der Vorort, -e	suburb
die Wiederholung, -en	repeat, repetition
das Wochenende, -n	weekend

Verbs

auf·springen, sprang auf, ist aufgesprungen	to jump up
aus·sehen (sieht aus), sah aus, hat ausgesehen	to look, appear
beachten, hat beachtet	to observe
enden, hat geendet	to end
gewinnen, gewann, hat gewonnen	to win
jagen, hat gejagt	to chase, pursue, hunt
reiten, ritt, ist* geritten	to ride
rennen, rannte, ist* gerannt	to race
schießen, schoß, hat geschossen	to shoot
schwimmen, schwamm, ist* geschwommen	to swim

---

*The auxiliary **haben** is used with verbs such as **reiten, rennen,** and **schwimmen** when a direct object is present:

Ich **bin** gestern geritten.

but: Ich **habe** das weiße Pferd geritten.

turnen, hat geturnt	to do gymnastics
überholen, hat überholt	to pass, overtake
übertragen (überträgt), übertrug, hat übertragen	to broadcast, relay
vergleichen, verglich, hat verglichen	to compare
wandern, ist gewandert	to hike

Useful Words and Phrases

aus der Übung kommen	to get out of practice
Benzin schlucken	to guzzle gas
der (Fußball)narr, -en (wk.) / die (Fußball)narrin	(soccer) fan, fool
die lahme Ente	lame duck
guck mal!	hey, look!
im Hintergrund	in the background
Sport treiben, trieb, hat getrieben	to go in for sports
was ist los?	what's happening?

Turnen verbindet – auf nach Berlin!

GRAMMATIK

Auf dem Tennisplatz nach dem Spiel. Theo, ein deutscher Turnlehrer aus Frankfurt, besucht seinen jüngeren Vetter, Simon, in Los Angeles. Der sportliche Deutsche möchte jeden Tag Sport treiben, weil er nicht aus der Übung kommen will.

SIMON: Mensch, Theo, du hast mich ganz schön über den Tennisplatz gejagt. Du spielst viel besser als ich, und ich habe gedacht, ihr spielt nur Fußball in Deutschland.

THEO: Nein, gar nicht, obwohl Tennis vielleicht populärer in den USA ist.

SIMON: Wieso denn, eigentlich?

THEO: In Deutschland ist Tennis eben ein teurer Sport als hier, weil wir keine kostenlosen, öffentlichen Tennisplätze haben. Seitdem es jedoch erfolgreiche deutsche Tennisspieler wie Boris Becker und Steffi Graf gibt, wollen immer mehr Leute Tennis spielen.

A. **Vettern in Deutschland und Amerika.**

1. Wer ist Simon? 2. Wer ist der bessere Tennisspieler, Theo oder Simon? 3. Was meint Simon über Sport in Deutschland? 4. Ist Tennis genauso

populär in Deutschland wie in den USA?   5. Warum ist Tennisspielen in Deutschland teurer als in den USA?

B. **Fragen Sie Ihren Nachbarn/Ihre Nachbarin:**

1. Spielst du Tennis? Wenn ja: Wer spielt besser, du oder dein Partner/deine Partnerin?   2. Hast du von Steffi Graf und Boris Becker gehört? Wenn ja: Hast du von ihnen in Zeitungs- und Zeitschriftenartikeln gelesen? Hast du sie vielleicht im Fernsehen gesehen?

Comparison of Adjectives and Adverbs

Degrees of Comparison

Adjectives and adverbs have three degrees of comparison with which they express gradation in quality or quantity or rate two or more persons or things. You are familiar with the positive degree, which is the basic form of an adjective or adverb. In this chapter you will learn to use the comparative and superlative degrees. Unlike English, German adjectives and adverbs follow the same patterns whether they have one or more than one syllable.

POSITIVE	schnell	*fast*	gefährlich	*dangerous*
COMPARATIVE	schnell**er**	*faster*	gefährlich**er**	*more dangerous(ly)*
SUPERLATIVE	schnell**st-**	*fastest*	gefährlich**st-**	*most dangerous(ly)*

Positive Degree

The positive degree is the form by which an adjective simply describes a noun or by which an adverb simply describes a verb, adjective, or other adverb.

POSITIVE STEM	**schnell**
	fast
ATTRIBUTIVE ADJECTIVE	Das **schnelle,** rote Auto gehört Stefan.
	The fast red car belongs to Stefan.
PREDICATE ADJECTIVE	Diese Rennwagen sind wirklich **schnell.**
	These racecars are really fast.
ADVERB	Christa läuft sehr **schnell.**
	Christa runs very fast.

The structure (**nicht**) **so** (+ *adjective or adverb*) **wie,** which equates or compares similar persons or things, also employs the positive degree of the adjective or adverb.

Ist dieser Sport **so gefährlich wie** Fußball?
Is this sport as dangerous as soccer?

Ja, dieser Sport ist genau**so gefährlich wie** Fußball.
Yes, this sport is just as dangerous as soccer.

Nein, dieser Sport ist **nicht so gefährlich wie** Fußball.
No, this sport is not as dangerous as soccer.

An infinitive or a past participle usually precedes **wie,** rather than coming at the end of a sentence or clause.

Hans kann nicht so schnell **laufen** wie du.
Elke ist so schnell **gelaufen** wie Hans.

Comparative Degree

The positive degree is often used to draw comparisons in the construction (**nicht**) **so . . . wie.** Otherwise, the comparative degree is used to compare two unequal items or activities. In German the comparative degree is formed by adding **er** to the adjective stem. The case endings of attributive adjectives are added after this **er** ending: **ein gefährlicher_es_ Spiel** (*a more dangerous game*). When two unequal entities are compared, the word **als** is used after the comparative form of the adjective or adverb, just as the word *than* is used in English.

COMPARATIVE STEM	**schneller**
	faster
ATTRIBUTIVE ADJECTIVE	Wer hat den **schnelleren** Rennwagen, Peter oder Karl?
	Who has the faster racecar, Peter or Karl?
PREDICATE ADJECTIVE	Karls Rennwagen ist **schneller als** Peters.
	Karl's racecar is faster than Peter's.
ADVERB	Elke läuft **schneller als** Christa.
	Elke runs faster than Christa.

Variations

Some adjectives and adverbs—especially (but not exclusively) those with just one syllable—have an umlaut on the stem vowel (**a, o,** or **u**) in the comparative degree.

POSITIVE	COMPARATIVE
alt	älter
jung	jünger
oft	öfter
gesund	gesünder
groß	größer
lang	länger
kurz	kürzer
stark	stärker

Just as in English, some adjectives and adverbs in German have irregular forms in the comparative degrees.

gut	*good/well*	besser	*better*
viel, viele	*much, many*	mehr	*more*
gern(e)	*gladly*	lieber	*rather, preferably*

When used before a comparative adjective or adverb, the word **immer** indicates progression.

Elke läuft **immer schneller.**
Das Fußballspiel wird **immer gefährlicher.**
Immer mehr Leute treiben Sport.

Elke runs faster and faster.
The soccer game is becoming more and more dangerous.
More and more people are going in for sports.

Übungen

A. **Wer ist der bessere Sportler/die bessere Sportlerin?**

BEISPIEL: Rolf läuft nicht so schnell wie Heinz. →
Heinz läuft schneller als Rolf.

1. Elke ist nicht so sportlich wie Margit.
2. Helmut schwimmt nicht so langsam wie Andreas.
3. Luise spielt nicht so aggressiv Tennis wie Ingrid.
4. Jürgen reitet nicht so vorsichtig wie Hans.
5. Karin segelt nicht so konservativ wie Monika.
6. Richard fährt nicht so gefährlich wie Dieter.

B. **Erklären Sie alles!**

BEISPIEL: Ist Klaus so alt wie sein Vetter? → Klaus ist älter als sein Vetter.

1. Ist Maria so jung wie Christine?
2. Ist Karl so stark wie Johann?
3. Ist Eva so klein wie diese Frauen?
4. Ist Ulrich so groß wie diese Männer?
5. Spielen die Brauns so oft Schach wie die Müllers?
6. Bleibt der Turnlehrer so lange hier wie seine Studenten?

Volleyball an der Technischen Hochschule in West-Berlin.

ULRIKE WELSCH

C. **Meinungen.**

> BEISPIEL: UTE: Ich habe ein interessantes Buch gelesen.
> SIE: Ich habe nie ein interessanteres Buch gelesen.

1. Ich habe ein spannendes Fußballspiel gesehen.
2. Ich habe mit einem begeisterten Zuschauer gesprochen.
3. Ich habe in einer starken Mannschaft gespielt.
4. Ich habe einen großen Wagen gefahren.
5. Ich habe ein schönes Wochenende erlebt.
6. Ich habe ein altes Auto gefahren.

D. **Susanne und Monika.** Erzählen Sie die Geschichte, und dann stellen Sie jede Frage! Auf deutsch, bitte!

Susanne, a German tennis teacher, is visiting her older sister in Los Angeles. Susanne wants to play tennis because she doesn't want to get out of practice. After the first day, Susanne says: "Monika, you really chased me over the tennis court. You play much better than I." Monika says, "I play tennis every day. Here it's a more popular sport than in Germany, and it's not as expensive."

1. Is Susanne older or younger than her sister?
2. Why does Susanne want to play tennis?
3. Who is the better tennis player, Susanne or Monika?
4. Is tennis more popular in America or in Germany?

E. **Ich werde immer . . .**

> BEISPIEL: Ich werde . . . → Ich werde immer (älter).

1. Ich spreche . . .   3. Ich gehe . . .   5. Ich fahre . . .
2. Ich arbeite . . .   4. Ich lese . . .   6. Ich esse . . .

F. **Fragen Sie Ihren Nachbarn/Ihre Nachbarin:**

1. Hast du einen jüngeren Bruder? eine jüngere Schwester?
2. Hast du einen älteren Bruder? eine ältere Schwester?
3. Sprichst du genauso gut Deutsch wie Englisch?
4. Möchtest du lieber Golf oder Tennis spielen?
5. Hast du mehr Basketballspiele oder mehr Baseballspiele gesehen?

Simon und Theo fahren auf der Autobahn durch einen Vorort von Los Angeles.

> THEO: Ich fahre am liebsten so wie hier, lange Strecken ohne Ampeln und ohne Kreuzungen.
> SIMON: Ja, wir haben wahrscheinlich das größte Autobahnsystem der Welt.

THEO: Du hast ja nicht gerade das schnellste Auto.

SIMON: Was willst du denn? Ich beachte nur die Geschwindigkeitsbegrenzung.

THEO: Guck mal, der alte Straßenkreuzer da vorne. Das sind die langsamsten Autos, und die schlucken das meiste Benzin. Überhol ihn doch!

SIMON: Warum denn? Ich fahre doch schnell genug!

THEO: Das kann ich nicht verstehen, daß du diese lahme Ente nicht überholen willst.

A. Auf der Autobahn.

1. Was für Straßen mag Theo am liebsten?   2. Wie ist das Autobahnsystem in Los Angeles?   3. Was sagt Theo über Simons Auto?   4. Warum fährt Simon nur 55 Meilen pro Stunde?   5. Wie beschreibt Theo den alten Straßenkreuzer?   6. Was soll Simon tun?   7. Was kann Theo nicht verstehen?

B. Fragen Sie Ihren Nachbarn/Ihre Nachbarin:

1. Beachtest du immer die Geschwindigkeitsbegrenzung, wenn du fährst?
2. Fährst du gern die neuesten Modelle, oder schwärmst du für die ältesten Straßenkreuzer?

Hallenschwimmbad in Baden-Baden.

PETER MENZEL / STOCK, BOSTON

Superlative Degree

The superlative degree assigns the highest rating to a specific person or thing. In German, the superlative of an adjective or adverb is formed by adding the ending **st** to the adjective stem (or **est** if pronunciation is difficult or impossible without an **e**). The case endings of attributive adjectives are added to the superlative ending: **der gefährlichste Sport** (*the most dangerous sport*).

The superlative of an adverb is formed with the word **am** (contraction of **an dem**) plus the superlative stem, to which the ending **en** is added: **am schnellst*en*, am gefährlichst*en*.**

SUPERLATIVE STEM	**schnellst-**
	fastest
ATTRIBUTIVE ADJECTIVE	Der **schnellste** Rennwagen gehört Claudia.
	The fastest racecar belongs to Claudia.
PREDICATE ADJECTIVE	Dieser Rennwagen ist der **schnellste.**
	This racecar is the fastest.
ADVERB	Horst läuft morgens **am schnellsten.**
	Horst runs fastest in the morning.

When a predicate adjective does not refer to a specific noun, the superlative form is the same as that for the superlative adverb.

PREDICATE ADJECTIVE	In Wien ist es immer **am schönsten.**
	It's always most beautiful in Vienna.

Variations

Adjectives and adverbs that have an umlaut in the comparative degree retain the umlaut in the superlative degree as well.

POSITIVE	COMPARATIVE	SUPERLATIVE
alt	älter	ältest- / am ältesten
jung	jünger	jüngst- / am jüngsten
oft	öfter	öftest- / am öftesten
gesund	gesünder	gesündest- / am gesündesten
groß	größer	größt- / am größten
lang	länger	längst- / am längsten
kurz	kürzer	kürzest- / am kürzesten
stark	stärker	stärkst- / am stärksten

If an ending that begins with a vowel is added to **hoch**, the **c** is dropped.

hoch / hoh(er)   höher   höchst- / am höchsten

Das Berg ist **hoch.**
Das ist ein **hoher** Berg.
Ich habe **höhere** Berge gesehen.
Das ist der **höchste** Berg der Welt.

As in English, **gut** and **viel** have irregular superlative as well as comparative forms.

gut *good/well*   besser *better*   best- / am besten *best*

viel / viele *much, many*   mehr *more*   meist- / am meisten *the most*

Das ist der **beste** Wagen.   *That's the best car.*
Dieser Wagen fährt **am besten.**   *This car drives best.*

Die **meisten** Leute fahren Auto.   *Most people drive cars.*
Er fährt **am meisten** in der Familie.   *He drives the most in the family.*

The adverb **gern** also has distinct forms in the comparative and superlative degrees.

gern *gladly*   lieber *rather*   liebst- / am liebsten *most (or best) of all*

Ich arbeite **gern.**   *I like to work.*
Ich spiele **lieber** Fußball.   *I prefer to play soccer.*
Am liebsten gehe ich zu einem Fußballspiel.   *Most of all I like to go to a soccer game.*

Übungen

A. Wer sind diese Personen? Beschreiben Sie jede im Superlativ!

BEISPIEL: Jürgen / der / aggressiv / Spieler →
Jürgen ist der aggressivste Spieler.

1. Maria / die / gesund / Sportlerin
2. Kurt / unser / jung / Vetter
3. Erika / meine / alt / Schwester
4. Niklaus / dein / gut / Freund
5. Elisabeth / die / sportlich / Frau
6. Max / der / nett / Student

Gymnastik in der Schweiz.
„Übung macht die Meisterin."

ULRIKE WELSCH

B. **Antworten Sie im Superlativ!**

BEISPIEL: Fährt der Deutsche einen schnellen Rennwagen? →
Er fährt den schnellsten Rennwagen.

1. Haben die Wagners einen großen Straßenkreuzer?
2. Hat Rolf einen teuren Fußball gekauft?
3. Wohnt Annemarie in einem neuen Vorort?
4. Hat dieses Land ein großes Autobahnsystem?
5. Kennt dein Vater einen guten Turnlehrer?
6. Hast du ein spannendes Spiel gesehen?

C. **Hans, Karl und Peter.** Vergleichen Sie diese Männer!

BEISPIEL: schnell laufen →
Hans läuft schnell, Karl läuft schneller, aber Peter läuft am schnellsten.

1. laut singen
2. gut schwimmen
3. gern wandern
4. vorsichtig fahren
5. deutlich sprechen
6. das Spiel ernst nehmen

D. **Was sagt Claudia?** Auf deutsch, bitte!

We have one of the largest freeway systems in the world. On the freeway one can drive long stretches without lights and intersections. I like to drive this way best of all. I don't have the fastest car, but I can always pass the long, old tanks. They are the slowest cars, and they guzzle the most gas.

E. **Geographie.** Fragen Sie andere Studenten und Studentinnen:

BEISPIEL: S1: Welcher Fluß ist der längste, der Rhein, der Amazonas oder der Nil?
S2: Ich glaube, der Amazonas.
S3: Das ist falsch. Der Amazonas ist länger als der Rhein, aber er ist nicht so lang wie der Nil. Der Nil ist der längste Fluß.

1. Welche Insel (*island*) ist die größte, Grönland, Madagaskar oder Kuba?
2. Welche Stadt hat die meisten Einwohner, Los Angeles, London oder Mexico City?
3. Welches Land ist das größte, die USA, China oder Rußland?
4. Welches Land ist das kleinste, Liechtenstein, Luxemburg oder Belgien?
5. Welcher Berg ist der höchste, Mount McKinley, Mount Everest oder Mount Shasta?
6. Welcher See ist der größte, der Bodensee, der Neusiedlersee oder der Chiemsee?

F. **Es gibt Menschen, die man nur in Superlativen beschreiben kann.** Beschreiben Sie einen solchen Menschen!

BEISPIEL: Mein Onkel John ist der netteste Mann, den ich kenne. Er hat vielleicht das wenigste Geld und er fährt das älteste Auto, aber . . .

Theo hat ein deutsches Fußballspiel auf Videokassette. Seine Eltern haben es ihm geschickt, weil sie wissen, was für ein Fußballnarr ihr Sohn ist.

PUBLIKUM: (*im Hintergrund*) Zicke, zacke, zicke, zacke, heu, heu, heu . . .

THEO: Schieß doch . . . los!

DER ANSAGER: Da ist es! Knapp drei Sekunden vorm Ende des Spiels schießt Frankfurts gefährlicher Mittelstürmer den Ball ins Tor.

THEO: (*springt auf*) Tor, Tor, Tor . . .

DER ANSAGER: Und damit endet das Spiel mit sechs zu fünf für Eintracht Frankfurt. Das nächste Spiel ist am kommenden* Samstag in Kaiserslautern. Wir werden das Spiel direkt übertragen, und am Abend bringen wir eine Wiederholung.

SIMON: Das war unheimlich spannend. Eines Tages möchte ich ein solches Spiel in Deutschland erleben.

A. **Das Fußballspiel.**

1. Hat Theo deutschen Fußball gern?   2. Wer schießt den Ball ins Tor? Wann?   3. Was macht Theo während des Spiels?   4. Wie endet das Spiel? 5. Wer hat gewonnen?   6. Wann und wo ist das nächste Spiel?   7. Wie kann man das Spiel zweimal sehen?   8. Was möchte Simon einmal erleben?

B. **Fragen Sie Ihren Nachbarn/Ihre Nachbarin:**

1. Machst du auch Videokassetten von interessanten Sportsendungen? Wenn ja, von welchen?   2. Siehst du Fußballsendungen? Wann kommt das nächste Spiel im Fernsehen?   3. Was machst du während des Spiels?

Time Expressions

Definite Time with Prepositions

Names of the days of the week are preceded by the preposition **an** (+ *dat.*), months and seasons by **in** (+ *dat.*), and clock time by **um** (+ *acc.*): **am ersten Dienstag im September um sieben Uhr.** A specific year is either used without a preposition (**1848**) or is preceded by the phrase **im Jahr(e)** (**im Jahr[e] 1848**). This contrasts with the English expression *in 1848*.

AN

An Fußballtagen ist es immer so.	*It's always this way on soccer days.*
An diesem Dienstag bin ich sicher da.	*This Tuesday I'll certainly be there.*
Das Fußballspiel ist **am Freitag nachmittag.**	*The soccer game is on Friday afternoon.*

---

*The infinitive of a German verb (**kommen**) plus **d** forms the present participle: **kommend** (*coming*). When it is used as an attributive adjective, the appropriate adjective endings are added: **am kommenden Samstag.**

IN

Im Frühling macht er Ferien.	*In the spring he's taking a vacation.*
Gehen wir **im Januar** zu einem Autorennen.	*Let's go to an auto race in January.*
but: 1985 (**Im Jahr 1985**) sind wir nach Europa gereist.	*In 1985 we took a trip to Europe.*

UM

Das Spiel fängt **um zwei** (**Uhr**) an.	*The game begins at two (o'clock).*

Definite Time: Accusative Case

A specific point in time—a day, week, month, or other time unit—is expressed in the accusative case.

Das ist doch **jeden Samstag** so.	*But that's the way it is every Saturday.*
Er kommt **nächsten März** nach Wien.	*He's coming to Vienna next March.*
Diesen Winter möchte ich in die Alpen.	*This winter I'd like to go to the Alps.*

A time period (or span) of specified duration is also expressed in the accusative case, often modified by the adjective **ganz.**

Er ist **den ganzen Tag** zu Hause.	*He is at home all day.*
Sie lernt **die ganze Zeit.**	*She studies the whole time.*
Ich war nur **einen Tag** in Wien.	*I was in Vienna only (for) one day.*

Indefinite Time: Genitive Case

A nonspecific date or time—usually a time word modified by **ein**—is expressed in the genitive case.

Eines Tages werde ich Tennis spielen.	*Someday I'll play tennis.*
Eines Abends ging sie ins Theater.	*One evening she went to the theater.*

Time Adverbs: Review

Time adverbs that express the sequence of days (**vorgestern, gestern, heute, morgen, übermorgen**) are often used in combination with adverbs that express parts of the day (**früh, morgen, vormittag, mittag, nachmittag, abend, nacht**).

Morgen früh gehe ich zum Fußballspiel.	*Tomorrow morning I'm going to the soccer game.*
Was hast du **gestern nachmittag** gemacht?	*What did you do yesterday afternoon?*

Habitual action is expressed by time adverbs that end in **s** (**nachts**). Such adverbs may be used alone or in combination with days of the week (**Montag vormittags**).

Ich bin **morgens** immer müde.	*I'm always tired in the morning.*
Samstag abends geht er ins Kino.	*On Saturday evenings he goes to the movies.*
Sie bleibt **donnerstags** zu Hause.	*She stays home on Thursdays.*

When a series of adverbs or adverbial phrases occurs in a sentence, the usual order of these expressions is time, manner, place.

Ich gehe am 3. März mit meinem Vater zu einem Fußballspiel. Und am 4. März fahre ich allein nach Frankfurt.	*I'm going to a soccer game with my father on March 3rd. And on March 4th I'm going to Frankfurt by myself.*

Übungen

A. **Angelika liebt Sport.** Was hat sie letzte Woche gemacht?

1. ＿＿ hat sie ein Fußballspiel gesehen. (*on Sunday*)
2. ＿＿ hat sie Tennis gespielt. (*last Monday*)
3. ＿＿ ist sie geschwommen. (*on Tuesday*)
4. ＿＿ hat sie mit mir Schach gespielt. (*last Wednesday*)
5. ＿＿ hat sie Volleyball mit anderen Studenten und Studentinnen gespielt. (*the day before yesterday*)
6. ＿＿ ist sie radgefahren. (*yesterday morning*)
7. ＿＿ hat sie ein Polospiel gesehen. (*yesterday afternoon*)
8. ＿＿ ist sie Rollschuhlaufen gegangen. (*yesterday evening*)

B. **Otto und Ludwig sprechen über Sport.**

OTTO: ＿＿ habe ich ein spannendes Fußballspiel gesehen. (*on Saturday, last March, yesterday afternoon*)

LUDWIG: ＿＿ will ich ein Autorennen sehen. (*this weekend, on Sunday, one day*)

OTTO: Hast du ＿＿ Tennis gespielt? (*every Thursday evening, on Tuesday, last Friday*)

LUDWIG: Nein, aber ich bin ＿＿ geschwommen. (*Wednesday afternoons, on Monday, last Monday*)

Freitag spielen:
Leverkusen–Waldhof
Uerdingen–Nürnberg
Bochum–Gladbach
Sonnabend spielen:
Dortmund–Bayern
Stuttgart–Homburg
Lautern–Frankfurt
Karlsruhe–Köln
Hannover–Werder
HSV–Schalke

C. **Bundesliga.**

1. An welchem Tag spielt Bochum gegen Gladbach?
2. An welchem Tag gibt es sechs Fußballspiele?
3. Spielen Hannover und Werder am Freitag?
4. Wie viele Mannschaften spielen an diesem Wochenende?
5. Welche Mannschaft spielt gegen Köln? An welchem Tag?
6. Spielt Stuttgart am Freitag gegen Nürnberg?

D. Ute und Franz sind Fußballnarren. Was sagen sie? Auf deutsch, bitte!

> UTE: Shoot . . . go on!
>
> FRANZ: Goal, goal, goal . . .
>
> UTE: That's the end of the game, with six to five for Eintracht Braunschweig.
>
> FRANZ: That was an unbelievably exciting game.
>
> UTE: Someday I'd like to see a game like that in a soccer stadium and not on television.
>
> FRANZ: The next game is this coming Saturday in Stuttgart. They (**man**) are broadcasting the game live, and that evening we can see a repeat broadcast.
>
> UTE: I don't want to see the game on television. Let's drive to Stuttgart on Saturday, no matter what.

E. Rollschuhlaufen. Fragen Sie Ihren Nachbarn/Ihre Nachbarin:

1. In welcher Stadt findet man dieses „Roller Skate Center"?
2. Was ist die Adresse der „Neuen Welt"?
3. Wie groß ist die Hallenfläche (*hall space*) im „Roller Skate Center"?
4. Wie viele Paare Rollschuhe hat das Center zum Verleihen (*for renting*)?
5. Wieviel kostet der Eintritt sonntags bis 19 Uhr? ab 19 Uhr?
6. Wieviel kosten Rollschuhe pro Paar freitags ab 20 Uhr?
7. Wann ist der Eintritt frei für Damen?
8. An welchem Tag der Woche ist das Center geschlossen? Warum?
9. Bist du oft als Kind Rollschuhlaufen gegangen? Warum (nicht)?
10. Möchtest du jetzt Rollschuhlaufen gehen? Warum (nicht)?

F. **Interview: Freizeit.** Fragen Sie einen Studenten/eine Studentin auf deutsch:

1. What does your family do Sunday afternoons?
2. What are you doing this weekend?
3. Did you go skiing last winter?
4. Where did you spend last summer?
5. In which year did you take a long trip? To where? With whom?
6. When was the last time that you played baseball? __?__

SAMMELTEXT

Theo ist ein Fußballnarr und auch ein Autonarr. Das ganze Jahr lang geht er fast jedes Wochenende ins Fußballstadion. Er hat Fußball am liebsten, aber andere Sportarten interessieren ihn auch, besonders die schnelleren wie Tennis, Volleyball oder auch Autorennen. Die langsameren Sportarten wie Golf interessieren ihn nicht, und er möchte bestimmt nie an einem schönen Tag zu Hause sitzen und Schach oder Domino spielen. Wenn er schon mal zu Hause bleibt, dann tut er das nur, weil er ein Fußballspiel im Fernsehen sehen möchte.

Theo findet amerikanischen Football langsamer als deutschen Fußball, weil es dabei immer so viele Unterbrechungen gibt Aber sein Vetter Simon meint, man findet immer das Spiel am interessantesten, das man selbst als Kind gespielt hat, weil man dieses Spiel am besten kennt. Theo zum Beispiel weiß nichts über amerikanischen Football, und wenn er während des Spieles den Ball nicht sieht, weiß er nicht, was los ist.° — was . . . *what's happening*

Viele Deutsche sind genauso begeistert für Sport wie Theo. Jeder fünfte Deutsche ist in einem Sportverein und treibt aktiv Sport. Sportvereine gibt es schon lange in Deutschland; die meisten stammen aus der Zeit vor dem ersten Weltkrieg. Einer der ältesten Vereine ist die Hamburger Turnerschaft (1816). Nahezu° ein Drittel° der Sportler in den Vereinen sind Frauen. Sie interessieren sich immer mehr für° Sportarten, die traditionell Männern vorbehalten waren.° Am klarsten ist der Fortschritt° der Frauen beim Fußball; seit einigen Jahren schon kämpfen 2 300 Damenmannschaften um Titel und Meisterschaften.° Zwei- bis zehntausend Zuschauer ist bei diesen Spielen zwischen Frauenmannschaften durchaus° normal. Fußball ist der populärste Sport in Deutschland überhaupt,° und manchmal nehmen die Zuschauer das Spiel zu ernst, besonders beim Männerfußball. Sie laufen aufs Feld° und belästigen° den Gegner. Darum gibt es am Rande° des Feldes Polizei mit Schäferhunden,° die die Zuschauer im Schach° halten sollen.

nearly — Nahezu°
ein . . . *one-third*
interessieren sich . . . für *are interested in* / vorbehalten . . . *were reserved for*
progress
championships
quite
on the whole

field / badger / edge
German shepherds / im . . . *in check*

Theo ist auch für Autos begeistert, und da ist er ebenfalls° nicht allein. Jeder möchte gern glauben, daß er das schnellste, das schönste oder das teuerste Auto hat. Auf der deutschen Autobahn, wo es keine Geschwindigkeitsbegrenzung gibt, kann man zeigen, wer am besten fährt. Einen Mercedes kann man nicht leicht° mit einem kleineren Auto überholen, sonst ärgert° man den Mercedesfahrer. Also macht es Theo die größte Freude,° wenn er einem größeren Auto mit seinem kleinen VW mal so richtig zeigen kann, wer am schnellsten fährt. Simon findet das kindisch. Für ihn ist beim Fahren die Sicherheit am wichtigsten.

either — ebenfalls°

easily
annoys
joy

Theo, Simon und Sie.

1. a. Wie oft geht Theo ins Fußballstadion?
    b. Gehen Sie genauso oft wie Theo ins Fußballstadion?
2. a. Hat Theo Fußball gern?
    b. Haben Sie Fußball so gern wie Theo?
3. a. Welche Sportarten interessieren Theo? Welche interessieren ihn nicht?
    b. Welche Sportarten interessieren Sie? Welche interessieren Sie nicht?
4. a. Wie findet Theo amerikanischen Football?
    b. Wie finden Sie amerikanischen Football?
5. a. Welches Spiel findet man immer am interessantesten, Simons Meinung nach?
    b. Und Ihrer Meinung nach?
6. a. Ist die Hamburger Turnerschaft ein alter Sportverein?
    b. Gibt es Sportvereine in Amerika? Wenn ja, wie heißen sie?
7. a. Wie viele Sportler in den deutschen Vereinen sind Frauen?
    b. Treiben amerikanische Frauen genauso aktiv Sport wie deutsche Frauen?
8. a. Welche Sportarten werden bei den Frauen in Deutschland immer populärer?
    b. Sind diese Sportarten auch bei den Frauen in Amerika populär?
9. a. Was möchte jeder Fahrer glauben?
    b. Möchten Sie das auch glauben?
10. a. Was ist für Simon beim Fahren am wichtigsten?
    b. Was ist für Sie beim Fahren am wichtigsten?

Sammelübungen

A. **Theo, der Fußball- und Autonarr.**

1. _____ lang geht Theo fast _____ ins Fußballstadion. (*the whole year / every weekend*)
2. Er sieht Fußball _____, aber _____ wie Tennis und Volleyball interessieren ihn auch. (*best of all / the faster games*)
3. _____ wie Golf interessieren ihn nicht. (*the slower games*)
4. _____ sitzt Theo nie zu Hause. (*on a beautiful day*)
5. Theo findet amerikanischen Football _____. (*slower than German soccer*)
6. Vielleicht findet man das Spiel _____, das man _____ kennt. (*the most interesting / the best*)
7. Einer _____ ist die Hamburger Turnerschaft. (*of the oldest sports clubs*)
8. Fußball ist _____ in Deutschland. (*the most popular sport*)
9. Theo möchte glauben, daß er _____ hat. (*the fastest and most expensive car*)
10. Es macht Theo _____, wenn er _____ mit seinem kleinen VW zeigen kann, wer _____ fährt. (*the biggest joy / a bigger car / the fastest*)

B. **Merkels Urteil.** Max Merkel ist Kolumnist für eine deutsche Zeitung, die „Bild" heißt. Merkels Meinung nach:

das Urteil *judgment*
die Abwehr *defense*
das Mittelfeld *midfield*
der Sturm *offense*
der Trainer *coach*
die Führung *management*
unfähig *incompetent*
schwach *weak*
stark *strong*

Merkels Urteil	6. Uerdingen	5. Stuttgart	4. Leverkusen
Abwehr:	⚽⚽⚽	⚽⚽	⚽⚽⚽⚽
Mittelfeld:	⚽⚽⚽⚽⚽	⚽⚽⚽⚽	⚽⚽⚽⚽
Sturm:	⚽⚽⚽	⚽⚽⚽⚽⚽	⚽⚽⚽⚽
Trainer:	⚽⚽⚽	⚽⚽⚽⚽	⚽⚽⚽⚽
Führung:	⚽⚽⚽⚽	⚽⚽	⚽⚽⚽⚽⚽

1 Ball:unfähig 2 Bälle:schwach 3 Bälle:durchschnittlich 4 Bälle:stark 5 Bälle:sehr gut 6 Bälle:perfekt

1. Welche Mannschaft ist am vierten Platz? am fünften Platz? am sechsten Platz?
2. Welche Mannschaft hat die stärkste Abwehr? die schwächste Abwehr?
3. Welche Mannschaft hat den besten Trainer?
4. Welche Mannschaft hat die beste Führung? Wie beschreibt Merkel die Führung dieser Mannschaft? Welche Mannschaft hat die schlechteste Führung? Wie beschreibt Merkel sie?
5. Ist Stuttgarts Sturm besser oder schlechter als der von Leverkusen? Warum sagen Sie das?
6. Ist Stuttgart stärker in der Abwehr oder im Sturm?
7. Welches ist Uerdingens stärkster Bereich?
8. Woran muß Uerdingen besonders schwer arbeiten?
9. Welcher Mannschaft hat Merkel die meisten Bälle gegeben? die wenigsten?

C. **Die Familie Wendt.** Es ist zehn Uhr an einem Samstagmorgen. Was macht die Familie Wendt? Was wollen Herr Wendt und sein Vater machen? Was wollen die drei Schwestern machen? Wie beschreiben und vergleichen Sie die zwei Männer? die drei Mädchen? Benutzen Sie viele Adjektive im Positiv, Komparativ und Superlativ!

Rolf Wendt

Petra Wendt   Anna Wendt   Heinz Wendt   Silke Wendt

D. **Interview: Was . . . du gern? lieber? am liebsten? Wann?** Fragen Sie
einen Studenten/eine Studentin!

vormittags	an kalten	während des
nachmittags	Winterabenden	Schuljahres
abends	im Herbst	am Wochenende
Montag morgens	im Frühling	___?___
an heißen	während der	
Sommertagen	Wintermonate	

1. Was für Musik hörst du gern? lieber? am liebsten? Wann? Was hörst du
   gar nicht gern? Warum? (klassische Musik, Jazz, Beethoven, Opern,
   Willie Nelson, Balletmusik, Rockmusik, ___?___)
2. Was liest du gern? lieber? am liebsten? Wann? Was liest du gar nicht
   gern? Warum? (Dramen, die Abendzeitung, Zeitschriften, Gedichte
   [*poems*], deutsche Romane [*novels*], Agatha Christie, Liebesbriefe,
   Lehrbücher [*textbooks*], ___?___)
3. Was siehst du gern? lieber? am liebsten? Wann? Was siehst du gar nicht
   gern? Warum? (Filme aus Frankreich, Sport im Fernsehen, Komödien,
   Western, Ballet, Filme von Doris Dörrie, ___?___)
4. Was spielst du gern? lieber? am liebsten? Mit wem? Wann? Was spielst
   du gar nicht gern? Warum? (Tennis, Golf, Baseball, Fußball, Football,
   Volleyball, Basketball, Schach, Karten, ___?___)
5. Was machst du gern? lieber? am liebsten? Wann? Was machst du gar
   nicht gern? Warum? (turnen, schwimmen, reiten, wandern, segeln, Auto
   fahren, Skilaufen gehen, Rollschuhlaufen gehen, Schlittschuhlaufen
   gehen, laufen, in der Sonne liegen, surfen, ___?___)

KULTURECKE

▶ Almost all West German sports teams are independent clubs (**Vereine**). All 61, 514 of these clubs, both amateur and professional, belong to an organization called **Deutscher Sportbund** (**DSB**), which is partially subsidized, but in no way controlled, by the federal government.

Soccer is West Germany's most popular sport, and there are three levels of soccer leagues. The highest level is the **Bundesliga**, which consists of 18 teams. Each team plays each of the others twice during the season, once at home and once away. The regional champions play in the **Europapokal**; the national team plays in the **Weltmeisterschaft**. The national team is made up of the best players from the regional teams, such as Hamburger SV, 1.FC Bayern, Werder Bremen, and so on. The second-level soccer league is called the **2. Bundesliga**, and it consists of 20 teams. The third level consists of the **Amateurligen**.

After soccer, the most popular sports in West Germany are marksmanship, gymnastics, and tennis. Track and field and swimming are also popular.

▶ Germans are eligible for a driver's license at age 18. Driver education courses are not offered in the public schools, so one must go to a **Fahrschule**, which is expensive. Some people combine a driver education course with a vacation (**Ferien-Fahrschule**). To obtain a license, one must pass a written and a practical test given by the state. The license is valid for a lifetime.

European drivers identify their country by putting a large white sticker with black lettering on the back of their cars. Following is a list of national abbreviations.

A	Österreich	DDR	die Deutsche Demokratische Republik
B	Belgien	DK	Dänemark
BG	Bulgarien	E	Spanien
CH	die Schweiz	F	Frankreich
D	die Bundesrepublik Deutschland	FL	Liechtenstein
		GB	Großbritannien
		GR	Griechenland
		H	Ungarn
		I	Italien
		IRL	Irland
		L	Luxemburg
		N	Norwegen
		NL	die Niederlande
		P	Portugal
		PL	Polen
		RO	Rumänien
		S	Schweden
		SF	Finnland
		YU	Jugoslawien

UTA HOFFMANN

Hier kann man billig tanken (*get gasoline*).

Preise

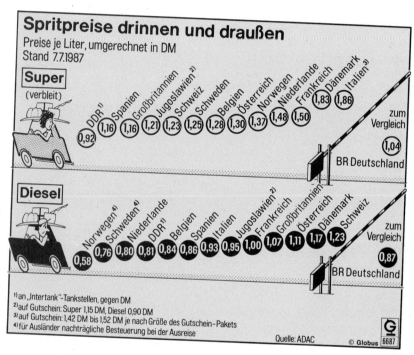

Spritpreise drinnen und draußen
Preise je Liter, umgerechnet in DM
Stand 7.7.1987

Super (verbleit)

DDR[1]	Spanien	Großbritannien	Jugoslawien[2]	Schweiz	Schweden	Belgien	Österreich	Norwegen	Niederlande	Frankreich	Dänemark	Italien[3]
0,92	1,16	1,16	1,21	1,23	1,25	1,28	1,30	1,37	1,48	1,50	1,83	1,86

zum Vergleich: 1,04 BR Deutschland

Diesel

Norwegen[4]	Schweden[4]	Niederlande	DDR[1]	Belgien	Spanien	Italien	Jugoslawien[2]	Frankreich	Großbritannien	Österreich	Dänemark	Schweiz
0,58	0,76	0,80	0,81	0,84	0,86	0,93	0,95	1,00	1,07	1,11	1,17	1,23

zum Vergleich: 0,87 BR Deutschland

[1] an „Intertank"-Tankstellen, gegen DM
[2] auf Gutschein: Super 1,15 DM, Diesel 0,90 DM
[3] auf Gutschein: 1,42 DM bis 1,52 DM je nach Größe des Gutschein-Pakets
[4] für Ausländer nachträgliche Besteuerung bei der Ausreise

Quelle: ADAC   © Globus 6687

Benzin: Super und Diesel. Arbeiten Sie mit einem Partner/einer Partnerin und stellen Sie Fragen über Preise!

BEISPIELE: In welchem Land ist ein Liter Super am teuersten? am billigsten?
Ist Diesel billiger/teurer in Jugoslawien oder in der DDR?
Was kostet ein Liter Diesel in der Bundesrepublik?
Kostet ein Liter Diesel mehr/weniger in Schweden oder in der Schweiz?
Wieviel teurer ist ein Liter Super in Norwegen als in Österreich? (7 Pfennig teurer)
?

Autos

Die Deutschen und ihre Autos

Der stolze° deutsche Autobesitzer,° der emsig° und gründlich° seinen Wagen wäscht, putzt und poliert,° ist täglich sowohl in der Bundesrepublik wie auch in der DDR zu sehen.° Im Unterschied zu Amerika, wo seit Henry Ford das Auto das wichtigste und oft sogar einzige Verkehrsmittel° geworden ist, steht dem durchschnittlichen Deutschen ein ausgedehntes° öffentliches° Transportnetz zur Verfügung.° Eisenbahn,° Bus und Straßenbahn bringen ihn überall hin. Ein eigener Wagen ist für ihn selten eine Lebensnotwendigkeit.° Wenn er sich trotzdem ein Auto leistet,° dann pflegt° er es liebevoll, weil es etwas Besonderes° ist und weil er es seinen Freunden stolz vorführen° will.

Die Bundesrepublik ist heute eines der am meisten motorisierten Länder, und ihre Autoindustrie ist durch Modelle wie Mercedes, BMW, Audi und Porsche auf der ganzen Welt berühmt. Die größte Autofabrik in der Bundesrepublik ist das Volkswagenwerk in Wolfsburg bei Hannover, mit vielen Filialen° in mehreren Ländern einschließlich° der Vereinigten Staaten. Das zweitgrößte westdeutsche Automobilunternehmen sind die Fabriken von Daimler-Benz, die den teuren Prestigewagen Mercedes herstellen.°

In der DDR dagegen besteht° noch eine sehr sichtbare° Lücke° zwischen Sehnsucht° und Realität. Jahrelanges Warten auf ein Auto ist die Regel.° Der Grund ist die Priorität für öffentliche Allgemeinprojekte° des Verkehrswesens wie Eisenbahn, Bus und Straßenbahn in einem sozialistischen Staat. Die verspätet begonnene Produktion der Personenkraftwagen ist beschränkt° und hat hauptsächlich zwei Modelle hervorgebracht: den kleinen Trabant mit nur 26 PS° und den nicht ganz so kleinen Wartburg. Für sportlich interessierte jüngere Menschen gibt es dann auch noch die beliebten Motorräder der Motorradwerke Zschopau, die man auf ostdeutschen Landstraßen sehen kann. Dazu kommen noch ein paar Importe aus kommunistischen Ländern, hauptsächlich aus der Sowjetunion, aber all das reicht natürlich nicht aus,° um den Bedarf° zu befriedigen.° Wer sich durch Beziehungen° oder Verwandte° „harte Währung"° (Westmark und Dollar) beschafft,° kann in den sogenannten Intershops oder durch den Genex-Geschenkartikeldienst sofort ein Auto zu relativ billigem Preis kaufen. Außerdem duldet° die Regierung einen Gebrauchtwagenmarkt° in den meisten Städten.

Leider hat die Liebe für den eigenen Wagen in beiden Teilen Deutschlands auch zu negativen Resultaten geführt. Deutsche Autofahrer gelten als° rücksichtslos,° und auch deutsche Zeitungen sind voll von Klagen° darüber. Warum ist es so? Der Hauptgrund ist wohl die Tatsache,° daß für viele das Auto zum wichtigsten und sichtbarsten Statussymbol geworden ist. „Was nützt mir ein Mercedes, wenn ich nicht damit auf der Autobahn jeden Golf überhole? Ich will zeigen, was mein Wagen leisten° kann." Die besondere Liebe fürs eigene Auto läßt sich bei den

---

proud / car owner / eagerly / thoroughly
polishes
zu . . . to be seen

mode of transportation

extensive / public

steht . . . zur Verfügung is available / railway

vital necessity

sich . . . leistet treats himself to / takes care of / special
show off

branches

including

produce

exists / visible / gap

longing / rule

general projects

limited

PS = Pferdestärke horsepower

reicht . . . aus is sufficient / need / satisfy
connections / relatives / currency
procures

tolerates

used car market

gelten . . . are considered / inconsiderate
complaints
fact

tun

Ostdeutschen durchs lange Warten und die Kaufschwierigkeiten° erklären. Wenn man endlich hat, wonach man sich jahrelang sehnt,° dann wird man es mit besonderer Sorgfalt° pflegen. Bei den Westdeutschen, von denen die meisten sich einen Wagen leisten können, kommt es darauf an zu zeigen, was für ein schönes und teures Auto man hat. Auf alle trifft zu,° was die DDR-„Wochenpost" scherzhaft° so ausgedrückt hat: „Zeige mir dein Auto, und ich sage dir, wer du bist!"

purchasing difficulties
longs for
attention

auf . . . applies to all
facetiously

Und die amerikanischen Autobesitzer? Schreiben Sie einen kurzen Aufsatz (*composition*), in dem Sie einen typischen amerikanischen Autobesitzer beschreiben! (Ist diese Person ein Mann oder eine Frau? Wie alt ist diese Person? Wie sieht er/sie aus? Wo wohnt er/sie? Was für ein Auto fährt er/sie? Wie oft kauft er/sie ein neues Modell? Ist er/sie besonders stolz auf dieses Auto? Wie pflegt er/sie es? Ist das Auto für ihn/sie eine Lebensnotwendigkeit oder nur ein Statussymbol? Warum?)

Lesestoff

Die Springer-Publikationen	
	Auflage 1987 (in 1000)
Zeitungen	
Bild	4754
Bild am Sonntag	2260
Welt am Sonntag	330
Berliner Zeitung	306
Hamburger Abendblatt	290
Die Welt	215
Berliner Morgenpost	180
Zeitschriften	
Hör zu	3251
Bild der Frau	2379
Funk-Uhr	2121
Bildwoche	1031
Auto-Bild	909
Journal für die Frau	498
Spezialtitel	
Hobby	153
Rallye Racing	83
Tennis Magazin	76
Sportfahrer	44
Camp	36
Ski Magazin	32

A. **Die Publikationen von Axel Springer.**

1. Welche Zeitung hatte 1987 die größte Auflage (*circulation*)? die kleinste?
2. Welche Zeitung hatte 1987 eine Auflage von 215 000?
3. Wie groß war 1987 die Auflage von der „Berliner Zeitung"?
4. Welche Zeitschrift ist für Autonarren?
5. Welche Frauenzeitschrift hat eine größere Auflage, „Bild der Frau" oder „Journal für die Frau"?
6. Welche Zeitschrift ist die populärste?
7. Welche Titel repräsentieren Sport?
8. Welcher Spezialtitel hat die meisten Leser? die wenigsten?
9. Hat „Tennis Magazin" mehr oder weniger Leser als „Ski Magazin"?
10. Welche deutschen Publikationen kennen Sie?

B. **Und in den USA?** Fragen Sie andere Studenten und Studentinnen:

1. Welche Zeitungen lest ihr?
2. Welche Zeitschriften lest ihr gern in eurer Freizeit?
3. Lest ihr ein Sportmagazin? Wenn ja: Wie heißt es?
4. Lest ihr eine Wochenzeitschrift wie „Time" oder „Newsweek"?

Welche Zeitungen und Zeitschriften lesen die meisten Studenten und Studentinnen in Ihrer Klasse? Welches ist das populärste Magazin von Studenten allgemein (*in general*)?

An der Uni

Basel in der Schweiz. Professor und Studenten bei einer Vorlesung.

ULRIKE WELSCH

A. **Anatomie.** Beschreiben Sie den menschlichen Körper!

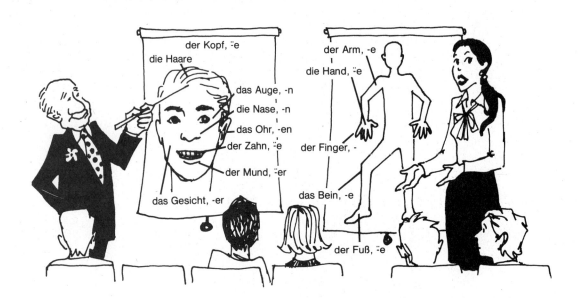

1. Man sieht mit den ____.
2. Man hört mit den ____.
3. Man denkt mit dem ____.
4. Man spricht mit dem ____.
5. Man riecht (*smells*) mit der ____.
6. Der menschliche Körper hat zwei ____, zwei ____, zwei ____, zwei
   ____, zwei ____ und zwei ____.
7. Es gibt 32 ____ in dem ____.
8. Jede ____ hat fünf ____.

B. **Beschreiben Sie den Professor und die Professorin im Bild!** *Use nouns for
   various parts of the face and body along with adjectives such as* groß, klein, kurz,
   lang, dunkel, jung. Was tragen sie? Wie sehen sie aus? (ernst? nett? müde?
   froh? gesund? krank? __?__) Wer ist älter? jünger? größer? kleiner? __?__

C. **Selbstporträt.** Beschreiben Sie sich selbst (*yourself*)!

D. **Und Ihr Nachbar/Ihre Nachbarin?** Beschreiben Sie ihn/sie! Welche Farbe
   haben die Haare? die Augen? Was trägt er/sie heute? Wie sieht er/sie heute
   aus?

E. **Ihre Gesundheit** (*health*). Fragen Sie andere Studenten und Studentinnen!

> BEISPIEL: S1: Was machst du, wenn dir der Kopf weh tut?
> S2: Ich nehme Aspirin.

Was machst du,

wenn dir der Kopf weh tut?	zum Zahnarzt/zur Zahnärztin
der Zahn	gehen
___?___	den Arzt/die Ärztin anrufen
	Schnupfenspray kaufen
wenn dir die Augen weh tun?	Asprin nehmen
die Ohren	ins Bett gehen
___?___	heißen, starken Kaffee trinken
wenn du die Grippe (*flu*) hast?	Hühnersuppe (*chicken soup*) kochen
eine Erkältung	nichts tun
Fieber	___?___
___?___	

F. **An der Uni.**

Chemie	Soziologie	Philosophie
Biologie	Geschichte	Linguistik
Zoologie	Psychologie	Englisch
Physik	Anthropologie	Deutsch
Botanik	___?___	Religion
Medizin		___?___
Mathematik		
Geologie		
___?___		

1. Was ist Ihr Hauptfach (*major*)?
2. Welche Kurse (*courses*) belegen Sie?
3. Wic hoch sind dic Studiengebühren (*tuition*) pro Jahr?
4. Wer trägt die Kosten Ihres Studiums?
5. Haben Sie einen Job nebenbei (*besides*)?
6. Haben Sie ein Stipendium (*scholarship*)?

G. **Diskussionsthema: Was meinen Sie über das amerikanische Universitätssystem?**

1. Wie ist das Arbeitstempo? zu schnell? angenehm (*pleasant*)? zu langsam?
2. Gibt es zu viele Prüfungen (*tests*)?
3. Soll man Noten (*grades*) bekommen? Warum (nicht)?
4. Muß man immer pauken (*cram*)?
5. Sind zu viele Studenten in den Vorlesungen (*lectures*)?
6. Sind die Professoren und Professorinnen freundlich?
7. Sind die Kosten für den durchschnittlichen (*average*) Studenten zu hoch?
8. Sind Sie mit Ihren Professoren zufrieden? mit Ihren Kursen? mit den anderen Studenten? mit dem Prüfungssystem? mit Ihren Noten?

WORTSCHATZ

Adjectives and Adverbs

(un)angenehm	(un)pleasant(ly)
durchschnittlich	average
ehrlich	honest(ly)
gratis	free of charge, gratis
intensiv	intensive; intensely
selbständig	on one's own, independent(ly)

Nouns

die Arbeit, -en	work
der Arm, -e	arm
das Auge, -n	eye
das Bein, -e	leg
die Bibliothek, -en	library
die Bude, -n	room; "digs"
das Fach, ⁻er	subject
der Finger, -	finger
der Fuß, ⁻e	foot
das Gesicht, -er	face
das Haar, -e	hair
die Hand, ⁻e	hand
das Hauptfach	major
der Körper, -	body
die Kosten (*pl.*)	expenses
der Kurs, -e	course
die Mensa, *pl.* Mensen	student cafeteria
der Mund, ⁻er	mouth
die Note, -n	grade
das Ohr, -en	ear
die Prüfung, -en	test, exam
der Spielplan, ⁻e	film (or theater) schedule
das Stipendium, *pl.* die Stipendien	scholarship
der Stoff, -e	material, subject matter; cloth, fabric
die Studiengebühren (*pl.*)	tuition
die Vorlesung, -en	lecture

Reflexive Verbs

sich amüsieren, hat sich amüsiert	to enjoy oneself, have a good time
sich ärgern (über + *acc.*), hat sich geärgert	to be upset (about)
sich beeilen, hat sich beeilt	to hurry
sich beklagen (über + *acc.*), hat sich beklagt	to complain (about)
sich beschäftigen (mit), hat sich beschäftigt	to be concerned (with), occupy oneself (with)
sich blamieren, hat sich blamiert	to disgrace oneself, lose face
sich duschen, hat sich geduscht	to shower
sich entspannen, hat sich entspannt	to relax; to recuperate
sich erinnern (an + *acc.*), hat sich erinnert	to remember
sich erkälten, hat sich erkältet	to catch a cold
sich freuen (auf + *acc.*), hat sich gefreut	to look forward to
sich fühlen, hat sich gefühlt	to feel (some way)
sich fürchten (vor + *dat.*), hat sich gefürchtet	to be afraid (of)

sich gewöhnen (an + *acc.*), hat sich gewöhnt	to get used to, accustomed to	sich vor·bereiten (auf + *acc.*), hat sich vorbereitet	to prepare oneself (for)
sich interessieren (für), hat sich interessiert	to be interested (in)	sich wundern (über + *acc.*), hat sich gewundert	to be surprised (at)
sich kämmen, hat sich gekämmt	to comb one's hair		
sich (*dat.*) leisten, hat sich geleistet	to afford		

Other Verbs

(sich) rasieren	to shave (oneself)	fehlen (+ *dat.*), hat gefehlt	to be missing, absent
sich schleppen, hat sich geschleppt	to drag oneself	es fehlt mir	I miss, lack
sich setzen, hat sich gesetzt	to sit down	klagen (über + *acc.*), hat geklagt	to complain (about)
sich treffen (mit) (trifft sich), traf sich, hat sich getroffen	to meet (with)	pauken, hat gepaukt	to cram (for an exam)
		springen, sprang, ist gesprungen	to jump
sich unterhalten, (unterhält sich), unterhielt sich, hat sich unterhalten	to converse	wiederholen, hat wiederholt	to review; to repeat

Useful Words and Phrases

sich verstecken, hat sich versteckt	to hide oneself	aus welchem Grund	for what reason
sich verstehen (mit), verstand sich, hat sich verstanden	to get along (with)	einen Kurs belegen	to take a course
		es macht Spaß	it's fun
		mir tut (der Kopf) weh	(my head) hurts

GRAMMATIK

 Bloomington, Indiana, USA. Renate, eine deutsche Studentin, geht fast jeden Tag in die Mensa. Dort trifft sie sich um vier Uhr nachmittags mit ihren deutschen Bekannten, und sie trinken einen Kaffee.

(*Renate sitzt an einem Tisch; Ingrid kommt.*)

RENATE: Setz dich! Was gibt's? Fühlst du dich nicht gut?
INGRID: Doch. Ich ärgere mich nur über meine Kurse. Hier muß man immer pauken.
RENATE: Ja, ich weiß. Ich kann mich auch nicht recht daran gewöhnen.
INGRID: Ich habe nicht viel Zeit. Ich muß mich beeilen. Morgen gibt's wieder eine Prüfung.

A. **Renate und Ingrid.**

1. Mit wem trifft sich Renate jeden Tag? 2. Wo sitzt Renate? 3. Wer soll sich setzen? 4. Worüber ärgert sich Ingrid? Warum? 5. Woran kann Renate sich nicht gewöhnen? 6. Warum muß Ingrid sich beeilen?

Accusative Reflexive Pronouns

You are familiar with several kinds of pronouns—words that stand for or take the place of nouns or noun equivalents—and now you will learn to use *reflexive* pronouns. A reflexive pronoun relates back to the subject of a sentence; the subject and the reflexive pronoun indicate the same person or thing. This section discusses accusative reflexive pronouns. Dative reflexive pronouns will be introduced in the next section.

ACCUSATIVE	Ich wasche **mich.**	*I'm washing myself.*
DATIVE	Ich wasche **mir** die Hände.	*I'm washing my hands.* *(lit. I'm washing for myself the hands.)*

When the subject of a sentence acts directly on itself, the direct object takes the form of an accusative reflexive pronoun.

		DIRECT OBJECT	
SUBJECT	VERB	REFLEXIVE PRONOUN	
Ich	wasche	mich.	*I'm washing myself.*

In English, the reflexive pronoun is formed by adding the suffix *self* or *selves* to a personal pronoun: *himself, themselves.* In German, the accusative forms of the reflexive pronouns are the same as those of the personal pronouns, except in the third-person singular and plural and the second-person formal. There is a single form for these three exceptions: **sich.** Unlike **Sie, Ihnen,** and **Ihr,** the reflexive pronoun **sich** is not capitalized when it refers to the second-person formal.

mich	uns
dich	euch
sich	**sich**
sich	

Sie hat sich an das Tempo gewöhnt.	*She has accustomed herself to the pace.*

The plural reflexive pronouns are often used to indicate reciprocal action; in this sense, they mean *each other* or *one another.*

Wir treffen **uns** um vier Uhr.	*We'll meet (each other or one another) at four o'clock.*

Word Order

The reflexive pronoun usually follows the verb or the subject, depending on the sentence type.

After the verb:

SUBJECT-VERB STATEMENT	Die Studenten unterhalten **sich.**

After the subject:

IMPERATIVE STATEMENT	Setzen Sie **sich!**
YES/NO QUESTION	Müssen Sie **sich** immer beeilen?
INTERROGATIVE WORD QUESTION	Worüber ärgerst du **dich?**
ELEMENT-VERB-SUBJECT STATEMENT	Morgens wäscht er **sich.**
SUBORDINATE CLAUSE	Ich möchte wissen, ob ihr **euch** an den Namen des Professors erinnert.
RELATIVE CLAUSE	Wo ist der Student, der **sich** nicht gut fühlt?

After the verb or subject:

In a question, the reflexive pronoun often comes directly after the verb if the subject is a proper or common noun.

Interessieren **sich** die Studenten für Politik?
or: Interessieren die Studenten **sich** für Politik?

Worauf freut **sich** Renate?
or: Worauf freut Renate **sich?**

Reflexive Verbs

A German verb that is used reflexively—that is, in such a way that the action of the verb refers back to the subject—requires a reflexive pronoun. Very often the English equivalent of such a verb is not reflexive.

Ich **wasche mich** jeden Morgen.   *I wash every morning.*

Many German verbs may be used reflexively or nonreflexively, as the context requires. Some have little or no change in meaning when they are used reflexively, whereas others undergo a definite shift in meaning.

NONREFLEXIVE	REFLEXIVE
ärgern	**sich ärgern** (**über** + *acc.*)
Es **ärgert** den Studenten, daß er nicht mehr Geld hat.	Die Studentin **ärgert sich** über ihre Kurse.
It annoys the student that he doesn't have more money.	*The student is upset about her courses.*
erinnern (**an** + *acc.*)	**sich erinnern** (**an** + *acc.*)
Der Professor **erinnert** uns an die Prüfung.	**Erinnerst** du **dich** an den Film?
The professor reminds us about the test.	*Do you remember the movie?*

NONREFLEXIVE	REFLEXIVE
freuen (*impersonal*)	**sich freuen** (**auf** + *acc.*)
Das **freut** mich aber sehr.	Wir **freuen uns** auf die Party.
That really makes me happy.	*We're looking forward to the party.*
fühlen	**sich fühlen**
Der Mann **fühlt** den schweren Stoff.	Der Mann **fühlt sich** nicht gut.
The man feels the heavy cloth.	*The man doesn't feel well.*
gewöhnen (**an** + *acc.*)	**sich gewöhnen** (**an** + *acc.*)
Ich **gewöhne** den Hund an die Leine.	Ich **gewöhne mich** an die Uni.
I'm getting the dog used to the leash.	*I'm getting used to the university.*
interessieren	**sich interessieren** (**für**)
Das Buch **interessiert** mich gar nicht.	**Interessieren** Sie **sich** für Politik?
The book doesn't interest me at all.	*Are you interested in politics?*
treffen	**sich treffen**
Wir **treffen** den Mann um sieben.	Wir **treffen uns** um sieben.
We'll meet the man at seven.	*We'll meet at seven.*
verstehen	**sich verstehen** (**mit**)
Ich **verstehe** den Lehrer.	Ich **verstehe mich** mit dem Lehrer.
I understand the instructor.	*I get along with the instructor.*
waschen	**sich waschen**
Ich **wasche** meinen Wagen.	Ich **wasche mich.**
I'm washing my car.	*I'm washing myself.*
wundern (*impersonal*)	**sich wundern** (**über** + *acc.*)
Es **wundert** mich, daß du hier bist.	Ich **wundere mich** über gar nichts mehr.
It surprises me that you're here.	*I'm not surprised at anything anymore. (Now I've heard everything.)*

Certain verbs are used only reflexively.

sich beeilen

Du **mußt dich** aber **beeilen.**
You'd better hurry (up).

sich erkälten

Du **hast dich** gestern **erkältet.**
You caught a cold yesterday.

Note that, like other verbal expressions, reflexive verbs are used in idiomatic expressions with certain prepositions. The appropriate preposition may differ from the English counterpart and should be learned with the correct case, along with the reflexive verb.

sich interessieren **für**	*to be interested in*
sich gewöhnen **an** (+ *acc.*)	*to get used to*

Übungen

A. **Wie steht's mit Hans?** Wie steht's mit den anderen Leuten?

1. Hans trifft sich mit seinen Freunden. (ich, wir)
2. Hans interessiert sich für Politik. (ihr, die Studentinnen)
3. Hans ärgert sich über seine Kurse. (ich, Ingrid und Paula)
4. Hans fühlt sich nicht gut. (du, Karin)
5. Hans kann sich an das System nicht gewöhnen. (wir, die deutschen Studenten)
6. Hans wundert sich, daß er so viel Arbeit hat. (wir, ich)
7. Hans fürchtet sich vor der nächsten Prüfung. (Anna, wir)
8. Hans unterhält sich mit den anderen Studenten. (ihr, ich)

B. **Dialoge.**

BEISPIEL: HANS: Worüber ärgerst du <u>dich</u>?
          PETRA: Ich ärgere <u>mich</u> über meine Kurse.

ANNA: Tag, Paul und Karin! Freut ihr ＿＿ auf den Filmabend?
PAUL: Ja, und wir freuen ＿＿ auch auf den Tanzabend.

HERBERT: Warum mußt du ＿＿ immer beeilen?
MONIKA: Weil ich immer so viel Arbeit habe. Ich muß ＿＿ auch immer auf Prüfungen vorbereiten.

JOCHEN: Die Studenten, die im Studentenheim wohnen, verstehen ＿＿ gut.
JOSEF: Ja, und sie amüsieren ＿＿ auch oft auf Parties.

C. **Was ist los?** Jedes Satzpaar auf englisch, bitte!

1. Dieser Student interessiert mich. / Dieser Student interessiert sich für Politik.
2. Wir verstehen deutsche Studenten, wenn sie Deutsch sprechen. / Wir verstehen uns gut mit deutschen Studenten.
3. Der Professor erinnert den Studenten an das Stück, das Freitagabend spielt. / Der Professor erinnert sich an ein Stück, das er einmal gesehen hat.
4. Es ärgert die Studentinnen, daß sie so schwer arbeiten müssen. / Die Studentinnen ärgern sich über das schnelle Tempo.

5. Margit wäscht ihr neues Auto. / Margit wäscht sich, wenn sie morgens aufsteht.
6. Es wundert mich, daß diese Studenten so schwer arbeiten müssen. / Ich wundere mich über die Arbeiten, die diese Studenten schreiben müssen.

D. **David und Stefan.** David unterhält sich mit Stefan, einem deutschen Studenten, der dieses Jahr in Bloomington studiert. Auf deutsch, bitte!

DAVID: Aren't you feeling well?
STEFAN: Yes, I'm feeling well.
DAVID: Are you still upset about your courses?
STEFAN: Yes, I can't get used to the system. One always has to cram here.
DAVID: Let's take a seat and have coffee.
STEFAN: I don't have much time. I have to hurry.
DAVID: Why do you always have to hurry?
STEFAN: There's another test again tomorrow morning. Let's meet tomorrow afternoon.

E. **Das Studentenleben.** Gestern war ein typischer Tag für Peter. Beschreiben Sie den Tag! *The vocabulary will guide you, but fill in details and include your own ideas.*

Um sieben Uhr ist Peter aufgestanden.
Dann hat er . . .

1. sich duschen

2. sich rasieren

3. sich kämmen

4. frühstücken

5. sich beeilen

6. sich verstecken

7. sich treffen

8. sich beschäftigen

9. sich entspannen 10. sich schleppen

F. **Wie ist Ihr Leben als Student/Studentin?**

  1. Mit wem unterhalten Sie sich gern?
  2. Mit wem verstehen Sie sich besonders gut?
  3. Erkälten Sie sich oft? Warum (nicht)?
  4. Müssen Sie sich immer beeilen? Warum (nicht)?
  5. Worüber ärgern Sie sich besonders? (über Ihre Kurse? über die Professoren? über die Kosten? über __?__)
  6. Worauf freuen Sie sich? auf eine Party? (auf einen Film? auf eine Reise? auf __?__)
  7. Wofür interessieren Sie sich? (für Politik? für Filme? für Musik? für __?__)

G. **Und Ihr Nachbar/Ihre Nachbarin?** Stellen Sie ihm/ihr jede Frage in Übung F! Benutzen Sie das „Du"!

Es ist Freitagabend, und Renate sitzt allein in ihrem Zimmer im Studentenheim. Debbie klopft an die Tür und geht dann hinein. Sie unterhalten sich.

DEBBIE: Es wundert mich, daß du dich an einem Freitagabend in deiner Bude versteckst. Hast du denn nichts vor?
RENATE: Ist heute abend was los? Ich kann mich ehrlich nicht erinnern . . .
DEBBIE: Es gibt freitags und samstags immer etwas an der Uni. Du interessierst dich doch für Filme. Warum holst du dir nicht mal einen Spielplan?
RENATE: Filmabende kann ich mir im Moment nicht leisten. Ich habe zuwenig Geld und zuviel Arbeit.
DEBBIE: Diese Filme sind gratis, und wenn du dich richtig entspannst, geht die Arbeit viel besser.

A. **Renate und Debbie.**

  1. Wer unterhält sich mit wem? 2. Wo versteckt sich Renate? 3. Wie fragt Debbie, ob Renate etwas geplant hat? 4. Weiß Renate, ob heute

abend etwas los ist?   5. Wofür interessiert sich Renate?   6. Was soll sie sich holen?   7. Was kann sie sich nicht leisten? Warum?   8. Warum soll man sich Zeit für Filme und Parties nehmen?

B. **Fragen Sie Ihren Nachbarn/Ihre Nachbarin:**

1. Nimmst du dir auch Zeit für Filme?   2. Wie entspannst du dich?

Dative Reflexive Pronouns

You have seen a number of instances where a reflexive verb occurs with an accusative reflexive pronoun. When the reflexive verb has a direct object (accusative case), however, a dative reflexive pronoun is used.

ACCUSATIVE REFLEXIVE PRONOUN

Ich wasche **mich.**   *I'm washing (myself).*

DATIVE REFLEXIVE PRONOUN

Ich wasche **mir** die Haare.   *I'm washing my hair.*

The dative reflexive pronoun is frequently used when a specific part of the body is the direct object in a sentence.

Ich kämme **mir** die Haare.   *I'm combing my hair.*
Du wäschst **dir** das Gesicht.   *You're washing your face.*
Wir putzen **uns** die Zähne.   *We're brushing our teeth.*

The forms of the dative reflexive pronouns are the same as the dative forms of the personal pronouns, except in the third-person (singular and plural) and in the second-person formal. The dative form for these exceptions is the same as that of the accusative reflexive **sich.** The following chart summarizes the accusative and dative reflexive pronouns in relation to the personal pronouns.

PRONOUNS

PERSONAL NOMINATIVE		REFLEXIVE ACCUSATIVE		REFLEXIVE DATIVE	
ich	wir	mich	uns	mir	uns
du	ihr	dich	euch	dir	euch
er					
sie	sie	sich	sich	sich	sich
es					
Sie		sich		sich	

Können sie **sich** einen Wagen leisten?

Can they afford a car (for themselves)?

sich (*dat.*) vor·stellen *to imagine*

Compare the forms of the indirect object in the following sentences, in which a verb is used nonreflexively and then reflexively.

NONREFLEXIVE

Du hast **ihm** einen Kaffee geholt.   *You got him a cup of coffee.*

REFLEXIVE

Du hast **dir** einen Kaffee geholt.   *You got yourself a cup of coffee.*
Er hat **sich** einen Kaffee geholt.   *He got himself a cup of coffee.*

Übungen

A. Ich . . . Und du? Und ihr?

BEISPIEL: Ich kaufe mir ein neues Buch. → Kaufst du dir ein neues Buch?
                                          Kauft ihr euch ein neues Buch?

1. Ich hole mir ein Buch aus der Bibliothek.
2. Ich kann mir keine neuen Bücher leisten.
3. Ich denke mir, daß Bücher sehr teuer sind.
4. Ich wasche mir die Hände, nachdem ich gearbeitet habe.
5. Ich putze mir die Zähne nach dem Essen.

B. Was muß oder kann jede Person tun?

sich putzen   sich waschen   sich leisten   sich holen

1. Ich muß ____ jeden Tag die Zähne ____ .
2. Du mußt ____ jetzt das Gesicht ____ .
3. Wir müssen ____ vor dem Essen die Hände ____ .
4. Sie muß ____ jetzt einen Kaffee ____ .
5. Jeder Student kann ____ dieses Buch ____ .
6. Die Studentinnen können ____ die Studiengebühren einfach nicht ____ .

C. Bilden Sie Sätze! *Add other words as necessary.*

ich	sich putzen	ein Buch
die Professorin	sich waschen	das Gesicht
der Professor	sich kaufen	die Hände
die Studentinnen	sich holen	die Zähne
die Studenten		eine Zeitung
wir		ein neues Rad
ihr		___?___
du		
___?___		

D. Was sagen die Eltern? Sie sind ein Vater/eine Mutter. Sagen Sie Ihrem Kind, was es tun soll!

BEISPIEL: sich das Gesicht waschen → Wasch dir das Gesicht!

1. sich die Schuhe putzen
2. sich die Haare kämmen
3. sich ein belegtes Brot machen
4. sich ein Glas Apfelsaft holen
5. sich einen neuen Bleistift kaufen

E. Haben Sie manchmal Geldsorgen (*money problems*)?

1. Was möchten Sie sich kaufen? Können Sie sich so etwas leisten?
2. Ärgern Sie sich, wenn Sie etwas kaufen möchten, aber zuwenig Geld dafür haben? Wie lösen Sie das Problem?

Kunstakademie in Düsseldorf.

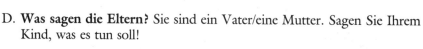

Bill spricht mit Renate über das deutsche Universitätssystem, denn er möchte im nächsten Semester an einer deutschen Universität studieren.

RENATE: Deutsche Studenten müssen auch viel arbeiten, aber nicht Tag für Tag so regelmäßig wie amerikanische Studenten. Man trifft sich für viele Seminare nur einmal in der Woche, und man muß sich nicht ständig auf Prüfungen vorbereiten.

BILL: Ich will nicht unbedingt immer so viele Prüfungen schreiben. Sie helfen mir aber, den Stoff zu wiederholen. Um den Stoff zu lernen, muß ich pauken.

RENATE: Bei uns läßt man Studenten viel mehr selbständig arbeiten. Mir ist das langsamere Tempo in Deutschland angenehmer. Du wirst mich nie darüber klagen hören.

A. Das deutsche Universitätssystem.

1. Warum sprechen Bill und Renate über das deutsche Universitätssystem?
2. Arbeiten deutsche Studenten so viel wie amerikanische Studenten?
3. Wie oft trifft man sich für ein Seminar an einer deutschen Universität?
4. Muß man sich an einer deutschen Universität oft auf Prüfungen

vorbereiten?   5. Was findet Bill gut an den vielen Prüfungen?   6. Warum muß Bill pauken?   7. Wie läßt man deutsche Studenten arbeiten?   8. Was ist Renate lieber?   9. Was wird man Renate nie tun hören?

B. **Fragen Sie Ihren Nachbarn/Ihre Nachbarin:**

1. Lassen deine Freunde dich in Ruhe arbeiten?   2. Worüber wird man dich nie klagen hören?

Infinitives With and Without *zu*

Infinitive Phrases

In English, the infinitive usually includes the word *to: to speak, to study, to go.* In German, the infinitive is a single word, usually the verb stem plus the ending **(e)n**: **sprechen, studieren, tanzen.** Like English, however, German sentences may include an infinitive phrase—that is, the preposition **zu** plus an infinitive: **zu sprechen, zu studieren, zu tanzen.** This construction may complement any number of verbal expressions.

Selten haben wir Zeit.	*We rarely have time.*
Selten haben wir Zeit **zu sprechen.**	*We rarely have time to talk.*
Es macht Spaß.	*It's fun.*
Es macht Spaß **zu tanzen.**	*It's fun to dance.*

An infinitive phrase often includes other sentence units, such as a direct object or a prepositional phrase. When other sentence units are present, the infinitive phrase is separated from the introductory clause by a comma.

INTRODUCTORY CLAUSE	INFINITIVE PHRASE
Selten haben wir Zeit,	über unsere Pläne **zu sprechen.**
Es macht Spaß,	auf Parties **zu tanzen.**

Separable Prefix Verbs

An infinitive phrase with a separable prefix verb appears as one word, with **zu** between the prefix and the verb.

Wir brauchen Zeit, unsere Mitstudenten besser **kennenzulernen.**
Finden Sie es schwer **anzufangen?**

Notice the position of the prefix in the following examples with a separable prefix verb plus an infinitive.

Was **fingen** die Studenten *an* zu tun?
Sie **fingen** *an,* Interviews mit den Politikern **zu halten.**

um . . . zu Plus Infinitive

The addition of the word **um** before a present infinitive phrase gives the meaning *in order (to do something)*; it states an objective.

Wir sind auf die Party gegangen, **um** andere Studenten **kennenzulernen.**	*We went to the party (in order) to meet other students.*
Ich bin in die Bibliothek gekommen, **um** Bücher für mein Projekt **zu holen.**	*I came into the library (in order) to get books for my project.*

The infinitive phrase that begins with **um** often answers the question *why?* (**warum, aus welchem Grund**).

Warum seid ihr auf die Party gegangen? —**Um** andere Studenten **kennenzulernen.**	*Why did you go to the party? —In order to meet other students.*
Aus welchem Grund sind Sie in die Bibliothek gekommen? —**Um** Bücher für mein Projekt **zu holen.**	*For what reason did you come into the library? —In order to get books for my project.*

The implied subject of an infinitive phrase that begins with **um** is the same as that of the introductory clause: The subject does something in order to accomplish something else.

Verbs With Infinitives Without *zu*

Like the modal constructions, certain German verbs are frequently used with an infinitive without **zu.** The more common of these verbs are **sehen, hören, lassen, lehren,** and **lernen.**

In the simple tenses (present and past), these verbs may be used with a simple infinitive.

PRESENT TENSE

Ich **sehe** die Studenten **arbeiten.**	*I see the students working.*
Wir **hören** sie **klagen.**	*We hear them complaining.*

PAST TENSE

Man **ließ** uns selbständig **arbeiten.**	*They allowed us to work on our own.*
Ich **lehrte** dich Englisch **sprechen.**	*I taught you to speak English.*
Er **lernte** Deutsch **lesen.**	*He learned to read German.*

In the present perfect and past perfect tenses, **sehen, hören,** and **lassen** are used with a double infinitive.

PRESENT PERFECT

Ich **habe** die Studenten **arbeiten sehen.**	*I saw the students working.*
Wir **haben** sie **klagen hören.**	*We heard them complaining.*

PAST PERFECT

| Man **hatte** uns selbständig **arbeiten lassen.** | *They had let us work on our own.* |
| Wir **hatten** sie nicht **klagen hören.** | *We had not heard them complaining.* |

With the verbs **lehren** and **lernen,** however, an infinitive plus the past participle is preferred to the double infinitive construction in the present perfect and past perfect tenses.

PRESENT PERFECT

| Ich **habe** dich Englisch **sprechen gelehrt.** | *I taught you to speak English.* |

PAST PERFECT

| Er **hatte** schon Deutsch **lesen gelernt.** | *He had already learned to read German.* |

A double infinitive construction is used in the future tense with these five verbs.

FUTURE TENSE

Du **wirst** die Studenten **arbeiten sehen.**	*You'll see the students working.*
Wir **werden** sie nicht **klagen hören.**	*We won't hear them complaining.*
Man **wird** uns selbständig **arbeiten lassen.**	*They'll let us work on our own.*
Ich **werde** dich Englisch **sprechen lehren.**	*I'll teach you to speak English.*
Er **wird** Deutsch **lesen lernen.**	*He'll learn to read German.*

Universität Trier. Studentin liest und lernt in der Bibliothek.

Studenten aus aller Welt studieren an der Technischen Hochschule in West-Berlin.

ULRIKE WELSCH

Übungen

A. Was macht Spaß?

BEISPIELE: fernsehen → Es macht Spaß fernzusehen.

ins Kino gehen → Es macht Spaß, ins Kino zu gehen.

1. schwimmen
2. Karten spielen
3. segeln
4. radfahren
5. in der Stadt spazierengehen
6. im Winter Skilaufen gehen
7. ein Wochenende auf dem Land verbringen
8. Studenten aus anderen Ländern kennenlernen

B. Was findet man schön?

BEISPIEL: Monika / in den Bergen wandern →
Monika findet es schön, in den Bergen zu wandern.

1. Georg / Sommerreisen nach Spanien machen
2. ich / in der Sonne liegen
3. Frau Becker / die Museen besuchen
4. wir / Briefe aus Deutschland bekommen
5. Renate / mit ihrem Freund ausgehen
6. die Studenten / im Herbst zur Uni zurückkommen

C. Warum? Aus welchem Grund?

BEISPIEL: Ute arbeitet schwer. Sie bekommt gute Noten. →
Ute arbeitet schwer, um gute Noten zu bekommen.

1. Paul läuft jeden Tag. Er kommt nicht aus der Übung.

2. Wir gehen fast immer in die Mensa. Wir essen billiger.
3. Erich bleibt zu Hause. Er sieht einen Dokumentarfilm im Fernsehen.
4. Ich rufe meine Freunde an. Ich lade sie zur Party ein.
5. Die Studenten müssen immer pauken. Sie lernen den Stoff.
6. Susi sucht einen Sommerjob. Sie verdient Geld fürs Studium.

D. **Was ist in der Mensa passiert?** Alle Sätze im Perfekt, bitte! (*Hint: 1–3, double infinitive; 4–5, infinitive + past participle.*)

1. Meine Freunde lassen mich nie allein sitzen.
2. Wir hören einen Studenten singen.
3. Ich sehe die Studentin die Mensa verlassen.
4. Während der Deutschstunde lernst du Deutsch sprechen.
5. Meine Freundin lehrt mich Schach spielen.

E. **Was wird in der Zukunft passieren?** Alle Sätze im Futur, bitte!

1. Ich höre diese Studenten Deutsch sprechen.
2. Du lernst gut schreiben.
3. Ihr lehrt mich Fußball spielen.
4. Wir sehen ihn im Geschäft arbeiten.
5. Die Eltern lassen ihre Tochter allein wohnen.

F. **Verschiedene Meinungen.** Was sagen die deutschen Studenten über das deutsche Universitätssystem? Auf deutsch, bitte!

1. We meet for lectures only once a week.
2. We don't always have to prepare for exams.
3. They (**man**) let us work more on our own.
4. We find the slower pace in Germany more pleasant.

Und was sagen die amerikanischen Studenten über das amerikanische Universitätssystem?

5. We often hear students complaining about the many exams.
6. We have to work hard, but we also learn a lot.

G. **Erweiterung** (*expansion*). Arbeiten Sie mit zwei oder drei Studenten und Studentinnen zusammen! Erweitern Sie die Sätze! *Use your own ideas.*

BEISPIEL: Es macht Spaß . . .
    S1: Es macht Spaß (auszugehen).
    S2: Es macht Spaß, (freitagabends) auszugehen.
    S3: Es macht Spaß, freitagabends (mit Freunden) auszugehen.
    S4: Es macht Spaß, freitagabends mit Freunden (von der Uni) auszugehen.

1. Es ist besonders schön . . .
2. Es ist immer besser . . .
3. Es ist manchmal schwer . . .
4. Es macht mir keinen Spaß . . .
5. Es ist oft nötig . . .
6. Es ist billiger . . .

SAMMELTEXT

Bloomington, den 14. September

Liebe Leute!

Seit drei Wochen bin ich nun in Amerika, und ich habe mich gerade an den Zeitunterschied und das Wetter gewöhnt, aber an die Uni kann ich mich gar nicht gewöhnen. Ich will mich ja nicht beklagen, aber in den drei Wochen habe ich schon zwei Prüfungen gehabt. In vier Wochen gibt es wieder Prüfungen, und dann muß ich gleich für die Klausuren° am Ende des Semesters studieren. Dazu soll ich noch vier Referate° schreiben. Um alles fertigzubringen, funktioniere ich wie eine Maschine. Das werdet Ihr nicht glauben, wo ich doch zu Hause immer der Langschläfer° der Familie war. Jeden Morgen springe ich um sieben aus dem Bett, dann putze ich mir die Zähne, dusche und kämme mich. Dann laufe ich zur Mensa, hole mir einen Kaffee und frühstücke im Stehen.° Den ganzen Tag verbringe ich in Vorlesungen und in der Bibliothek; manchmal ist es sogar nötig, abends dort zu arbeiten. Ich fürchte mich ständig vor schlechten Noten, denn blamieren will ich mich nicht! Was mich ein bißchen ärgert—oder vielleicht bin ich nur etwas neidisch°—ist, daß das alles für amerikanische Studenten viel einfacher scheint.

Meine Zimmergenossin° (ja denkt nur, ich wohne in einem Doppelzimmer) hat den gleichen Stundenplan wie ich. Aber während ich mich abends nur so ins Bett schleppe, geht sie auf Parties und amüsiert sich. Sie sagt, daß das auch nötig ist. Klar, aber es ist mir schleierhaft,° wie sie das durchhält.°

Es gibt ja so viel auf der Uni zu tun, und die Studenten lassen sich von der Uni gern ihre Freizeit gestalten.° Es gibt Filme, Theater, Tanzveranstaltungen° und Vorträge.° Vieles ist kostenlos.

Ich habe immer gedacht, daß ich besser arbeite, wenn ich mich intensiv mit einem Problem beschäftigen kann. Dazu hat man hier natürlich keine Zeit. Aber es ist unglaublich, wieviel ich in diesem Jahr lernen werde. Hier beschäftigt man sich erst in der *Graduate School* intensiv mit dem Hauptfach. Ich lege Euch ein Informationsblatt° bei;° so werde ich Euch nicht mit Einzelheiten° langweilen.°

Was mir aber am meisten fehlt ist Zeit zum politischen Engagement. Aber, wie mein Freund hier sagt, für manche Sachen muß man sich einfach die Zeit nehmen.

Ganz liebe Grüße,

Eure
Renate

final exams
reports

late riser

im . . . standing up

envious
roommate

mir . . . beyond me / keeps up

organize / dances
lectures

pamphlet / lege . . . bei am enclosing / details / bore

Renate und Sie.

1. a. Hat Renate sich an den Zeitunterschied und das Wetter gewöhnt? Kann sie sich an die Uni gewöhnen?
    b. Haben Sie sich schon an die Uni gewöhnt?

Die Universität in Ost-Berlin.
Schatten (*shadows*) und Sonne.

2. a. Will Renate sich über die vielen Prüfungen beklagen?
   b. Beklagen Sie sich über Prüfungen?
3. a. Um wieviel Uhr springt Renate morgens aus dem Bett?
   b. Um wieviel Uhr springen Sie morgens aus dem Bett?
4. a. Was macht Renate, nachdem sie aufgestanden ist?
   b. Was machen Sie morgens, nachdem Sie aufgestanden sind?
5. a. Wo verbringt Renate den ganzen Tag?
   b. Wo verbringen Sie meistens Ihren Tag?
6. a. Wovor fürchtet Renate sich ständig?
   b. Fürchten Sie sich auch davor?
7. a. Was macht Renate abends?
   b. Um wieviel Uhr schleppen Sie sich abends ins Bett?
8. a. Wer geht auf Parties und amüsiert sich?
   b. Gehen Sie oft auf Parties und amüsieren sich?
9. a. Was gibt es an der Uni zu tun, wo Renate studiert?
   b. Was gibt es an Ihrer Universität während der Freizeit zu tun?
10. a. Wann arbeitet Renate besser?
    b. Arbeiten Sie auch besser so?
11. a. Was fehlt Renate?
    b. Was fehlt Ihnen?
12. a. Was sagt Renates Freund?
    b. Wofür nehmen Sie sich die Zeit?

Sammelübungen

A. Was ist nicht immer leicht?

BEISPIELE: anfangen → Es ist nicht immer leicht anzufangen.

sich mit anderen Leuten verstehen → Es ist nicht immer leicht, sich mit anderen Leuten zu verstehen.

1. arbeiten
2. Geld verdienen
3. sich an alles erinnern
4. hierher zurückkommen
5. morgens aus dem Bett springen
6. sich an neue Situationen gewöhnen
7. ein billiges Studentenzimmer finden

B. Das Studentenleben.

BEISPIEL: man / sehen / die Studenten / auf Prüfungen / sich vorbereiten → Man sieht die Studenten sich auf Prüfungen vorbereiten.

1. ich / hören / die Studenten / in / Studentenheim / sich unterhalten
2. wir / sich interessieren / wenig / für Politik
3. Ilse / sich beschäftigen / intensiv / mit / das Problem
4. Erich / sich ärgern / über / die Studiengebühren

5. wir / sich erinnern / gern / an / die Semesterferien
6. ich / sich fühlen / schlecht / an / Prüfungstage
7. ihr / sehen / der Student / sich kämmen
8. du / können / ein neues Auto / sich leisten
9. Sie / sollen / nach / jedes Essen / die Zähne / sich putzen
10. der Professor / sich verstehen / gut / mit / die deutschen Studenten

C. **Jürgen studiert an einer amerikanischen Universität.** Wie steht's mit ihm? Auf deutsch, bitte!

Jürgen can't get used to the university. He doesn't want to complain, but in four weeks he's had three tests. Every morning he gets out of bed at seven o'clock. He brushes his teeth, showers, and combs his hair. Then he runs to the cafeteria and gets himself a coffee and two rolls. He spends the whole day in lectures and in the library. It's also necessary to work evenings. He is constantly afraid of bad grades because he doesn't want to disgrace himself. During the week he is intensely concerned with his work. Saturday evenings he sometimes goes to parties and enjoys himself.

D. **Interview: Wieviel Zeit . . .** Fragen Sie einen Studenten/eine Studentin:

wirkst *seem*
im Unterricht = in der Vorlesung
abgespannt = müde
täglich = pro Tag
mir genügt's = das ist genug für mich

1. Wie viele Stunden schläfst du täglich?
2. Wie viele Stunden arbeitest du täglich?
3. Wieviel Zeit brauchst du morgens, um dich zu kämmen und zu frühstücken?
4. Wieviel Zeit brauchst du, um vom Studentenheim oder von deiner Wohnung zur Deutschklasse zu kommen?
5. Wieviel Zeit hast du täglich, um dich mit Freunden zu unterhalten?
6. Wieviel Freizeit möchtest du täglich haben, um dich zu entspannen oder zu machen, was du willst?

E. **Wie war Ihre Schule?**

"Hier fühle ich mich wohl. In meiner Klasse sind nur 15 Kinder, und bei den Hausaufgaben helfen mir die Lehrer. Dadurch habe ich große Fortschritte gemacht. Hier bin ich gut aufgehoben.

Wir wohnen ausschließlich in Einzel- und Doppelzimmern. Alle Schulen sind staatlich anerkannt, alle Prüfungen finden durch unsere Lehrer im Hause statt."

Internat Schloß Eringerfeld

Grundschule · Hauptschule Real- und Aufbaurealschule Gymnasium mit differenzierter Oberstufe · Berufsgrundschuljahr (Hauptschulabschluß nach 1 Jahr) Handelsschule und Höhere Handelsschule · Höhere Handelsschule mit Gymnasialem Zweig (Abitur)

Am Rande des Sauerlandes
4787 Geseke
Eringerfeld
Tel.: 02954/900
Bitte fordern Sie Informationen an.

1. Wo sind Sie als Teenager zur Schule gegangen?
2. War Ihre Schule in einem Schloß? Beschreiben Sie das Aussehen (*appearance*) Ihrer Schule!
3. Haben Sie sich in Ihrer Schule immer wohl gefühlt? Warum (nicht)?
4. Wie viele Schüler und Schülerinnen gab es meistens in Ihren Klassen?
5. Haben die Lehrer und Lehrerinnen Ihnen bei den Hausaufgaben geholfen?
6. Glauben Sie, daß Sie große Fortschritte in der Schule gemacht haben? Warum (nicht)?
7. Glauben Sie, daß Sie in der Schule gut aufgehoben waren? Warum (nicht)?

KULTURECKE

▶ German children enter the **Grundschule** at age six. Around age ten a decision is made concerning which of the three different schools a child will attend from the fifth year on. This decision is based on grades, tests, teacher recommendations, and parental preference. Many pupils (in **Niedersachsen, Hessen,** and

Nordrhein-Westfalen), for example, first attend two years of **Orientierungsstufe** (**Klasse 5 und 6**), during which time the decision for a type of school is postponed.

Nearly half of the pupils who attend the **Grundschule** continue at the **Hauptschule.** Most of these students later enter the job market on a full-time basis as skilled or semiskilled laborers. Many also open small businesses or work in service industries. The remaining **Grundschule** pupils attend either the **Realschule** or the **Gymnasium.** Most of the **Realschule** students eventually enter the job market as middle-level civil servants and managers, secretaries, nurses, medical technicians, practical engineers, social workers, or salespersons.

▶ **Gymnasium** students are given a test at the end of their study to complete the degree (called **Abitur**). Some graduates go on to a teacher-training institution that prepares them to teach at a **Grundschule** or **Hauptschule;** many others enter a university.

▶ The German university is an exclusively academic institution: It has few dormitories and rarely has a campus, sports teams, or school-sponsored social events. Originally there were only four fields of study (**Fakultäten**) at a German university (theology, law, medicine, and the humanities), but that has long since changed. Most American students find it surprising that, in the arts, German universities have few graduation requirements, few tests, and almost no assignments aside from an occasional seminar paper—and that attendance is often not mandatory. The major hurdle for those who plan to teach at a **Gymnasium** or **Realschule** or to become physicians, dentists, lawyers, or architects, for example, is the comprehensive **Staatsexamen** or **Diplom-** or **Magisterprüfung** given at the end of four or five years of study. How an individual prepares for this exam is up to his/her own discretion, as academic counselors are a rarity. Other students go on to study for a degree of **Dr. phil.,** equivalent to the Ph.D.

Schule in Deutschland

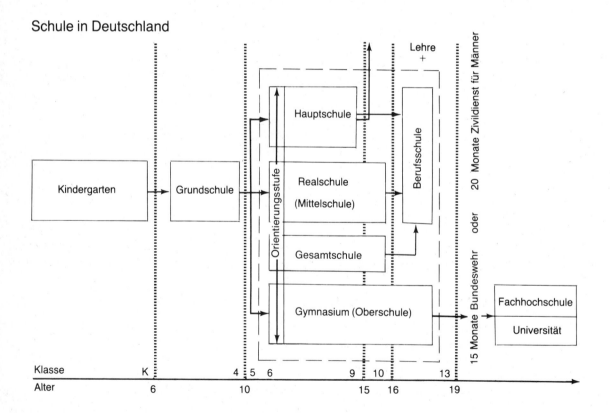

Beim Arzt

Manche Kinder müssen lernen, mit dem Schmerz zu leben, noch bevor sie **Schmerz** schreiben können

Rollenspiel: Arzt/Ärztin und Patient/Patientin. Der Patient/die Patientin hat einen Termin (*appointment*) beim Arzt/bei der Ärztin. Was ist das Problem?

ARZT/ÄRZTIN

Wo haben Sie Schmerzen?
Wie lange fühlen Sie sich so?
Tief atmen, bitte. (*Breathe deeply.*)
Machen sie bitte den Mund auf.
Ich brauche eine Röntgenaufnahme (*X-ray*).
Es ist infiziert (*infected*).
Sie haben eine Erkältung.
      Grippe (*flu*).
      Lungenentzündung (*pneumonia*).
      Lebensmittelvergiftung (*food poisoning*).
Ich gebe Ihnen eine Spritze (*injection*).
Nehmen Sie dieses Medikament.
Sie müssen ins Bett gehen.
      ins Krankenhaus gehen.
      . . . Tage zu Hause bleiben.
      in . . . Tagen zurückkommen.

PATIENT/PATIENTIN

Ich fühle mich nicht wohl.
Ich bin krank.
Ich habe Fieber.
      Husten (*cough*).
      Kopfschmerzen.
      Ohrenschmerzen.
      Halsschmerzen (*sore throat*).
      Magenschmerzen (*stomachache*).
      Atembeschwerden (*respiratory problems*).
Mein . . . tut weh.
Mir ist schwindlig. (*I'm dizzy*).
Ich bin gegen Antibiotika/Penizillin (nicht) allergisch.
Wie oft soll ich dieses Medikament nehmen?

Routine

Gewohnheitstiere° leben länger

Dynamisch sollen wir sein: um 11 Uhr genauso wie um 20 Uhr. Flexibel sollen wir sein: stets° in der Lage,° umzuschalten.° Spontan sollen wir sein: immer auf dem Sprung° zu neuen Taten.° Nur was wir in Wirklichkeit° sind, dürfen wir nicht sein oder jedenfalls sagen: Gewohnheitstiere. Oder kämen Sie auf den Gedanken,° sich bei einem Personalchef° mit den Worten zu bewerben:° „Ich bin ein großartiges Gewohnheitstier"?

Dabei hätten Sie dazu allen Grund.° Wissenschaftler° sind nämlich sicher, daß Menschen, die nicht nur ständig auf die Armbanduhr,° sondern auch auf ihre innere, biologische Uhr schauen, länger leben, weniger krank sind und mehr Leistung bringen.° Von der besseren Laune,° die sie verbreiten,° nicht zu reden.° Chronobiologen nennen sich diese Wissenschaftler, „Zeitbiologen". Und mit den Leuten, die an der Straßenecke einen sogenannten Bio-Rhythmus erstellen° (und gut verkaufen), haben sie nichts zu tun.

Chronobiologen erforschen° komplizierte Vorgänge° unseres Organismus bis in die kleinste Zelle. Unzählige° winzige° Uhren haben sie entdeckt,° phantastische Taktgeber,° die alle zusammenhängen und die Melodie des Lebens mit vielen verschiedenen Rhythmen unterlegen:° mit schnellen und langsamen, kurzen und langen, lauten und leisen.° Wer diese Rhythmen durch seine Lebensweise° ständig stört° und durcheinander bringt,° kann krank werden. Und umgekehrt:° Wer krank ist, kann dadurch gesund werden, daß er sich und seine innere Uhr wieder in den richtigen Schwung° bringt. Immer mehr Ärzte machen sich diese Erkenntnisse° bei der Behandlung° ihrer Patienten mit Erfolg° zunutze.° Und auf immer mehr medizinischen Kongressen taucht ein sonderbares° Wort auf:° Ordnungstherapie.

creatures of habit

immer / position / to change
auf . . . on the go / feats / reality
kämen . . . would it occur to you
personnel director / sich . . .
   bewerben to apply (for a job)

dabei . . . you would have every
   reason to do so / scientists
wristwatch

mehr . . . achieve more success /
   mood / radiate / sprechen

calculate

research / processes
countless / sehr kleine / discovered
time keepers
accompany
nicht lauten / Lebensstil
disturbs / durcheinander . . .
   muddles / vice versa
swing / findings
treatment / success / machen sich
   . . . zunutze utilize
strange / taucht . . . auf turns up

A. **Wer ist ein Gewohnheitstier?** Fragen Sie einen Studenten/eine Studentin:

1. Bist du ein Gewohnheitstier?
2. Schaust du ständig auf die Uhr?
3. Schaust du ständig auf deine innere, biologische Uhr?
4. Wirst du krank, wenn dein Leben besonders hektisch ist?
5. Glaubst du den Chronobiologen oder Zeitbiologen? Warum (nicht)?

B. **Zur Diskussion.**

1. Ist es Ihrer Meinung nach wichtig, einer persönlichen, täglichen Routine zu folgen? Warum (nicht)?
2. Glauben Sie, daß Gewohnheitstiere länger leben? Warum (nicht)?
3. Kann man gleichzeitig (*at the same time*) ein Gewohnheitstier und auch dynamisch, flexibel und spontan sein? Erklären Sie Ihre Antwort!

Ein Ausflug in die DDR

KAPITEL 16

Straßenszene im Sommer in
Ost-Berlin.

ULRIKE WELSCH

A. **Die DDR.** Seit 1949 existiert die Deutsche Demokratische Republik als Staat.

1. Welche Länder grenzen (*border*) an die DDR?
2. Wie viele Bezirke (*districts*) hat die DDR?
3. Was ist die Hauptstadt der DDR?

B. **West-Berlin / Ost-Berlin.** Berlin ist eine „geteilte" (*divided*) Stadt. 1961 hat man die Mauer (*wall*) um West-Berlin gebaut. Wissen Sie, warum? Glauben Sie, daß Berlin eine Stadt in zwei Teilen ist? Oder glauben Sie, daß Sie zwei ganz verschiedene Städte kennenlernen würden? Warum?

C. **Zwei deutsche Staaten.** Die Grenze (*border*) zwischen der Bundesrepublik und der Deutschen Demokratischen Republik ist 1 393 Kilometer lang. Manche Leute nennen diese Grenze den „Todesstreifen" (*death strip*). Warum? Wie ist Ihrer Meinung nach das Alltagsleben der Menschen, die grenznah (*close to the border*) wohnen?

D. **Was wissen Sie über die DDR?** Möchten Sie eines Tages in die DDR reisen? Warum (nicht)? Wie würden Sie das Leben in der DDR finden? Was glauben Sie?

1. Ist zum Beispiel Arbeitslosigkeit (*unemployment*) ein Problem in der DDR?
2. Muß man im Verhältnis (*relation*) zum Einkommen eine hohe Miete für eine durchschnittliche Wohnung in der DDR bezahlen?
3. Hat man eine große Auswahl bei der Weiterbildung in der DDR?
4. Kann man lesen, was man will, oder gibt es staatliche Zensur?
5. Hat fast jeder Bürger ein Auto?
6. Bekommt man leicht eine schöne, große Wohnung?
7. Glauben Sie, daß Sie große Unterschiede zwischen dem Osten und dem Westen finden würden? Warum (nicht)?

Eine Familie geht in Ost-Berlin spazieren.

◢ WORTSCHATZ

Adjectives and Adverbs

am allerliebsten	most of all
beengt	cramped, limited (in space)
gegenseitig	reciprocal(ly), mutual(ly)
geteilt	divided
grenznah	near the border
höflich	polite(ly)
schwierig	difficult

Nouns

das Alltagsleben	everyday life
die Arbeitslosigkeit	unemployment
der Ausflug, ¨e	excursion
die Ausreise, -n	departure
die Auswahl	choice; variety
der Bezirk, -e	district
das Ehepaar, -e	married couple
das Einkommen, -	income
die Grenze, -n	border
die Innenstadt, ¨e	inner city

das Interesse, -n (an + *dat.*)	interest (in)
die Mauer, -n	wall
der Osten	the East
der Rentner, - / die Rentnerin, -nen	pensioner
das Sprichwort, ¨er	saying
der Staat, -en	state, nation
der Unterschied, -e	difference
der Westen	the West
die Zensur	censorship

Verbs

ändern, hat geändert	to change
ein · fallen (fällt ein), fiel ein, ist eingefallen (+ *dat.*)	to strike, occur (to)
existieren, hat existiert	to exist
grenzen (an + *acc.*), hat gegrenzt	to border (on)
um · ziehen, zog um, ist umgezogen	to move, change one's residence

Altes und Neues in Ost-Berlin: Kriegsruine neben Neubau.

Useful Words and Phrases

„Einen alten Baum soll man nicht verpflanzen."	"You can't teach an old dog new tricks." (*lit.* "You shouldn't transplant an old tree.")	im Moment im Verhältnis zu Lust haben ich habe (keine) Lust dazu	at the moment in relation to to want, to feel like (*doing something*) I (don't) want to do that, I (don't) feel like doing that

GRAMMATIK ZUM VERSTÄNDNIS

Ute und Lothar sind ein junges Ehepaar in Ost-Berlin. Sie wohnen zusammen mit ihrem Baby und Utes Großmutter in einer Drei-Zimmer Wohnung. Sie möchten sich gern ein Auto kaufen, aber sie können sich das nicht leisten.

LOTHAR: Schau, ein neuer Trabant.* Schön, nicht wahr?
UTE: O, wenn wir nur so ein Auto hätten!
LOTHAR: Ja, aber eine größere Wohnung wäre im Moment schon wichtiger.
UTE: Wenn wir nur eine Wohnung in der Innenstadt bekämen!
LOTHAR: Ja, aber ehrlich gesagt, würde ich am allerliebsten ein neues Auto *und* eine größere Wohnung haben. Dann wäre ich richtig zufrieden.

---

* **Trabant** is the name of a car manufactured in East Germany: **der Trabant, -en** (*wk.*) = **der Satellit, -en** (*wk.*).

A. **Was möchten Ute und Lothar?**

1. Was möchten sich Ute und Lothar kaufen? 2. Wie sagt Ute im Dialog, daß sie sich ein Auto wünscht? 3. Was wäre im Moment wichtiger als ein Auto? 4. Wo möchte Ute wohnen? Wie sagt sie das im Dialog? 5. Was hätte Lothar am allerliebsten? Wie wäre er dann?

B. **Fragen Sie Ihren Nachbarn/Ihre Nachbarin:** Welche Wünsche hast du? (Wenn ich nur [ein neues Auto] hätte!)

Subjunctive II: Present Tense

Subjunctive

The *mood* of a verb is the manner or mode in which the action or condition is expressed. In German, as in English, there are three moods: the *indicative* (used to express facts), the *imperative* (used to issue commands or to make requests), and the *subjunctive* (used for contrary-to-fact statements, unrealizable wishes, and hypothetical or unlikely situations). Although the indicative forms are by far the most commonly used, the subjunctive forms are also used frequently and are important to know.

INDICATIVE	Wir **fahren** nach Magdeburg.
	We're going to Magdeburg.
IMPERATIVE	**Fahren** wir nach Magdeburg!
	Let's go to Magdeburg.
SUBJUNCTIVE	Wenn wir nur nach Magdeburg **führen**!
	If only we went to Magdeburg!

The subjunctive has two forms: Subjunctive I and Subjunctive II. Subjunctive II is used more frequently.

Subjunctive II Stem

The Subjunctive II stem, to which the subjunctive personal endings are attached, is derived from the *second* principal part of the verb.

PRINCIPAL PARTS		SUBJUNCTIVE STEM
I	II	
schreiben	schrieb →	schrieb
sagen	sagte →	sagte

The past stem vowels **a, o,** and **u** of strong and irregular weak verbs usually take an umlaut in the present Subjunctive II.

PRINCIPAL PARTS			SUBJUNCTIVE STEM
I	II		
finden	fand	→	fänd
sehen	sah	→	säh
denken	dachte	→	dächte
schließen	schloß	→	schlöss
fahren	fuhr	→	führ
wissen	wußte	→	wüßte

If a modal has an umlaut in the infinitive, it takes an umlaut in the subjunctive.

dürfen	durfte	→	dürfte	*but:*	sollen	sollte	→	sollte
können	konnte	→	könnte		wollen	wollte	→	wollte
mögen	mochte	→	möchte					
müssen	mußte	→	müßte					

Subjunctive II Personal Endings

The present tense of Subjunctive II is formed with the subjunctive stem plus the subjunctive personal endings. Note that the **e** is already present on the Subjunctive II stem of weak and irregular verbs.

	I	II	III
PRINCIPAL PARTS	**gehen, ging, ist gegangen**		
SUBJUNCTIVE II STEM	**ging**		

(SUBJUNCTIVE) PERSONAL ENDINGS			
ich	ging**e**	wir	ging**en**
du	ging**est**	ihr	ging**et**
er sie es	ging**e**	sie	ging**en**
		Sie	ging**en**

Wenn wir nur öfter ins Theater **gingen!**

If only we went to the theater more often!

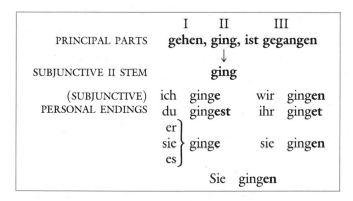

„Hallo liebe Berliner, wenn es das nächste Mal gen Westen geht, können Sie ja den Bus nehmen."

ULRIKE WELSCH

Pan Am. Erleben, was Erfahrung heißt.

The Subjunctive II forms of **haben** and **sein** follow the same pattern as that of other verbs.

haben, hatte, hat gehabt
↓
hätte

ich	hätte	wir	hätten
du	hättest	ihr	hättet
er			
sie }	hätte	sie	hätten
es			
		Sie	hätten

sein, war, ist gewesen
↓
wär

ich	wäre	wir	wären
du	wärest	ihr	wäret
er			
sie }	wäre	sie	wären
es			
		Sie	wären

Wenn wir nur mehr Geld **hätten!**   Wenn sie nur zu Hause **wäre!**
If only we had more money!   *If only she were at home!*

Note that the present Subjunctive II forms of regular weak verbs are identical to those of the past indicative.

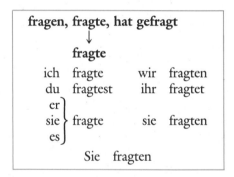

fragen, fragte, hat gefragt
↓
fragte

ich	fragte	wir	fragten
du	fragtest	ihr	fragtet
er			
sie }	fragte	sie	fragten
es			
		Sie	fragten

Whether the indicative or the subjunctive is intended in a sentence is usually evident from the context and often from the sentence structure as well.

PAST INDICATIVE	Er **fragte** mich schon gestern.
	He already asked me yesterday.
PRESENT SUBJUNCTIVE II	Wenn er mich nur **fragte!**
	If only he would ask me!

Usage: Unrealizable Wishes

Whereas the indicative describes situations that are factual, realizable, or possible, the subjunctive expresses situations that are unlikely or unrealizable: If only such-and-such *were* the case or *would* happen. The basic structure of the unrealizable wish is **wenn** (+ subject) **nur . . .** (+ subjunctive verb)!

Wenn wir nur so ein Auto **hätten!**   *If only we had such a car!*

Wenn der Preis nur nicht so hoch **wäre!**	*If only the price were not so high!*
Wenn wir nur eine größere Wohnung **bekämen!**	*If only we were getting a bigger apartment!*
Wenn sie nur mehr Geld **verdiente!**	*If only she earned more money!*

würde Alternative

The **würde** alternative consists of a Subjunctive II form of **werden** plus an infinitive. This construction corresponds to the English *would* construction. It is frequently used in situations that call for the subjunctive. When there is confusion between weak verbs that have the same form in the past indicative and the subjunctive, for example, the **würde** alternative takes care of the problem. The **würde** alternative is also used in conversation in place of many verbs that sound awkward or old-fashioned in Subjunctive II.

PRINCIPAL PARTS **werden, wurde, ist geworden**

↓

SUBJUNCTIVE II STEM **würde**

Wenn er nur ein Auto **kaufen würde!**	*If only he would buy a car!*
Wenn du daran nur **denken würdest!**	*If only you would think about it!*
Wenn sie nur dorthin **gehen würde!**	*If only she would walk there!*
Wenn wir den Brief nur **bekommen würden!**	*If only we would get the letter!*

Übungen

A. **Was sind die Tatsachen** (*facts*)?

1. Lothar sagt: „Wenn ich nur ein Auto hätte!" Hat er ein Auto? Will er eines?
2. Ute sagt: „Wenn wir nur eine größere Wohnung bekämen!" Bekommen Ute und Lothar bald eine größere Wohnung?
3. Christoph sagt: „Wenn ich nur in Berlin wäre!" Ist er jetzt in Berlin? Wo will er sein?
4. Helga sagt: „Wenn ich mir nur eine Fahrkarte nach Jugoslawien leisten könnte!" Hat Helga schon eine Fahrkarte nach Jugoslawien? Kann sie sich eine leisten?
5. Heinz sagt: „Wenn meine Familie nur öfter zu mir käme!" Kommt die Familie oft zu Heinz? Will er das?
6. Karin sagt: „Wenn mein Freund mich nur anrufen würde!" Hat Karins Freund sie schon angerufen?

Wie hätten Sie's denn gern?
U-Form, L-Form, Zeile?
Ganz wie Sie wünschen.

B. **Was wünschen Sie sich?**

1. Wenn ich nur ____ hätte!
   den Sommer in ____ verbringen könnte!
   ____ bekäme!
   ____?

2. Am allerliebsten würde ich ____ haben!
   ____ kaufen!
   in ____ sein!
   ____?

Herr Neumann, Utes Onkel aus West-Berlin, besucht seine Mutter. Die Mutter
hätte es gern, wenn ihr Sohn öfter käme, oder sogar bei ihr wohnte.

FRAU NEUMANN: Könntest du mich nicht öfter besuchen?
HERR NEUMANN: Bei diesen Umtauschraten* ist es schwierig. Warum ziehst du
nicht zu mir?† Du müßtest dann nicht mehr so beengt
wohnen, und vieles wäre einfacher.
FRAU NEUMANN: Aber wie wäre mein Leben dort? Alle meine Freunde sind
hier.
HERR NEUMANN: Du würdest bestimmt schnell Freunde finden.
FRAU NEUMANN: Ich weiß nicht. Ich fürchte, wenn ich zu euch käme, wäre mir
alles zu fremd. Du kennst ja das Sprichwort: „Einen alten
Baum soll man nicht verpflanzen."

A. **Was sollte Herr Neumann tun? Was sollte Frau Neumann tun?**

1. Was hätte Frau Neumann gern?   2. Was sollte Herr Neumann, Frau
Neumanns Meinung nach, tun?   3. Was schlägt er vor?   4. Warum soll
Frau Neumann das machen?   5. Warum will sie Ost-Berlin nicht verlassen?
6. Wie würde sie sich fühlen, wenn sie zu ihrem Sohn käme?

B. **Fragen Sie Ihren Nachbarn/Ihre Nachbarin:**

1. Wen solltest du öfter besuchen?   2. Hättest du Angst vor einer neuen
Stadt?

---

*West Berliners are issued **Tagesvisen** for visits to East Berlin. For each visit, however, they must
exchange a given amount of **Westmark** for **Ostmark,** which must be either spent during the
prescribed time limit or given up at the border.
†Pensioners can move from the East at any time, and the West German government then pays the
pension.

Uses of the Subjunctive

Polite Requests

Although a request, suggestion, or invitation may be expressed in either the indicative or the subjunctive, the Subjunctive II verb form softens the question and makes it more polite.

INDICATIVE	SUBJUNCTIVE II
Können Sie mir die Uhr zeigen?	**Könnten** Sie mir die Uhr zeigen?
Can you show me the clock?	*Could you show me the clock?*
Darf ich euch einladen?	**Dürfte** ich euch einladen?
May I invite you?	*Might I invite you?*
Hast du Lust, Kaffee zu trinken?	**Hättest** du Lust, Kaffee zu trinken?
Do you feel like having coffee?	*Would you feel like having coffee?*

Polite requests may also be expressed using the **würde** alternative.

Würden Sie mir bitte den Wagen **zeigen?**	*Would you please show me the car?*
Würden Sie bitte heute zu mir **kommen?**	*Would you please come over to my place today?*
Würden Sie Kaffee mit mir **trinken?**	*Would you have coffee with me?*

Studentengruppe fegt (*sweeps*) die Straßen der ostdeutschen Karl-Marx-Stadt.

Hypothetical Statements

The Subjunctive II is used to speculate about how things would or might be in hypothetical or as yet unrealized situations.

Wenn wir nur im Westen **wohnten!**	*If only we lived in the West!*
Dann **hätten** wir eine größere Wohnung.	*Then we'd have a bigger apartment.*
Dort **müßten** wir aber viel mehr **zahlen.**	*But there we'd have to pay a lot more.*
Die Miete **wäre** viel höher.	*The rent would be a lot higher.*

The **würde** alternative may also be used in hypothetical statements. If a modal is involved, a double infinitive construction is used.

Wenn wir nur im Westen **wohnten!**
Dann **würden** wir eine größere Wohnung **haben.**
Dort **würden** wir aber auch viel mehr **zahlen müssen.**
Die Miete **würde** viel höher **sein.**

Contrary-to-Fact Conditional Sentences

A conditional sentence has two parts: (1) the condition, a subordinate clause usually introduced by **wenn;** and (2) the conclusion, the main clause. A conditional sentence in the indicative states a general rule or a condition that can be fulfilled, whereas a contrary-to-fact conditional sentence in the subjunctive expresses an unlikely or imagined situation.

INDICATIVE CONDITIONAL

Wenn ich genug Geld **habe, kaufe** ich mir ein Auto.
When I have enough money, I'll buy myself a car.

SUBJUNCTIVE CONTRARY-TO-FACT CONDITIONAL

Wenn ich genug Geld **hätte, würde** ich mir ein Auto **kaufen.**
If I had enough money, I would buy myself a car.

Was würden Sie kaufen, wenn Sie
Geld hätten?

Übungen

A. **Realität oder Spekulation?** *Indicate which sentences state a fact and which express a hypothetical situation.*

1. Wenn ich mehr Geld hätte, würde ich jeden Freitagabend ins Theater gehen.
2. Wenn ich in Berlin bin, gehe ich ins Theater.
3. Wenn du öfter zu mir kämest, wäre ich froh.
4. Komm doch zu uns, wenn du in der Stadt bist.
5. Wenn ich mehr Geld verdiente, würde ich in eine Wohnung in der Innenstadt ziehen.
6. Wenn die Karten nicht so teuer wären, ginge ich jede Woche ins Theater.

B. **Welcher Satz ist höflicher?**

1. Zeigen Sie mir bitte das Buch! / Könnten Sie mir bitte das Buch zeigen?
2. Willst du mit mir ins Kino gehen? / Hättest du Lust, mit mir ins Kino zu gehen?
3. Dürfte ich Sie zum Kaffee einladen? / Trinken Sie eine Tasse Kaffee mit mir?
4. Bringen Sie mir bitte die Zeitung! / Würden Sie mir bitte die Zeitung bringen?

Am Abend. Herr Neumann und seine Mutter haben sich Tee gemacht. Herr Neumann muß in zwei Stunden wieder zurückfahren.

HERR NEUMANN: Ich wünschte, du hättest deine Meinung diesmal geändert.
FRAU NEUMANN: Ich möchte wirklich nicht mehr umziehen, und es ist ja nicht so, als ob wir uns nicht gegenseitig besuchen könnten.
HERR NEUMANN: Aber wenn man die Ausreise wieder schwieriger machen sollte?
FRAU NEUMANN: Es wird schon nicht dazu kommen. Wer hätte zum Beispiel vor zehn Jahren gedacht, daß die Grenze je wieder so offen wäre wie jetzt?

A. **Was sagen Herr Neumann und seine Mutter, bevor er wieder zurückfahren muß?**

1. Kann Herr Neumann noch lange bleiben?   2. Was wünscht Herr Neumann? Wie sagt er das?   3. Wovor fürchtet sich Herr Neumann?
4. Was meint aber seine Mutter?   5. Was hätte man vor zehn Jahren nicht gedacht?

1. Hättest du vor zehn Jahren gedacht, daß du an dieser Universität studieren würdest?   2. Was hättest du nicht erwartet? (Ich hätte nicht gedacht, daß ich . . .)

Subjunctive II: Past Tense

Whereas the indicative has three tenses to express the past, the subjunctive has only one.

INDICATIVE	SUBJUNCTIVE II
PAST TENSE	
Sie war hier.	
PRESENT PERFECT TENSE	PAST TENSE
Sie ist hier gewesen.	Wenn sie nur hier gewesen wäre!
PAST PERFECT TENSE	
Sie war hier gewesen.	

It is a compound tense made up of the Subjunctive II form of the auxiliary **haben** or **sein** and a past participle.

PAST TENSE WITH **HABEN**

Wenn wir nur ein größeres Auto **gehabt hätten!**

If only we had had a larger car!

Wenn du mich nur öfter **besucht hättest!**

If only you had visited me more often!

PAST TENSE WITH **SEIN**

Wenn sie nur hier **gewesen wäre!**

If only she had been here!

Wenn ihr nur mit mir ins Theater **gegangen wäret!**

If only you had gone with me to the theater!

Unrealizable Wishes

Except for the tense, the structure of the unrealizable wish is the same in both the present and past subjunctive.

PRESENT	**Wenn** (+ subject) **nur . . .** (+ subjunctive verb)!
PAST	**Wenn** (+ subject) **nur . . .** (+ past participle + subjunctive auxiliary)!

The wish in both the present and past tenses may also be introduced by a present Subjunctive II form of a main verb, such as **wünschen: ich wünschte (nur)** (*I [only] would wish; I [only] wished*). This introductory clause may be followed by either an independent clause with normal word order or a subordinate clause that begins with **daß** and ends with the verb.

PRESENT	Ich **wünschte** (nur),	{ ich **hätte** mehr Geld. { daß ich mehr Geld **hätte**.
	I (only) wished	*I had more money.*
PAST	Ich **wünschte** (nur),	{ ich **hätte** das Buch vorher **gelesen**. { daß ich das Buch vorher **gelesen hätte**.
	I (only) wished	*I had read the book beforehand.*

Contrary-to-Fact Conditional Sentences

The contrary-to-fact conditional sentence may be expressed in the past as well as in the present Subjunctive II, depending on the time frame. In the past subjunctive, however, the **würde** alternative is generally not used.

CONTRARY-TO-FACT CONDITION (UNREALIZABLE WISH)	CONCLUSION (HYPOTHETICAL STATEMENT)
Wenn ich genug Geld **gehabt hätte**,	**hätte** ich mir ein Auto **gekauft**.
If I had had enough money,	*I would have bought myself a car.*

CONCLUSION	CONTRARY-TO-FACT CONDITION
Ich **hätte** mir ein Auto **gekauft**,	wenn ich genug Geld **gehabt hätte**.
I would have bought myself a car	*if I had had enough money.*

als ob with Subjunctive II

The two-word subordinating conjunction **als ob** (*as if*) introduces a contrary-to-fact comparison in a dependent clause. The indicative is used in the introductory clause; the Subjunctive II is used in the **als ob** clause.

Er tut, **als ob** er zu Hause **wäre**.	*He acts as if he were at home.*
Sie sah aus, **als ob** sie krank **gewesen wäre**.	*She looked as if she had been sick.*

Übung

Touristen in der DDR. *Indicate which subjunctive expressions are in the present and which are in the past tense. Offer an English equivalent for each sentence.*

1. Wenn es mir besser ginge, würde ich die Museen besuchen.
2. Wenn wir mehr Zeit in der DDR hätten, könnten wir auch eine Reise nach Jena machen.
3. Ich wünschte, daß wir noch einen Tag in Dresden verbracht hätten!
4. Es wäre billiger gewesen, wenn wir nicht in einem Luxushotel übernachtet hätten.
5. Ich wünschte, daß wir ein Theaterstück von Brecht sähen!
6. Wenn wir nach Berlin zurückkämen, gingen wir unbedingt ins Theater.
7. Wenn das Wetter besser gewesen wäre, hätten wir die Ostseeküste besucht.

DIE DDR

Die DDR gehört zu den kommunistischen Ländern hinter dem „Eisernen Vorhang"° und hat erst seit 1974 eine Botschaft° in Washington, weil die Vereinigten Staaten sie viele Jahre lang nicht anerkannt hatten.

Der durchschnittliche amerikanische Tourist in der Bundesrepublik kennt die DDR höchstens von einem Tagesausflug nach Ost-Berlin. Wenn Sie die DDR besuchten, was würde Ihnen auffallen°? Was sollten Sie wissen?

Kämen Sie aus West-Berlin, dann würden Sie vermutlich° mit der U-Bahn oder dem Bus in die Nähe des Checkpoint Charlie fahren. Dort gingen Sie durch die Sperrzone° der berüchtigten° Mauer an uniformierten Wachtposten° vorbei. Sie würden dann durch fast menschenleere Straßen laufen müssen, in denen nur ein paar Häuser neben leeren Flächen° stehen, bis Sie nach etwa zehn Minuten die belebte° Kreuzung von Friedrichstraße und Unter den Linden erreichten.

Sie befänden sich dann im früheren Geschäfts- und Regierungsviertel, das im Krieg fast völlig zerstört° wurde. Ost-Berlin hat nicht nur viel mehr unter der Bombardierung gelitten,° sondern war auch schon früher der ärmste Teil der ehemaligen° Weltstadt. Man muß daher feststellen,° daß die Ostdeutschen eine größere Aufgabe zu leisten° hatten, als sie aus dem alten Alexanderplatz mit seinen Verbrecherkneipen° einen neuen Schauplatz° mit Wolkenkratzern,° Warenhäusern,° Funkturm° und Weltuhr° machten.

Eisernen . . . iron curtain / embassy

be noticeable

presumably

barricaded zone / notorious / guards

areas

lively

destroyed
suffered
former / establish
accomplish
thieves' hangouts / showcase / skyscrapers
department stores / radio tower / world clock

PETER MENZEL / STOCK, BOSTON

Checkpoint Charlie. Blick vom Westen nach Osten.

Straßenszene in der berühmten
Friedrichstraße, Ost-Berlin.

Café in Ost-Berlin. Draußen ist es schöner, nicht?

Berühmte Weltzeituhr in Ost-Berlin. Wie spät ist es in
Honolulu?

Die Auslagen° in den Schaufenstern der Geschäfte kämen Ihnen armselig° im Vergleich zum Westen vor.° Es ist zwar wahr, daß die DDR den höchsten Lebensstandard von allen kommunistischen Ländern hat, aber zentral geplante Produktion ohne den freien Wettbewerb° des kapitalistischen Systems hat in allen diesen Ländern zu geringerer Auswahl° und schlechterer Qualität geführt.° Niemand braucht in der DDR zu hungern, aber oft müssen die Leute sich mit den Gemüsen und Früchten begnügen,° die „der Plan" gerade vorschreibt.° Dasselbe trifft auch auf die Kleidung zu.° Wenn man westdeutsche Menschen mit ostdeutschen vergleicht, würde einem auffallen, daß die letzteren° weniger elegant gekleidet sind.

displays / poor
kämen . . . vor *would appear*

competition
choice / led

sich . . . begnügen *be satisfied*
  with / schedules
trifft . . . zu *proves true*
latter

Weihnachtsmesse in Ost-Berlin.

Leipzig in der DDR. Vor einem Kaufhaus in der Innenstadt müssen Kunden für Küchengeräte (*kitchen wares*) Schlange stehen.

Restaurierter „Zwinger" in Dresden, alter Vergnügungspark (*pleasure park*) für Hoffeste (*court festivities*) aus der Barockzeit.

Der nächste Schritt° wäre dann, daß Sie Ostmark gegen „harte" Währung° (Westmark, Dollar) tauschen.° Warum? Damit Sie sich in einem der vielen „Intershops" importierte Waren, die man mit Ostmark nicht bekommt, kaufen könnten.

Sicherheit des Arbeitsplatzes,° kostenlose medizinische Betreuung° und ungewöhnlich niedrige° Mieten gehören zu den Leistungen° der DDR. Auch steht eine ungewöhnlich große Auswahl von Möglichkeiten° zur Weiterbildung durch Abendkurse, Volkshochschulen und Fernsehstudium allen Schichten° der Bevölkerung° zur Verfügung.°

Gingen Sie in eine Buchhandlung, so wären Sie weniger beeindruckt.° Staatliche Kontrolle und Zensur würden Ihnen sofort auffallen, wenn Sie die relativ zahlreichen russischen Titel sähen und viele Bücher von westlichen Autoren vergeblich° suchen müßten. Nicht-kommunistische Zeitschriften und Zeitungen aus dem Westen würden Sie nirgends° finden.

Besser, wenn Sie ein Theater- oder Opernliebhaber° wären. Bertolt Brechts altes Theater am Schiffbauerdamm lockt immer noch Scharen° von Menschen aus der ganzen Welt an.° Neben anderen guten Theatern hat das verhältnismäßig° kleine Ost-Berlin zwei Opernhäuser.

step / currency
exchange

Sicherheit . . . *job security / care*
low / accomplishments
possibilities
levels
population / steht . . . zur Verfügung *are available*
impressed

in vain
nowhere

opera enthusiast
crowds
lockt . . . an *attracts / relatively*

Ost-Berlin ist aber so wenig die DDR, wie New York Amerika ist. Für einen amerikanischen Touristen gäbe es daher auch im Inland allerlei zu sehen, je nach-dem°, wofür er sich interessierte. Wer historisches Interesse mit Kunst verbindet,° der sollte Dresden besuchen. Früher eine der schönsten Barockstädte der Welt, im Krieg zerstört und heute zu einem großen Teil renoviert, ist Dresden wegen seiner weltberühmten Kunstsammlungen° immer noch einen Besuch wert.° *je . . . depending on / combines*

art collections / worth

Vor allem aber sollte man Weimar besuchen, die vielleicht meist besuchte Stadt in der DDR. Ein Literaturfreund könnte hier Goethes stattliches° Haus am Frauen-plan sehen und auch sein bescheidenes° Gartenhäuschen am Ufer der Ilm. *stately*
modest

Wer ohne spezifische Interessen sich nur in hübscher° Umgebung° einmal ausruhen° möchte, dem sei die Ostseeküste mit feinem Sandstrand und nahen Wäldern empfohlen. *pretty / surroundings*
rest

Wer sich für alte Städte interessiert, der möge Wismar und Stralsund besuchen, um ihre alten Häuserreihen° und ihre gotischen Kirchen zu bewundern.° *rows of houses / admire*

Touristen sehen sich die Karte der Innenstadt von Dresden (DDR) an.

Gruß aus Österreich

Lippizaner der berühmten
Spanischen Reitschule zu Wien.

429

A. Wie gut kennen Sie Österreich?

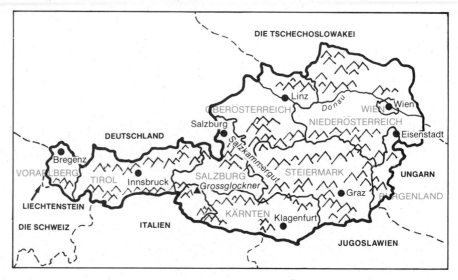

1. Wie heißen die neun Länder (*provinces*) von Österreich?
2. Wie heißt die Landeshauptstadt (*provincial capital*) jedes Landes?
3. Was ist die Hauptstadt Österreichs?
4. Durch welche österreichischen Länder fließt die Donau (*Danube*)?
5. In welchen österreichischen Ländern liegt das Salzkammergut?
6. In welchem Land ist der Großglockner, der höchste Berg Österreichs?
7. Wie heißen die sieben Nationen, die an Österreich grenzen?

B. Möchten Sie eines Tages eine Reise nach Österreich machen?

Junge fährt sein Rad auf einer Bergstraße in Tirol.

Bergsteiger in Österreich.

Schönes, altes Dorf von Hallstatt in Österreich.

Eröffnung (*opening performance*) von Mozarts „Don Giovanni" in Salzburg.

1. Wenn Sie Interesse an der Natur haben, würden Sie die österreichische Landschaft herrlich und vielfältig (*varied*) finden. In diesem kleinen Land können Sie Alpenland (*alpine country*) und Flachland (*low country*), Hügel (*hills*) und Wälder, viele Seen und auch die Donau sehen.

2. Wenn Sie Skilaufen wollten, könnten Sie Wintersportorte (*winter sport places*) in Vorarlberg, Tirol, Salzburg, Kärnten, der Steiermark, Niederösterreich und Oberösterreich finden. Österreich ist ein Wintersportparadies.

3. Möchten Sie gern Ruinen, Burgen und Schlösser sehen? Möchten Sie alte Klöster (*monasteries/convents*) und Kirchen besuchen? Möchten Sie durch kleine malerische (*picturesque*) Dörfer mit alten Stadttoren fahren? Dann sollten Sie besonders Niederösterreich, Oberösterreich, die Steiermark und das Burgenland besuchen.

4. Wenn Sie Musikliebhaber sind, würden Sie gern während der Salzburger Festspiele die Geburtsstadt von Mozart besuchen. Vielleicht würden Sie auch Eisenstadt, die Geburtsstadt von Haydn, besuchen. Natürlich würden Sie mehrere (*several*) Tage in Wien verbringen, wo Sie nicht nur ins Konzert, sondern auch in die Oper oder ins Theater gehen könnten.

C. **Urlaub in Österreich.** Fragen Sie Ihren Nachbarn/Ihre Nachbarin: Wenn du einen Urlaub in Österreich verbringen könntest, was würdest du tun? Was möchtest du sehen? Warum?

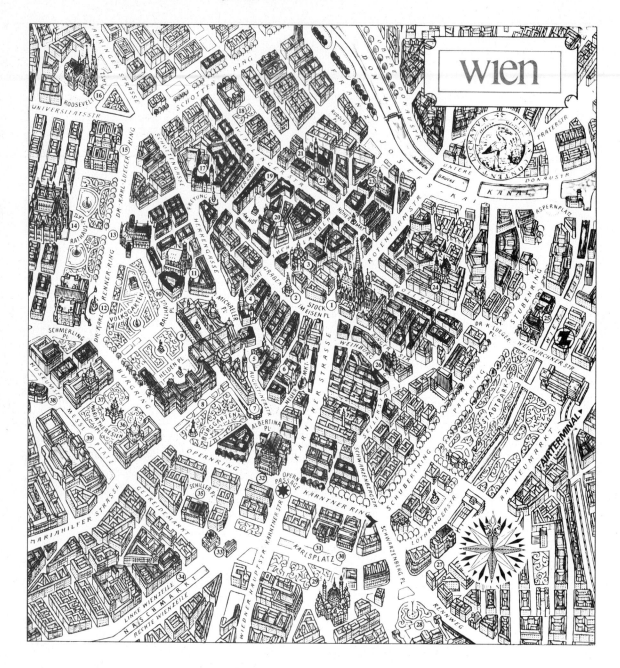

1. Wie heißen die verschiedenen Teile der berühmten Ringstraße, die die innere Stadt umgibt (*encircles*)? (Sie heißen der Stubenring, ...)
2. Wie heißt der Kanal, der an die Innenstadt grenzt?

3. Wie heißt die berühmte Straße, die von der Staatsoper (32) bis zum Stephansdom (1) läuft? Keine Autos dürfen auf dieser Straße fahren, weil sie den Fußgängern (*pedestrians*) vorbehalten (*reserved*) ist.
4. Ein Teil der Ringstraße heißt der Parkring. Warum? Wie heißt der Garten neben dem Opernring? neben dem Dr. Karl Renner Ring?

E. **Sie sind neu in Wien.** Sie stehen jetzt vor der Wiener Universität (15). Fragen Sie andere Studenten/Studentinnen: Wie komme ich am besten zum Rathaus (14)? zum Parlament (12)? zum Kunsthistorischen Museum (36)? zum Burgtheater (13)? zur Staatsoper (32)? zum Konzerthaus (27)? zum Volkstheater (38)? zum Theater an der Wien (34)? zur Ruprechtskirche (23)? zum Stephansdom (1)? ___?___

F. **Eine Woche in Wien.** Fragen Sie einen Studenten/eine Studentin: Wenn du eine Woche in Wien verbringen könntest, was würdest du tun? Warum?

WORTSCHATZ

Adjectives and Adverbs

eßlöffelweise	by tablespoons
fest	solid
leicht	easy, easily, light(ly)
malerisch	picturesque
mehrere (*pl.*)	several
prächtig	magnificent(ly)
schaumig	frothy
schläfrig	sleepy, sleepily
sichtbar	visible
steif	stiff
vielfältig	varied

Nouns

das Aroma, *pl.* Aromen	flavoring
das Backpulver	baking powder
der Dichter, - / die Dichterin, -nen	poet
das Eigelb	egg yolk
das Eiweiß	egg white
der Eßlöffel, -	tablespoon
die Glasur, -en	icing
die Hitze	heat
der Hügel, -	hill
der Kanal, ⸚e	canal
der Löffel, -	spoon
die Masse, -n	batter, dough; mass
das Mehl	flour
die Milch	milk
die Mischung	mixture
das Museum, *pl.* Museen	museum
die Realität	reality
das Salz	salt
der Schnitt, -e	cut
der Teelöffel, -	teaspoon
der Teig, -e	batter; dough; mixture
der Vorhang, ⸚e	curtain
der Zucker	sugar
die Zutaten (*pl.*)	ingredients

Verbs

achten (auf + *acc.*), hat geachtet	to pay attention (to), regard
bestreichen, bestrich, hat bestrichen	to spread, cover
ein·fetten, hat eingefettet	to grease
ein·lullen, hat eingelullt	to lull
erweichen, hat erweicht	to soften
fallen (fällt), fiel, ist gefallen	to fall
fließen, floß, ist geflossen	to flow

gähnen, hat gegähnt	to yawn	vermischen, hat vermischt	to mix
gießen, goß, hat gegossen	to pour	vor·heizen, hat vorgeheizt	to preheat
hinzu·geben (gibt hinzu), gab hinzu, hat hinzugegeben	to add		
mischen, hat gemischt	to mix		

Useful Words and Phrases

das Eiweiß zu Schnee schlagen	to beat the egg white to a froth
eine Prise Salz	a pinch of salt
es ist kein Wunder	it's no wonder
in weite Fernen transportieren	to transport into the far reaches

schlagen (schlägt), schlug, hat geschlagen	to whip	
trennen, hat getrennt	to separate	
umgeben (umgibt), umgab, hat umgeben	to encircle, surround	

GRAMMATIK ZUM VERSTÄNDNIS

Sachertorte, eine Wiener Spezialität

DIE ZUTATEN

Für den Teig:

150 g* Butter	150 g Schokolade
150 g Zucker	250 g Weißmehl
1 Teelöffel Vanille-Zucker	1½ Teelöffel Backpulver
4 Eier	etwa 4 Eßlöffel Milch
eine Prise Salz	

Für die Glasur:

150 g Schokolade	1 Teelöffel Rum-Aroma
150 g Butter	

1. Das Eigelb wird vom Eiweiß getrennt.
2. Die Butter wird mit dem Zucker schaumig geschlagen. (Mit dem Mixer geht es schnell.)
3. Der Vanille-Zucker, das Eigelb und das Salz werden zu der Masse hinzugegeben.
4. Der Backofen wird auf 220° C vorgeheizt.
5. Die Schokolade wird im Wasserbad erweicht und dann hinzugegeben.
6. Das Backpulver wird mit dem Mehl vermischt. Dann wird die Mischung eßlöffelweise in den Teig gegeben.
7. Dann wird die Milch hinzugegeben, aber nur so viel, daß der Teig schwer vom Löffel fällt.

---

*g = Gramm.

8. Man schlägt das Eiweiß zu steifem Schnee. Er muß so fest sein, daß ein Schnitt mit dem Messer sichtbar bleibt.
9. Dieser Schnee wird dann vorsichtig unter den Teig gemischt.
10. Man fettet den Boden einer Springform ein und gießt die schaumige Masse langsam in die Form.
11. Man bäckt die Torte 60 Minuten bei mittelstarker Hitze (150° C).
12. Für die Glasur erweicht man die Schokolade im Wasserbad. Dann gibt man die Butter und das Aroma hinzu. Diese Masse wird kaltgestellt, bevor die Torte damit bestrichen wird.

Die Spezialität des Hotels Sacher.

A. Wie macht man eine Sachertorte?

1. Welche Zutaten braucht man für den Teig? für die Glasur?   2. Was macht man mit den Eiern?   3. Was schlägt man?   4. Was vermischt man mit dem Mehl?   5. Was schlägt man zu steifem Schnee?   6. Was gibt man dann vorsichtig unter den Teig?   7. Wie lange bäckt man die Torte?   8. Wann bestreicht man die Torte mit der Glasur?

B. Fragen Sie Ihren Nachbarn/Ihre Nachbarin:

1. Kennst du diese Wiener Spezialität? Wenn ja, wie findest du sie? Was für eine Spezialität gibt es in deiner Stadt?   2. Bäckst du gern? Warum (nicht)? Was für einen Nachtisch machst du gern? am liebsten?

Passive Voice

Most sentences are in the *active voice*, which means that the subject performs the action or is the topic of the sentence. In the *passive voice*, the subject plays a passive rather than an active role. The subject is not the agent of the action but is acted upon by an agent that is introduced in a prepositional phrase with **von** or **durch**. **Von** is followed by the dative case and indicates the person or thing that causes the action; **durch** is followed by the accusative case and indicates the means of carrying out the action.

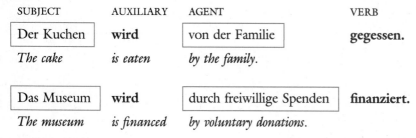

Note that when the active voice is changed to the passive voice, two sentence elements change:

1. The direct object in the active voice becomes the subject in the passive voice.
2. The subject in the active voice becomes the object of a preposition in the passive voice.

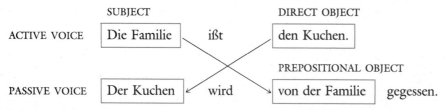

In both English and German, the active voice is used more frequently than the passive voice and is generally preferred, especially in speaking. It is simply a more direct way of saying who is doing what. The passive voice is used to emphasize the person or thing toward whom the action is directed rather than the initiator of the action. It occurs more often in writing than in speaking.

Formation and Tenses

The passive voice is formed with the auxiliary **werden.** One way to learn the five tenses in the passive voice is to divide them into two groups: (1) simple tenses: present and past; and (2) compound tenses: present perfect, past perfect, and future.

The passive voice in simple tenses is formed with the present or past tense of **werden** in the appropriate verb position and the past participle of the main verb at the end of the sentence.

PRESENT PASSIVE

Die Postkarte **wird geschrieben.**   *The postcard is being written.*

PAST PASSIVE

Die Postkarte **wurde geschrieben.**   *The postcard was being written.*

The passive voice in compound past tenses is formed with the present or past tense of **sein,** as an auxiliary of **werden,** and the past participle of the main verb plus **worden.** It is important to remember the following two points:

1. **Sein** is not used as the verb *to be,* but as the auxiliary to the perfect tenses of **werden.**
2. In the passive construction, **worden**—not **geworden**—is the past participle of **werden: Der Brief ist geschrieben worden** (*The letter was written*).

PRESENT PERFECT PASSIVE

Die Briefe **sind** nicht **gelesen worden.**   *The letters weren't (haven't been) read.*

PAST PERFECT PASSIVE

Die Briefe **waren** nicht **gelesen worden.**   *The letters had not been read.*

A sentence in the future passive contains two forms of **werden:**

1. a present-tense form of **werden** as the future auxiliary and
2. the infinitive (**werden**) in the final position following the past participle of the main verb.

FUTURE PASSIVE

Die Wanderung **wird diskutiert werden.**   *The hike will be discussed.*

Bunt bemalte Hausseite in Kindberg, Österreich.

Modals

Present or past passive sentences with modals parallel the future passive construction, except that the present or past form of the modal is used in place of the present form of **werden**.

MODAL (PRESENT) Der Brief **kann** von ihm **geschrieben werden.**
The letter can be written by him.

MODAL (PAST) Der Brief **konnte** von ihm **geschrieben werden.**
The letter could have been written by him.

Impersonal Usage

The passive voice is commonly used in German signs and notices that have no real subject.

Hier **wird** Englisch **gesprochen.**   *English is spoken here.*
Hier **wird** nicht **geraucht.**   *No smoking.*

Unless another sentence element is in the first position, **es** often functions as the subject of a passive sentence.

Es wurde auf der Wanderung bis spät in die Nacht **diskutiert.**
Auf der Wanderung **wurde** bis spät in die Nacht **diskutiert.**
On the hike there was discussion till late at night. (lit. It was discussed . . .)

Es wird in diesem Restaurant schwer **gearbeitet.**
In diesem Restaurant **wird** schwer **gearbeitet.**
In this restaurant people work hard. (lit. It is worked . . .)

The impersonal **es** is often the subject in a passive sentence that has a dative object. Or, the sentence may have no subject, and the dative object itself may be in first position. Either way, the conjugated verb form is in the third-person singular.

Es wurde der Frau für das gute Essen **gedankt.**
Der Frau wurde für das gute Essen **gedankt.**
The woman was thanked for the good food.

Den Besuchern wurde das Zimmer **gezeigt,** in dem Mozart gewohnt hatte.
The visitors were shown the room in which Mozart had lived.

Übungen

A. **Das „Boat in a Box".**

1. Was kann aus Holz gemacht werden?
2. In wie vielen Tagen kann dieses Dingi zusammengebaut werden?
3. In wie vielen Größen kann dieses Dingi gemacht werden?
4. Für wieviel Mark kann dieses „Boat in a Box" gekauft werden?

Boot für Bastler

In ein bis zwei Tagen kann dieses Holzdingi von jedermann nach einer einfachen Anleitung zusammengebaut werden. Das „Boat in a Box" gibt's in zwei Größen: Als Mini für 1 bis 2 Personen (1350 Mark) und als Maxi für 2 bis 3 Personen (2150 Mark, beide Victoria-Versand, 7120 Bietigheim-Bissingen).

das Holzdingi *wooden dinghy*
jedermann *everyone*
die Anleitung *instructions*
zusammenbauen *to put together*

B. In der Galerie.

1. Von wem wurde „Kinder im Fenster" gemalt? Wann wurde es gemalt?
2. Wie viele europäische Gemälde werden in der Residenzgalerie gezeigt?
3. Wann kann diese Ausstellung gesehen werden?
4. Wann kann die Galerie besucht werden?

die Prunkräume = prächtige
  Räume
ehemalig *former*
erzbischöflich *archiepiscopal*
das Gemälde *painting*
die Malerei *art*
die Sonderausstellung *special
  exhibition*
die Voranmeldung *appointment*

RESIDENZGALERIE
Salzburg, Residenzplatz 1

Ferdinand G. Waldmüller: Kinder im Fenster, 1853

In 15 historischen Prunkräumen der ehemaligen erzbischöflichen Residenz werden ca. 200 Gemälde der europäischen Malerei des 16. bis 19. Jahrhunderts (mit den Abteilungen Niederländer, Franzosen, Italiener, Österreichischer Barock und 19. Jahrhundert) gezeigt.

Sonderausstellung von 5. Juni bis 18. Oktober
»Hans Makart - Gemälde aus Salzburger Sammlungen«

Geöffnet täglich von 10.00 bis 17.00 Uhr

Führungen nach Voranmeldung: Tel. 0662/8042/2270

C. Das Hotel Fürstenhaus.

HOTEL FÜRSTENHAUS

A-6213 PERTISAU/ACHENSEE · TIROL · AUSTRIA
BOX 21 · TEL. 05243/5442, 5447 · TELEX 534447 ★★★★

das Fürstenhaus *princely house*
der Herzog *duke*
das Lusthaus *summerhouse*
die Jagd und Fischerei *hunting and fishing*
erbauen *to build*
neu gestalten *to remodel*
bieten, hat geboten *to offer*

Das „Fürstenhaus" wurde 1469 durch Herzog Sigismund von Tirol als Lusthaus für Jagd und Fischerei erbaut und diente als solches bis zur Mitte des 19. Jahrhunderts. Auch Kaiser Maximilian, bekannt für seine Jagdleidenschaft, liebte diesen Platz ganz besonders. Mit Beginn des Tourismus in Pertisau um 1850 war das Fürstenhaus bereits Gästehaus und Hotel. 1900 verbrachte der berühmte Psychoanalytiker Sigmund Freud hier seine Sommerferien.

1981 wurde das Haus völlig neu gestaltet. Nun bieten sich den Gästen 64 Zimmer, alle mit Bad und getrennten WC, Telefon und TV-Anschluß. 48 Zimmer haben Balkone oder Terrassen.

1. Wann wurde das „Fürstenhaus", das als Lusthaus für Jagd und Fischerei diente, erbaut?
2. Durch wen wurde das Lusthaus erbaut?
3. Wer hat dieses Lusthaus besonders geliebt?
4. Wann wurde das Fürstenhaus ein Hotel?
5. Wer hat 1900 seine Sommerferien hier verbracht?
6. Wann wurde das Haus völlig neu gestaltet?
7. Was wird den Hotelgästen heute geboten?

Wien: in der Staatsoper. Heute abend sehen Robert und Hannelore die Oper „Der Rosenkavalier" von Richard Strauss.

(Der Vorhang geht auf. Auf der Bühne sind ein prächtiges Schlafzimmer im alten Stil und das Liebespaar, die Marschallin und Octavian, zu sehen.)

ROBERT: *(schläfrig)* Die Realität ist leicht zu vergessen, wenn man in der Oper sitzt. Ich lasse mich so gern von der Musik einlullen.
HANNELORE: Ja, kein Wunder, daß du nie weißt, was passiert. Du mußt auf den Text achten.

ROBERT: Ich lasse mich gern in weite Fernen transportieren. (*Er gähnt.*)
HANNELORE: Man vergißt leicht, daß der Text von einem berühmten Dichter geschrieben worden ist.
ROBERT: Ja, ja, ich werde ihn schon noch lesen.

RON SCHERL/PHOTO 20-20

A. Wie finden Robert und Hannelore die Oper?

1. Was ist auf der Bühne zu sehen?   2. Was vergißt Robert leicht, wenn er in der Oper sitzt? Wie sagt er das?   3. Lullt die Musik ihn ein? Wie sagt er das? 4. Warum weiß Robert nicht, was passiert?   5. Was kann man bei dieser Oper leicht vergessen?   6. Was verspricht Robert Hannelore?

B. Fragen Sie Ihren Nachbarn/Ihre Nachbarin:

1. Von welcher Musik läßt du dich gern einlullen?   2. Vergißt du leicht die Realität, wenn du im Theater oder im Kino sitzt?

Alternatives to the Passive Voice

The passive voice emphasizes the recipient rather than the agent of the action. When the agent of the action is unnamed or nonspecific, there are other ways to emphasize the recipient without using the passive voice construction. First, recall the contrast between the same sentences in the active and in the ordinary passive voice:

	ACTIVE	PASSIVE
PRESENT	Die Frau **schließt** die Tür.	Die Tür **wird** von der Frau **geschlossen.**
PAST	Die Frau **schloß** die Tür.	Die Tür **wurde** von der Frau **geschlossen.**
PRESENT PERFECT	Die Frau **hat** die Tür **geschlossen.**	Die Tür **ist** von der Frau **geschlossen worden.**
PAST PERFECT	Die Frau **hatte** die Tür **geschlossen.**	Die Tür **war** von der Frau **geschlossen worden.**
FUTURE	Die Frau **wird** die Tür **schließen.**	Die Tür **wird** von der Frau **geschlossen werden.**

Now compare the following alternative methods of shifting the emphasis in a sentence without using the passive voice.

MAN PLUS ACTIVE VOICE	**Man schließt** diese Tür leicht. *One easily closes this door.* *This door is easily closed.*
SEIN PLUS **ZU** PLUS ACTIVE INFINITIVE	Diese Tür **ist** leicht **zu schließen.** *This door is easy to close.*
REFLEXIVE USE OF VERBS	Diese Tür **schließt sich** leicht. *This door closes easily (is easily closed, is easy to close).*

SICH LASSEN PLUS ACTIVE INFINITIVE	Diese Tür **läßt sich** leicht **schließen.**
	This door can be closed easily (lit. This door lets itself be closed easily).

The **man** plus active voice construction is the most common alternative to the passive voice, and you can use the construction with nearly all verbs. Some of the other alternatives are less common and work only with certain verbs. Compare the following passive sentence with the alternative:

Die Realität wird leicht vergessen. }
Die Realität ist leicht zu vergessen. }   *Reality is easily forgotten.*

Übungen

A. **Das Marionettentheater.**

1. Am 15. Juni wird „Die Zauberflöte" gespielt. An welchen Tagen kann man sie nochmal sehen?
2. Um wieviel Uhr ist der „Nußknacker" zu sehen? Um wieviel Uhr sind die meisten Marionettenopern zu sehen?
3. In welcher Stadt befindet sich das Marionettentheater?

B. **Und Sie?**

1. Kennen Sie die Opern, die von den Marionetten gespielt werden? Wenn ja: Welche?
2. Haben Sie einmal eine Marionettenvorstellung gesehen?
3. Haben Sie als Kind mit Marionetten gespielt? mit Handpuppen?

„Die Entführung aus dem Serail"
The Abduction from the Seraglio
„Les Contes d'Hoffmann" *The Tales of Hoffmann*

GRUß AUS WIEN

Wien, die Hauptstadt Österreichs, hat eine lange Geschichte, nicht nur als kultureller Mittelpunkt° sondern auch als geistiger° Mittelpunkt des Landes. Wegen Österreichs zentraler Lage° sind dort viele Kulturen des Westens und des Ostens zusammengekommen, und die Spuren° davon findet man vor allem in der Hauptstadt.   *center / intellectual*
location
traces

Die folgende Geschichte wird häufig° in Wien erzählt: Nach der letzten Belagerung° Wiens durch die Türken, 1683, ließen die Türken mehrere Säcke Kaffee zurück. Ein Mann, der Kolschitzky hieß, gründete am 27. Februar 1684 das erste Wiener Kaffeehaus „Zur blauen Flasche“. Die Kultur des Kaffeehauses wird auch heute noch gepflegt.°   *frequently*
siege
carried on

Wien hat die zweitälteste deutschsprachige Universität: Sie wurde 1365 gegründet (die älteste wurde 1342 in Prag gegründet).

Die alten Festungsmauern,° die die Stadt umgaben, wurden 1857 zerstört,° und an ihrer Stelle° entstand° die berühmte Ringstraße. Sie ist mehr als 4 km lang.   *fortress walls / destroyed*
place / emerged

Wien hat auch viele herrliche Gebäude, die aus verschiedenen Jahrhunderten° stammen. Die Hofburg und Neue Hofburg werden von vielen Touristen besucht, und viele gehen zur Spanischen Reitschule, um die Lippizaner trainieren zu sehen.   *centuries*

Den Bau des Stephansdomes° begann man schon um 1137. Es ist der Höhepunkt° jedes Wienbesuches, vom 137 Meter hohen Turm° des Domes auf die Stadt hinunterzuschauen. Das Dach° des Domes mit seinen bunten° Glasziegeln° ist eine Attraktion für sich.   *St. Stephan's Cathedral*
highlight / tower
roof / colorful / glazed tiles

Die Kärntnerstraße in Wien. Hier kann man praktisch alles kaufen, oder einfach sitzen und sich ausruhen (*take a rest*).

Zimmer im Schloß Schönbrunn, Wien.

Österreichischer Schriftsteller Peter Handke.

Stephansdom: Aussicht auf die Stadt Wien.

ANRI-Holzschnitzen

Die Kunst des Holzschnitzens ist vielfältig und faszinierend. Es vergehen etwa 80 Jahre, bis die schattseitig in Österreich und Bayern gewachsenen Bergahorn- bäume* gefällt werden können. Aus den gesündesten Stämmen° werden Bretter° geschnitten° und in der Grödner Bergluft° getrocknet. Anschließend werden diese in speziellen Trockenanlagen nachgetrocknet. Nur etwa 20 Prozent des ausge- wählten Holzes entspricht° den hohen Qualitätsanforderungen.°

    An einem Schnitzstuhl erfolgt° die maschinell unterstützte° Konturenschnitze- rei.° Dadurch wird die Modelltreue° gesichert° und den Schnitzern° ihre eigentliche Arbeit erleichtert.°

trunks / boards

cut / in . . . in the mountain air of Grödig (near Salzburg)

fulfills / quality demands
takes place / supported
contour carving / basic form / assured / carvers
made easier

Bei dem von Hand durchgeführten Feinschnitzen* werden Schnitzereien und -messer in verschiedensten Größen verwendet. Raspeln° flachen die rauhen° Teile ab,° Feilen und Schabeisen° glätten° sie. Nur so werden die feinsten Details erarbeitet und hervorgehoben.° Es bedarf° unzähliger° Stunden, bis die Schnitzarbeit an einem Stück beendet ist.

coarse files / rough
*flachen . . . ab flatten out / scraping
irons / finish
brought out / braucht / countless*

Geschulte° Hände sorgen für die Bemalung.° Transparente Ölfarben in Pastelltönen werden verwendet, damit die Maserung° des Holzes sichtbar° bleibt. Als Vorlage° dienen die Originalwerke.

trained / painting
grain / visible
Modell

Durch die ausschließliche° Handarbeit wird gewährleistet,° daß jedes Stück unterschiedlich° ist und den individuellen Charakter bewahrt.° ANRI-Erzeugnisse° gehen heute in alle Kontinente und sind zum Begriff° künstlerischer° Holzschnitzereien geworden.

exclusive / garantiert
verschieden / *preserves* / *creations*
concept / *artistic*

---

*These two expressions are examples of the "extended modifier," a construction that is commonly used in German newspaper and magazine articles. To get a clearer understanding of the meaning, you can restate these phrases as relative clauses. Use the article at the beginning of the phrase with the noun at the end; then use a relative pronoun, and turn the rest of the phrase into a relative clause.

. . . **die** schattseitig in Österreich und Bayern gewachsenen **Bergahornbäume** . . .

. . . **die Bergahornbäume, die** schattseitig in Österreich wachsen, . . .

Es vergehen etwa 80 Jahre, bis **die Bergahornbäume, die schattseitig in Österreich und Bayern wachsen,** gefällt werden können.

Some 80 years pass before the sycamore trees that grow in the shade in Austria and Bavaria can be felled.

Bei **dem** von Hand durchgeführten **Feinschnitzen** . . .

Bei **dem Feinschnitzen, das** von Hand durchgeführt wird, . . .

Bei **dem Feinschnitzen, das von Hand durchgeführt wird,** werden Schnitzereien und -messer in verschiedensten Größen verwendet.

For delicate carving that is carried out by hand, carvings and knives are used in all different sizes.

In der Schweiz

Schweizer Skiläufer Pirmin
Zurbriggen bei der Olympiade
in Alberta.

REUTERS / BETTMANN NEWSPHOTOS

A. **Die Schweiz.** Fragen Sie einen Studenten/eine Studentin:

1. Welche Länder grenzen an die Schweiz?
2. Wie heißen die zwei großen Seen, die an der Grenze liegen?
3. Wie heißen die fünf kleineren Seen, die in der Schweiz liegen?
4. Welche vier Sprachen hört man in der Schweiz?
5. Welche Sprache spricht man hauptsächlich in Basel? in Genf? in Davos? in Lugano? in ___?___
6. Was ist die Hauptstadt der Schweiz?

B. **Diskussionsthema: Ist die Schweiz in Bern?**

Im 12. Jahrhundert hat der Herzog Berthold V. von Zähringen einen Bären getötet (*killed*). Nach der Legende hat er gesagt, daß er eine Festung (*fortification*) nach dem ersten Tier (*animal*) nennen würde, das er in der Gegend töten könne. So hat die Stadt Bern ihren Namen bekommen. Glauben Sie, daß man heute Bären in Bern sehen würde? Man sieht sie nicht auf den Straßen, sondern in den Bärengraben (*bear pits*).

1. Wenn Sie an die Schweiz denken, was kommt Ihnen in den Sinn (*to mind*)? die Alpen? kleine malerische Dörfer? Schweizer Käse, Uhren und Schokolade? Banken? Neutralität? ___?___
2. Glauben Sie, daß Sie die Schweiz kennenlernen würden, wenn Sie nur die Hauptstadt Bern besuchten? Warum (nicht)?

Die Schweiz ist in Bern.

Wenn Sie die Schweiz kennenlernen möchten, kommen Sie nach Bern. Bern ist eine typische Schweizer Stadt. In einer typisch schweizerischen Landschaft. In Bern lernen Sie die Schweiz kennen.

3. Wie kann man, Ihrer Meinung nach, am besten ein Land und seine Leute kennenlernen? durch Reisen? durch Lesen? durch Diskussionen? durch Wohnen in der Hauptstadt? __?__

4. Was ist für Sie eine typisch amerikanische Stadt in einer typisch amerikanischen Landschaft? Erklären Sie Ihre Antwort!

5. Könnte man die USA von nur einer Stadt kennenlernen? von nur einem Staat? Warum (nicht)?

6. Wenn Schweizer die USA kennenlernen möchten, welche Staaten und welche Städte sollten sie besuchen? Warum?

◣ WORTSCHATZ

Adjectives and Adverbs

bewohnt	inhabited
hauptsächlich	mainly, chiefly
scheu	shy(ly)

Nouns

die Alp, -en	alpine meadow; (*pl.*) mountains
der Alpenort, -e	alpine spot

die Einsamkeit	isolation; loneliness
die Festung, -en	fortification
das Feuer, -	fire
der Hotelwirt, -e / die Hotelwirtin, -nen	innkeeper
die Hütte, -n	cottage, cabin, hut
die Käsezubereitung	making of cheese
die Legende, -n	legend
die Neutralität	neutrality
der Rauch	smoke
die Sennhütte, -n	cowherd's hut
das Tier, -e	animal

Verb

langweilen, hat gelangweilt	to bore

GRAMMATIK ZUM VERSTÄNDNIS

Viktor und Niklaus, zwei Schüler aus Zürich, verbringen ihre Ferien in Adelboden im Berner Oberland. Die Einsamkeit des Alpenortes fängt an, sie zu langweilen. Der Hotelwirt hat Viktor daher vorgeschlagen, auf die Alp zu gehen, und . . .

VIKTOR: Er hat mir gesagt, ich solle an den verlassenen Hütten vorbeigehen, bis ich die bewohnten Sennhütten sehe.
NIKLAUS: Aber wie wissen wir denn, in welchen Hütten Käse gemacht wird?
VIKTOR: Er sagte, man werde das an dem Rauch erkennen.
NIKLAUS: Wieso denn?
VIKTOR: Zur Käsezubereitung brauche man ein Feuer.
NIKLAUS: Meint er, man könne da einfach hingehen?
VIKTOR: Klar. Sei nicht so scheu!

A. **Wie verbringen Viktor und Niklaus ihre Ferien?**

1. Wo verbringen Viktor und Niklaus ihre Schulferien? 2. Warum langweilen sie sich? 3. Wer schlägt Viktor etwas vor? 4. Was soll Viktor machen? 5. Was hat der Hotelwirt über den Rauch gesagt? 6. Meint der Hotelwirt, man könne die Sennhütten besuchen?

B. **Fragen Sie Ihren Nachbarn/Ihre Nachbarin:** Möchtest du deine Ferien im Berner Oberland verbringen? Warum (nicht)?

Im Oberland von Bern liefern noch immer große Hunde zweimal die tägliche Milch.

Subjunctive I

Present Tense

There are two forms of the subjunctive: Subjunctive I and Subjunctive II, which is the more commonly used form. Whereas Subjunctive II comes from the *second* principal part of the verb, Subjunctive I is derived from the *first* principal part, the infinitive. The present tense of Subjunctive I is formed by adding the subjunctive personal endings to the Subjunctive I stem, which is the same as the infinitive stem. Note that Subjunctive I has the same personal endings as Subjunctive II; only the stems are different.

	I	II	III
PRINCIPAL PARTS	gehen,	ging,	ist gegangen
	↓		
SUBJUNCTIVE I STEM	geh		

SUBJUNCTIVE PERSONAL ENDINGS			
ich gehe	wir gehen
du gehest	ihr gehet
er sie es } gehe	sie gehen
Sie gehen	

Sein is one verb that is frequently used in all forms of Subjunctive I. The subjunctive personal endings are added to the stem, except in the first- and third-person singular.

sein, war, ist gewesen
↓

ich	sei	wir	seien
du	sei**est**	ihr	sei**et**
er			
sie	} sei	sie	seien
es			
	Sie	sei**en**	

In Subjunctive I, the stem vowel is the same as that of the infinitive, and umlauts are neither added nor subtracted: **du gebest, du fahrest, er dürfe, er spreche.**

Past Tense

The past-tense formation of Subjunctive I parallels that of Subjunctive II. It is based on the appropriate Subjunctive I form of **haben** or **sein** plus the past participle.

PAST (**HABEN**) Ilse sagte, daß sie das Buch schon gelesen **habe.**
Ilse said that she had already read the book.
PAST (**SEIN**) Sie dachten, daß wir schon angekommen **seien.**
They thought that we had already arrived.

In indirect speech, the introductory verb (which is in the indicative) may be in any tense. The subjunctive verb in the speech clause may be in either the present or the past tense of Subjunctive I or II, depending on the tense of the direct quotation.

VERB OF INTRODUCTORY CLAUSE

any tense → indicative

Sie **sagt,**
Sie **sagte,**
Sie **hat gesagt,**
Sie **hatte gesagt,**
Sie **wird sagen,**

She says
She said
She said/has said
She had said
She'll say

VERB OF SPEECH CLAUSE

present or past → Subjunctive I or II

sie { sei / wäre } morgen in Luzern.

sie { sei / wäre } gestern in Luzern **gewesen.**

she'll be in Lucerne tomorrow.
she was in Lucerne yesterday.

Indirect Speech

Whereas direct speech is an accurate, word-for-word quotation of someone else's words, indirect speech is a secondhand report, rather than an actual replay, of those words.

DIRECT	Franz sagte: „Ich habe kein Geld."	*Franz said, "I have no money."*
INDIRECT	Franz sagte, er habe kein Geld.	*Franz said he had no money.*

A German sentence that expresses indirect speech has two parts: an introductory clause and a speech clause. The introductory clause is in the indicative, and the speech clause is in the *subjunctive* since it expresses assertion rather than fact. The speech clause may be an independent clause with normal word order (subject-verb), or it may begin with **daß** and take the form of a subordinate clause with the verb at the end. Note that **daß** is equivalent to *that,* a word commonly used to begin indirect speech in English: *Franz said that he had no money.* The speech clause may also appear first, followed by a comma and the verb of the introductory clause.

INTRODUCTORY CLAUSE	SPEECH CLAUSE (INDEPENDENT)
Franz sagte,	er habe kein Geld.

INTRODUCTORY CLAUSE	SPEECH CLAUSE (SUBORDINATE)
Franz sagte,	daß er kein Geld habe.

SPEECH CLAUSE (INDEPENDENT)	INTRODUCTORY CLAUSE
Er habe kein Geld,	sagte Franz.

In instances where the Subjunctive I and the indicative forms are the same, the use of that subjunctive would be unclear, and the exact meaning of the sentence might be questionable. To avoid such ambiguity, you can use Subjunctive II instead. There is no difference in meaning between Subjunctive I and Subjunctive II, and it is acceptable to alternate between the two forms.

SUBJUNCTIVE I
SUBJUNCTIVE II
} Sie sagten, sie { ~~haben~~ / **hätten** } kein Geld.
They said they had no money.

Indirect Questions

In indirect discourse a direct yes/no question is phrased as a subordinate clause beginning with **ob** and ending with the subjunctive verb. This use of **ob** corresponds to that of the English *if* or *whether.*

DIRECT	Ich fragte ihn: „Hast du das Buch?"	
INDIRECT	Ich fragte ihn, ob er das Buch	{ habe. / hätte. }
DIRECT	Er fragte mich: „Sind Sie auch morgen hier?"	

INDIRECT   Er fragte mich, ob ich auch morgen hier $\begin{cases} \text{sei.} \\ \text{wäre.} \end{cases}$

A question that begins with an interrogative word is also phrased in indirect discourse as a subordinate clause, with the interrogative word first and the subjunctive verb last.

DIRECT   Er fragte sie: „Was liest du?"

INDIRECT   Er fragte sie, was sie $\begin{cases} \text{lese.} \\ \text{läse.} \end{cases}$

DIRECT   Der Tourist fragte: „Wo ist die Hütte?"

INDIRECT   Der Tourist fragte, wo die Hütte $\begin{cases} \text{sei.} \\ \text{wäre.} \end{cases}$

Indirect Commands

Commands, requests, or suggestions that are quoted in the imperative may be phrased in indirect discourse by using the appropriate present-tense form of **sollen** in Subjunctive I or II plus the infinitive of the main verb.

DIRECT   Der Kellner sagte zu ihr: „Besuchen Sie Bern!"
The waiter said to her, "Visit Bern."

INDIRECT $\begin{cases} \text{Der Kellner sagte zu ihr, sie } \begin{cases} \text{solle} \\ \text{sollte} \end{cases} \text{ Bern besuchen.} \\ \text{Der Kellner sagte zu ihr, daß sie Bern besuchen } \begin{cases} \text{solle.} \\ \text{sollte.} \end{cases} \end{cases}$

The waiter told her [that] she should visit Bern.

MARTHA BATES / STOCK, BOSTON

Platz in der Nähe vom Rathaus in Bern.

Other Uses of Subjunctive I

In addition to indirect speech, Subjunctive I has the following other applications that are encountered more frequently in written than in spoken German:

1. Realizable wishes: On certain formal occasions, at ceremonies, or in greeting card messages, fulfillable wishes or set phrases may be expressed in Subjunctive I.

Es **lebe** die Freiheit!	*Let freedom live!*
Möge das Neue Jahr viel Erfolg **bringen!**	*May the new year bring much success!*
Gott **gebe** ein langes und glückliches Leben!	*God grant a long and happy life!*

2. Suggestions to readers or listeners: Subjunctive I may be used in an article or speech to guide the audience.

Man **denke** in diesem Zusammenhang an den deutschen Dichter Friedrich Schiller.	*In this context one would think of the German writer Friedrich Schiller.*

3. Directions in formulas or recipes: Subjunctive I may be used to instruct the reader in carrying out a process.

Man **nehme** zunächst ein halbes Pfund Butter, dazu noch vier Eier und zwei Liter Milch.	*First take a half pound of butter, then four eggs and two liters of milk.*

4. Mathematical propositions: Subjunctive I is used to postulate data and solve problems.

Die Figur d **sei** . . .	*Let the figure d be (stand for) . . .*

WILHELM TELL

Wilhelm Tell ist der Nationalheld° der Schweiz, Symbol einer Freiheitsbewegung, die im 14. Jahrhundert die Schweiz von den Habsburgern befreit° hat.

    Viktor und Niklaus lesen „Wilhelm Tell" von Friedrich Schiller und „Wilhelm Tell für die Schule" von dem Schweizer Autor Max Frisch. Die zwei Autoren haben völlig verschiedene Theorien über die Legende.

national hero
liberated

Dieses Schild stellt Wilhelm Tell und seinen Sohn dar (stellt . . . dar *portrays*).

Die Schillerversion

Schiller war der Meinung, die Schweizer seien revolutionär gewesen. Sie seien fast alle freie Bauern° gewesen, die die feudalistische Gesellschaftsstruktur° des Mittelalters schon abgeschafft° hätten. Sie hätten sich von den Habsburgern befreien wollen, um einen demokratischen Staat zu gründen. Die Habsburger und ihre Vertreter, die Landvögte,° hätten sie sehr unterdrückt.° Zum Beispiel: Der Landvogt Landberg habe gehört, daß der Bauer Melchtal zwei schöne Ochsen habe. Er habe einen Knecht° zu Melchtal geschickt, der ihm diese Ochsen wegnehmen sollte. Melchtal habe sich gewehrt.° Bei diesem Kampf° habe er dem Knecht des Landvogts einen Finger gebrochen.° Melchtal sei dann geflohen.° Als der Landvogt das erfahren° habe, habe er den alten Vater von Melchtal festgenommen.° Diesem habe er dann die Augen ausstechen° lassen.

    Der schlimmste Landvogt sei Geßler gewesen. Aus reiner° Bosheit° habe er einen Hut auf eine Stange° gehängt und diese Stange dann in Altdorf aufgestellt. Dann habe er alle Schweizer gezwungen,° sich vor diesem Hut zu verbeugen,° denn er habe sie alle demütigen° wollen. Tell habe sich nicht verbeugt, weil ihm das zu weit gegangen sei. Daraufhin habe Geßler ihn dazu gezwungen, mit der Armbrust° einen Apfel vom Kopf seines Sohnes zu schießen. Auch dagegen habe sich Tell gewehrt. Er habe es aber trotzdem tun müssen, und es sei ihm auch gelungen.° Er habe aber zwei Pfeile° aus seinem Köcher° genommen. Auf Geßlers Frage, warum er das getan habe, habe er gesagt, er habe Geßler erschießen wollen, wenn ihm der Apfelschuß nicht gelungen wäre. Geßler habe ihn dann festgenommen. Tell habe sich aber befreit, und dann habe er auf Geßler in der „Hohlen Gasse" bei Küßnacht

farmers / social structure
abolished

provincial governors / oppressed

servant
sich . . . resisted / fight
broke / fled
learned / apprehended
put out, blinded
pure / malice
pole
forced / bow
to humiliate
crossbow

es . . . he succeeded
arrows / quiver

gewartet. Als Geßler in die Gasse geritten sei, habe er ihn mit seiner Armbrust erschossen. Das sei eine Heldentat° gewesen. Daraufhin hätten die Schweizer eine Demokratie gegründet, die sie dann gegen die Habsburger erfolgreich verteidigt° hätten.

heroic deed

defended

Die Frischversion

Liest man aber die Erzählung von Frisch, so bekommt man ein völlig anderes Bild von der Geschichte. Frisch ist der Meinung, daß die Schweizer nicht revolutionär, sondern reaktionär gewesen seien. Sie seien nicht alle freie Bauern gewesen, sondern ihre Gesellschaftsstruktur sei, wie bei allen europäischen Ländern im Mittelalter, feudalistisch gewesen. Sie hätten alle Ausländer° gehaßt,° und da die Habsburger Ausländer waren, sich von ihnen befreien wollen. Die Habsburger seien aber wohlmeinende,° progressive Herrscher° gewesen. Die Geschichte von Melchtal und seinen Ochsen stimme nicht. Der Landvogt Landberg habe dem Bauern Melchtal seine Ochsen weggenommen, weil Melchtal ein Verbrechen° begangen° habe. Und der Landvogt habe dann Melchtals Vater die Augen ausgestochen (was im Mittelalter üblich° gewesen sei), weil der Vater verschwiegen° habe, wohin sein Sohn, der Verbrecher,° geflohen sei. Auch Tells Geschichte stimme nicht. Geßler sei kein Tyrann gewesen, sondern, im Gegensatz° zu Tell, ein gebildeter,° höflicher Mann. Geßler habe den Hut auf eine Stange gehängt, weil das damals Sitte° gewesen sei. Tell habe sich nicht vor dem Hut verbeugt, weil er den Hut nicht gesehen habe. Erst nachher habe er dann versucht, einen Protest daraus zu machen, weil er sich vor seinen Landsleuten wichtig tun° wollte. Geßler habe den Apfelschuß gar nicht gewollt. Das sei nur ein Scherz° gewesen, den die Schweizer ernst genommen hätten. Tell habe unbedingt schießen wollen, Geßler habe es ihm aber verboten. Tell habe dann gesagt, er wolle Geßler erschießen. Geßler habe ihn deswegen festnehmen müssen. Später habe er ihn freigelassen. Tell habe den Geßler dann aber doch erschossen—in der „Hohlen Gasse" bei Küßnacht. Das sei keine Heldentat gewesen, sondern eher° ein Mord.° Tell habe sich wie ein Terrorist verhalten.°

foreigners / hated

well-intentioned / rulers

crime / committed

customary / kept secret

criminal

contrast / educated

custom

sich . . . wichtig tun *to show off one's importance*

joke

rather / murder

habe sich . . . verhalten *behaved*

Zwei verschiedene Meinungen. Wer hat das Folgende gesagt? Schiller oder Frisch?

1. Die Schweizer seien reaktionär gewesen.
2. Die Schweizer seien revolutionär gewesen.
3. Sie seien fast alle freie Bauern gewesen, die die feudalistische Gesellschaftsstruktur schon abgeschafft hätten.
4. Ihre Gesellschaftsstruktur sei feudalistisch gewesen.
5. Sie hätten die Habsburger nur gehaßt, weil sie Ausländer waren.
6. Sie hätten sich von den Habsburgern befreien wollen, um einen demokratischen Staat zu gründen.
7. Die Habsburger hätten sie sehr unterdrückt.
8. Die Habsburger seien wohlmeinende, progressive Herrscher gewesen.
9. Der schlimmste von den Landvögten sei Geßler gewesen.
10. Geßler sei ein gebildeter, höflicher Mann gewesen.

Das Land der Wilhelm Tell Legende

Kinderspielplatz in türkischer Nachbarschaft von Kleinbasel in der Schweiz.

Marktgasse in Bern, Hauptstadt von der Schweiz. Im Hintergrund der Käfigturm.

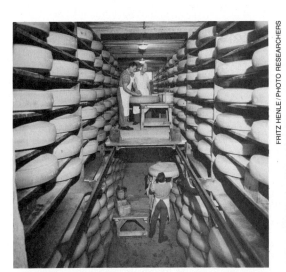

Emmentaler (*Swiss*) Käse wird nur langsam reif.

Murifeld in Bern. Mietshäuser hinten und Kühe vorne.

Ein 1549 meterhohes Dorf in den Schweizer Alpen in der Nähe von Graubünden.

Das Wasser bei Nacht in Zürich.

Leute sitzen draußen vor einem Café in Genf.

Appendixes

Dialogue Translations

KAPITEL 1

A *Student café in Tübingen. Hans is a student and comes from Cologne. Karin is a student and she works as a waitress. They are friends.*
HANS: Hello, Karin. How are you? KARIN: Fine, thank you. And you? HANS: Oh, not bad. Coffee and cheesecake, please. And also *Die Zeit*. KARIN: *Die Zeit* isn't here anymore. Here's the *Tübinger Wochenchronik*. It's interesting. HANS: What? The *Tübinger Wochenchronik*? Well, all right. KARIN: There you are.
B *Student café.* DIETER AND SUSI: Excuse me, is this seat free? HANS: Yes, sit down! SUSI: Karin says you come from Cologne and are new in Tübingen. We're studying too. DIETER: What are you studying? HANS: I'm studying music and literature. SUSI: Music? *The Magic Flute* by Bergman is playing this evening. DIETER: Yes, Susi and I are going. You too? HANS: Well, sure. DIETER: Then let's all go together.
C *Neckargasse.* KARIN: Aren't you working today? HANS: Yes, of course, but I need paper. KARIN: Now? It's already after 12:00, isn't it? It's lunch break. HANS: Lunch break? Everywhere? We're not familiar with that in Cologne. Is it always that way from 12:00 to 1:00 then? KARIN: One is never sure. Lunch break is usually from 12:00 to 12:45. PETER: And sometimes, too, from 12:30 to 2:00. HANS: How annoying!

KAPITEL 2

A *The dormitory: Walter's room.* PETER: Oh Walter, the room is luxurious. Is the rent high? WALTER: No, the room costs only 220 marks per month. The water, the electricity, and the heat are included. PETER: That's unbelievable. I pay 275 marks, and the heat is not included. WALTER: Yes, but the room actually isn't so large: 4 by 3 meters. PETER: There's room for the bed, the computer, the desk, and the closet. That's enough, isn't it?
B *A house in Tübingen: Peter's room.* WALTER: The room is really cozy. PETER: Yes, but it's a little dark. The window is very small. WALTER: But the view is great. I don't know Tübingen well at all yet. Is that a lake down there? PETER: No, that's not a lake; that's the Neckar. WALTER: That's probably the **Stiftskirche** over there? PETER: No, that's not the **Stiftskirche;** that's the Old University.
C *The rental agency.* STUDENT: I'm looking for a room. MR. BRAUN: I have three rooms available right now. STUDENT: Good. But I don't have much money. MR. BRAUN: The room here isn't so expensive. It has a cooking niche and a washing niche. STUDENT: Is it also furnished? MR. BRAUN: Yes, two chairs, a table, a desk, and closets. The furniture is modern and beautiful. The Murphy bed is even new. STUDENT: A table and a desk, too? That's ideal.

KAPITEL 3

A *Frankfurt: the airport.* THE CUSTOMS OFFICIAL: Do you have anything to declare? SARAH: I'm not sure. Which things are dutiable? THE CUSTOMS OFFICIAL: Cigarettes, brandy, wine, perfume . . . Is that your luggage? SARAH: Yes. The suitcase is already open. THE CUSTOMS OFFICIAL: Good. You have three cartons of cigarettes, two bottles of whiskey, and perfume. Is that all? SARAH: Yes, that's everything. But this is my perfume. Only these things are presents. THE CUSTOMS OFFICIAL: These cigarettes and this whiskey are dutiable.
B *Frankfurt: the airport.* CHRISTOPH: Hello, Sarah. Welcome to Germany. Here are some flowers. SARAH: Oh Christoph, how nice! How are you? (*They shake hands.*) CHRISTOPH: Fine, thanks. We don't have much time. The train to Bonn goes at 1:10. SARAH: We only have twenty minutes. I need marks. Unfortunately the (ticket) clerk won't take dollars. CHRISTOPH: No problem. I already have two tickets. You'll get marks in Bonn; the banks there will still be open.

C *Bonn: the train station.* SARAH: When does the bus go to Bad Godesberg? CHRISTOPH: It doesn't leave until 6:30. SARAH: Oh, we have some time then. Do you see a phone booth anywhere? CHRISTOPH: Yes, there's one over there, and it's even "international." Where are you calling? SARAH: America. 001 and then the number there, right? CHRISTOPH: I think so, but you always call America, not me.

KAPITEL 4

A *The train station in Frankfurt: the ticket counter.* EDITH: How much does a junior pass cost? THE CLERK: The pass costs 100 marks. EDITH: Is it always valid? THE CLERK: Yes. EDITH: Good, I'll buy the pass, and I also need two tickets to Cologne. THE CLERK: One way or round trip? EDITH: One way, please. THE CLERK: The tickets cost 30 marks each, but the junior pass reduces your ticket by 50 percent. So the tickets and the pass together cost 145 marks.

B *The train station in Frankfurt.* MRS. RICHTER: Our train is an IC, but I don't see it yet. EDITH: It'll come soon. Do you see this poster? That'll certainly interest you. A chartered trip to Berlin. Your friend lives there. MRS. RICHTER: But the train travels overnight. That always makes me so tired. EDITH: But Grandma, that surprises me. Usually things like this don't bother you. The train also has a sleeping car. You'll just reserve a place there.

C *The dining car. Mrs. Richter and Edith read the menu.* THE WAITER: What would you like, please? MRS. RICHTER: I'll only order a pot of coffee. EDITH: You really wouldn't like any lunch? I'm so hungry. The selection is large; they even have your favorite cake. MRS. RICHTER: Really? Black Forest cherry cake? I'd like that very much. THE WAITER: So, you would like a pot of coffee and a piece of cake. And the lady? EDITH: I'll take a plate of cold cuts and a cola, please.

KAPITEL 5

A *The vacation island Sylt. One sees dunes and basket chairs everywhere. Mr. Schmidt, a businessman, and Tom, his nephew from America, are traveling together.* MR. SCHMIDT: Why are you dissatisfied? Just what do you have against this trip? I really don't want to go without you. TOM: A business trip like this means nothing to (for) me. I have no interest in industrial areas. Nature, the countryside, the people . . . that interests me. MR. SCHMIDT: But we're only traveling through the Ruhr district tomorrow and the next day. Then we'll detour around the industrial cities.

B THE ANNOUNCER: For years we have been discussing environmental pollution, especially the dying forests in Germany. The government in Bonn is still a long way from a solution to the problem. And now, ladies and gentlemen, Germany's rivers are in danger once again. In Switzerland today an accident took place. Industrial wastes have polluted the Rhine.

C Karlsruhe, September 3: Dear Aunt Klara, Yesterday we visited the Palatine Forest and the **Deutsche Weinstraße**. I didn't know this area: the **Weinstraße** is 83 kilometers long and goes from Bockenheim to Schweigen. They named it that because the road goes through many vineyards and villages where grapes are grown. We spent the night in Landau. At noontime Uncle Otto ordered a meal for us in the restaurant there. The waiter soon brought something and I thought, "Mmmm. Pizza and apple juice!" But Uncle Otto said, "That's new wine and onion quiche, specialties here." See you soon, Tom

KAPITEL 6

A *Linda und Mike are Americans in Munich. They often speak German simply for fun.* LINDA: Have you already eaten lunch? MIKE: No, but I slept so little and drank so much coffee, my head is throbbing. LINDA: Maybe you're catching a cold. Why didn't you take some aspirin? MIKE: I especially bought aspirin, but I left it at home. LINDA: I believe I saw a pharmacy back there. MIKE: Oh good, I'll buy tissues and nasal spray right away.

B *A walk through the city.* LINDA: Are you wearing those jeans again? I don't find them exactly attractive. MIKE: But these are the only jeans I found. And anyway, I've just washed them. As a student I only had one pair of jeans, and I always wore them. LINDA: Why don't you buy a pair of cords for a change? MIKE: I don't know my size. In America I always wore a 38, but I was still heavy then. LINDA: You definitely need size 48. MIKE: Size 48? LINDA: I mean size 48 in Germany.

C *A shopping trip.* LINDA: I need paper, postcards, and stamps. Do you have time for a shopping trip now? MIKE: Yes, I promised my sister, my brother, and my parents presents. What shall I buy? LINDA: I gave my father a Tyrolean hat. He never wears it, though. MIKE: Maybe I'll send my family some chocolate or marzipan. LINDA: Yes, now I send my friends only edible things.

KAPITEL 7

A *A television commercial. A boy is shopping with his mother.* THE BOY: Mommy, will you please buy me this chewing gum? THE MOTHER: No, Johnny, I'm definitely not going to buy it for you. You don't need it. It's bad for your teeth. THE SALESLADY: But Mrs.

Miller, why don't you buy him this sugar-free "Gummi-Mint"? My dentist recommended it to me.   THE MOTHER: Really? Then maybe we'll buy a pack.   THE CHILD: Mommy, this gum is great!   THE SALESLADY: Yes, "Gummi-Mint": refreshing, healthy, and also good for children. "Gummi-Mint."

B *Konrad Kurz is making supper tonight. His wife is watching television.*   ANGELA: "The Police Inspector" is on tonight. You like that detective show so much.   KONRAD: Right now?   ANGELA: No, you have another 10 minutes yet. Only the commercials are on now.   KONRAD: What good are ten minutes to me? I'll never be finished by then. Maybe you'll help me?   ANGELA: All right, you make the sandwiches and I'll make the tea.

C *An evening of television with the Kurz family.*   ANGELA: The television has been going again for an hour. Except for the commercials, there's nothing on now.   KONRAD: Soccer's coming on after the commercials.   ANGELA: Oh, isn't there anything coming (on) tonight except soccer?   KONRAD: (*jokingly*) Sure, my colleagues are coming tonight. An evening of soccer at our house!   ANGELA: Well fine, then, I'll get you some pretzels and beer from the kitchen . . .   KONRAD: Oh, how nice of you.   ANGELA: . . . and then I'm going with my friend to the women's bar. You'll be at home with the children.

KAPITEL 8

A *Breakfast. Mrs. Kronz is sitting alone at a table next to the window. The waitress brings a tray with breakfast and sets it on the table.*
MRS. KRONZ: Oh, the weather is so beautiful today. I think I'd like to have breakfast on the terrace. Is that all right?   THE WAITRESS: Of course. Sit down at a table outside, and I'll bring breakfast onto the terrace.   MRS. KRONZ: Thank you. That's very nice of you.

B *The Hotel zum Adler: the reception desk. The father works as the desk clerk, and his son works as a bellhop during the school vacation.*
A GUEST: Please give me a single room with a bath.   THE CLERK: We have only a single room without a bath and a double room with a bath.   THE GUEST: Well, then give me the double room. (*The clerk gives the guest a key, a registration form, and also a ballpoint pen.*)
THE CLERK: Please write your name and address on this form. Leave your luggage here; my son will carry it right up to your room. (*He says to his son*) Carry the luggage up to Room 25 and also show the gentleman the breakfast room at the same time.

C *The Hotel zum Adler. Two guests are standing in the hallway in front of the elevator.*   MR. GRUBER: The weather is so beautiful today. Let's take a walk to the bakery for a change and have breakfast there.   MRS. GRUBER: But they even serve breakfast here on the terrace, and anyway, we've already paid for breakfast. Let's be thrifty this morning and (let's) go into town for lunch instead.   MR. GRUBER: How do we find the terrace?   MRS. GRUBER: Let's take the elevator to the ground floor and ask the clerk.   MR. GRUBER: Where's the elevator anyway?   MRS. GRUBER: Don't be impatient. It's coming.

KAPITEL 9

A *The Schuberts have bought a one-family house and want to move into it this week. Mrs. Schubert is talking with her neighbor, Mrs. Maurer.*
MRS. MAURER: It's really quite pretty here.   MRS. SCHUBERT: Oh, Mrs. Maurer, you're just saying that. We'll probably be cleaning the whole week.   MRS. MAURER: You certainly will have a lot of work. I have a little time this afternoon and will gladly help you.
MRS. SCHUBERT: That's really kind of you.   MRS. MAURER: You'll probably need the kitchen, the bedroom, and the bathroom first of all.   MRS. SCHUBERT: Yes, that's true. My husband will be home tomorrow. He'll help me with the living room and the guest room.   MRS. MAURER: Good, let's go to it. And later there'll be coffee and cake at my house. Housecleaning like this makes you hungry.

B *In the flower shop. Gretchen (five years old) and her father, Mrs. Schubert's son, are buying flowers.*   GRETCHEN: Daddy, I want to give Grandma some flowers too!   MR. SCHUBERT: We can buy two bouquets.   GRETCHEN: Do you think Grandma wants a bouquet with buttercups?   MR. SCHUBERT: You can't buy flowers like that; you just pick them.   GRETCHEN: Look, I'd like to have these flowers. They're so nice and yellow.   MR. SCHUBERT: Those are chrysanthemums. You can't take those to her, because they're cemetery flowers. You shouldn't give those. How do you like the roses here?   GRETCHEN: Great. I'll buy those.

C *In the hallway.*   MRS. SCHUBERT: My friends are coming any moment, and all the doors are open. I don't like that at all.   GRETCHEN: But Grandma, why do I always have to close your doors? I always leave mine open at home.   MRS. SCHUBERT: Oh, I believe that. But your parents certainly always close theirs.   GRETCHEN: I don't know. Why is it so important, anyway?   MRS. SCHUBERT: From the hallway you can see into all the rooms. That's embarrassing. My friends are coming right now.   GRETCHEN: Mine may certainly see everything. It's not at all embarrassing for me.

KAPITEL 10

A *Martin is an exchange student from New York. He is living with a German family for a year while going to a Gymnasium in Germany. Margit is a classmate. Martin meets her on the street in front of his house.*   MARGIT: Hi, Martin. It's good to see you. I'm supposed to ask you whether you're free this evening.   MARTIN: Yes, why?   MARGIT: Because we want to go to the theater.   MARTIN: Great! I haven't been to the theater since I've been in Germany. What do you want to see?   MARGIT: *The Threepenny Opera* by Brecht. If you want, we'll come to your place at 6:30; then we can all go together.

B   *In the lobby during intermission. Martin and Margit want something to drink. Since many of the theatergoers want the same thing, however, they have to stand in line.*   MARGIT: I like the play, especially because of the music by Kurt Weill. We often listened to Brecht's *Threepenny Opera* at home. That was one of my father's favorite records.   MARTIN: Yes, I know the music too, but popularized. I recognized "Mack the Knife" immediately. (*He sings a bit.*)   MARGIT: But sing in German instead of in English!   MARTIN: (*He smiles.*) As the representative of the USA this evening, I prefer to stay with English.

C   *Margit and Martin are reading the movie listings in the newspaper. Silent films from the '20s are showing. They discuss them.*   MARGIT: You're really crazy about silent films. Look, on Friday Murnau's *Nosferatu* is coming.   MARTIN: Really? I've already seen the film. Max Schreck in the role of Nosferatu impressed me very much. Isn't he creepy?   MARGIT: Yes; you're going to laugh at me, but I can't sleep when I think about him at night.   MARTIN: Well, I really do have to laugh. Let's look at the listings again then. There—look! They're showing Fritz Lang's *Metropolis*.

KAPITEL 11

A   *Anne-Marie and Petra are two students in a Gymnasium class that is visiting Marburg on a school outing. The students, who have already grown somewhat impatient, are sitting together on the tour bus while the tour guide speaks through the microphone.*   THE GUIDE: In front of us we see the Michelchen. That is the church in which Martin Luther preached.   ANNE-MARIE: And that's a talk I've certainly heard countless times! I think it's so dumb when students who are 17 or 18 years old still have to go on school outings.   PETRA: But I think it's interesting sometimes when I hear about things or people whose history I already know well. Elisabeth, for example, is a woman (whom) I have admired for a long time.

B   The Pied Piper of Hameln: Years ago the people of the town of Hameln were in despair. So many rats lived in their town that the people had nothing more to eat. One day a stranger visited the town and said, "I can help you, but only if you promise me a lot of money for my help." The people were happy and accepted his offer. The Pied Piper played on his flute and all the rats followed him, even when he marched into a river. Because rats have such short legs, they all drowned there. Later, when the Pied Piper demanded his payment, the people didn't want to pay him. He had to leave the town without his money. One week later the Pied Piper could be seen in the town once again. It was Sunday, and all the people except for the children were in church. The Pied Piper played on his flute again, but now it wasn't the rats who followed him but rather all the children in town. He led the children of Hameln into a mountain. One boy could not follow the Pied Piper because he was lame, so later he was able to tell the people of Hameln everything. Although the people regretted their crime and looked for the children a long time, they could never find them.

C   The Women of Weinsberg: Many years ago an army came to Weinsberg and conquered the town. The general of the army was mean, and he wanted to kill all the men in the town. However, he had sympathy with the women, and he said, "Tomorrow you may leave, and anything you can carry on your backs you may also take with you out of town."

That night the women hardly slept. They didn't know what they should do, and thought only about their husbands, who had to die the next day.

As it grew light the next day, the women left the town. But to the amazement of the general, each woman carried her husband on her back. The general admired the women's brainstorm so much that he did not kill the men because of it. In this way the women of Weinsberg were able to save their husbands.

KAPITEL 12

A   *Mr. and Mrs. Braun—young working people—are on their way home one evening.*   MRS. BRAUN: I'm so hungry. Can't we go to a fast food place? There's good sausage and fresh salad there, too.   MR. BRAUN: But at the market you can get fresh country eggs and crusty country bread today. My mouth waters when I think about it.   MRS. BRAUN: Okay, then let's make a **Strammen Max** at home; that's fast, too.

B   *Mr. and Mrs. Braun go to lunch.*   MR. BRAUN: After such a long morning I'm really glad when I can just go into the nearest restaurant.   MRS. BRAUN: Yes, but look, the romantic corner table is taken today.   MR. BRAUN: There are still some places at the huge **Stammtisch** in the back.   MRS. BRAUN: Let's ask the waiter whether that's reserved right now.   MR. BRAUN: That's not necessary. The regular guests will certainly come later, and by then the small table may be free and we can sit there.

C   *After lunch.*   MRS. BRAUN: That was an excellent lunch.   MR. BRAUN: Yes, I don't know the last time I ate such a beautiful thick steak.   MRS. BRAUN: Yes, and I never thought an aged red wine tasted so good at noon! But now I need a (cup of) strong coffee; otherwise I can't do anything else today.   MR. BRAUN: I'd also like strong coffee, and for dessert I'm ordering a wonderful ice cream sundae. I don't care about the calories today. (*Half an hour later: Mr. and Mrs. Braun are finished with their meal.*)   MR. BRAUN: Waiter, the check, please.   WAITER: Together or separately?   MR. BRAUN: Together.   WAITER: 36 marks and 70 pfennigs.   MR. BRAUN: 38 marks. Keep the change (That's OK).

KAPITEL 13

A *At the store: Maria is a medical student, 26 years old. Maria and Karl will soon be getting married, but Maria still has no dress for the wedding.* MOTHER: The first dress was too elegant, but the second was pretty and so modest. MARIA: The third dress was just right. MOTHER: But the third one is just a plain white suit—and such a plunging neckline . . . MARIA: Oh, Mother . . . MOTHER: At this rate you'll never have your wedding before the end of December. MARIA: That doesn't matter. We can move into the new apartment in the first week of January, and we can get married in the second or third week. MOTHER: But what will the neighbors say about that?

B *Maria and Karl, her fiancé, ride their bicycles to Maria's mother's house.* MARIA: Is your mother constantly asking you, too, whether we're going to marry before January? KARL: Yes, the questioning has already started at our house, too. And why does your mother have to cook lunch for us, anyway? This traveling back and forth is so inconvenient: In the morning we go into town and in the afternoon we come back, then into town again . . . MARIA: I know, bicycling isn't my favorite pastime, either. Mother just wants to help us; otherwise we won't be able to pay for the new furniture. KARL: Let's buy on credit. We'll both be making money soon. MARIA: That's out of the question.

C *In the living room.* KARL: Sometimes I can't understand it. Your parents are so conservative, and you're so modern. MARIA: My parents are just a completely different generation. They grew up during the war and in the period after the war. When my mother was 10 years old she had already lost her father. My father had to care for his brothers and sisters very early because my grandfather was a soldier and my grandmother had to work in a factory. KARL: Yes, they probably had already gone through so much when they were our age. Maybe that's the reason prosperity and security are so important for them.

KAPITEL 14

A *On the tennis court after the game. Theo, a German sports teacher from Frankfurt, is visiting his younger cousin Simon in Los Angeles. The athletic German would like to engage in sports every day because he doesn't want to get out of practice.* SIMON: Man, Theo, you were really chasing me all over the court. You play much better than I do. And I thought you only played soccer in Germany. THEO: No, not at all, although tennis is probably more popular in the U.S. SIMON: Why is that? THEO: In Germany tennis is a more expensive sport than here because we don't have any free, public tennis courts. Ever since there have been successful German tennis players like Boris Becker and Steffi Graf, however, more and more people want to play tennis.

B *Simon and Theo are driving on the freeway through a suburb of Los Angeles.* THEO: I like to drive this way here best of all: long stretches without lights and without intersections. SIMON: Yes, we probably have the largest freeway system in the world. THEO: You don't exactly have the fastest car. SIMON: What do you want, anyway? I'm just observing the speed limit. THEO: Hey, look at that old tank up there! Those are the slowest cars, and they guzzle the most gas. Why don't you pass him? SIMON: Why should I? I'm driving fast enough. THEO: I can't understand why you don't want to pass that lame duck.

C *Theo has a German soccer match on videocassette. His parents sent it to him because they know what a soccer fan their son is.* AUDIENCE: (*in the background*) Zicke, zacke, zicke, zacke, heu, heu, heu . . . THEO: Shoot . . . go on! THE ANNOUNCER: There it is! Barely three seconds before the end of the game, Frankfurt's treacherous center forward shoots the ball into the goal! THEO: (*jumps up*) Goal, goal, goal . . . THE ANNOUNCER: And that's the end of the game, with six to five for **Eintracht Frankfurt.** The next game is this coming Saturday in Kaiserslautern. We will broadcast the game live, and that evening we'll televise a repeat broadcast. SIMON: That was incredibly exciting. Some day I'd like to see a game like that in Germany.

KAPITEL 15

A *Bloomington, Indiana, U.S.A. Renate, a German student, goes to the student cafeteria almost every day. There she meets her German acquaintances at 4:00 in the afternoon, and they have coffee. (Renate is sitting at a table. Ingrid comes.)* RENATE: Have a seat! What's new? Aren't you feeling well? INGRID: Oh, yes, I'm just upset about my courses. You always have to cram here. RENATE: Yes, I know. I can't quite get used to it either. INGRID: I don't have much time. I've got to hurry. There's another test again tomorrow.

B *It's Friday evening and Renate is sitting alone in her dormitory room. Debbie knocks on the door and then goes in. They talk.* DEBBIE: It surprises me that you hide out in your room on a Friday evening. Don't you have any plans? RENATE: Is something going on tonight? I really can't remember . . . DEBBIE: Fridays and Saturdays there's always something on at the university. You're interested in films. Why don't you just get yourself a film schedule sometime? RENATE: I can't afford any evenings at the movies right now. I have too little money and too much work. DEBBIE: These films are free, and when you really relax, the work goes much better.

C *Bill is talking to Renate about the German university system because he would like to study at a German university the following semester.* RENATE: German students have to work hard, too, but not day after day as regularly as American students. You meet for many seminars only once a week, and you don't always have to prepare for exams. BILL: I don't necessarily want to take so many exams all the time. They help me to review the material, though. I have to cram in order to learn the material. RENATE: At home they let students work much more on their own. I find the slower pace in Germany more pleasant. You'll never hear me complain about that.

KAPITEL 16

A *Ute and Lothar are a young married couple in East Berlin. They live with their baby and Ute's grandmother in a three-room apartment. They would like to buy themselves a car, but they can't afford it.* LOTHAR: Look, a new Trabant. Beautiful, isn't it? UTE: Oh, if only we had a car like that! LOTHAR: Yes, but at the moment a larger apartment is really more important. UTE: If only we got an apartment in the center of town! LOTHAR: Yes, but to be honest, I would like most of all to have a new car *and* a larger apartment. Then I'd really be content.
B *Mr. Neumann, Ute's uncle from West Berlin, is visiting his mother. The mother would like it if her son came more frequently, or even lived with her.* MRS. NEUMANN: Couldn't you visit me more often? MR. NEUMANN: With these exchange quotas, it's difficult. Why don't you move in with me? You wouldn't have to live in such cramped quarters, and so much would be easier. MRS. NEUMANN: But how would my life be there? All my friends are here. MR. NEUMANN: You would surely find friends quickly. MRS. NEUMANN: I don't know. I'm afraid if I came to live with you, everything would be too unfamiliar. You know the saying: "You shouldn't transplant an old tree."
C *In the evening. Mr. Neumann and his mother have made themselves tea. Mr. Neumann has to go back in two hours.* MR. NEUMANN: I wish you had changed your mind this time. MRS. NEUMANN: I really don't want to move anymore, and it's not as though we couldn't visit one another. MR. NEUMANN: But if they should make leaving (the GDR) more difficult again? MRS. NEUMANN: It probably won't come to that. Who would have thought ten years ago, for example, that the border would ever again be as open as now?

KAPITEL 17

A *Sachertorte, a Viennese specialty.* THE INGREDIENTS *For the batter:* 150 g butter; 150 g sugar; 1 tsp vanilla sugar; 4 eggs; a pinch of salt; 150 g chocolate; 250 g white flour; $1\frac{1}{2}$ tsp baking powder; about 4 tbs milk *For the icing:* 150 g chocolate; 150 g butter; 1 tsp rum extract 1. Separate the egg yolks from the whites. 2. Beat the batter and the sugar together until they are light and frothy. (This goes fast with a mixer.) 3. Add the vanilla sugar, the egg yolks, and the salt to the batter. 4. Preheat the oven to 220°C. 5. Soften the chocolate over hot water, and then add it to the batter. 6. Mix the baking powder with the flour. Then add the mixture by spoonfuls to the batter. 7. Then add the milk, but only enough so that the dough falls from the spoon. 8. Beat the egg whites until stiff, so that a slice made with a knife remains visible. 9. Gently fold the egg whites into the batter. 10. Grease the bottom of a springform cake pan, then slowly pour in the batter. 11. Bake the cake for 60 minutes at 150°C. 12. For the icing, soften the chocolate over hot water. Then add the butter and flavoring. Chill this mixture before icing the cake with it.
B *Vienna: at the National Opera. Tonight Robert and Hannelore are seeing the opera **Der Rosenkavalier** by Richard Strauss. (The curtain goes up. On stage can be seen a magnificent old-fashioned bedroom and the lovers, the Marschallin and Octavian.)* ROBERT: *(sleepily)* Reality is easy to forget when you sit in the opera. I really like to let myself be lulled by the music. HANNELORE: Yes, no wonder you never know what's happening. You have to pay attention to the text. ROBERT: I like to let myself be transported into the far reaches. *(He yawns.)* HANNELORE: One easily forgets that the text was written by a famous poet. ROBERT: Okay, okay, I *will* read it.

KAPITEL 18

Viktor and Niklaus, two students from Zurich, are spending their vacation in Adelboden in the Bernese Alps. The isolation of the alpine spot begins to bore them. So the innkeeper has suggested that Viktor go up to the alp and . . . VIKTOR: He told me to go past the abandoned huts until I see the cowherds' huts that are inhabited. NIKLAUS: But then how do we know in which huts the cheese is being made? VICTOR: He said you'd recognize them by the smoke. NIKLAUS: Why is that? VIKTOR: You need a fire to make cheese. NIKLAUS: Does he think you can just go there? VIKTOR: Of course. Don't be so shy.

Principal Parts of Strong and Irregular Weak Verbs

INFINITIVE	(PRESENT)	PAST	AUXILIARY +	PAST PARTICIPLE
backen	(bäckt)	backte	hat	gebacken
beginnen		begann	hat	begonnen
bieten		bot	hat	geboten
bitten		bat	hat	gebeten
bleiben		blieb	ist	geblieben
braten	(brät)	briet	hat	gebraten
bringen		brachte	hat	gebracht
denken		dachte	hat	gedacht
dürfen	(darf)	durfte	hat	gedurft
einladen	(lädt ein)	lud ein	hat	eingeladen
empfehlen	(empfiehlt)	empfahl	hat	empfohlen
erziehen		erzog	hat	erzogen
essen	(ißt)	aß	hat	gegessen
fahren	(fährt)	fuhr	ist (hat)	gefahren
fallen	(fällt)	fiel	ist	gefallen
fangen	(fängt)	fing	hat	gefangen
finden		fand	hat	gefunden
fließen		floß	ist	geflossen
geben	(gibt)	gab	hat	gegeben
gehen		ging	ist	gegangen
genießen		genoß	hat	genossen
gewinnen		gewann	hat	gewonnen
gießen		goß	hat	gegossen
haben	(hat)	hatte	hat	gehabt
halten	(hält)	hielt	hat	gehalten
hängen		hing	hat	gehangen
heben		hob	hat	gehoben
heißen		hieß	hat	geheißen
helfen	(hilft)	half	hat	geholfen
kennen		kannte	hat	gekannt
kommen		kam	ist	gekommen
können	(kann)	konnte	hat	gekonnt
lassen	(läßt)	ließ	hat	gelassen
laufen	(läuft)	lief	ist (hat)	gelaufen
lesen	(liest)	las	hat	gelesen
liegen		lag	hat	gelegen

(continued)

INFINITIVE	(PRESENT)	PAST	AUXILIARY +	PAST PARTICIPLE
mögen	(mag)	mochte	hat	gemocht
müssen	(muß)	mußte	hat	gemußt
nehmen	(nimmt)	nahm	hat	genommen
nennen		nannte	hat	genannt
raten	(rät)	riet	hat	geraten
reiten		ritt	ist (hat)	geritten
rennen		rannte	ist	gerannt
riechen		roch	hat	gerochen
scheinen		schien	hat	geschienen
schießen		schoß	hat	geschossen
schlafen	(schläft)	schlief	hat	geschlafen
schlagen	(schlägt)	schlug	hat	geschlagen
schließen		schloß	hat	geschlossen
schreiben		schrieb	hat	geschrieben
schwimmen		schwamm	ist (hat)	geschwommen
sehen	(sieht)	sah	hat	gesehen
sein	(ist)	war	ist	gewesen
singen		sang	hat	gesungen
sitzen		saß	hat	gesessen
sprechen	(spricht)	sprach	hat	gesprochen
springen		sprang	ist (hat)	gesprungen
stehen		stand	hat	gestanden
steigen		stieg	ist	gestiegen
sterben	(stirbt)	starb	ist	gestorben
stoßen	(stößt)	stieß	hat	gestoßen
streiten		stritt	hat	gestritten
tragen	(trägt)	trug	hat	getragen
treiben		trieb	hat	getrieben
treffen	(trifft)	traf	hat	getroffen
trinken		trank	hat	getrunken
tun		tat	hat	getan
verbinden		verband	hat	verbunden
vergessen	(vergißt)	vergaß	hat	vergessen
vergleichen		verglich	hat	verglichen
verlieren		verlor	hat	verloren
verschweigen		verschwieg	hat	verschwiegen
wachsen	(wächst)	wuchs	ist	gewachsen
waschen	(wäscht)	wusch	hat	gewaschen
werden	(wird)	wurde	ist	geworden
wissen	(weiß)	wußte	hat	gewußt
wollen	(will)	wollte	hat	gewollt
ziehen		zog	ist (hat)	gezogen

Conjugation of Verbs

A. KEY AUXILIARY VERBS

INFINITIVE: **haben** (to have)   PRINCIPAL PARTS: **haben (hat), hatte, hat gehabt**

INDICATIVE				
PRESENT	**PAST**	**FUTURE**	**PRESENT PERFECT**	**PAST PERFECT**
ich habe	ich hatte	ich werde haben	ich habe gehabt	ich hatte gehabt
du hast	du hattest	du wirst haben	du hast gehabt	du hattest gehabt
er sie } hat es	er sie } hatte es	er sie } wird haben es	er sie } hat gehabt es	er sie } hatte gehabt es
wir haben	wir hatten	wir werden haben	wir haben gehabt	wir hatten gehabt
ihr habt	ihr hattet	ihr werdet haben	ihr habt gehabt	ihr hattet gehabt
sie Sie } haben	sie Sie } hatten	sie Sie } werden haben	sie Sie } haben gehabt	sie Sie } hatten gehabt

SUBJUNCTIVE				
PRESENT I	**PRESENT II**	**FUTURE/ALTERNATE PRESENT I & II**	**PAST I**	**PAST II**
ich [habe]*	ich hätte	ich {[werde] würde} haben	ich [habe] gehabt	ich hätte gehabt
du habest	du hättest	du {werdest würdest} haben	du habest gehabt	du hättest gehabt
er sie } habe es	er sie } hätte es	er sie } {werde würde} haben es	er sie } habe gehabt es	er sie } hätte gehabt es
wir [haben]	wir hätten	wir {[werden] würden} haben	wir [haben] gehabt	wir hätten gehabt
ihr habet	ihr hättet	ihr {[werdet] würdet} haben	ihr habet gehabt	ihr hättet gehabt
sie Sie } [haben]	sie Sie } hätten	sie Sie } {[werden] würden} haben	sie Sie } [haben] gehabt	sie Sie } hätten gehabt

IMPERATIVE
FORMAL: Haben Sie . . .   INFORMAL SINGULAR: Hab(e) . . .   INFORMAL PLURAL: Habt . . .   FIRST-PERSON PLURAL: Haben wir . . .

INFINITIVE: **sein** (to be)   PRINCIPAL PARTS: **sein (ist), war, ist gewesen**

INDICATIVE				
PRESENT	**PAST**	**FUTURE**	**PRESENT PERFECT**	**PAST PERFECT**
ich bin	ich war	ich werde sein	ich bin gewesen	ich war gewesen
du bist	du warst	du wirst sein	du bist gewesen	du warst gewesen
er sie } ist es	er sie } war es	er sie } wird sein es	er sie } ist gewesen es	er sie } war gewesen es
wir sind	wir waren	wir werden sein	wir sind gewesen	wir waren gewesen
ihr seid	ihr wart	ihr werdet sein	ihr seid gewesen	ihr wart gewesen
sie Sie } sind	sie Sie } waren	sie Sie } werden sein	sie Sie } sind gewesen	sie Sie } waren gewesen

*Brackets indicate that Subjunctive II forms are preferred here.

(continued)

		SUBJUNCTIVE		
PRESENT I	PRESENT II	FUTURE/ALTERNATE PRESENT I & II	PAST I	PAST II
ich sei	ich wäre	ich {[werde] / würde} sein	ich sei gewesen	ich wäre gewesen
du sei(e)st	du wär(e)st	du {werdest / würdest} sein	du sei(e)st gewesen	du wär(e)st gewesen
er sie es } sei	er sie es } wäre	er sie es } {werde / würde} sein	er sie es } sei gewesen	er sie es } wäre gewesen
wir seien	wir wären	wir {[werden] / würden} sein	wir seien gewesen	wir wären gewesen
ihr seiet	ihr wäret	ihr {[werdet] / würdet} sein	ihr seiet gewesen	ihr wär(e)t gewesen
sie Sie } seien	sie Sie } wär(e)n	sie Sie } {[werden] / würden} sein	sie Sie } seien gewesen	sie Sie } wären gewesen

IMPERATIVE
FORMAL: Seien Sie . . .   INFORMAL SINGULAR: Sei . . .   INFORMAL PLURAL: Seid . . .   FIRST-PERSON PLURAL: Seien wir . . .

B. REGULAR WEAK VERBS

INFINITIVE: **fragen** (to ask)   PRINCIPAL PARTS: **fragen, fragte, hat gefragt**

		INDICATIVE		
PRESENT	PAST	FUTURE	PRESENT PERFECT	PAST PERFECT
ich frage	ich fragte	ich werde fragen	ich habe gefragt	ich hatte gefragt
du fragst	du fragtest	du wirst fragen	du hast gefragt	du hattest gefragt
er sie es } fragt	er sie es } fragte	er sie es } wird fragen	er sie es } hat gefragt	er sie es } hatte gefragt
wir fragen	wir fragten	wir werden fragen	wir haben gefragt	wir hatten gefragt
ihr fragt	ihr fragtet	ihr werdet fragen	ihr habt gefragt	ihr hattet gefragt
sie Sie } fragen	sie Sie } fragten	sie Sie } werden fragen	sie Sie } haben gefragt	sie Sie } hatten gefragt

		SUBJUNCTIVE		
PRESENT I	PRESENT II	FUTURE/ALTERNATE PRESENT I & II	PAST I	PAST II
ich [frage]	ich fragte	ich {[werde] / würde} fragen	ich [habe] gefragt	ich hätte gefragt
du fragest	du fragtest	du {werdest / würdest} fragen	du habest gefragt	du hättest gefragt
er sie es } frage	er sie es } fragte	er sie es } {werde / würde} fragen	er sie es } habe gefragt	er sie es } hätte gefragt
wir [fragen]	wir fragten	wir {[werden] / würden} fragen	wir [haben] gefragt	wir hätten gefragt
ihr fraget	ihr fragtet	ihr {[werdet] / würdet} fragen	ihr habet gefragt	ihr hättet gefragt
sie Sie } [fragen]	sie Sie } fragten	sie Sie } {[werden] / würden} fragen	sie Sie } [haben] gefragt	sie Sie } hätten gefragt

	IMPERATIVE	
FORMAL: Fragen Sie . . . INFORMAL SINGULAR: Frag(e) . . . INFORMAL PLURAL: Fragt . . . FIRST-PERSON PLURAL: Fragen wir . . .		

C. IRREGULAR WEAK VERBS

INFINITIVE: **bringen** (to bring)   PRINCIPAL PARTS: **bringen, brachte, hat gebracht**

INDICATIVE

PRESENT	PAST	FUTURE	PRESENT PERFECT	PAST PERFECT
ich bringe	ich brachte	ich werde bringen	ich habe gebracht	ich hatte gebracht
du bringst	du brachtest	du wirst bringen	du hast gebracht	du hattest gebracht
er sie es } bringt	er sie es } brachte	er sie es } wird bringen	er sie es } hat gebracht	er sie es } hatte gebracht
wir bringen	wir brachten	wir werden bringen	wir haben gebracht	wir hatten gebracht
ihr bringt	ihr brachtet	ihr werdet bringen	ihr habt gebracht	ihr hattet gebracht
sie Sie } bringen	sie Sie } brachten	sie Sie } werden bringen	sie Sie } haben gebracht	sie Sie } hatten gebracht

SUBJUNCTIVE

PRESENT I	PRESENT II	FUTURE/ALTERNATE PRESENT I & II	PAST I	PAST II
ich [bringe]	ich brächte	ich {[werde] / würde} bringen	ich [habe] gebracht	ich hätte gebracht
du bringest	du brächtest	du {werdest / würdest} bringen	du habest gebracht	du hättest gebracht
er sie es } bringe	er sie es } brächte	er sie es } {werde / würde} bringen	er sie es } habe gebracht	er sie es } hätte gebracht
wir [bringen]	wir brächten	wir {[werden] / würden} bringen	wir [haben] gebracht	wir hätten gebracht
ihr bringet	ihr brächtet	ihr {[werdet] / würdet} bringen	ihr habet gebracht	ihr hättet gebracht
sie Sie } [bringen]	sie Sie } brächten	sie Sie } {[werden] / würden} bringen	sie Sie } [haben] gebracht	sie Sie } hätten gebracht

IMPERATIVE

FORMAL: Bringen Sie . . . INFORMAL SINGULAR: Bring(e) . . . INFORMAL PLURAL: Bringt . . . FIRST-PERSON PLURAL: Bringen wir . . .		

D. STRONG VERBS

INFINITIVE: **sehen** (to see)   PRINCIPAL PARTS: **sehen (sieht), sah, hat gesehen**

INDICATIVE

PRESENT	PAST	FUTURE	PRESENT PERFECT	PAST PERFECT
ich sehe	ich sah	ich werde sehen	ich habe gesehen	ich hatte gesehen
du siehst	du sahst	du wirst sehen	du hast gesehen	du hattest gesehen
er sie sieht es	er sie sah es	er sie wird sehen es	er sie hat gesehen es	er sie hatte gesehen es
wir sehen	wir sahen	wir werden sehen	wir haben gesehen	wir hatten gesehen
ihr seht	ihr saht	ihr werdet sehen	ihr habt gesehen	ihr hattet gesehen
sie Sie sehen	sie Sie sahen	sie Sie werden sehen	sie Sie haben gesehen	sie Sie hatten gesehen

SUBJUNCTIVE

PRESENT I	PRESENT II	FUTURE/ALTERNATE PRESENT I & II	PAST I	PAST II
ich [sehe]	ich sähe	ich { [werde] würde } sehen	ich [habe] gesehen	ich hätte gesehen
du sehest	du sähest	du { werdest würdest } sehen	du habest gesehen	du hättest gesehen
er sie sehe es	er sie sähe es	er sie { werde würde } sehen es	er sie habe gesehen es	er sie hätte gesehen es
wir [sehen]	wir sähen	wir { [werden] würden } sehen	wir [haben] gesehen	wir hätten gesehen
ihr sehet	ihr sähet	ihr { [werdet] würdet } sehen	ihr habet gesehen	ihr hättet gesehen
sie Sie [sehen]	sie Sie sähen	sie Sie { [werden] würden } sehen	sie Sie [haben] gesehen	sie Sie hätten gesehen

IMPERATIVE

FORMAL: Sehen Sie . . .   INFORMAL SINGULAR: Sieh(e) . . .   INFORMAL PLURAL: Seht . . .   FIRST-PERSON PLURAL: Sehen wir . . .

Vocabulary

Abbreviations

acc.	accusative	*infor. pl.*	informal plural
coll.	colloquial	*infor. sg.*	informal singular
coord. conj.	coordinating conjunction	*lit.*	literally
dat.	dative	*pl.*	plural
d.o.	direct object	*prep.*	preposition
for.	formal	*sg.*	singular
gen.	genitive	*subord. conj.*	subordinating conjunction
indef. art.	indefinite article	*wk.*	weak noun

Chapter References

The chapter number is listed after the translation of those words or phrases that appear in the **Wortschatz.** The initial **Z** refers to the preliminary chapter, **Zur deutschen Sprache und Landeskunde.**

German–English

A

der **Abend, -e** evening; **guten Abend** good evening Z; **heute abend** this evening 1

das **Abendbrot,** supper

das **Abendessen, -** evening meal 12

der **Abendkurs, -e** evening course

das **Abendprogramm, -e** evening (TV or radio) program

abends evenings, in the evening 1

aber (*coord. conj.*) but; however 3

ab·fahren (fährt ab), fuhr ab, ist abgefahren to depart

die **Abfahrt, -en** departure

ab·hängen (von), hing ab, hat abgehangen to depend (on); **das hängt (davon) ab,** that depends (on . . .) 13

ab·holen to pick up 13

das **Abitur** *examination given at the end of secondary school* (**Gymnasium**)

die **Abkürzung, -en** abbreviation

die **Abreise, -n** departure

ab·säbeln to chop off

das **Abteil, -e** (train) compartment 4

die **Abteilung, -en** department

die **Abwechslung, -en** change; **zur Abwechslung** for a change 8

die **Abwehr** defense

ach oh

acht eight Z

achten (auf + *acc.*) to pay attention (to), regard 17

Achtung! look out!; (your) attention please!

achtzehn eighteen Z

achtzig eighty Z

das **Adjektiv, -e** adjective

der **Adler, -** eagle

die **Adresse, -n** address 8

der **Affe, -n** (*wk.*) ape, monkey

aggressiv aggressive(ly) 14

der **Ägypter, - / die Ägypterin, -nen** Egyptian (*person*)

ägyptisch Egyptian

ähneln (+ *dat.*) to resemble

ähnlich similar(ly)

die **Ähnlichkeit, -en** similarity

akademisch academic(ally)

akquirieren to acquire

der **Akt, -e** act (of a play)

aktiv active(ly) 13

die **Aktivität, -en** activity

aktuell relevant

der **Akzent, -e** accent
akzeptieren to accept
der **Alkohol** alcohol
der **Alkoholiker, -** alcoholic
alle (*pl.*) all 1; **vor allem** above all
allein alone 4
die **Allergie, -n** allergy
allergisch allergic
allerlei all sorts of things
allerliebsten: am allerliebsten most of all 16
alles everything 3
allgemein general(ly)
die **Alliierten** (*pl.*) the Allies, the Allied powers
alltäglich everyday
das **Alltagsleben** everyday life 16
die **Alp, -en** alpine meadow; (*pl.*) mountains 18
das **Alpenland, ¨er** alpine country
der **Alpenort, -e** alpine spot
als as; **als (Student)** as (a student) 6; than; (*subord. conj.*) when, then; **als ob** as if
also well then, now 3; therefore
alt old 2
das **Alter** age; **im Alter** in the age bracket 13
alternativ alternative(ly)
altnordisch Old Norse
die **Altstadt,** old city 11
der **Amazonas** Amazon River
(das) **Amerika** America
der **Amerikaner, -** / die **Amerikanerin, -nen** American (*person*) 1
amerikanisch American
die **Ampel, -n** traffic light 14
das **Amt, ¨er** office
die **Amtssprache** official language
sich **amüsieren** to enjoy oneself, have a good time 15
an (+ *acc./dat.*) at, up to, to 8
die **Analyse, -n** analysis
die **Anatomie** anatomy
andauernd continuous(ly)
ander- other; **andere** (*pl.*) other 12; **etwas ander(e)s** something different, something else 6
and(e)rerseits on the other hand
ändern to change, alter 16
anders otherwise; different 6
die **Änderung, -en** change, alteration
anerkannt admitted(ly); recognized
der **Anfang, ¨e** start, beginning; **am Anfang** in the beginning 13
an · fangen (fängt an), fing an, hat

angefangen to begin, commence 13
an · fordern to request
das **Angebot, -e** offering, selection 4
angelsächsisch Anglo-Saxon
angenehm pleasant(ly) 15
der **Angestellte, -n** (ein **Angestellter**) / die **Angestellte, -n** employee
die **Angst, ¨e** anxiety; **Angst haben** (**vor** + *dat.*) to be afraid (of)
an · klopfen to knock 13
an · kommen, kam an, ist angekommen to arrive 13
die **Ankunft, ¨e** arrival
die **Anleitung, -en** instructions
der **Anlieger, -** resident
an · nehmen (nimmt an), nahm an, hat angenommen to accept 13
die **Annonce, -n** ad
an · passen to fit
an · probieren to try on
die **Anrede** form of address
an · rufen, rief an, hat angerufen to call up, phone 13
der **Ansager, -** / die **Ansagerin, -nen** announcer 14
anschließend subsequent(ly)
der **Anschluß** connection
die **Anschovis, -** anchovy
die **Ansichtskarte, -n** picture postcard
(an)statt instead of 10
der **Anteil, -e** portion, share
die **Anthropologie** anthropology
das **Antibiotikum, pl. Antibiotika** antibiotic
die **Antipathie** antipathy
das **Antonym, -e** antonym
die **Antwort, -en** answer
antworten (+ *dat.*) to answer 7; (**auf** + *acc.*) to respond to 10
die **Anwartschaft** candidacy
die **Anwendung** application
die **Anzahlung, -en** deposit
die **Anzeige, -n** announcement
der **Anzug, ¨e** suit 6
apathisch apathetic(ally)
der **Apfel, ¨** apple 12
der **Apfelkuchen, -** apple cake
der **Apfelsaft** apple juice 5
der **Apfelschuß** apple shot
der **Apfelstrudel** apple strudel
die **Apotheke, -n** pharmacy 6
der **Apparat, -e** appliance
das **Appartement, -s** apartment
der **Appetit** appetite; **guten Appetit** enjoy your meal 12
die **Aprikose, -n** apricot

(der) **April** April Z
das **Aquarium, pl. Aquarien** aquarium
die **Arbeit, -en** work 15
arbeiten to work; to study 1; (**an** + *dat.*) to work on 10
die **Arbeitsgemeinschaft, -en** team
die **Arbeitskrankheit, -en** work-related illness
arbeitslos unemployed 13
der **Arbeitslose, -n** (ein **Arbeitsloser**) unemployed (person)
die **Arbeitslosigkeit** unemployment 16
der **Arbeitsplatz, ¨e** work place
die **Arbeitsstunde, -n** hour's work
die **Arbeitssuche** search for employment
der **Arbeitstag, -e** workday
das **Arbeitstempo** pace of work
das **Arbeitszimmer, -** study, den 9
der **Architekt, -en** / die **Architektin, -nen** architect
die **Architektur, -en** architecture
der **Argentinier, -** / die **Argentinierin, -nen** Argentinian (*person*)
ärgerlich annoyed, annoying
sich **ärgern** (**über** + *acc.*) to be upset (about) 15
das **Argument, -e** argument
arm poor(ly)
der **Arm, -e** arm 15
die **Armbanduhr, -en** wristwatch
die **Armbrust, ¨e** crossbow
die **Armee, -n** army 11
armselig miserable
das **Aroma, -en (Aromen)** flavoring 17
aromatisch aromatic(ally)
die **Art, -en** kind, type, sort; manner
der **Artikel, -** article
die **Artischocke, -n** artichoke
das **Arzneimittel** drug
der **Arzt, ¨e** / die **Ärztin, -nen** physician, doctor
das **Asbest** asbestos
das **Aspirin** aspirin 6
das **Asthma** asthma
der **Astronaut, -en** (*wk.*) / die **Astronautin, -nen** astronaut
die **Atembeschwerden** (*pl.*) breathing difficulty
der **Äthiopier** / die **Äthiopierin, -nen** Ethiopian (*person*)
atmen to breathe
die **Atmosphäre** atmosphere
die **Atomindustrie** nuclear industry
das **Atomkraftwerk, -e** nuclear power plant 5
die **Atomwaffe, -n** nuclear weapon 5

die **atomwaffenfreie Zone** nuclear-free zone

die **Attraktion, -en** attraction

attraktiv attractive(ly) 6

auch also, too 1

auf (+ *acc./dat.*) on, upon, onto 8

auf · bauen to build

der **Aufenthalt, -e** stay, stopover

auf · fallen (fällt auf), fiel auf, ist aufgefallen to strike (someone's attention)

die **Aufführung, -en** performance

die **Aufgabe, -n** task

auf · geben (gibt auf), gab auf, hat aufgegeben to give up; **gut aufgehoben** in good hands

die **Auflage** circulation (*of a newspaper*)

auf · machen to open 13

auf · nehmen (nimmt auf), nahm auf, hat aufgenommen to take up; **Kredit auf · nehmen** to buy on time, take out credit 13

der **Aufsatz, ⸚e** essay, composition; theme

der **Aufschnitt** cut, slice; **kalter Aufschnitt** cold cuts, cold meat 12

das **Aufsehen** sensation

auf · springen, sprang auf, ist aufgesprungen to jump up 14

auf · stehen, stand auf, ist aufgestanden to get up 13

der **Aufsteiger, -** (social) climber

auf · wachsen (wächst auf), wuchs auf, ist aufgewachsen to grow up 13

die **Aufweichung** softening

der **Aufzug, ⸚e** elevator 8

das **Auge, -n** eye 15

augenfällig conspicuous(ly)

(der) **August** August Z

aus (+ *dat.*) out of; from (*origin*) 7

aus · drücken to express

die **Ausfahrt** exit

der **Ausflug, ⸚e** excursion, outing 16

ausgedehnt extensive(ly)

aus · gehen, ging aus, ist ausgegangen to go out 13

ausgerechnet (you) of all people

ausgezeichnet excellent(ly) 12

die **Auslage, -n** display

das **Ausland** foreign countries; **im Ausland** abroad

der **Ausländer, -** / die **Ausländerin, -nen** foreigner

ausländisch foreign

aus · machen to turn off

die **Ausnahme, -n** exception; **mit Ausnahme** (+ *gen.*) with the exception

die **Ausreise, -n** departure 16

aus · ruhen to rest

ausschließlich exclusive(ly)

der **Ausschnitt, -e** neckline (of a dress) 13

aus · sehen (sieht aus), sah aus, hat ausgesehen to look, appear 14

außer (+ *dat.*) except, besides 7

außerdem anyway, besides 6

die **Aussicht, -en** view 2

die **Ausstattung** furnishings; production

aus · stechen (sticht aus), stach aus, hat ausgestochen to put out (the eyes), blind

die **Ausstellung, -en** exhibition

der **Austausch** exchange 10

der **Austauschdienst** exchange service

das **Austauschprogramm, -e** exchange program 10

der **Austauschschüler, -** / die **Austauschschülerin, -nen** exchange student 10

der **Australier, -** / die **Australierin, -nen** Australian (*person*)

aus · üben to practice; **einen Beruf ausüben** to pursue a career 13

die **Auswahl** choice; variety 16

aus · wandern, ist ausgewandert to emigrate

das **Auto, -s** car 2

die **Autobahn, -en** freeway 14

das **Autobahnsystem, -e** freeway system

der **Autobesitzer -** car owner

die **Autofabrik, -en** car factory

der **Autofahrer, -** / die **Autofahrerin, -nen** driver

automatisch automatic(ally)

der **Autor, -en** / die **Autorin, -nen** author 10

das **Autorennen** car racing 14

autoritär authoritarian

der **Autosport** motor sport

B

das **Baby, -s** baby

backen (bäckt), backte, hat gebacken to bake 9

der **Bäcker, -** / die **Bäckerin, -nen** baker

die **Bäckerei, -en** bakery 8

der **Backofen, ⸚** oven 9

das **Backpulver, -** baking powder 17

das **Bad, ⸚er** bath

die **Badeinsel, -n** island resort

baden to bathe

das **Badezimmer** bathroom

die **Bahn, -en** track, railway

die **Bahnfahrt, -en** train trip

der **Bahnhof, ⸚e** railway station 3

die **Bahnhofshalle, -n** railway station lobby

bald soon 3

der **Balkon, -e** balcony, terrace

der **Ball, ⸚e** ball 14

das **Ballett, -e** ballet

banal banal, trite

die **Banane, -n** banana 12

die **Bank, -en** bank 3

bar in cash

die **Bar, -s** bar, nightclub

der **Bär, -en** (*wk.*) bear

der **Barbier, -e** barber

der **Bärengraben, ⸚** pit; trench

bargeldlos without cash

die **Barmherzigkeit, -en** mercy

das **Barock** (*also der*) baroque

das **Barometer, -** barometer

barsch brusque, curt

der **Baseball** baseball

der **Basketball** basketball

der **Bau, -ten** construction; *pl.* buildings

der **Bauer, -n** (*wk.*) / die **Bäuerin, -nen** farmer, peasant

das **Bauernhaus, ⸚er** farmhouse

der **Baum, ⸚e** tree; **einen alten Baum soll man nicht verpflanzen** you can't teach an old dog new tricks (*lit.,* you shouldn't transplant an old tree) 16

die **Baumwolle** cotton

das **Bauwesen** construction industry

der **Bayer, -** / die **Bayerin, -nen** Bavarian (*person*)

(das) **Bayern** Bavaria

bayrisch Bavarian

beachten to observe 14

beachtenswert noteworthy

der **Beamte, -n** (ein **Beamter**) / die **Beamtin, -nen** official, clerk 3

beantworten to answer

bearbeiten to work (*something*); to cultivate (*land*)

der **Bedarf** need

bedeckt overcast

bedeuten to mean, signify

die **Bedeutung, -en** meaning, significance

die **Bedienung** service

bedürfen (bedarf), bedurfte, hat bedurft (+ *gen.*) to require

sich **beeilen** to hurry 15

beeindrucken to impress 10

beeinflussen to influence

beenden to end

beengt crowded, limited (in space) 16

sich **befinden, befand, hat befunden** to be; to be situated

befragen to question

befreien (von) to free, liberate (from)

befriedigen to satisfy

begabt gifted, talented

begeistert (für) enthusiastic (about); enthusiastically 14

der **Beginn** beginning; **mit Beginn** (+ *gen.*) at the start

beginnen, begann, hat begonnen to begin 7

sich **begnügen (mit)** to be satisfied (with)

der **Begriff, -e** concept

die **Behandlung** treatment

beharrlich insistent

beheimatet resident; indigenous, native

behindern to hinder

bei (+ *dat.*) with; near; at the place of 7

beide (*pl.*) both

das **Bein, -e** leg 15

das **Beispiel, -e** example, model; **zum Beispiel (z.B.)** for example (e.g.) 9

beispielsweise by way of example, for instance

der **Beitrag, ⁼e** contribution

bekannt well known

der **Bekannte, -n** (ein **Bekannter**) / die **Bekannte, -n** acquaintance 9

bekanntlich known to be

die **Bekanntschaft (mit)** acquaintance (with)

sich **beklagen (über** + *acc.*) to complain (about) 15

bekommen, bekam, hat bekommen to get, receive 3

die **Belagerung, -en** siege

belästigen to harass

belebt lively, busy

belegen to cover; **einen Kurs belegen** to take a subject, course 15

beleidigt insulted, offended 8

(das) **Belgien** Belgium

beliebt popular

die **Bemalung** painting

bemerken to notice 10

die **Bemerkung, -en** observation

benennen, benannte, hat benannt to name; to call; to designate, term

benutzen to use 9

das **Benzin** gas; **Benzin schlucken** to guzzle gas 14

beobachten to observe

beraten (berät), beriet, hat beraten to advise

der **Bereich, -e** area, realm

bereit ready

bereits already, previously

bereuen to regret

der **Berg, -e** mountain 5

der **Bergahornbaum, ⁼e** sycamore tree

der **Bergsteiger, -** / die **Bergsteigerin, -nen** mountain climber

der **Bericht, -e** report

die **Berichterstattung, -en** commentary

berüchtigt infamous

der **Beruf, -e** profession 13; **einen Beruf ausüben** to pursue a career 13

beruflich professional(ly)

die **Berufskrankheit, -en** work-related illness

die **Berufsorientierung** orientation toward a profession

berufstätig professional(ly), working 12

berühmt famous(ly) 2

die **Berührung** touch; **in Berührung mit** in contact with

besaiten to string

beschaffen to obtain

sich **beschäftigen (mit)** to be concerned (with), occupy oneself (with) 15

die **Beschäftigung, -en** pastime, employment, occupation 13

beschränkt crowded, limited, restricted

beschreiben, beschrieb, hat beschrieben to describe 6

die **Beschreibung, -en** description

besetzt occupied, taken 12

besiegeln to seal

besitzen, besaß, hat besessen to own, possess

besonder- special; **etwas Besonderes** something special

besonders especially 9

besprechen (bespricht), besprach, hat besprochen to discuss 10

besprtizen to splash

besser better; **etwas Besseres** something better

best- best

bestehen, bestand, hat bestanden to exist; **bestehen aus** to consist of

bestellen to order 4

bestimmen to determine 7

bestimmt certain(ly); definite(ly) 4

bestreichen, bestrich, hat bestrichen to spread, cover 17

der **Bestseller, -** best-seller

der **Besuch, -e** visit; company; **zu Besuch** for a visit 9

besuchen to visit 4

der **Besucher, -** visitor

betreuen to be in charge of

die **Betreuung** care

das **Bett, -en** bed 2

der **Bettelstab: jemanden an den Bettelstab bringen** to reduce someone to beggary

die **Bevölkerung** population

bevor (*subord. conj.*) before 10

bewahren to retain

die **Bewegung, -en** movement 13

beweisbar provable

sich **bewerben (bewirbt), bewarb, hat beworben** to apply (for a job)

der **Bewohner, -** inhabitant, resident

bewohnt inhabited 18

bewundern to admire 11

bewußt intentional(ly)

bezahlen to pay (*something*) 7

die **Bezahlung** payment

die **Beziehung, -en** relationship

der **Bezirk, -e** district 16

die **Bibliothek, -en** library 15

die **Biene, -n** bee

das **Bier, -e** beer 7

bieten, bot, hat geboten to offer

das **Bild, -er** picture 12

bilden to form

der **Bildhauer, -** / die **Bildhauerin, -nen** sculptor

der **Bildungswille, -n** (*wk.*) desire for education

die **Bildunterschrift, -en** (picture) caption

billig cheap(ly) 4

der **Bioladen, ⁼** health store

die **Biologie** biology

biologisch biological(ly)

der **Biorhythmus** biorhythm

bis (+ *acc.*) until, up to; **bis bald** see you soon 5; **bis dahin** by then 7

bisher until now

bißchen little; **ein bißchen** a little bit 2

bitte please; you're welcome; here you are; that's all right Z; **bitte schön / bitte sehr** you're very welcome Z; **wie, bitte?** what did you say? Z

bitten (um + *acc.*), **bat, hat gebeten** to ask (for), request

sich **blamieren** to disgrace oneself, lose face 15

blasen (bläst), blies, hat geblasen to blow

blau blue

bleiben, blieb, ist geblieben to stay, remain 7

bleifrei lead-free
der **Bleistift, -e** pencil 2
der **Blick, -e** look
blitzen to lightning; **es blitzt** it's lightning
blöd dumb 11
blond blond
bloß (*coll.*) merely, only
blühen to bloom
die **Blume, -n** flower 3
der **Blumenladen, -** flower store
der **Blumenstrauß, -e** bouquet of flowers
die **Bluse, -n** blouse 3
der **Boden, -** ground, bottom
der **Bogen, -** bend, curve; **einen Bogen machen um** to make a detour around, avoid 5
die **Bohne, -n** bean 12
die **Bombardierung, -en** bombing, shelling
das **Boot, -e** boat
böse angry, angrily 8; evil, bad
boshaft spiteful(ly), malicious(ly)
die **Bosheit, -en** malice
die **Botanik** botany
die **Botschaft, -en** embassy
die **Boutique, -n** boutique
brandaktuell red-hot
der **Brasilianer, -** / die **Brasilianerin, -nen** Brasilian (*person*)
braten (brät), briet, hat gebraten to roast, bake
brauchen to need 1
braun brown
das **Brautkleid, -er** bridal dress
die **Brautmode, -n** bridal fashion
die **BRD = Bundesrepublik Deutschland**
das **Brett, -er** board
die **Brezel, -n** pretzel 7
der **Brief, -e** letter
die **Briefmarke, -n** stamp 6
das **Briefpapier** stationery 6
der **Briefträger, -** / die **Briefträgerin, -nen** mail carrier
die **Brille, -n** (pair of) glasses
bringen, brachte, hat gebracht to bring 5
die **Bronchitis** bronchitis
das **Brot, -e** bread 4; **das belegte Brot** (open-faced) sandwich 12
das **Brötchen, -** roll 8
der **Bruder, -** brother 6
die **Brüderschaft** close friendship
brutal brutal(ly)
das **Buch, -er** book 3
die **Buchhandlung, -en** bookstore
die **Bucht, -en** bay

die **Bude, -n** room; digs 15
die **Bühne, -n** stage 10
(das) **Bulgarien** Bulgaria
die **Bundesbahn** Federal Railway
das **Bundesland, -er** province, state
die **Bundesliga** national league (*soccer*)
das **Bundesministerium** Federal Ministry (of West Germany)
die **(Deutsche) Bundespost** (German) Federal Post (Office)
die **Bundesrepublik Deutschland** Federal Republic of Germany
die **Bundeswehr** (West German) armed forces
bundesweit nationwide
bunt colored, bright(ly)
die **Burg, -en** castle, citadel
der **Bürger, -** citizen 11
das **Büro, -s** office 13
der **Bus, -se** bus 3
der **Busfahrer, -** / die **Busfahrerin, -nen** busdriver
die **Butter** butter 8
die **Butterblume, -n** buttercup (*flower*)
das **Butterbrot, -e** sandwich (slice of bread and butter) 7
der **Butterreis** buttered rice
bzw. = beziehungsweise and . . . respectively

C

C. = Celsius centigrade
ca. = circa circa, approximately
das **Café, -s** café
das **Casino, -s** casino
das **Chamäleon, -s** chameleon
der **Champignon, -s** mushroom
die **Chance, -n** chance
der **Charakter, -e** character
die **Charaktereigenschaft, -en** character trait
der **Charme** charm
der **Chef, -s** / die **Chefin, -nen** boss
die **Chemie** chemistry
die **Chemikalien** (*pl.*) chemicals
chic chic(ly), stylish(ly)
der **Chilene, -n** (*wk.*) / die **Chilenin, -nen** Chilean (*person*)
der **Chinese, -n** (*wk.*) / die **Chinesin, -nen** Chinese (*person*)
chinesisch Chinese
(das) **Chinesisch** Chinese (*language*)
die **Chorprobe, -n** choir practice, rehearsal
chronisch chronic(ally)

der **Chronobiologe, -n** (*wk.*) / die **Chronobiologin, -nen** chronobiologist
die **Chrysantheme, -n** chrysanthemum
die **Cola, -s** cola 4
das **College, -s** college
der **Computer, -** computer 2
die **Cordhose, -n** (pair of) corduroy pants
der **Cowboyhut, -e** cowboy hat

D

da there 1; (*subord. conj.*) since, because 10; **da drüben** over there 2; **da hinten** back there 6; **da unten** down below 2
dabei thereby, in so doing
das **Dachgeschoß** attic
das **Dachstudio, -s** attic studio
die **Dachterrasse, -n** sun roof
daher from there; accordingly
damals at that time, then
die **Dame, -n** lady, woman
damit with it; (*subord. conj.*) in order that, so that 10
(das) **Dänemark** Denmark
dänisch Danish
(das) **Dänisch** Danish (*language*)
der **Dank** thanks; **Gott sei Dank** thank God
danke thanks Z; **danke schön / danke sehr** thank you very much Z
danken (+ *dat.*) to thank 7
dann then 3
daraufhin thereupon
darum therefore
das that, this
daß (*subord. conj.*) that 10
das **Datum,** *pl.* **Daten** date
dauern to last 4
dazu in addition, thereto
die **DB = Deutsche Bundesbahn**
die **DBP = Deutsche Bundespost**
die **DDR = Deutsche Demokratische Republik**
debattieren to debate 11
der **Deckel, -** lid
die **Definition, -en** definition
dein your (*infor. sg.*) 3
die **Delikatesse, -n** delicacy
der **Delphin, -e** dolphin
dementsprechend accordingly
die **Demokratie, -n** democracy 16
demokratisch democratic
die **Demonstration, -en** demonstration
demonstrieren to demonstrate 5
demütigen to humble, humiliate

denken, dachte, hat gedacht to think 5; (**an** + *acc.*) to think of 10

denn (*coord. conj.*) because; for 3; **denn erst** only then 8

derselbe, dieselbe, dasselbe the same

derzeit at present

deshalb therefore, for this/that reason

das Design, -s design

deswegen for that reason, therefore

deutlich clear(ly); distinct(ly) 14

deutsch German

(**das**) **Deutsch** German (*language*) 1; **auf deutsch** in German

der Deutsche, -n (**ein Deutscher**) / **die Deutsche, -n** German (*person*) 3

die Deutschklasse, -n German class

die Deutsche Bundesbahn German Federal Railway

die Deutsche Bundespost German Federal Post (Office)

die Deutsche Demokratische Republik German Democratic Republic (East Germany)

der Deutsche Sportbund German Sports Association

(**das**) **Deutschland** Germany

deutschsprachig German-speaking

(**der**) **Dezember** December Z

dezent modest, understated (*attire, etc.*) 13

d.h. = **das heißt**

Di = **Dienstag**

der Dialekt, -e dialect

der Dialog, -e dialogue

die Diät, -en diet

der Dichter, - / **die Dichterin, -nen** poet 17

dick fat, thick 6

dienen to serve

(**der**) **Dienstag** Tuesday Z; **dienstags** (on) Tuesdays 1

die Dienstleistung, -en service

dieser this, that 3

diesmal this time

differenziert sophisticated

das Ding, -e thing 11

direkt direct(ly)

das Diplom, -e diploma

Diplom-(Kaufleute) qualified (salespeople)

das Dirndl, - Bavarian costume, peasant dress

die Diskussion, -en discussion

diskutieren (**über** + *acc.*) to discuss 5

die Disziplin discipline

DM = **D-Mark**

die D-Mark (deutsche Mark) German mark

Do = **Donnerstag**

der Dobermannpinscher, - Doberman pinscher (*dog breed*)

doch oh yes, of course 1; though

der Dokumentarfilm, -e documentary film

der Dollar, -s dollar 3

der Dom, -e cathedral

das Domino dominoes

die Donau Danube (River)

donnern to thunder; **es donnert** it's thundering

(**der**) **Donnerstag** Thursday Z; **donnerstags** (on) Thursdays 1

doppelt double(d)

das Doppelzimmer, - double room

das Dorf, ̈-er village 11

dort there 1

die Dose, -n can

der Drache, -n (*wk.*) dragon

das Drama, *pl.* Dramen drama

der Dramatiker, - / **die Dramatikerin, -nen** playwright

dramatisch dramatic

draußen outside

der Drehbuchautor, -en / **die Drehbuchautorin, -nen** screenplay author

drehen to turn; to produce (a film)

der Drehort, -e (film) location

drei three Z

dreißig thirty Z

dreizehn thirteen Z

dringend urgent(ly)

drinnen und draußen inside and outside

das Drittel third

die Droge, -n drug

die Drogenabhängigkeit drug addiction

drogengefährdet at risk from drugs

die Drogerie, -n drugstore 6

der Dropout, -s dropout

drucken to print

das Drumherum trappings

DSB = **Deutscher Sportbund**

du (*infor. sg.*) you 1

dulden to tolerate

dumm stupid, dumb

die Düne, -n dune 5

dunkel dark 2

durch (+ *acc.*) through 5

durchaus throughout

durcheinander mixed up

der Durchgangsverkehr through traffic

durchgebraten well-done (*steak*)

durch · halten (hält durch), hielt durch, hat durchgehalten to survive; to keep up

der Durchschnitt, -e average; (**die**) **Durschnitts(temperatur)** average (temperature) 5

durchschnittlich average 15

dürfen (darf), durfte, hat gedurft to be allowed to, may 9

der Durst thirst; **Durst haben** to be thirsty 4

durstig thirsty

die Dusche, -n shower

sich duschen to shower 15

duzen to address someone with **du**

der Duzer, - person who says **du**

der Duzfreund, -e / **die Duzfreundin, -nen** good friend

dynamisch dynamic(ally)

E

eben simply; just now; just, exactly

ebenfalls likewise, also

ebenso just as

echt genuine, authentic

die Ecke, -n corner 2

der Ecktisch corner table

effektiv effective(ly)

egal equal; all the same; **das ist mir egal** I don't care 12

ehemalig former

das Ehepaar, -e married couple 16

eher rather

ehrlich honest(ly) 15

das Ei, -er egg 8

das Eichhörnchen, - squirrel

der Eierbecher, - eggcup

das Eigelb egg yolk 17

eigen own

eigentlich actually, really 2

einander one another, each other

ein · atmen to inhale

der Eindruck, ̈-e impression

einfach one way (*ticket*); simple, simply 4

der Einfall, ̈- notion, brainstorm 11

ein · fallen (fällt ein), fiel ein, ist eingefallen (+ *dat.*) to strike, occur (to) 16

das Einfamilienhaus, ̈-er one-family house 9

ein · fetten to grease 17

der Einfluß, *pl.* Einflüsse influence

einflußreich influential

einfühlsam sensitive(ly)

der Eingang, ̈-e entrance 8

eingerichtet equipped

einige (*pl.*) a few, several 5

einkaufen gehen to go shopping 6

der Einkaufsbummel, - shopping trip 6

die **Einkaufsliste, -n** shopping list 6
das **Einkommen, -** income 16
ein·laden (lädt ein), lud ein, hat eingeladen to invite 13
die **Einladung, -en** invitation 13
ein·lullen to lull 17
einmal once 5; **einmal (Sauerbraten)** one order of (sauerbraten) 12; **auf einmal** at once; **noch einmal** once again
einmalig unique
eins one
die **Einsamkeit** isolation, loneliness 18
einschließlich including
die **Einsicht, -en** insight
einst once, formerly
ein·steigen, stieg ein, ist eingestiegen to step in, board (a vehicle)
ein·stellen to put in; to hire
der **Eintritt** entry
der **Einwohner, -** inhabitant, resident
die **Einzelheit, -en** detail
einzeln individual, separate
das **Einzelzimmer, -** single room 8
einzig single, only
das **Eis** ice cream 12
der **Eisbär, -en** (*wk.*) polar bear
der **Eisbecher** ice cream sundae 12
die **Eisenbahn** railway
der **Eiserne Vorhang** Iron Curtain
die **Eiskrem** ice cream
das **Eiswasser** ice water
das **Eiweiß** egg white
der **Elefant, -en** (*wk.*) elephant
elegant elegant(ly)
die **Elektronik** electronics
elf eleven Z
die **Elfe, -n** elf
die **Eltern** (*pl.*) parents 6
emanzipieren to emancipate
emigrieren, ist emigriert to emigrate
emotionell emotional(ly)
der **Empfang, ⁻e** reception (area) 8
der **Empfangschef, -s** / die **Empfangschefin, -nen** desk clerk 8
empfehlen (empfiehlt), empfahl, hat empfohlen to recommend 7
emsig busy, busily; diligent(ly)
das **Ende, -n** end; **am Ende** at the end 13
enden to end 14
endlich finally
die **Endung, -en** ending
die **Energie, -n** energy
eng narrow(ly)
das **Engagement, -s** engagement, commitment
engagiert committed 13

der **Engel, -** angel
(das) **England** England
der **Engländer, -** / die **Engländerin, -nen** Englishman/Englishwoman
(das) **Englisch** English (*language*) 1; **auf englisch** in English
der **Enkel, -** / die **Enkelin, -nen** grandson/granddaughter 9
das **Enkelkind, -er** grandchild 9
entcoffeiniert decaffeinated
entdecken to discover
die **Ente, -n** duck; die **lahme Ente** lame duck 14
entfernt removed, away from
enthusiastisch enthusiastic(ally)
entsagen (+ *dat.*) to renounce
die **Entscheidung, -en** decision
entschuldigen to excuse
Entschuldigung excuse me Z
sich **entspannen** to relax 15
entsprechen (entspricht), entsprach, hat entsprochen to fulfill
entstehen, entstand, ist entstanden to emerge
entwickeln to develop
die **Entziehungskur, -en** cure for drug/alcohol addiction
die **Entziehungsschmerzen** (*pl.*) withdrawal pains
er he; it 1
erarbeiten to work out
die **Erdbeere, -n** strawberry 12
das **Erdgeschoß, -(ss)e** ground floor 8
das **Ereignis, -se** event
erfahren (erfährt), erfuhr, hat erfahren to learn, experience
erfinden, erfand, hat erfunden to invent
der **Erfolg, -e** success
erfolgen, ist erfolgt to take place
erfolgreich successful(ly) 14
erforschen to explore
erfrischen to refresh
erfrischend refreshing 7
ergänzen to complete
erhältlich obtainable
erinnern to remind; sich **erinnern** (**an** + *acc.*) to remember 15
die **Erinnerung, -en** memory
sich **erkälten** to catch a cold 15
die **Erkältung, -en** cold 6
erkennen, erkannt, hat erkannt to recognize 10
die **Erkenntnis, -se** finding
der **Erker, -** bay
erklären to declare; to explain 11
erleben to experience 5

erleichtern to make easier
die **Ermäßigung -en** discount 10
ernst serious(ly) 14
erobern to conquer 11
eröffnen to open, initiate
erregen to arouse
erreichen to reach
errichten to erect
erscheinen, erschien, ist erschienen to appear
erschießen, erschoß, hat erschossen to shoot
ersetzen to replace, provide a substitute
erst only; first; **dann erst** only then 8
das **Erstaunen** amazement 11
erstaunt amazed
erstellen to calculate; to draw up
ersticken, ist erstickt to suffocate
ertrinken, ertrank, ist ertrunken to drown 11
der **Erwachsene, -n** (ein **Erwachsener**) / die **Erwachsene, -n** adult
erwarten to expect 13
die **Erwartung, -en** expectation
erweichen to soften 17
die **Erweiterung, -en** expansion
erzählen to tell 11
die **Erzählung, -en** story
das **Erzeugnis, -se** product
erziehen, erzog, hat erzogen to bring up (a child); to educate
die **Erziehung** education, upbringing
es it 1
der **Esel, -** donkey
eßbar edible; **etwas Eßbares** something edible 6
essen (ißt), aß, hat gegessen to eat 3
das **Essen** food, meal 12
der **Eßlöffel, -** tablespoon 17
eßlöffelweise by tablespoons 17
das **Eßzimmer, -** dining room 9
die **Etikette** etiquette
etwa perhaps
etwas something 3; somewhat; **etwas anderes** something different, something else 6
euer your (*infor. pl.*) 3
die **Euphorie** euphoria
(das) **Europa** Europe
europäisch European
eventuell possible, possibly
das **Examen, -** exam
existieren to exist 16
die **Exklamation, -en** exclamation
exklusiv exclusive
der **Exportabnehmer, -** export customer

der **Expressionismus** Expressionism
extra some (additional), extra; (*coll.*) specially
extrem extreme(ly)
exzellent excellent

F

die **Fabrik, -en** factory 13
der **Fabrikant, -en** (*wk.*) producer, manufacturer
das **Fach, ⸚er** subject 15
der **Facharbeiter, -** / die **Facharbeiterin, -nen** skilled worker
das **Fachgeschäft, -e** specialty shop
fahren (fährt), fuhr, ist (**hat** *with d.o.*) **gefahren** to travel, go; to drive 3; **Auto fahren** to drive a car
die **Fahrkarte, -n** travel ticket 3
der **Fahrkartenschalter, -** ticket window
das **(Fahr)rad, ⸚er** bicycle 13
die **Fahrschule, -n** driving school
die **Fahrt, -en** trip 4
der **Fall, ⸚e** case
fallen (fällt), fiel, ist gefallen to fall 17
falsch wrong, false 7
das **Fältchen** wrinkle
die **Familie, -n** family
das **Familienleben** family life
der **Familienname, -n** last name
fangen (fängt), fing, hat gefangen to catch
fantastisch fantastic
die **Farbe, -n** color
der **Farbfernseher, -** color TV set
fast almost 3
faszinierend fascinating
faul lazy
(der) **Februar** February Z
fehlen to be missing, absent 15; **es fehlt mir** I miss, lack 15
fehlend missing
der **Feiertag, -e** holiday
feilen to file
fein nice(ly)
das **Feld, -er** field
der **Feldweg, -e** path across fields
das **Fenster, -** window 2
die **Ferien** (*pl.*) vacation 8; holidays
Fernen: in weite Fernen transportieren to transport into the far reaches 17
das **Fernsehen** television 7
der **Fernsehabend, -e** evening of TV
der **Fernsehapparat, -e** TV set
fern · sehen (sieht fern), sah fern, hat ferngesehen to watch TV 7

der **Fernseher, -** TV (set) 7
die **Fernsehnachrichten** (*pl.*) TV news
das **Fernsehprogramm, -e** TV channel; TV program
die **Fernsehsendung, -en** TV show
die **Fernsehserie, -n** TV series
die **Fernsehstation, -en** TV station
das **Fernsehstudium,** *pl.* **Fernsehstudien** study through TV
die **Fernsehwerbung** TV advertising
die **Fernsehzeitschrift, -en** TV magazine
der **Fernsehzuschauer, -** TV viewer
fertig finished, done 7
fertig · bringen, brachte fertig, hat fertig gebracht to get done
fest firm(ly), secure(ly) 17
das **Festspiel, -e** (theater or arts) production during festival
das **Festspielhaus, ⸚er** festival theater
fest · nehmen (nimmt fest), nahm fest, hat festgenommen to apprehend
fest · stellen to state, declare
die **Festung, -en** fortification 18
die **Festungsmauer, -n** fortress wall
feucht humid, moist
feudalistisch feudalistic
das **Feuer, -** fire 18
das **Fieber, -** fever; **Fieber haben** to have a fever
die **Figur, -en** figure
die **Filiale, -n** branch (establishment or office)
der **Film, -e** film, movie 7
die **Filmindustrie** film industry
der **Filmnarr, -en** (*wk.*) / die **Filmnärrin, -nen** movie buff
der **Filmregisseur, -e** / die **Filmregisseurin, -nen** film director
der **Filmschauspieler, -** / die **Filmschauspielerin, -nen** movie actor/actress
der **Filmstar, -s** movie star
die **Finanzhilfe** financial aid
finanzieren to finance 7
die **Finanzierung** financing
finden, fand, hat gefunden to find 4
der **Finger, -** finger 15
(das) **Finnland** Finland
die **Firma,** *pl.* **Firmen** firm, company
der **Fisch, -e** fish 12
die **Fischerei** fishing
das **Fischgericht, -e** fish dish
flach flat
die **Fläche, -n** expanse
die **Flamme, -n** flame
die **Flasche, -n** bottle 3

das **Fleisch** meat 12
das **Fleischgericht, -e** meat course
flexibel flexible
die **Fliege, -n** fly
fließen, floß, ist geflossen to flow 17
die **Flöte, -n** flute 11; **auf der Flöte spielen** to play the flute 11
der **Flughafen, ⸚** airport 3
das **Flugzeug, -e** airplane
der **Flur, -e** hallway 8
der **Fluß,** *pl.* **Flüsse** river 5
folgen, ist gefolgt (+ *dat.*) to follow 7
folgend following
der **Football** football 14
fordern to demand 11
die **Form, -en** form 17
der **Formaldehyd** formaldehyde
das **Formular, -e** *here*: (registration) form 8
formulieren to formulate
die **Forschung** research
der **Fortschritt** progress
das **Foto, -s** photo
fotografieren to take pictures, photograph
der **Fotokopierer, -** copy machine
das **Foyer, -s** lobby 10
Fr = Freitag
die **Frage, -n** question; **Fragen stellen** to ask questions, pose questions 6; **das kommt nicht in Frage** that's out of the question 13
der **Fragebogen, -** questionnaire
fragen to ask; to question 1; **(nach)** to ask about 10
die **Fragerei** (annoying) questioning 13
(das) **Frankreich** France
der **Franzose, -n** (*wk.*) / die **Französin, -nen** French (*person*)
französisch French
(das) **Französisch** French (*language*)
die **Frau, -en** woman; **Frau** Mrs.; Ms. Z
die **Frauenbewegung** women's movement
die **Frauenkneipe, -n** women's bar 7
der **Frauentyp, -en** feminine type (of woman)
die **Frauenzeitschrift, -en** women's magazine
Fräulein Miss Z
frei free(ly) 2; **ist hier noch frei?** is this seat free? 1
die **Freiheit, -en** freedom
die **Freiheitsbewegung** freedom movement
frei · lassen (läßt frei), ließ frei, hat freigelassen to set free

freilich of course
(der) **Freitag** Friday Z
freitags (on) Fridays 1
freiwillig voluntary, voluntarily
die **Freizeit** leisure time 14
fremd strange, foreign
der **Fremde, -n** (ein **Fremder**) / die
  Fremde, -n stranger 11
der **Fremdenführer, -** / die
  Fremdenführerin, -nen tour guide 11
das **Fremdenverkehrsamt, ̈er** tourist
  office 8
die **Fremdsprache, -n** foreign language
die **Freude, -n** joy 14
freuen to please, make happy; **es freut
  mich** it pleases me; **sich freuen**
  (**auf** + *acc.*) to look forward (to) 15
der **Freund, -e** / die **Freundin, -nen** friend
  3
freundlich friendly 1
die **Freundschaft, -en** friendship 10
die **Friedensbewegung** peace movement
  13
der **Friedhof, ̈e** cemetery 9
friedlich peaceful(ly)
frisch fresh(ly) 6
froh happy, glad 6
fröhlich happy, merry
der **Frosch, ̈e** frog
früh early 13; **früher** formerly, earlier 6
(der) **Frühling** spring Z
das **Frühstück, -e** breakfast 8
frühstücken to breakfast, have breakfast 8
der **Frühstücksraum, ̈e** breakfast area,
  space 8
das **Frühstückszimmer, -** breakfast room
  8
der **Fuchs, ̈e** fox
fühlen to feel (*something*); **sich fühlen** to
  feel (*some way*) 15
führen to lead
die **Führung** management
der **Führungsstab** top management
fünf five Z
fünfzehn fifteen Z
fünfzig fifty Z
funktionieren to function
für (+ *acc.*) for 5
fürchten to fear, be afraid of; **sich
  fürchten** (**vor** + *dat.*) to be afraid (of)
  15
das **Fürstenhaus, ̈er** princely house
der **Fuß, ̈e** foot 15; **am Fuße** at the foot
  11; **zu Fuß** by foot
der **Fußball** soccer 14
die **Fußballmannschaft, -en** soccer team

der **Fußballnarr, -en** (*wk.*) / die
  Fußballnärrin, -nen soccer fan, fool 14
der **Fußballplatz, ̈e** soccer field
das **Fußballspiel, -e** soccer game 7
das **Fußballstadion**, *pl.* **Fußballstadien**
  soccer stadium
der **Fußballtag, -e** soccer day
der **Fußgänger, -** pedestrian
die **Fußgängerzone, -n** pedestrian mall
der **Fußweg, -e** footpath
das **Futur** future tense

G

die **Gabel, -n** fork 4
gähnen to yawn 17
die **Galerie, -n** gallery
der **Gang, ̈e** walk, pace; errand
ganz entire(ly), whole, wholly
ganzjährig all year round
die **Garage, -n** garage 9
die **Garderobe, -n** wardrobe
gar nicht not at all
der **Garten, ̈** garden
der **Gärtner, -** / die **Gärtnerin, -nen**
  gardener
die **Gasse, -n** alley, street
der **Gast, ̈e** guest 8
das **Gästezimmer, -** guest room 9
der **Gastgeber, -** / die **Gastgeberin, -nen**
  host/hostess
das **Gasthaus, ̈er** restaurant; inn; tavern
der **Gasthof, ̈e** restaurant; inn 12
die **Gaststätte, -n** restaurant 12
der **Gastwirt, -e** innkeeper
das **Gebäude, -** building 11
geben (gibt), gab, hat gegeben to give 3;
  die Hand geben to shake hands, extend
  one's hand 3; **es gibt** there is/are;
  gibt's . . . ? is/are there . . . ? 5
das **Gebiet, -e** region, area 5
gebildet educated
gebirgig mountainous
der **Gebrauch** use
der **Gebrauchtwagenmarkt, ̈e** used car
  market
die **Gebühr, -en** fee 7
die **Geburtsstadt, ̈e** city of birth
der **Geburtstag, -e** birthday 6
das **Geburtstagsgeschenk, -e** birthday
  present
die **Geburtstagskarte, -n** birthday card 6
der **Gedanke, -n** (*wk.*) thought
das **Gedicht, -e** poem
geduldig patient(ly) 8
geehrt honored; **sehr geehrte**

Frau . . . dear Mrs. . . .
geeignet suitable; right 7
die **Gefahr, -en** danger 5
gefährlich dangerous(ly), treacherous(ly)
gefallen (gefällt), gefiel, hat gefallen (+
  dat.) to please 7
gegen (+ *acc.*) against; toward, around
  (*time*) 5
die **Gegend, -en** area
der **Gegensatz, ̈e** contrast; **im Gegensatz
  zu** in contrast to
gegenseitig reciprocal(ly), mutual(ly) 16
gegenüber (+ *dat.*) in comparison to
der **Gegner, -** / die **Gegnerin, -nen**
  opponent
gehackt ground (*meat*)
das **Gehalt, ̈er** salary
gehen, ging, ist gegangen to go; to walk
  1; **es geht mir gut/schlecht** I'm (not)
  doing well Z; **wie geht es dir?** (*infor.*) /
  wie geht es Ihnen? (*for.*) how are you?
  Z; **wie geht's?** how's it going? Z
gehören (+ *dat.*) to belong to 7
geistig spiritual(ly)
gekleidet dressed
gekocht boiled
gelb yellow 2
das **Geld** money 2
der **Geldwechsel** currency exchange
die **Geldsorge, -n** financial problem
die **Gelegenheit, -en** opportunity
gelten (gilt), galt, hat gegolten (als) to
  be regarded (as)
das **Gemälde, -** painting
gemäßigt temperate, moderate
gemeinsam common
das **Gemüse, -** vegetable 12
die **Gemüsesorte, -n** sort/type of vegetable
  12
das **Gemüt** mind; disposition; feeling
gemütlich cozy, cozily 2; comfortable,
  comfortably; genial(ly)
genau exact(ly); **genauso wie** exactly as 8
der **General, ̈e** general
die **Generation, -en** generation 13
genießen, genoß, hat genossen to enjoy
der **Genitiv** genitive case
genug enough 2
genügen to be enough; **mir genügt's**
  that's enough for me
die **Geographie** geography
geordnet well-ordered
das **Gepäck** baggage, luggage 3
der **Gepäckträger, -** / die **Gepäckträgerin,
  -nen** bellhop 8

gerade right now; **geradeaus** straight ahead 8

das **Gericht, -e** dish, course 12

gerieben smart, sharp

gering slight, minimal

germanisch Germanic

gern(e) *with verb:* like to, enjoy 1

die **Gesamtschule, -n** comprehensive school

der **Gesang, ⁻e** song; chant

das **Geschäft, -e** shop, store 6

die **Geschäftsfrau, -en** businesswoman 5

der **Geschäftsführer, -** / die **Geschäftsführerin, -nen** manager

der **Geschäftsmann,** *pl.* die **Geschäftsleute** - businessman 5

die **Geschäftsreise, -n** business trip 5

die **Geschäftsstelle, -n** office

die **Geschäftsstunden** business hours

die **Geschäftswelt** business world

das **Geschehen** event

das **Geschenk, -e** present, gift 3

die **Geschichte, -n** history; story 11

das **Geschirr** dishes 8

die **Geschirrspülmaschine, -n** dishwasher

geschlossen closed

die **Geschwindigkeit, -en** speed

die **Geschwindigkeitsbegrenzung, -en** speed limit 14

die **Geschwister** (*pl.*) brothers and sisters

die **Gesellschaft, -en** society

die **Gesellschaft mit beschränkter Haftung** Ltd. (limited company)

das **Gesellschaftsleben** social life

die **Gesellschaftsstruktur, -en** social structure 18

gesellschaftskritisch critical of society

das **Gesicht, -er** face 15

gesperrt closed

der **Gesprächspartner, -** / die **Gesprächspartnerin, -nen** interviewee, conversational partner

gestalten to shape; to arrange; **neu gestalten** to remodel

gestern yesterday

gesund healthy 7

die **Gesundheit** health

geteilt divided 16

getoastet toasted

das **Getränk, -e** drink, beverage 12

getrennt separate(ly) 12

gewährleisten to guarantee

gewinnen, gewann, hat gewonnen to win 14

das **Gewitter, -** thunderstorm

sich **gewöhnen (an +** *acc.*) to get used (to), accustomed (to) 15

die **Gewohnheit, -en** habit

das **Gewohnheitstier, -e** creature of habit

gießen, goß, hat gegossen to pour 17

die **Giraffe, -n** giraffe

die **Gitarre, -n** guitar

das **Glas, ⁻er** glass

die **Glasur, -en** icing 17

der **Glasziegel, -** glass tile

glätten to polish

glauben to believe 6

glaublich believable, believably 2

gleich right away; equal, same 6; **gleichzeitig** at the same time

das **Gleis, -e** (railroad) track 4

das **Glück** luck, good fortune; **Glück haben** to be lucky

glücklich happy, happily

GmbH = Gesellschaft mit beschränkter Haftung

gnädige Frau madam

der **Goldfisch, -e** goldfish

das **Golf** golf 14

der **Gorilla, -s** gorilla

gotisch Gothic

der **Gott, ⁻er** God; god

die **Götterdämmerung** twilight of the gods

das **Grab, ⁻er** grave 11

der **Grad, -e** degree

das **Gramm, -e** gram

die **Grammatik** grammar

gratis free of charge, gratis 15

grau gray Z

die **Grenze, -n** border 16

grenzen (an + *acc.*) to border (on) 16

grenznah near the border 16

der **Grieche, -n** (*wk.*) / die **Griechin, -nen** Greek (*person*)

(das) **Griechenland** Greece

die **Grippe** influenza

(das) **Grönland** Greenland

groß large, big 2

großartig great, fabulous 2

(das) **Großbritannien** Great Britain

die **Größe, -n** size 6

die **Großeltern** (*pl.*) grandparents 6

die **Großmutter, ⁻** grandmother 6

die **Großstadt** major city

der **Großvater, ⁻** grandfather 6

grün green Z

der **Grund, ⁻e** reason; **aus welchem Grund** for what reason 15

gründen to found 11

gründlich thorough(ly)

die **Grundschule, -n** elementary school

der **Grundzug, ⁻e** basic trait

die **Gruppe, -n** group

gruselig creepy 10

der **Gruß, ⁻e** greeting; **viele Grüße** many greetings 5

grüßen to greet

guck mal! hey, look! (*infor., coll.*) 14

gültig valid 4

der **Gummi, -s** gum

günstig reasonable

das **Gürkchen** midget gherkin

der **Gürtel, -** belt 6

gut good; well; fine 1; **gut, danke** fine, thanks Z; **gute Nacht** good night Z; **guten Abend** good evening Z; **guten Appetit** enjoy your meal 12; **guten Morgen** good morning Z; **guten Tag** good day Z

gutsituiert well off

der **Gymnasiast, -en** (*wk.*) / die **Gymnasiastin, -nen** secondary school student

das **Gymnasium,** *pl.* **Gymnasien** academic preparatory school 10

H

das **Haar, -e** hair 15

haben, hatte, hat gehabt to have 2; **gern haben** to like (*something or someone*) 2; **Platz haben** to have space; to have room 2

der **Hafen, ⁻** harbor

das **Hähnchen, -** chicken

halb half; **halb sieben** six-thirty

die **Halbpension** half-board (*room and one or two meals*)

die **Hälfte, -n** half

hallo hello

die **Halsschmerzen** (*pl.*) sore throat

das **Halstuch, ⁻er** scarf

halten (hält), hielt, hat gehalten to hold, keep 3; **halten für** to consider; **Interviews halten** to conduct interviews 3

hämmern to throb, hammer 6

der **Hamster, -** hamster

die **Hand, ⁻e** hand 15

handeln to deal; to bargain; to act

die **Handelsschule, -n** trade school or college

die **Handlung, -en** plot 10

die **Handpuppe, -n** hand puppet

das **Handtuch,** ⸚er towel
das **Handzeichen,** - hand signal
hängen to hang
hängen, hing, hat gehangen, to hang, be suspended
der **Harfenspieler,** - / die **Harfenspielerin, -nen** harpist
hart hard
hassen to hate 18
häufig frequent(ly)
der **Hauptbahnhof,** ⸚e main railway station
das **Hauptfach,** ⸚er major 15
das **Hauptgericht, -e** main dish, entrée
der **Hauptgrund,** ⸚e main reason
das **Hauptpostamt,** ⸚er main post office
die **Hauptrolle, -n** main role
hauptsächlich mainly, chiefly 18
die **Hauptschule, -n** middle school
die **Hauptstadt,** ⸚e capital
das **Haus,** ⸚er house 2; **nach Hause** home; **zu Hause** at home
die **Hausaufgaben** (*pl.*) homework 7
die **Häuserreihe, -n** row of houses
hausgemacht homemade 12
der **Haushalt, -e** household
der **Haushaltsartikel,** - household article
das **Haushaltsgerät, -e** household appliance
der **Hausputz** housecleaning 9
die **Hausverwaltung** property management
der **Hauswirt, -e** / die **Hauswirtin, -nen** landlord/landlady 2
der **Hautausschlag,** ⸚e (skin) rash
das **Heft, -e** notebook 2
heilig holy
die **Heilkraft,** ⸚e healing power
das **Heim, -e** home
die **Heimat, -en** home, native country
die **Heimatstadt,** ⸚e hometown
heiraten to marry, get married 11
heiß hot 5
heißen, hieß, hat geheißen to be called 1; **das heißt (d.h.)** that is (i.e.); **ich heiße . . .** my name is . . . Z; **wie heißen Sie?** what's your name? Z
heiter clear (*weather*)
die **Heizung** heat 2
hektisch hectic
die **Heldentat, -en** heroic deed
helfen (hilft), half, hat geholfen (+ *dat.*) to help 7
hell light; bright
das **Hemd, -en** shirt 6

her (*direction toward*); **hin und her** to and fro
herauf · kommen, kam herauf, ist heraufgekommen to come up
heraus · finden, fand heraus, hat herausgefunden to find out
heraus · geben (gibt heraus), gab heraus, hat herausgegeben to deliver; to publish
heraus · kommen, kam heraus, ist herausgekommen to come out
(der) **Herbst** fall, autumn Z
der **Herd, -e** stove, range 9
herein in, into (*directional*)
herein · kommen, kam herein, ist hereingekommen to come in
her · fahren (fährt her), fuhr her, ist hergefahren to travel from 13
der **Heringssalat, -e** seafood cocktail
her · kommen, kam her, ist hergekommen to come from 13
die **Herkunftsbezeichnung, -en** designation of origin
das **Heroin** heroin
der **Herr, -en** (*wk.*) gentleman 4; **Herr** Mr. Z
herrlich wonderful(ly), splendid(ly) 12
herrschen to rule, dominate
der **Herrscher,** - / die **Herrscherin, -nen** ruler 18
die **Herstellung** manufacture
herunter · kommen, kam herunter, ist heruntergekommen to come down
hervor · bringen, brachte hervor, hat hervorgebracht to produce
hervor · heben, hob hervor, hat hervorgehoben to emphasize
herzhaft hearty, heartily
herzlich warm; sincere
der **Herzog,** ⸚e duke
heute today 1; **heute abend** this evening 1
heutig modern, current
die **Hexe, -n** witch
hier here 1
die **Hilfe, -n** help 11
hilfsbereit ready to help
der **Himbeerkuchen,** - raspberry cake
der **Himmel,** - heaven, sky
hin (*direction away from*); **hin und zurück** round trip, to and from 4
hinauf · gehen, ging hinauf, ist hinaufgegangen to go up
hinaus · gehen, ging hinaus, ist hinausgegangen to go out
hindern to hinder

hinein · fahren (fährt hinein), fuhr hinein, ist hineingefahren to travel into 13
hinein · führen to lead into 11
hinein · gehen, ging hinein, ist hineingegangen to enter, go into
hinein · marschieren to march into 11
hin · fahren (fährt hin), fuhr hin, ist hingefahren to travel (*toward*) 13
hin · gehen, ging hin, ist hingegangen to go (*toward*)
hinter (+ *acc./dat.*) behind 8
der **Hintergrund,** ⸚e background; **im Hintergrund** in the background 14
hinunter · gehen, ging hinunter, ist hinuntergegangen to go down
hinunter · schauen to look down
der **Hinweis, -e** tip, piece of advice
hinzu · geben (gibt hinzu), gab hinzu, hat hinzugegeben to add 17
der **Hirsch, -e** deer
der **Historiker,** - / die **Historikerin, -nen** historian
historisch historical
die **Hitze** heat 17
hoch / hoh (+ *ending that begins with* **e**) tall; high(ly) 2
hoch · arbeiten to work one's way up
(das) **Hochdeutsch** standard German
die **Hochzeit, -en** wedding 13; **eine Hochzeit halten** to have a wedding 13
hoffen to hope
höflich polite(ly) 16
der **Höhepunkt, -e** highlight
holen to take, fetch 7
(das) **Holland** Holland
der **Holländer,** - / die **Holländerin, -nen** Dutch (*person*)
das **Holz,** ⸚er wood
das **Holzschnitzen** woodcarving
hören to hear 5; to listen to
der **Hörer,** - (telephone) receiver
die **Hose, -n** (pair of) pants 6
das **Hotel, -s** hotel 8
der **Hotelgast,** ⸚e hotel guest
der **Hotelwirt, -e** innkeeper 18
das **Hotelzimmer,** - hotel room
hübsch pretty 9
der **Hügel,** - hill 17
hügelig hilly
das **Huhn,** ⸚er chicken
die **Hühnersuppe** chicken soup
der **Hummer,** - lobster
der **Hund, -e** dog
hundert hundred Z

der **Hunger** hunger 4; **Hunger haben** to be hungry 4
hungrig hungry 3
der **Husten** cough
der **Hut, ⁼e** hat 6
die **Hütte, -n** cottage, cabin, hut 18

I

ich I 1
ideal ideal 2
idealistisch idealistic(ally)
die **Idee, -n** idea
der **Igel, -** hedgehog
die **Iguana,** *pl.* **Iguanen** iguana
ihr (*infor. pl.*) you 1; her, its, their 3
Ihr (*for. sg. and pl.*) your 3
der **Imbiß,** *pl.* **Imbisse** snack
imitieren to imitate
immer always 1; **immer noch** still 8
die **Immobilien** (*pl.*) real estate
das **Imperfekt** past tense
importieren to import 7
in (+ *acc./dat.*) in, on (*street*), into 8
inbegriffen included 2
der **Inder, -** / die **Inderin, -nen** Indian (*person*)
indirekt indirect(ly)
indisch Indian
der **Individualist, -en** (*wk.*) / die **Individualistin, -nen** individualist
individuell individual(ly)
die **Industrie, -n** industry 5
die **Industrieabwässer** (*pl.*) industrial wastes 5
das **Industriegebiet, -e** industrial area 5
industriell industrial
die **Industriestadt, ⁼e** industrial city 5
infiziert infected
die **Informatik** computer science
die **Informationen** (*pl.*) information
das **Informationsblatt, ⁼er** information sheet
die **Informationsquelle, -n** information source
inklusiv inclusive
das **Inland** home country; home
die **Innenstadt, ⁼e** inner city 16
inner inner; **innerhalb** (+ *gen.*) within
das **Insekt, -en** insect
die **Insel, -n** island
das **Inserat, -e** advertisement
das **Instrument, -e** instrument
die **Inszenierung, -en** (theater) production
intellektuell intellectual(ly)

intelligent intelligent(ly)
intensiv intensive, intensely 15
die **Interaktion, -en** interaction
interessant interesting(ly) 1
das **Interesse, -n** (an + *dat.*) interest (in) 16; **Interesse haben für** to be interested in 5
interessieren to interest 4; sich **interessieren (für)** to be interested (in) 15
international international(ly)
das **Interview, -s** interview 3
interviewen to interview
intim intimate
inzwischen (in the) meantime
der **Iraner, -** / die **Iranerin, -nen** Iranian (*person*)
irgendwo somewhere 3
(das) **Irland** Ireland
die **Ironie, -n** irony
die **Isolation** isolation
(das) **Italien** Italy
der **Italiener, -** / die **Italienerin, -nen** Italian (*person*)
italienisch Italian
(das) **Italienisch** Italian (*language*)

J

ja yes 1; **ja, klar!** sure! of course!
die **Jacke, -n** jacket 6
jagen to chase 14
das **Jahr, -e** year 7; **die (zwanziger) Jahre** the (twenties) 10
jahrelang for years 5
das **Jahrhundert, -e** century
die **Jahrhundertwende, -n** turn of the century
(der) **Januar** January Z
(das) **Japan** Japan
der **Japaner, -** / die **Japanerin, -nen** Japanese (*person*)
japanisch Japanese
jawohl yes; yes, sir; yes, indeed
je ever; **je mehr, desto besser** the more the better; **je nachdem** it all depends
die **Jeans** (*pl.*) jeans 6
jedenfalls anyway, in any case
jeder each, every 3
jedermann everyone
jemand someone 9
jetzt now 1
jeweils each one
der **Job, -s** job 13
das **Jo-jo, -s** yo-yo

joggen to jog
der **Journalist, -en** (*wk.*) / die **Journalistin, -nen** journalist 3
der **Jugendliche, -n** (ein **Jugendlicher**) / die **Jugendliche, -n** young person
jugendspezifisch relevant to youth
(das) **Jugoslawien** Yugoslavia
der **Jugoslawe, -n** (*wk.*) / die **Jugoslawin, -nen** Yugoslav (*person*)
(der) **Juli** July Z
jung young 12
der **Junge, -n** (*wk.*) boy 4
(der) **Juni** June Z
der **Junior-Paß,** *pl.* **Junior-Pässe** junior pass
der **Jurist, -en** (*wk.*) / die **Juristin, -nen** lawyer
der **Juwelier, -e** jeweller

K

das **Kabarett, -e** cabaret
das **Kabelfernsehen** cable television
der **Käfer, -** bug
der **Kaffee** coffee 1
das **Kaffeehaus, ⁼er** coffeehouse
die **Kaffeekanne, -n** coffee pot 8
die **Kaffeemaschine, -n** coffee maker 9
der **Kaiser, -** / die **Kaiserin, -nen** emperor/ empress
das **Kalb, ⁼er** calf
das **Kalbfleisch** veal
die **Kalorie, -n** calorie 12
kalorienreich rich in calories
kalt cold 5
die **Kaltfront** cold front (*weather*)
sich **kämmen** to comb one's hair 15
das **Kammergericht** Supreme Court
der **Kampf, ⁼e** fight, struggle
kämpfen to fight 5
(das) **Kanada** Canada
der **Kanadier, -** / die **Kanadierin, -nen** Canadian (*person*)
der **Kanal, ⁼e** canal; channel 17
das **Känguruh, -s** kangaroo
das **Kaninchen, -** rabbit
das **Kännchen, -** (small) pot 4
die **Kanne, -n** pot
die **Kaper, -n** caper
kapitalistisch capitalistic
das **Kapitel, -** chapter
die **Karikatur, -en** cartoon
die **Karriere, -n** career
die **Karte, -n** ticket; map
die **Kartoffel, -n** potato 12

der **Käse** cheese 12
der **Käsekuchen** cheesecake 1
die **Käsezubereitung** preparation of cheese 18
der **Kassenbrenner**, - blockbuster
die **Kassette**, -n cassette
die **Katze**, -n cat
kaufen to buy 4
das **Kaufhaus**, ¨er department store 6
die **Kaufhauskette**, -n department store chain
kaufmännisch business
die **Kaufschwierigkeit**, -en purchasing difficulty
der **Kaugummi**, -s chewing gum 7
kaum hardly 11
kein no, not a, not any
keinesfalls under no circumstances
das **Kellergeschoß** basement
der **Kellner**, - / die **Kellnerin**, -nen waiter/waitress 1
kennen, kannte, hat gekannt to be acquainted with, familiar with (to know) 1
kennen · lernen to get to know, become acquainted with
der **Kilometer**, - kilometer
das **Kind**, -er child 2
die **Kindererziehung** bringing up of children
kinderfreundlich nice for children
die **Kinderkrankheit**, -en childhood illness
die **Kindheit** childhood
kindisch childish(ly)
das **Kino**, -s movie theater 8
die **Kirche**, -n church 2
die **Kirsche**, -n cherry 12
klagen (über + acc.) to complain (about) 15
klar clear(ly) 14
die **Klasse**, -n class
der **Klassenbeste**, -n (ein **Klassenbester**) / die **Klassenbeste**, -n top student
der **Klassenkamerad**, -en (wk.) / die **Klassenkameradin**, -nen classmate
der **Klassiker**, - classical author 10
klassisch classical
die **Klatsche**, -n flyswatter
die **Klausur**, -en exam
das **Kleid**, -er dress 6
die **Kleider** (pl.) clothes 6
die **Kleidung** clothing
klein small, little 2
die **Kleinstadt**, ¨e small town
der **Klempner**, - / die **Klempnerin**, -nen plumber

das **Klima** climate
die **Klimaanlage**, -n air conditioner
das **Klopapier** toilet paper
klopfen to knock
das **Kloster**, ¨ convent
klug clever(ly)
knallhart brutal
knapp only, barely, scarcely 14
der **Knecht**, -e servant
die **Kneipe**, -n bar
das **Knie**, - knee
der **Knoblauch** garlic
der **Knochen**, - bone
der **Knopf**, ¨e button
knusprig crusty 12
die **Kochecke**, -n cooking niche 2
das **Kochei**, -er boiled egg
kochen to cook 9
der **Köcher**, - quiver
der **Koffer**, - suitcase 3
der **Kohlenstaub** coaldust
der **Kollege**, -n (wk.) / die **Kollegin**, -nen colleague
der **Kolumnist**, -en (wk.) / die **Kolumnistin**, -nen columnist
der **Komiker**, - / die **Komikerin**, -nen comedian/comedienne 10
komisch funny, strange(ly)
das **Komma**, -s comma
kommen, kam, ist gekommen to come 1; **aus (Köln) kommen** to come from (Cologne) 1
kommend coming 14
der **Kommentar**, -e commentary
kommentieren to comment on
der **Kommissar**, -e police inspector
kommunistisch communist
die **Komödie**, -n comedy
der **Komparativ** comparative
das **Kompliment**, -e compliment
komplizieren to complicate
komponieren to compose
der **Komponist**, -en (wk.) / die **Komponistin**, -nen composer
die **Konditorei**, -en cake shop
der **Kongreß**, pl. **Kongresse** congress; convention
der **König**, -e / die **Königin**, -nen king/queen 11
können (kann), konnte, hat gekonnt to be able to, can; to know how to 9
konservativ conservative(ly) 13
der **Kontakt**, -e contact
der **Kontinent**, -e continent
die **Kontrolle**, -n control, check
kontrollieren to control; to check

die **Konversation**, -en conversation
das **Konzert**, -e concert
der **Kopf**, ¨e head 6
der **Kopfsalat** lettuce 12
die **Kopfschmerzen** (pl.) headache
der **Korb**, ¨e basket
der **Körper**, - body 15
die **Korrekturflüssigkeit**, -en correction fluid
der **Kosmetiker**, - / die **Kosmetikerin**, -nen cosmetician
kosten to cost 2
die **Kosten** (pl.) expenses 15
kostenlos free of charge 14
das **Kostüm**, -e (lady's) suit
krank sick, ill 11
das **Krankenhaus**, ¨er hospital
die **Krankheit**, -en illness 11
die **Krawatte**, -n tie 6
kreativ creative
die **Kreativität** creativity
der **Krebs** cancer
die **Kreditkarte**, -n credit card
die **Kreuzung**, -en intersection 14
der **Kreuzzug**, ¨e crusade
der **Krieg**, -e war 13; **in den Krieg gehen** to go to war 13
kriegen to get
die **Kriegszeit** wartime 13
der **Krimi**, -s detective show, detective story 7
die **Krimiserie**, -n crime series (on TV)
kritisch critical(ly) 13
das **Krokodil**, -e crocodile
die **Kruste**, -n crust
(das) **Kuba** Cuba
die **Küche**, -n kitchen 7; cuisine 12
der **Kuchen**, - cake 1
die **Küchenzeile** built-in kitchen along one wall
der **Kugelschreiber**, - ballpoint pen 8
kühl cool 5
der **Kühlschrank**, ¨e refrigerator 9
kühn bold
die **Kultur**, -en culture
die **Kulturecke**, -n culture corner
kulturell cultural(ly)
der **Kulturkampf**, ¨e cultural battle
die **Kulturszene**, -n cultural scene
der **Kunde**, -n (wk.) / die **Kundin**, -nen customer 4
die **Kunst** art
die **Kunstfaser**, -n synthetic fiber
der **Künstler**, - / die **Künstlerin**, -nen artist
die **Kunstsammlung**, -en art collection

die **Kur, -en** cure, medical treatment
der **Kurort, -e** health resort, spa 5
der **Kurs, -e** (academic) course 15; **einen Kurs belegen** to take a course 15
kurz short(ly) 14
die **Kurzform, -en** shortened form
die **Kurzwaren** (*pl.*) notions
die **Kurzwelle, -n** short wave
die **Kusine, -n** (female) cousin 6
der **Kuß**, *pl.* **Küsse** kiss
küssen to kiss

L

lächeln to smile 10
lachen (**über** + *acc.*) to laugh (at) 10
der **Laden, ˸** store, shop 6
die **Lage, -n** situation
die **Lagerung** storage
lahm lame 11; **die lahme Ente** lame duck 14
das **Lamm, ˸er** lamb
die **Lampe, -n** lamp
das **Land, ˸er** country 13; province
das **Landbrot, -e** *brown bread usually made from rye flour*
das **Landei, -er** farm egg
landen, ist (**hat** *with d.o.*) **gelandet** to land 5
die **Landeshauptstadt, ˸e** provincial capital
die **Landeskunde** (study of) country and culture
der **Landgraf, -en** (*wk.*) / die **Landgräfin, -nen** count/countess
das **Landhaus, ˸er** country house
die **Landschaft, -en** landscape, scenery, countryside 5
die **Landsleute** (*pl.*) countrymen
die **Landstraße, -n** country road, highway
der **Landvogt, ˸e** provincial governor
lang(e) long; tall 14
langsam slow(ly) 9
der **Langschläfer, -** late sleeper
langweilen to bore 18; sich **langweilen** to be bored
langweilig boring
der **Lärm** noise
lassen (**läßt**), **ließ, hat gelassen** to leave 8
lästig annoying; **wie lästig!** how annoying! 1
der **Lastwagen, -** truck
laufen (**läuft**), **lief, ist gelaufen** to run 3; **mir läuft das Wasser im Mund zusammen** my mouth waters 12
die **Laufzeit** period of validity

die **Laune, -n** mood
laut loud(ly)
leben to live 1
das **Leben** life 13
der **Lebensgefährte, -n** / die **Lebensgefährtin, -nen** companion through life
die **Lebensmittelvergiftung** food poisoning
die **Lebensnotwendigkeit, -en** necessity
der **Lebensstandard** standard of living
der **Lebensstil, -e** life-style
die **Lebensweise, -n** way of life
das **Leder, -** leather
die **Lederhose, -n** (pair of) leather pants
leer empty
legen to lay, put down, place 8
die **Legende, -n** legend 18
lehren to teach, instruct
das **Lehrbuch, ˸er** textbook
der **Lehrer, -** / die **Lehrerin, -nen** teacher, instructor
leicht easy, easily; light(ly) 17
leid: es tut mir leid I'm sorry
das **Leiden** suffering
leidenschaftlich passionate(ly)
leider unfortunately 1
sich (*dat.*) **leisten** to afford 15
die **Leistung, -en** performance; achievement, accomplishment
der **Leitartikel, -** feature article
leiten to direct, lead
der **Leiter, -** director
die **Lektüre, -n** reading
lernen to learn 1
lesen (**liest**), **las, hat gelesen** to read 3
der **Leser, -** reader
der **Leserbrief, -e** letter to the editor, reader's letter
der **Lesestoff, -e** reading material
letzt last
die **Leute** (*pl.*) people 4
liberal liberal(ly)
das **Licht, -er** light
lieb kind; nice 9
die **Liebe** love
lieben to love 6
liebenswert lovable
lieber rather 8; preferably
lieber / liebe . . . dear . . . (*salutation in a letter*)
der **Liebesbrief, -e** love letter
die **Liebesgeschichte, -n** love story
das **Liebespaar, -e** (pair of) lovers
liebevoll loving(ly)

(die) **Lieblings(torte)** favorite (torte) 4
(das) **Liechtenstein** Liechtenstein
die **Lieferung, -en** delivery
liegen, lag, hat gelegen to lie, recline, rest 8
die **Linguistik** linguistics
links left 4
die **Liste, -n** list
der **Liter, -** (*in some areas:* **das**) liter
die **Literatur, -en** literature 1
die **Lizenz, -en** license
locken to lure
der **Löffel, -** spoon 17
der **Lohn, ˸e** pay, payment wages 11
lösen to solve 5
das **Lösungsmittel, -** solvent
der **Löwe, -n** (*wk.*) lion
die **Lücke, -n** gap
die **Luft** air
der **Luftraum** airspace
die **Luftströmung** current of air
die **Luftverschmutzung** air pollution
die **Lungenentzündung** pneumonia
die **Lust** desire; **Lust haben** to want, to feel like (doing something) 16; **ich habe (keine) Lust dazu** I (don't) want to do that, I (don't) feel like doing that 16
lustig merry; funny, amusing
(das) **Luxemburg** Luxembourg
luxuriös luxurious 2
das **Luxushotel, -s** luxury hotel

M

machen to do; to make 1
(das) **Madagaskar** Madagascar
das **Mädchen, -** girl 4
das **Magazin, -e** magazine
der **Magen, -** stomach
die **Magenschmerzen** (*pl.*) stomachache
mager lean 12
mähen to mow (lawn) 9
die **Mahlzeit, -en** meal
(der) **Mai** May Z
mal times; (*emphatic word*)
das **Mal, -e** point of time, time; **zum . . . Mal** for the . . . time 13
malen to paint
der **Maler, -** / die **Malerin, -nen** painter, artist
die **Malerei** art
malerisch picturesque 17
man one, people, they, you 1
mancher some 3
manchmal sometimes 3

der **Mann,** ⁔er man 2
die **Mannschaft, -en** team 14
der **Mantel,** ⁔ coat 6
das **Märchen, -** fairytale
die **Marionette, -n** marionette
die **Mark, -** German mark (*currency*) 3
der **Markt,** ⁔e market
der **Marktplatz,** ⁔e marketplace
die **Marmelade, -n** jam, preserves 8
der **Marschall, -ë / die Marschallin, -nen** high-ranking official
(der) **März** March
das **Marzipan** marzipan 6
die **Maschine, -n** machine
die **Masern** measles
die **Maserung** grain (in wood)
die **Masse, -n** batter, dough; mass 17
die **Massenmedien** (*pl.*) mass media
das **Material, -ien** material
die **Mathematik** mathematics
die **Mauer, -n** wall 16
die **Maus,** ⁔e mouse
der **Mechaniker, - / die Mechanikerin, -nen** mechanic
das **Medikament, -e** medicine
die **Medizin** medicine
medizinisch medical
das **Mehl** flour 17
mehr more 1
mehrere (*pl.*) several 17
die **Mehrheit** majority
die **Meile, -n** mile
mein my 3
meinen to mean, think, be of the opinion 6
die **Meinung, -en** opinion
meist most
meistens mostly; usually 1
die **Meisterschaft, -en** championship
das **Meisterwerk, -e** masterpiece
die **Melodie, -n** melody
die **Menge, -n** amount
die **Mensa,** *pl.* **Mensen** student cafeteria
der **Mensch, -en** (*wk.*) human being; person; (*pl.*) people 4
menschenfeindlich inhospitable
menschenfreundlich hospitable
menschenleer deserted
menschlich human
die **Mentalität, -en** mentality
das **Messer, -** knife 4
der **Metallstaub** metallic dust
der **Meter, -** meter
der **Mexikaner, - / die Mexikanerin, -nen** Mexican (*person*)

(das) **Mexiko** Mexico
Mi = Mittwoch
die **Miete, -n** rent 2
mieten to rent 5
das **Mietshaus,** ⁔er apartment building 9
die **Mietsonderzahlung** special rent payment
die **Mietwohnung, -en** (rental) apartment 9
das **Mikrophon, -e** microphone
die **Milch** milk 17
mild mild 5
die **Militärwohnung, -en** military housing unit
die **Million, -en** million Z
mindestens at least 10
das **Mineralwasser** mineral water
die **Minibar, -s** (portable) snackbar 4
die **Minute, -n** minute
mischen to mix 17
die **Mischung, -en** mixture 17
der **Mißbrauch** abuse
mißbrauchen to abuse
mißfallen (mißfällt), mißfiel, hat mißfallen (+ *dat.*) to displease 13
mit (+ *dat.*) with, in the company of 7; by (*some means of transportation*)
die **Mitarbeit** participation
mit · arbeiten to participate
der **Mitarbeiter, -** co-worker
der **Mitbewohner, - / die Mitbewohnerin, -nen** (fellow) occupant, roommate
miteinander with one another, with each other
das **Mitglied, -er** member
die **Mithilfe** cooperation
mit · kommen, kam mit, ist mitgekommen to come along, accompany 13
das **Mitleid** compassion 11
mit · machen to participate; to go through 13
mit · nehmen (nimmt mit), nahm mit, hat mitgenommen to take along
der **Mitstudent, -en** (*wk.*) / die **Mitstudentin, -nen** fellow student
der **Mittag, -e** midday
das **Mittagessen, -** lunch, midday meal 4
mittags at noon, middays, at midday
die **Mittagspause, -n** lunch break 1
die **Mitte** middle
das **Mittelalter** Middle Ages 11
der **Mittelpunkt, -e** center; focus
die **Mittelschule, -n** intermediate school
mittelstark medium, moderate(ly) (strong)

der **Mittelstürmer, -** center forward (*soccer*) 14
(der) **Mittwoch** Wednesday
mittwochs (on) Wednesdays 1
der **Mixer, -** blender 9
Mo = Montag
die **Möbel** (*pl.*) furniture 2
das **Möbelstück, -e** piece of furniture
möbliert furnished 2
die **Mode, -n** fashion
das **Modell, -e** model
modern modern 2
mögen (mag), mochte, hat gemocht to like 9; **ich möchte** I would like 4
möglich possible
die **Möglichkeit, -en** possibility
die **Möhre, -n** carrot 12
der **Moment, -e** moment; **im Moment** at the moment 16
der **Monat, -e** month 2; **pro Monat** per month 2
die **Monatsmiete, -n** monthly rent 2
monatlich monthly
der **Mönch, -e** monk
der **Mondaufgang,** ⁔e moonrise
der **Monduntergang,** ⁔e moonset
(der) **Montag** Monday Z
montags (on) Mondays 1
morgen tomorrow 1; **morgen früh** tomorrow morning 1
der **Morgen, -** morning; **guten Morgen** good morning Z
morgens mornings 1
der **Motor, -en** motor
motorisieren to motorize
das **Motorrad,** ⁔er motorcycle
die **Motte, -n** moth
die **Möwe, -n** seagull
müde tired 3
(das) **München** Munich
der **Mund,** ⁔er mouth 15
die **Münze, -n** coin
der **Münzfernsprecher, -** pay phone
das **Museum,** *pl.* **Museen** museum 17
die **Musik** music 1
musikalisch musical
der **Musiker, - / die Musikerin, -nen** musician 8
der **Musikliebhaber, -** music lover
die **Musikpflege** cultivation of music
das **Musikstück, -e** piece of music
müssen (muß), mußte, hat gemußt to have to, must 9
das **Musterhaus,** ⁔er model home
die **Mutti, -s** mommy

die **Mutter, ⸚** mother 6
die **Mythologie, -n** mythology

N

na well
nach (+ *dat.*) after; according to; to (*with name of geographical place*) 7
der **Nachbar, -n** (*wk.*) / die **Nachbarin, -nen** neighbor 4
die **Nachbarschaft, -en** neighborhood 9
nachdem (*subord. conj.*) after 10
das **Nachdenken** meditation, reflection
nach · gehen, ging nach, ist nachgegangen (+ *dat.*) to pursue
nachher afterwards
die **Nachkriegszeit** post-war time
nachmittags afternoons, in the afternoon 7
die **Nachricht, -en** notification; (*pl.*) news report 7
der **Nachrichtensprecher, -** / die **Nachrichtensprecherin, -nen** newscaster
die **Nachspeise, -n** dessert
nächst nearest 12; **am nächsten Tag** on the next day 11
die **Nacht, ⸚e** night; **gute Nacht** good night (*at bedtime*) Z; **über Nacht** overnight 4
der **Nachteil, -e** disadvantage
der **Nachtisch, -e** dessert 12
nachts nights 1
die **Nadel, -n** needle
nah, näher, nächst- near, nearer, next/nearest
die **Nähe** vicinity; **in der Nähe** near, close, in the vicinity 11
nahezu nearly
das **Nahrungsmittel** food (stuff)
naiv naive
naja well
der **Name, -n** (*wk.*) name 4
namens (+ *gen.*) by the name of
nämlich namely
der **Narr, -en** (*wk.*) / die **Närrin, -nen** fool; fan, buff 14
die **Nase, -n** nose 15
das **Nashorn, ⸚er** rhinoceros
die **Nation, -en** nation
national national
der **Nationalheld, -en** (*wk.*) / die **Nationalheldin, -nen** national hero/heroine
die **Nationalität, -en** nationality

die **Natur** nature 5
natürlich of course; naturally 9
die **Nazizeit** Nazi period
der **Nebel** fog
neb(e)lig foggy
neben (+ *acc./dat.*) next to, beside 8
nebenbei besides
der **Neffe, -n** (*wk.*) nephew 4
negativ negative(ly)
nehmen (nimmt), nahm, hat genommen to take 3; **Platz nehmen** to sit down, take a seat 3
neidisch envious(ly)
nein no 1
die **Nelke, -n** carnation
nennen, nannte, hat genannt to name 5
nett nice 3
neu new 1
der **Neubau, -ten** new building
neugierig curious(ly) 9
neulich recently
neun nine Z
neunzehn nineteen Z
neunzig ninety Z
neutral neutral 7
die **Neutralität** neutrality 18
der **Nicaraguaner, -** / die **Nicaraguanerin, -nen** Nicaraguan (*person*)
nicht not 1; **nicht mehr** no longer 1; **nicht schlecht** not bad Z; **nicht (wahr)?** isn't that right?
die **Nichte, -n** niece 6
der **Nichtraucher, -** / die **Nichtraucherin, -nen** nonsmoker
nichts nothing
das **Nichts** nothingness
nie never 3
die **Niederlande** Netherlands
(das) **Niederösterreich** Lower Austria
(das) **Niedersachsen** Lower Saxony
das **Niederschlagsgebiet, -e** rainfall area
niederschmetternd shattering
niedrig low
niemand no one 9
der **Nigerianer, -** / die **Nigerianerin, -en** Nigerian (*person*)
der **Nil** Nile River
das **Nilpferd, -e** hippopotamus
der **Nobelpreis, -e** Nobel Prize
noch still; yet 3 **noch einmal / nochmal** once again; **wer noch?** who else?
die **Nonne, -n** nun 11
der **Norden** the North
nördlich (to the) north
nordöstlich (to the) northeast

nordwestlich (to the) northwest
die **Norm, -en** norm
normal normal(ly); **normalerweise** normally
(das) **Norwegen** Norway
der **Norweger, -** / die **Norwegerin, -nen** Norwegian (*person*)
(das) **Norwegisch** Norwegian (*language*)
die **Note, -n** grade 15
nötig necessary, necessarily 12
die **Notiz, -en** note, notice
(der) **November** November Z
die **Nudel, -n** noodle
null zero Z
numerus clausus restricted entry (*to a university*)
die **Nummer, -n** number
nun now
nur only 3
der **Nußknacker, -** nutcracker
nützen (+ *dat.*) to be of use 7

O

ob (*subord. conj.*) whether, if 10
oben above
der **Ober, -** (head) waiter 4
oberflächlich superficial(ly)
(das) **Oberösterreich** Upper Austria
die **Oberschule, -n** nonclassical secondary school
die **Oboe, -n** oboe
das **Obst** fruit 12
die **Obstsorte, -n** type of fruit 12
obwohl (*subord. conj.*) even though 11
der **Ochse, -n** (*wk.*) ox
oder (*coord. conj.*) or 3
der **Ofen, ⸚** oven, stove
offen open(ly) 3
öffentlich public(ly) 14
öffnen to open 9
oft often 3; **oftmals** often
ohne (+ *acc.*) without 5
das **Ohr, -en** ear 15
die **Ohrenschmerzen** (*pl.*) earache
ohrenbetäubend deafening
ökonomisch economic(ally)
(der) **Oktober** October Z
die **Ölfarbe, -n** oil paint
die **Olive, -n** olive
die **Olympiade** Olympics, Olympic games
die **Oma, -s** grandma 6
die **Omelette, -n** omelet
der **Onkel, -** uncle 6

der **Opa**, **-s** grandpa
die **Oper**, **-n** opera 10
der **Opernliebhaber**, **-** opera lover
optimistisch optimistic(ally)
orange orange
die **Orange**, **-n** orange
der **Orangensaft** orange juice
der **Orang-Utan**, **-s** orangutan
ordinär vulgar, common
die **Ordnung** order; **in Ordnung sein** to
    be fine, in working order 8
organisieren to organize
der **Organismus**, *pl.* **Organismen**
    organism
der **Orientierungspunkt**, **-e** orientation
    point
das **Original**, **-e** original; **im Original** in
    the original
die **Originalität** originality
der **Ort**, **-e** place
der **Osten** the East 16
(das) **Österreich** Austria
der **Österreicher**, **-** / die **Österreicherin**,
    -nen Austrian (*person*) 2
österreichisch Austrian
der **Ostfriese**, **-n** (*wk.*) / die **Ostfriesin**,
    -nen East Frisian (*person*)
östlich (to the) east
die **Ostmark**, **-** East German mark
    (*currency*)
die **Ostsee** Baltic Sea
die **Ostseeküste** Baltic Sea coast
der **Otter**, **-** otter

P

das **Paar**, **-e** pair, couple 6
ein paar a few 18
ein paarmal several times
das **Päckchen**, **-** packet 7
packen to pack; **packen wir's** let's get to
    it 9
das **Paket**, **-e** package
der **Papagei**, **-en** parrot
das **Papier**, **-e** paper 1
der **Paprikastreifen**, **-** pepper strip
der **Papst**, **-̈e** pope
das **Parfüm**, **-e** perfume 3
der **Park**, **-s** park 5
der **Parkplatz**, **-̈e** parking place
die **Partei**, **-en** (political) party
der **Partner**, **-** / die **Partnerin**, **-nen**
    partner
die **Party**, **-s** party

der **Paß**, *pl.* **Pässe** pass; passport 4
passen (+ *dat.*) to fit 7
passieren, **ist passiert** to happen, to
    occur 5
passiv passive(ly) 14
der **Patient**, **-en** (*wk.*) / die **Patientin**,
    -nen patient
pauken to cram (for an exam) 15
die **Pause**, **-n** intermission 10
peinlich embarrassing 9
das **Penizillin** penicillin
die **Pension**, **-en** guest house, pension
per by, per
das **Perfekt** present perfect tense
die **Periode**, **-n** period
die **Person**, **-en** person
der **Personalchef**, **-s** / die **Personalchefin**,
    -nen head of the personnel department
der **Personenkraftwagen**, **-** private car
persönlich personal(ly)
die **Persönlichkeit**, **-en** personality
die **Perspektive**, **-n** perspective
pessimistisch pessimistic(ally)
die **Pfanne**, **-n** (frying) pan
der **Pfeil**, **-e** arrow
der **Pfennig**, **-e** German pfennig, "penny"
das **Pferd**, **-e** horse
pfiffig smart, cute
der **Pfirsich**, **-e** peach 12
pflegen to carry on, keep up
pflücken to pick, pluck 9
das **Pfund**, **-e** pound
die **Phantasie** imagination
phantastisch fantastic
die **Philippinen** Philippines
der **Philosoph**, **-en** (*wk.*) / die
    Philosophin, **-nen** philosopher
die **Philosophie** philosophy
die **Physik** physics
der **Physiker**, **-** / die **Physikerin**, **-nen**
    physicist
physisch physical(ly)
pikant piquant
der **Pinguin**, **-e** penguin
die **Pistole**, **-n** pistol
die **Pizza**, **-s** pizza
das **Plakat**, **-e** poster 4
der **Plan**, **-̈e** plan 13
planen to plan 13
das **Plastik** plastic
das **Plastikgeld** plastic money, credit cards
die **Plastiktüte**, **-n** plastic bag
platt flat
(das) **Plattdeutsch** Low German
der **Platz**, **-̈e** seat, place 4; **ist dieser Platz**

frei? is this seat taken? 4 **Platz nehmen**
    to take a seat 3
das **Plätzchen**, **-** cookie 9
die **Platzkarte**, **-n** seat reservation (ticket)
plötzlich suddenly
das **Plüschtier**, **-e** stuffed animal (toy)
poetisch poetic(ally)
der **Pole**, **-n** (*wk.*) / die **Polin**, **-nen** Pole,
    Polish (*person*)
(das) **Polen** Poland
polieren to polish
die **Politik** politics
der **Politiker**, **-** / die **Politikerin**, **-nen**
    politician
politisch political(ly) 7
die **Polizei** (*pl.*) police
der **Polizist**, **-en** (*wk.*) / die **Polizistin**,
    -nen police officer
populär popular(ly) 14
popularisiert popularized 10
die **Portion**, **-en** portion, serving
(das) **Portugiesisch** Portuguese (*language*)
das **Porzellan**, **-e** china, porcelain
positiv positive
die **Post** mail; post office
das **Postamt**, **-̈er** post office 3
die **Postkarte**, **-n** postcard 6
prächtig magnificent(ly) 17
praktisch practical(ly)
prall full, plump
präparieren to prepare
das **Präsens** present tense
präsentieren to present
der **Präsident**, **-en** (*wk.*) / die **Präsidentin**,
    -nen president
predigen to preach 11
der **Preis**, **-e** price 4; prize
preiswert reasonable
der **Premierminister**, **-** / die
    Premierministerin, **-nen** prime minister
das **Prestige** prestige
prima! great! 10
der **Prinz**, **-en** (*wk.*) / die **Prinzessin**, **-nen**
    prince/princess
die **Priorität**, **-en** priority
Prise: eine Prise Salz pinch of salt 17
privat private(ly) 2
die **Privatsphäre**, **-n** private sphere 9
pro per
(das) **Pro und** (das) **Kontra** pros and cons
probieren to try, sample 12
das **Problem**, **-** problem 3
problematisch problematic
das **Produkt**, **-e** product
die **Produktion** production

der **Produzent, -en** (*wk.*) / **Produzentin, -nen** producer

der **Professor, -en** / die **Professorin, -nen** professor 2

das **Programm, -e** TV channel; program 7

progressiv progressive(ly)

das **Projekt, -e** project 10

das **Pronomen, -** (*also: pl.* **Pronomina**) pronoun

der **Propagandafilm, -e** propaganda film

der **Protest, -e** protest

protestantisch Protestant

protestieren to protest 5

das **Prozent, -e** percent, percentage

der **Prozeß,** *pl.* **Prozesse** trial

die **Prüfung, -en** test, exam 15

das **Pseudonym, -e** pseudonym

psychisch psychic

die **Psychologie** psychology

die **Publikation, -en** publication

das **Publikum** audience 14

der **Pudel, -** poodle

der **Pullover, -** sweater 6

die **Puppe, -n** doll

putzen to clean 9; sich **putzen** to brush, clean oneself 15

die **Pyramide, -n** pyramid

Q

der **Quadratkilometer, -** square kilometer

die **Qualität, -en** quality

die **Qualle, -n** jellyfish

qualmverpestet smoke-polluted

das **Quiz, -** quiz

R

das **Rad, ⸚er** bicycle

rad·fahren (fährt Rad), fuhr Rad, ist radgefahren to cycle, ride a bicycle 13

das **Radio, -s** radio 7

der **Radiohörer, -** radio listener 7

der **Rand, ⸚er** edge, border

der **Rasen, -** lawn 9

sich **rasieren** to shave 15

raten (rät), riet, hat geraten to advise

das **Rathaus, ⸚er** city hall 11

der **Ratschlag, ⸚e** piece of advice

die **Ratte, -n** rat 11

der **Rattenfänger, -** ratcatcher 11

der **Räuber, -** robber

der **Rauch** smoke 18

rauchen to smoke 9

der **Raucher, -** / die **Raucherin, -nen** smoker

rauh rough

der **Raum, ⸚e** area, space; room 9

die **Raupe, -n** caterpillar

die **Reaktion, -en** reaction

reaktionär reactionary

realistisch realistic(ally)

die **Realität** reality 17

die **Realschule, -n** science or modern secondary school

recht right, correct; proper

das **Recht, -e** right

rechts right 4

rechtzeitig at the right time

die **Redaktion, -en** editorial office

redaktionell editorial

die **Rede, -n** speech 11

reden to talk 13

reduzieren to reduce 4

das **Referat, -e** seminar paper

die **Regel, -n** rule

regelmäßig regular(ly) 12

der **Regen** rain

der **Regenmantel, ⸚** raincoat 6

die **Regie** (theater, film) direction

die **Regierung, -en** government 5

der **Regisseur, -e** / die **Regisseurin, -nen** stage (or film) director 10

regnen to rain 5; **es regnet** it's raining

regnerisch rainy 5

das **Reh, -e** roe (*deer*)

reich rich(ly)

reichen to suffice; **das reicht doch** that's enough, that'll do 2

rein pure(ly)

der **Reis** rice

die **Reise, -n** trip 5

das **Reisebüro, -s** travel agency

der **Reiseführer, -** / die **Reiseführerin, -nen** tour guide

reisen, ist gereist to travel 1; **nach (Bonn) reisen** to travel to (Bonn) 1

der **Reisende, -n** (ein **Reisender**) / die **Reisende, -n** traveler

reiten, ritt, ist (**hat** *with d.o.*) **geritten** to ride 14

die **Reitschule, -n** riding school

relativ relative(ly)

die **Religion, -en** religion

rennen, rannte, ist (**hat** *with d.o.*) **gerannt** to race 14

der **Rennwagen, -** racecar

renovieren to renovate

die **Renovierung, -en** renovation

der **Rentner, -** / die **Rentnerin, -nen** pensioner 16

der **Reporter, -** / die **Reporterin, -nen** reporter

repräsentieren to represent

die **Republik, -en** republic

reservieren to reserve 5

resigniert resigned

der **Rest, -e** rest, remainder

das **Restaurant, -s** restaurant 12

das **Resultat, -e** result, outcome

retten to save 11

revolutionär revolutionary

der **Rhein** Rhine (River)

richtig right, true; accurate(ly), correct(ly), real(ly), certainly 7

der **Richtige, -n** (ein **Richtiger**) / die **Richtige, -n** right one

die **Richtung, -en** direction

riechen, roch, hat gerochen to smell

der **Riese, -n** (*wk.*) giant

riesig huge

rigid rigid(ly)

das **Rindfleisch** beef

der **Ring, -e** ring

das **Rippchen, -** rib

der **Ritter, -** knight

der **Rock, ⸚e** skirt 6

die **Rockmusik** rock music

der **Rockstar, -s** rock star

die **Rolle, -n** role 10

das **Rollenbild, -er** role model

das **Rollenspiel, -e** role play

der **Rollschuh, -e** roller skate

das **Rollschuhlaufen** roller skating 14

der **Roman, -e** novel

romanische Sprachen Romance languages

romantisch romantic(ally) 12

der **Römer, -** Roman (*person*)

rosa pink

die **Rose, -n** rose

rot red

rothaarig red-haired

der **Rotwein, -e** red wine 12

die **Routine, -n** routine

der **Rücken, -** back 11

rücksichtslos reckless

rufen, rief, hat gerufen to call out, yell 9

Ruhe! quiet!

der **Ruhetag, -e** day off

ruhig quiet(ly), calm(ly) 9

das **Ruhrgebiet** Ruhr district 5

die **Ruine, -n** ruin

rund round

der Russe, -n (*wk.*) / **die Russin, -nen** Russian (*person*)

russisch Russian

(das) **Russisch** Russian (*language*)

(das) **Rußland** Russia

S

Sa = Samstag

die Sache, -n thing, object 3

der Sack, ⸚e sack, bag

saftig juicy

die Sage, -n story, saga

sagen to say 1

der Salamander, - salamander

der Salat, -e salad 12

das Salz salt 17

der Sammeltext, -e recombination text

die Sammelübung, -en recombination exercise

die Sammlung, -en collection

(der) **Samstag** Saturday Z

samstags (on) Saturdays 1

sämtlich complete

die Sandale, -n sandal

der Sandstrand, ⸚e sandy beach

der Sänger, - / **die Sängerin, -nen** singer

der Satz, ⸚e sentence

sauer: der saure Regen acid rain

der Sauerbraten, - sauerbraten

das Sauerkraut sauerkraut

die S-Bahn (Schnellbahn) express train

das Schach chess 14

der Schäferhund, -e German shepherd

der Schaffner, - / **die Schaffnerin, -nen** (train) conductor 4

die Schallplatte, -n phonograph record 10

schalten to switch

schamlos shameless

die Schar, -en crowd

die Schattenseite, -n dark side

schauen to look 9; (**auf** + *acc.*) to look at 10

schaumig frothy 17

das Schauspiel, -e play

der Schauspieler, - / **die Schauspielerin, -nen** actor/actress 10

die Scheibe, -n slice

sich scheiden lassen to get divorced

der Schein, -e bill, paper money

scheinen, schien, hat geschienen to seem

schenken to give, make a present of 6

der Scherz, -e joke

scherzend jokingly

scheu shy(ly) 18

schicken to send 6

schießen, schoß, hat geschossen to shoot 14

das Schiff, -e ship

das Schild, -er sign

der Schinken, - ham 12

schlafen (schläft), schlief, hat geschlafen to sleep 6

schläfrig sleepy, sleepily 17

der Schlafwagen, - sleeping car (on a train)

das Schlafzimmer, - bedroom 9

der Schlag (die Schlagsahne) whipped cream

schlagen (schlägt), schlug, hat geschlagen to whip 17

die Schlagzeile, -n headline

die Schlange, -n snake; **Schlange stehen** to stand in line 10

schlank slim

schlau clever(ly), cunning(ly)

schlecht bad(ly), poor(ly); **es geht mir schlecht** I'm not doing well Z; **nicht schlecht** not bad Z

schleierhaft baffling

sich schleppen to drag oneself 15

schließen, schloß, hat geschlossen to close 9

schließlich after all, finally

schlimm bad(ly), terrible, terribly 18

das Schlittschuhlaufen ice skating 14

das Schloß, *pl.* **Schlösser** castle 11

schlucken to guzzle, swallow; **Benzin schlucken** to guzzle gas 14

der Schluß end; **zum Schluß** in closing

der Schlüssel, - key 8

schmackhaft tasty

schmecken to taste 12; **es schmeckt mir** I like it, I enjoy it; it's delicious 12

der Schmetterling, -e butterfly

der Schmuck jewelry

schmutzig dirty

der Schnaps, ⸚e brandy, liquor

der Schnee snow; **Eiweiß zu Schnee schlagen** beat egg white to a froth 17

schneien to snow; **es schneit** it's snowing 5

schnell fast, quick 8

der Schnellimbiß, *pl.* **Schnellimbisse** fast-food place 12

die Schnellimbißkette, -n fast-food chain

der Schnitt, -e slice, cut 17

die Schnitzerei, -en woodcarving

der Schnupfen, - cold

das Schnupfenspray nasal spray 4

die Schokolade chocolate 6

schon already 1

schön beautiful(ly), nice(ly) 1

der Schrank, ⸚e (freestanding) closet 2

das Schrankbett, -en Murphy bed, foldaway bed 2

schrecklich terrible, terribly

schreiben, schrieb, hat geschrieben to write 6; (**auf** + *acc.*) to write on (*something*) 8

schreibfaul lazy about writing 8

die Schreibmaschine, -n typewriter 2

der Schreibtisch, -e desk 2

das Schreibwarengeschäft, -e stationery store 6

der Schriftsteller, - / **die Schriftstellerin, -nen** writer

der Schritt, -e step

der Schuh, -e shoe 6

die Schule, -n school 10

der Schüler, - / **die Schülerin, -nen** student, pupil 10

der Schüleraustausch student exchange

die Schulferien (*pl.*) school vacation 8

die Schülerzeitung, -en student newspaper

das Schuljahr, -e school year 10

schultags (on) schooldays

der Schultyp, -en type of school

schützen to protect

schwach weak(ly)

der Schwager, ⸚ / **die Schwägerin, -nen** brother-in-law/sister-in-law 6

schwärmen für to be crazy about 10

schwarz black

der Schwarzwald Black Forest

die Schwarzwälder Kirschtorte Black Forest cherry cake

der Schwede, -n (*wk.*) / **die Schwedin, -nen** Swede

(das) **Schweden** Sweden

schwedisch Swedish

das Schweigen silence

das Schwein, -e pig, swine

das Schweinefleisch pork

die Schweiz Switzerland 5

der Schweizer, - / **die Schweizerin, -nen** Swiss (*person*) 2

schweizerisch Swiss

schwer hard, difficult 5

das Schwert, -er sword

die Schwester, -n sister 6

schwierig difficult 16
schwimmen, schwamm, ist (hat *with d.o.*) geschwommen to swim 14
schwind(e)lig dizzy; **mir ist schwind(e)lig** I'm dizzy
schwül muggy
der Schwung, ⸚e swing
sechs six Z
sechzehn sixteen Z
sechzig sixty Z
die See sea
der See, -n lake 2
segeln to sail
sehen (sieht), sah, hat gesehen to see 3
die Sehnsucht, ⸚e longing
sehr very; very much
sein his, its 3
sein (ist), war, ist gewesen to be 1
seit (+ *dat.*) since, for (*time span*) 7
seitdem (*subord. conj.*) since (*time*) 10
die Seite, -n page, side
der Sekretär, -e / die Sekretärin, -nen secretary
der Sekt champagne
die Sekunde, -n second
selber (selbst) oneself, myself, himself, herself, itself, yourself, ourselves, yourselves, themselves
selbst even
selbständig on one's own, independent(ly) 15
das Selbstporträt, -s self-portrait
die Selbstzerstörung self-destruction
selten seldom, rare(ly)
das Semester, - semester
die Semesterferien (*pl.*) semester break
das Seminar, -e seminar
der Senator, -en / die Senatorin, -nen senator
die Sendung, -en program, broadcast 7
der Senf mustard
die Sennhütte, -n cowherd's hut 18
sensationell sensational(ly)
sensibel sensitive
(der) September September Z
die Serie, -n series 7
servieren to serve 8
die Serviette, -n napkin 4
der Sessellift, -e chairlift
setzen to place, set, put 8; sich setzen to sit down 15
sicher certain(ly) 1
die Sicherheit security, safety 13
sichtbar visible, visibly 17
sie she; they 1

Sie (*for. sg. and pl.*) you 1
sieben seven Z
siebzehn seventeen Z
siebzig seventy Z
siezen to address someone with Sie
der Siezer, - person who says Sie
das Silber silver
der Silvesterabend New Year's Eve
die Sinfonie, -n symphony
singen, sang, hat gesungen to sing 10
der Sinn, -e sense; (*sing. only*) meaning; **was kommt (Ihnen) in den Sinn** what comes to (your) mind 18
die Sitte, -n custom
die Situation, -en situation
die Sitzecke, -n corner booth
sitzen, saß, hat gesessen to sit
das Skilaufen skiing 14
slawisch Slavic
so so
So = Sonntag
die Socke, -n sock 6
das Sofa, -s sofa 8
sofort right away, at once 7
sogar even 2
sogenannt so-called
der Sohn, ⸚e son 6
solcher such 3
der Soldat, -en (*wk.*) / die Soldatin, -nen soldier 6
sollen, sollte, hat gesollt to be supposed to, should 9
(der) Sommer, - summer Z
das Sonderangebot, -e special offer
die Sonderausstellung, -en special exhibition
sonderbar strange
die Sonderfahrt, -en special excursion, chartered trip 4
sondern (*coord. conj.*) but (on the contrary) 3
(der) Sonnabend Saturday Z
sonnabends (on) Saturdays 1
die Sonne, -n sun
der Sonnenaufgang, ⸚e sunrise
der Sonnenuntergang, ⸚e sunset
sonnig sunny
(der) Sonntag Sunday Z
sonntags (on) Sundays 1
sonst otherwise 4
sorgen (für) to ensure, take care (of) 13
die Sorgfalt care
soso so-so
sowas such a thing
soweit sein to be ready, that far along 8

sowie as well as
sowohl . . . wie auch both . . . and, not only . . . but also
sozial social(ly) 13
die Soziologie sociology
sozusagen so to speak, as it were
die Spaghetti (*pl.*) spaghetti
(das) Spanien Spain
der Spanier, - / die Spanierin, -nen Spanish (*person*)
(das) Spanisch Spanish (*language*)
spanisch Spanish
spannend exciting 14
sparen to save (money) 8
sparsam thrifty 8
der Spaß, ⸚e fun, joke; **viel Spaß** have fun; **es macht Spaß** it's fun 15
spät late; **wie spät ist es?** what time is it? Z
später later 5
spazieren · gehen, ging spazieren, ist spazierengegangen to go for a walk
der Spaziergang, ⸚e walk 5; **einen Spaziergang machen** to take a walk 5
die Speisekarte, -n menu 4
speisen to dine
der Speisewagen, - dining car 4
die Spekulation, -en speculation
das Spezialgebiet, -e special field
das Spezialgericht, -e special dish
das Spezialgeschäft, -e specialty shop
die Spezialität, -en specialty 12
das Spiel, -e game 14; play
spielen to play 1
der Spieler, - / die Spielerin, -nen player 14
der Spielkamerad, -en (*wk.*) / die Spielkameradin, -nen playmate
der Spielplan, ⸚e film (or theater) schedule 15
der Spielplatz, ⸚e playground
der Spielwarenladen, ⸚ toy store
der Spinat spinach
die Spinne, -n spider
spontan spontaneous(ly)
der Sport sports 14; **Sport treiben** to go in for sports 14
die Sportart, -en type of sport 14
der Sportler, - / die Sportlerin, -nen athlete 14
sportlich sporty; athletic 14
die Sportnachrichten (*pl.*) sports news
der Sportplatz, ⸚e sports field
der Sportverein, -e sports club 14
die Sprache, -n language

die **Sprachfamilie, -n** language family

sprechen (spricht), sprach, hat gesprochen to speak 3; (**über** + *acc.*) to talk about 10

das **Sprichwort, ̈er** saying, proverb 16

springen, sprang, ist gesprungen to jump 15

die **Spritze, -n** injection

spritzig lively, witty

spülen: Geschirr spülen to wash dishes 7

die **Spülmaschine, -n** dishwasher

die **Spur, -en** mark, trace

spüren to feel, sense

der **Staat, -en** state, nation 16

staatlich government owned 7

stabil stable

das **Stadion,** *pl.* **Stadien** stadium 14

die **Stadt, ̈e** city 2

die **Stadtmitte** city center

der **Stadtplan, ̈e** city map

der **Stadtteil, -e** part of the city

das **Stadttor, -e** city gate

das **Stadtzentrum** city center

der **Stahl** steel

stammen (aus) to stem, come from (originally) 11

der **Stammgast, ̈e** regular customer 12

der **Stammtisch, -e** table reserved for regular customers 12

standhaft steadfast

ständig constant(ly) 13

die **Stange, -n** pole; carton (of cigarettes)

stark strong(ly) 12

die **Station, -en** station

die **Statistik, -en** statistic

statistisch statistically

statt (+ *gen.*) instead of 10

stattlich magnificent

das **Statussymbol, -e** status symbol

das **Steak, -s** steak 12

stehen, stand, hat gestanden to stand; (+ *dat.*) to suit, make someone look good 7

steif stiff 17

steigern to increase

die **Stelle, -n** place, position

stellen to place, put 8; **Fragen stellen** to pose questions, ask questions

die **Stellenanzeige, -n** job ad

die **Stellung, -en** position

sterben (stirbt), starb, ist gestorben to die 11

das **Stereotyp, -e** stereotype

stereotypisch stereotypical(ly)

stets always

der **Stief(bruder)** step(brother) 6

der **Stiefel, -** boot 6

der **Stier, -e** bull

der **Stil, -e** style

stillen to stop, satisfy

stimmen to be right, agree; **das stimmt** that's right 9; **das stimmt so** keep the change; that's OK 12

die **Stimmung** mood

die **Stimulation, -en** stimulation

stinken to stink

das **Stipendium,** *pl.* **Stipendien** scholarship 15

der **Stock** *pl.* die **Stockwerke** floor (of a building); **im ersten/zweiten Stock** on the first/second floor 8

der **Stoff, -e** material, subject matter; cloth, fabric 15

die **Stoffserviette, -n** cloth napkin 4

stolz proud(ly)

stoppen to stop

stören to disturb

stoßen (stößt), stieß, hat gestoßen to push, shove

Str. = Straße

die **Straftat, -en** criminal act

der **Strand, ̈e** beach

der **Strandkorb, ̈e** basket chair; beach basket 5

der **Strandläufer, -** sandpiper

die **Straße, -n** street 5

die **Straßenbahn, -en** streetcar

der **Straßenkreuzer, -** "tank," big car 14

der **Straßenmusikant, -en** (*wk.*) / die **Straßenmusikantin, -nen** street musician 8

der **Strauß, -e** ostrich

der **Strauß, ̈e** bouquet 9

die **Strecke, -n** stretch 14

streiten, stritt, hat gestritten to argue, quarrel

die **Strickjacke, -n** cardigan sweater 6

strikt strict(ly)

der **Strom** electricity 2

die **Strumpfhose, -n** pantyhose 6

das **Stück, -e** piece 3; play

der **Student, -en** (*wk.*) / die **Studentin, -nen** student 1, 4

das **Studentencafé** student café

das **Studentenheim, -e** student dormitory 2

die **Studentenkneipe, -n** student bar

das **Studentenleben** student life

der **Studentenprotest, -e** student protest

das **Studentenzimmer, -** student room

die **Studiengebühren** (*pl.*) tuition 15

studieren to study 1

das **Studium,** *pl.* **Studien** study

der **Stuhl, ̈e** chair 2

der **Stummfilm, -e** silent film 10

die **Stunde, -n** hour 4

stundenlang for hours

der **Stundenplan, ̈e** class schedule

der **Sturm** offense (*sports*)

suchen to look for, seek 2

der **Süchtige, -n** (**ein Süchtiger**) / die **Süchtige, -n** addict

der **Sudanese, -n** (*wk.*) / die **Sudanesin, -nen** Sudanese (*person*)

der **Süden** the South

südlich (to the) south

südöstlich (to the) southeast

südwestlich (to the) southwest

der **Superlativ** superlative

der **Supermarkt, ̈e** supermarket

die **Supermarktkette, -n** supermarket chain

die **Suppe, -n** soup 12

surfen to surf

das **Süßwarengeschäft, -e** candy store

das **Symbol, -e** symbol

das **Synonym, -e** synonym

das **System, -e** system 14

die **Szene, -n** scene

T

das **Tablett, -s** tray 8

der **Tag, -e** day; **guten Tag** good day

das **Tagebuch, ̈er** diary

der **Tagesausflug, ̈e** day trip

die **Tagessuppe** soup of the day

die **Tageszeitung, -en** daily newspaper

täglich daily

tags days, during the day

tanken to get gasoline

die **Tante, -n** aunt 6

tanzen to dance

der **Tänzer, -** / die **Tänzerin, -nen** dancer

die **Tanzveranstaltung, -en** dance

das **Taschentuch, ̈er** facial tissue

die **Tasse, -n** cup

die **Tatsache, -n** fact

tatsächlich really 4; indeed, actually

die **Taube, -n** pigeon

tausend thousand Z

das **Taxi, -s** taxi

die **Technik** technology

die **Technologie** technology

der **Tee** tea 7

der **Teelöffel,** - teaspoon 17
der **Teig, -e** batter; dough; mixture 17
der **Teil, -e** share; part 12; portion
das **Telefon, -e** telephone
telefonieren to phone 3
die **Telefonnummer, -n** telephone number
die **Telefonzelle, -n** telephone booth 3
der **Teller,** - plate
die **Temperatur, -en** temperature 5
das **Tempo, -s** pace 13; **bei diesem Tempo** at this rate 13
das **Tempo-Taschentuch, ¨er (Tempos)** facial tissue 6
das **Tennis** tennis 14
der **Tennisplatz, ¨e** tennis court 14
der **Tennisspieler** - / die **Tennisspielerin, -nen** tennis player
der **Teppich, -e** rug
der **Termin, -e** appointment
die **Terrasse, -n** terrace 8
der **Terrorist, -en** (*wk.*) / die **Terroristin, -nen** terrorist
teuer expensive 2
der **Teufelskreis, -e** vicious circle
der **Text, -e** text
der **Textilarbeiter,** - / die **Textilarbeiterin, -nen** textile worker
das **Theater,** - theater 10
die **Theateraufführung, -en** theater performance
der **Theaterbesucher,** - / die **Theaterbesucherin, -nen** theatergoer 10
die **Theaterkarte, -n** theater ticket 10
das **Theaterstück, -e** stage play 10
die **Theatervorstellung, -en** theater performance
das **Thema,** *pl.* **Themen** theme
die **Theorie, -n** theory
tief deep(ly)
der **Thunfisch, -e** tuna
das **Tier, -e** animal 18
der **Tiergarten, ¨** zoo
der **Tiger,** - tiger
der **Tip, -s** tip, hint
der **Tirolerhut, ¨e** Tyrolean hat
der **Tisch, -e** table 2
die **Tischdecke, -n** tablecloth 4
das **Tischtennis** table tennis 14
der **Titel,** - title
das **Titelblatt, ¨er** title page
der **Toaster,** - toaster 9
die **Tochter, ¨** daughter 6
der **Tod** death 11
todmüde dead tired
die **Toilette, -n** toilet
toll great, terrific 7

die **Tomate, -n** tomato 12
das **Tor, -e** goal (*sports*); gate 14
die **Torte, -n** cake 4
tot dead
total total(ly) 6
der **Tote, -n** (ein **Toter**) / die **Tote, -n** dead person
töten to kill 11
der **Tourismus** tourism
der **Tourist, -en** (*wk.*) / die **Touristin, -nen** tourist 4
die **Tradition, -en** tradition
tragen (trägt), trug, hat getragen to carry; to wear 6
die **Tragödie, -n** tragedy
der **Trainer,** - / die **Trainerin, -nen** coach, trainer
trainieren to train 17
transportieren to transport
(das) **Traum(auto)** dream (car)
traurig sad(ly) 8
treffen (trifft), traf, hat getroffen to meet; sich **treffen (mit)** to meet (with) 15
treiben, trieb, hat getrieben: Sport treiben to go in for sports 14
trennen to separate 17
die **Treppe, -n** stairs, staircase 9
das **Treppenhaus, ¨er** stairwell 9
treu true, faithful
die **Trilogie, -n** trilogy
trinken, trank, hat getrunken to drink 4
das **Trinkgeld, -er** tip 8
trocken dry 5
trotz (+ *gen.*) despite, in spite of 10
trotzdem nevertheless
die **Tschechoslowakei** Czechoslovakia
tschüß! bye!
das **T-Shirt, -s** T-shirt
tun, tat, hat getan to do 6; **weh tun** (+ *dat.*) to hurt
die **Tür, -en** door 8
der **Türke, -n** (*wk.*) / die **Türkin, -nen** Turk
die **Türkei** Turkey
der **Turm, ¨e** tower
turnen to do gymnastics 14
der **Turnlehrer,** - / die **Turnlehrerin, -nen** physical education teacher 14
der **Typ, -en** type; character, guy
typisch typical(ly)
der **Tyrann, -en** (*wk.*) tyrant

U

die **U-bahn (Untergrundbahn)** subway

üben to practice
über (+ *acc./dat.*) over, above; across 8; (+ *acc.*) about; by way of; **über Nacht** overnight 4
überall everywhere 1
der **Übergang, ¨e** transition
überhaupt at all
überholen to pass, overtake 14
übermorgen day after tomorrow 5
übernachten to stay overnight 5
überraschen to surprise 4
die **Überstunde, -n** hour of overtime
übertragen (überträgt), übertrug, hat übertragen to broadcast, relay 14
überzeugen to convince
üblich usual, customary
die **Übung, -en** exercise; **aus der Übung kommen** to get out of practice 14
die **Uhr, -en** clock 10; **um (sieben) Uhr** at (seven) o'clock; **wieviel Uhr ist es?** what time is it? Z
um (+ *acc.*) around 5; **um (sieben)** at (seven) 3; **erst um (sieben)** not until (seven) 3; **um . . . zu** (+ *inf.*) in order to
umfangreich extensive(ly)
die **Umfrage, -n** opinion poll
umgeben (umgibt), umgab, hat umgeben to surround, encircle
die **Umgebung** surroundings
umgekehrt reversed, the other way around
um·schalten to switch, change over
umsonst free, for nothing
umständlich complicated; awkward
die **Umtauschrate, -n** exchange quota
die **Umweltschutzbewegung** environmental protection movement 13
die **Umweltverschmutzung** environmental pollution 5
um·ziehen, zog um, ist umgezogen to move, change one's residence 16
unabhängig independent(ly)
unangenehm unpleasant(ly) 15
unbedingt no matter what, without fail 13
unbequem uncomfortable, uncomfortably
und (*coord. conj.*) and 3
undeutlich unclear(ly)
unerträglich unbearable, unbearably
unfähig incompetent
der **Unfall, ¨e** accident 5
unfreundlich unfriendly 1
(das) **Ungarisch** Hungarian (*language*)
(das) **Ungarn** Hungary
ungeduldig impatient(ly) 8
ungefähr approximately
ungerechnet not including

ungewöhnlich unusual(ly)
unglaublich unbelievable, unbelievably
unheimlich incredible, incredibly 14
unhöflich impolite(ly)
die Uni = die Universität
die Uniform, -en uniform 6
uniformiert uniformed
uninah near the university
unintelligent unintelligent(ly)
uninteressant uninteresting(ly) 1
die Universität, -en university 2
die Universitätsstadt university town
das Universitätssystem, -e university
  system
unkonventionell unconventional(ly)
unmöbliert unfurnished 2
unser our 3
die Untat, -en misdeed, crime, atrocity 11
unten below, down; da unten down
  below 2
unter (+ acc./dat.) under, beneath; among
  8
unterbrechen (unterbricht), unterbrach,
  hat unterbrochen to interrupt 7
die Unterbrechung, -en interruption 7
unterdrücken to suppress 18
das Untergeschoß, pl. Untergeschosse
  basement 9
unterhalten (unterhält), unterhielt, hat
  unterhalten to support, entertain; sich
  unterhalten to converse 15
unterlegen to underlay
unternehmungslustig adventurous(ly) 8
der Unterricht classes, instruction
der Unterschied, -e difference 16
unterschiedlich different
unterwegs on the way
ununterbrochen uninterrupted(ly)
unwissentlich unknowingly
unzählig countless
unzufrieden dissatisfied 5
die Unzufriedenheit dissatisfaction
der Urlaub, -e vacation
die Ursache, -n cause, reason
das Urteil, -e judgment; opinion
die USA U.S.A.
die US-Streitkräfte U.S. armed forces

V

der Vanillin-Zucker vanilla sugar
die Vase, -n vase
der Vater, ÷ father 6
der Vati, -s daddy
(das) Venedig Venice
verändern to change

verantwortlich responsible
das Verb, -en verb
sich verbessern to improve (oneself)
sich verbeugen to bow
verbieten, verbot, hat verboten (+ dat.)
  to forbid 11
verbinden, verband, hat verbunden to
  connect
verboten forbidden
der Verbrecher, - criminal
verbreiten to spread
verbringen, verbrachte, hat verbracht to
  spend (time) 5
verdienen to earn 13
die Vereinigten Staaten United States
verfolgen to pursue, persecute
Verfügung: zur Verfügung stehen to be
  at one's disposal
die Vergangenheit past
vergeblich futile
vergehen, verging, ist vergangen to pass
vergessen (vergißt), vergaß, hat
  vergessen to forget 3
vergiften to poison 5
Vergleich: im Vergleich in comparison
vergleichen, verglich, hat verglichen to
  compare 14
sich verhalten (sich verhält), sich verhielt,
  hat sich verhalten to behave
das Verhältnis, -se relationship; im
  Verhältnis zu in relation to 16
verhältnismäßig comparative(ly)
die Verhinderung hindrance
verkaufen to sell 4
der Verkäufer, - / die Verkäuferin, -nen
  vendor, salesperson 4
verkehren to reverse, turn around
die Verkehrsmittel (pl.) means of
  transportation
verlassen (verläßt), verließ, hat verlassen
  to leave, abandon 4
verleihen to lend; to rent (out)
der Verletzte, -n (ein Verletzter) / die
  Verletzte, -n injured person
verlieren, verlor, hat verloren to lose 13
verloben to betroth, engage 11; sich
  verloben to get engaged
der Verlobte, -n (ein Verlobter) / die
  Verlobte, -n fiancé/fiancée 13
vermeiden to avoid
vermieten to rent
der Vermieter, - / die Vermieterin, -nen
  landlord/landlady
vermischen to mix 17
vermutlich probably
die Vernunft reason, understanding

verpflanzen to transplant
versäumen to miss; to fail
verschieden different(ly) 13
die Verschmutzung pollution
verschweigen, verschwieg, hat
  verschwiegen to keep silent
verschwenden to waste
verschwinden, verschwand, ist
  verschwunden to disappear
die Version, -en version
verspätet belated, overdue
versprechen (verspricht), versprach, hat
  versprochen to promise 6
das Verständnis understanding
sich verstecken to hide oneself 15
verstehen, verstand, hat verstanden to
  understand 9; sich verstehen (mit) to
  get along (with) 15
versuchen to try
verteidigen to defend
der Vertreter, - / die Vertreterin, -nen
  representative 10
vervollständigen to complete
verwandeln to transform 11
der Verwandte, -n (ein Verwandter) / die
  Verwandte, -n relative, relation
die Verwendung, -en use; employment
Verzeihung pardon me Z
verzollen to declare for customs; haben
  Sie etwas zu verzollen? do you have
  something to declare? 3
verzweifelt in despair
der Vetter, -n (male) cousin 6
die Videokassette, -n video cassette
viel (sg.) much, a lot 2; viele (pl.) many
vielfältig varied 17
vielleicht maybe 3
vier four Z
vierzehn fourteen Z
vierzig forty Z
das Viertel fourth, quarter
der Vietnamese, -n (wk.) / die
  Vietnamesin, -nen Vietnamese (person)
violett purple
der Vogel, ÷ bird
das Volk, ÷er people, nation
der Volkswagen, - Volkswagen
das Volkswagenwerk, -e Volkswagen
  factory
voll full (of)
der Volleyball volleyball
völlig completely, fully
von (+ dat.) from (departure point); of
  (about); by (authorship) 7; von (zwölf)
  bis (eins) from (twelve) till (one) 1
vor (+ acc./dat.) in front of; before 8

die **Voranmeldung, -en** appointment
vorbehalten reserved for
vorbei·gehen, ging vorbei, ist vorbeigegangen to go by
vorbei·kommen, kam vorbei, ist vorbeigekommen to come by 13
vorbei·reiten, ritt vorbei, ist vorbeigeritten to ride by
sich **vor·bereiten (auf + acc.)** to prepare oneself (for) 15
das **Vorbild, -er** model, example 13
die **Vorfahrt** right of way
vorführen to present
der **Vorgang, -̈e** occurrence
das **Vorgericht, -e** appetizer 12
vorgestern day before yesterday
vor·haben, hat vor, hat vorgehabt to plan; intend
etwas vorhaben to have plans 13
der **Vorhang, -̈e** curtain 17
vor·heizen to preheat 17
vorher before 5; previously, before that
die **Vorlesung, -en** lecture 15
der **Vormittag, -e** morning 12
vormittags mornings, in the morning
der **Vorname, -n** (wk.) first name
der **Vorort, -e** suburb 14
die **Vorschau** preview
vor·schlagen (schlägt vor), schlug vor, hat vorgeschlagen to suggest 13
vor·schreiben, schrieb vor, hat vorgeschrieben to stipulate; to prescribe
vorsichtig careful(ly) 9
die **Vorspeise, -n** appetizer
sich (dat.) **etwas vor·stellen** to imagine something
die **Vorstellung, -en** performance 10
der **Vorteil, -e** advantage
der **Vortrag, -̈e** lecture
die **Vorwahl, -en** area code, prefix
VW = Volkswagen

W

wachsen (wächst), wuchs, ist gewachsen to grow
der **Wachtposten, -** watch post
der **Wagen, -** (train) car; car 4
der **Wahnsinn** madness, insanity
wahr true
während (+ gen.) during, in the course of 10; (subord. conj.) while, whereas 10
die **Wahrheit, -en** truth
wahrscheinlich probable, probably 14
der **Wal, -e** whale
der **Wald, -̈er** forest, woods 5

das **Waldsterben** dying of the forest 5
die **Wand, -̈e** wall 2
wandern to hike 14
der **Wandertag, -e** outing, field trip 11; **auf Wandertag gehen** to go on a field trip 11
die **Wanderung, -en** hike 17
wann when 3
das **Warenhaus, -̈er** department store
warm warm 5
die **Wärmeplatte, -n** warming tray 8
warten to wait 8; **(auf + acc.)** to wait for 10
warum why 3
was what 1, 3; **was für** what kind(s) of 9; **was ist los?** what's happening? what's the matter? 14
die **Wäsche** laundry
die **Waschecke, -n** washing niche 2
waschen (wäscht), wusch, hat gewaschen to wash 6
die **Waschküche, -n** laundry room 9
die **Waschmaschine, -n** washing machine 9
das **Wasser, -** water 2
Wasserbad: im Wasserbad in a double boiler (cooking)
das **Wasserbett, -en** water bed
das **WC (Wasserklosett)** toilet 8
wechseln to change
weg distant, away
der **Weg, -e** way, path
wegen (+ gen.) on account of, because of 10
weg·nehmen (nimmt weg), nahm weg, hat weggenommen to take away
weh tun: mir tut (der Kopf) weh (my head) hurts 15
das **Weib, -er** female, woman
weiblich feminine
Weihnachten: zu Weihnachten for Christmas
das **Weihnachtsgeschenk, -e** Christmas present
weil (subord. conj.) because 10
Weile: eine Weile a while 6
der **Wein, -e** wine 12
der **Weinbauer, -n** (wk.) / die **Weinbäuerin, -nen** wine-grower
der **Weinberg, -e** vineyard 5
das **Weindorf, -̈er** village in wine-growing area 5
weinen to cry
weiß white 13
die **Weissagung, -en** prophecy
der **Weißwein, -e** white wine 12

weit (weg) far (away) 3; **weiter** further
die **Weiterbildung** further education 5
welcher which 3
die **Welle, -n** wave
die **Welt, -en** world 11; **zur Welt kommen** to be born, come into the world 11
weltberühmt world-famous
die **Weltstadt, -̈e** international city
wenig (sg.) little 6; **wenige** (pl.) few 6; **weniger** less, fewer
wenigstens at least
wenn (subord. conj.) if; whenever 10
wer who 3; **wen** (acc.) whom 4; **wem** (dat.) whom; **wessen** (gen.) whose
die **Werbeagentur, -en** ad agency
die **Werbeanzeige, -n** advertisement
die **Werbesendung, -en** TV commercial 7
die **Werbung, -en** advertising 7
werden (wird), wurde, ist geworden to become 3
das **Werk, -e** work
der **Wert, -e** value, worth
der **Westen** the West 16
westlich (to the) west
der **Wettbewerb** competition
das **Wetter** weather 5
der **Wetterbericht, -e** weather report
die **Wettervorhersage, -n** weather forecast
der **Whisky** whiskey
wichtig important(ly) 9
wie how 3; **wie, bitte?** what's that? what did you say? Z; **wie lästig** how annoying; how inconvenient 1; **wie schön** how nice 1
wieder again 5
wiederholen to repeat; review 15
die **Wiederholung, -en** repeat, repetition 14; review
wieder·kommen, kam wieder, ist wiedergekommen to come by again, return 13
Wiedersehen: auf Wiedersehen goodbye Z
Wien Vienna
der **Wiener, -** / die **Wienerin, -nen** Viennese (person)
der **Wienerwald** Vienna Woods
das **Wiesel, -** weasel
wieso why, how come
wieviel (sg.) how much 3; **wie viele** (pl.) how many 3
wievielmal how many times
wievielt- what, which (number)
der **Wildfremde, -n** (ein **Wildfremder**) / die **Wildfremde, -n** total stranger

willkommen (in Deutschland) welcome (to Germany) 3
windig windy 5
die **Windpocken** (*pl.*) chicken pox
windsurfen to windsurf
(der) **Winter, -** winter Z
winzig tiny
wir we 1
wirken to work; to have an effect
wirklich real(ly) 2
die **Wirklichkeit** reality
wirklichkeitsfern far from reality
wirklichkeitsnah close to reality
die **Wirkung, -en** effect
das **Wirtschaftsgebiet, -e** business area
die **Wirtschaftspolitik** economic policy
wissen (weiß), wußte, hat gewußt to know (as a fact) 5
der **Wissenschaftler, -** / die **Wissenschaftlerin, -nen** scientist
wo where 3
die **Woche, -n** week 5
das **Wochenende, -n** weekend 14
wochenlang for weeks 9
die **Wochenzeitschrift, -en** weekly magazine
woher from where, whence 3
wohin (to) where, whither 3
wohl probably 9
wohlgeordnet well ordered
wohlmeinend well intentioned 18
der **Wohlstand** prosperity 13
wohnen to live (*somewhere*), reside 1; **in (Tübingen) wohnen** to live in (Tübingen) 1
die **Wohngemeinschaft, -en** people sharing an apartment or house
die **Wohnung, -en** apartment, residence 2
die **Wohnungssuche** search for an apartment
das **Wohnzimmer, -** living room 9
der **Wolf, -̈e** wolf
die **Wolke, -n** cloud
wolkenlos cloudless, clear
wolkig cloudy
wollen (will), wollte, hat gewollt to want 9
das **Wort, -̈er/-e** word
die **Wortbildung, -en** word formation
der **Wortschatz** vocabulary
das **Wunder, -** wonder; **es ist kein Wunder** it's no wonder 17
sich **wundern (über** + *acc.*) to be surprised (at) 15
der **Wunsch, -̈e** wish
wünschen to wish 4

der **Wurm, -̈er** worm
die **Wurst, -̈e** sausage (frankfurter, bologna, etc.) 4
das **Wurstbrot, -e** sausage sandwich
das **Würstchen, -** small sausage
die **Wurstplatte, -n** plate of cold cuts 4
würzig spicy

X

die **Xerokopie, -n** photocopy
x-mal countless times 11
das **Xylophon, -e** xylophone

Y

der **Yeti, -s** yeti, abominable snowman

Z

zahlen to pay; **Miete zahlen** to pay rent 2
zahlreich numerous
der **Zahn, -̈e** tooth 7
der **Zahnarzt, -̈e** / die **Zahnärztin, -nen** dentist 7
der **Zahntechniker, -** / die **Zahntechnikerin, -nen** dental technician
zart tender
„die **Zauberflöte**" *The Magic Flute*
der **Zaun, -̈e** fence
z.B. = zum Beispiel
das **Zebra, -s** zebra
zehn ten Z
das **Zeichen, -** sign
die **Zeichenerklärung** explanation of signs
die **Zeichengeschichte, -n** cartoon strip
der **Zeichentrickfilm, -e** cartoon, animated film
die **Zeichnung, -en** drawing
zeigen to show 7
die **Zeile, -n** line (on a page)
die **Zeit, -en** time 3
das **Zeitalter** age
das **Zeitarbeitsunternehmen, -** temporary work agency
die **Zeitschrift, -en** periodical (publication), magazine 7
die **Zeitung, -en** newspaper 3
der **Zeitunterschied, -e** time difference
das **Zelt, -e** tent
die **Zensur, -en** grade; *sg.* censorship 16
zentral central(ly)
das **Zentrum,** *pl.* **Zentren** center
zerstören to destroy
die **Ziege, -n** goat

ziehen, zog, ist gezogen to move, change residence; **(in** + *acc.*) to move into 9; **ziehen (nach** + *name of city*) to move (to) 13
das **Ziel, -e** goal 13
ziemlich rather, pretty; (*coll.*) considerable
die **Zigarette, -n** cigarette 3
die **Zigarre, -n** cigar
das **Zimmer, -** room 2
der **Zimmergenosse, -n** (*wk.*) / die **Zimmergenossin, -nen** roommate
der **Zimmerkellner, -** / das **Zimmermädchen, -** room service boy/ chambermaid 8
die **Zimmervermittlung, -en** renting of rooms; rental agency 2
zimperlich wimpy 4
der **Zirkus, -se** circus
zitieren to quote
der **Zivil-Angestellte, -n (ein Zivil-Angestellter)** / die **Zivil-Angestellte, -n** civilian employee
der **Zivildienst** civil service
die **Zivilkleidung** civilian clothes
der **Zoll** customs
der **Zollbeamte, -n (ein Zollbeamter)** / die **Zollbeamtin, -nen** customs official 3
zollpflichtig dutiable, subject to import tax 3
die **Zone, -n** zone
der **Zoo, -s** zoo
die **Zoologie** zoology
zu closed 9
zu (+ *dat.*) to (*persons, things*); for 7; **zu Besuch** for a visit 9; **zu Hause** at home 7; **zu Mittag** at noon 5
der **Zucker** sugar 17
zuckerfrei sugarfree 7
zuerst first 3
zufrieden satisifed 5
der **Zug, -̈e** train 3
die **Zukunft** future 9
zukünftig future 13
zu · machen to close
zunächst first (of all)
die **Zunge, -n** tongue
zurück back
zurück · fahren (fährt zurück), fuhr zurück, ist zurückgefahren to travel back 13
zurückhaltend reserved 9
zurück · kommen, kam zurück, ist zurückgekommen to come back, return 13
zusammen together 1
zusammen · bauen to put together

der **Zusammenhang,** ⸚e context
sich **zusammen · reißen, riß zusammen, hat zusammengerissen** to pull oneself together
zusätzlich in addition
der **Zuschauer,** - viewer 7
die **Zutaten** (*pl.*) ingredients

zuverlässig reliable
zwanzig twenty Z
zwar indeed, certainly, of course
zwei two Z
die **Zwiebel, -n** onion
der **Zwiebelkuchen,** - onion quiche 5
der **Zwilling, -e** twin

zwingen, zwang, hat gezwungen to force, compel 18
zwischen (+ *acc./dat.*) between 8
zwölf twelve Z
der **Zyklop, -en** cyclops
der **Zyklus,** *pl.* **Zyklen** cycle

English–German

This list contains only the words needed for the translation exercises.

A

about gegen (*time*); **to ask about** fragen nach; **to be crazy about** schwärmen für; **to talk about** sprechen über (+ *acc.*); **to think about** denken an (+ *acc.*)

accident der Unfall, ⸚e

to admire bewundern

adventurous unternehmungslustig

afraid: to be afraid of sich fürchten vor (+ *dat.*)

after nach (*prep.*); nachdem (*subord. conj.*)

afternoon: in the afternoon nachmittags

again wieder

against gegen (+ *acc.*)

age das Alter; **my age** in meinem Alter

all alle

already schon

also auch

altogether zusammen

always immer

America (das) Amerika

American (*person*) der Amerikaner, - / die Amerikanerin, -nen

and und (*coord. conj.*)

angry böse

another noch ein(e)

to answer antworten (+ *dat.*) / antworten (auf + *acc.*)

(not) anymore nicht mehr

apartment die Wohnung, -en

area code die Vorwahl, -en

to ask fragen

aspirin das Aspirin

at an (+ *dat.*); um (*time*); **at the age of (19)** mit (19); **at home** zu Hause; **at the place of** bei (+ *dat.*)

aunt die Tante, -n

B

back der Rücken, -

back zurück; **back there** da hinten; **in back of** hinter

bad schlecht

bank die Bank, -en

bar die Kneipe, -n

baseball der Baseball

to be sein (ist), war, ist gewesen; **to be able to** können (kann), konnte, hat gekonnt

beautiful schön

because denn (*coord. conj.*); weil (*subord. conj.*)

to become werden (wird), wurde, ist geworden

bed das Bett, -en

bedroom das Schlafzimmer, -

beer das Bier, -e

before vor (+ *acc./dat.*); bevor, ehe (*subord. conj.*)

to believe glauben

bellhop der Gepäckträger, - / die Gepäckträgerin, -nen

to belong to gehören (+ *dat.*)

best of all am liebsten

better besser

between zwischen (+ *acc./dat.*)

bicycle das (Fahr)rad, ⸚er

big groß

birthday card die Geburtstagskarte, -n

book das Buch, ⸚er

bouquet der Strauß, ⸚e

boy der Junge, -n (*wk.*)

break die Pause, -n

breakfast das Frühstück, -e

to breakfast frühstücken

to bring bringen, brachte, hat gebracht

to broadcast übertragen (überträgt), übertrug, hat übertragen

brother der Bruder, ⸚

to brush (one's teeth) sich (*dat.*) (die Zähne) putzen

but aber (*coord. conj.*); **(on the contrary)** sondern (*coord. conj.*)

to buy kaufen

by von (+ *dat.*); **by then** bis dahin; **by (train)** mit (dem Zug)

C

café das Café, -s

cafeteria die Mensa, *pl.* Mensen

cake der Kuchen, -

to call nennen, nannte, hat genannt; **to call out** rufen, rief, hat gerufen; **to call up** an·rufen, rief an, hat angerufen

calorie die Kalorie, -n

can können (kann), konnte, hat gekonnt

car das Auto, -s; der Wagen, -

to care: I don't care (das) ist mir egal

to carry tragen (trägt), trug, hat getragen

certain(ly) sicher

chair der Stuhl, ⸚e

change: keep the change das stimmt so

chartered trip die Sonderfahrt, -en

to chase jagen

check: the check, please zahlen bitte

child das Kind, -er

chocolate die Schokolade

church die Kirche, -n

cigarette die Zigarette, -n

city die Stadt, ⸚e

to close schließen, schloß, hat geschlossen

closet: freestanding closet der Schrank, ⸚e

coffee der Kaffee

cola die Cola, -s

cold die Erkältung, -en

cold kalt

cold cuts (kalter) Aufschnitt; **plate of cold cuts** die Wurstplatte, -n

colleague der Kollege, -n (*wk.*) / die Kollegin, -nen

to comb one's hair sich kämmen

to come (from) kommen, kam, ist gekommen (aus)

coming kommend

commercial (*TV*) die Werbesendung, -en

compartment (*train*) das Abteil, -e

to complain (about) klagen (über + *acc.*)

complete(ly) ganz

to concern oneself (with) sich beschäftigen (mit)

to conquer erobern

constant(ly) ständig

to cook kochen

corner table der Ecktisch, -e

to cost kosten

countless times x-mal

country das Land, ⸚er

course der Kurs, -e

course: of course natürlich; doch (*affirmative response to negative question*)

to cram pauken

crazy: to be crazy about schwärmen für

creepy gruselig

D

daughter die Tochter, ⸚

death of the forest das Waldsterben

December (der) Dezember

to declare (*customs*) verzollen; **do you have something to declare?** haben Sie etwas zu verzollen?

to demand fordern

501

to demonstrate demonstrieren

department store das Kaufhaus, ̈er

to describe beschreiben, beschrieb, hat beschrieben

desk der Schreibtisch, -e

desk clerk der Empfangschef, -s / die Empfangschefin, -nen

dessert der Nachtisch, -e, die Nachspeise, -n; **for dessert** zum Nachtisch

detective show der Krimi, -s

different ander-

dining car der Speisewagen, -

to discuss besprechen (bespricht), besprach, hat besprochen; diskutieren (über + *acc.*)

to disgrace oneself sich blamieren

dissatisfied unzufrieden

district das Gebiet, -e

to do machen; tun, tat, hat getan

dollar der Dollar, -s

door die Tür, -en

down there da unten

to drink trinken, trank, hat getrunken

to drive fahren (fährt), fuhr, ist gefahren (hat *with d.o.*)

drugstore die Drogerie, -n

dumb blöd, dumm

during während (+ *gen.*)

dutiable zollpflichtig

E

to eat essen (ißt), aß, hat gegessen

edible: something edible etwas Eßbares

eighteen achtzehn

electricity der Strom

elevator der Aufzug, ̈e

embarrassing peinlich

end das Ende, -n

to end enden

English (das) Englisch (*language*); **in English** auf englisch

to enjoy gern (+ *verb*); **to enjoy oneself** sich amüsieren

especially besonders

evening der Abend, -e; **evenings** abends; **that evening** am Abend; **yesterday evening** gestern abend

every jeder, jede, jedes; **every day** jeden Tag

exam die Prüfung, -en

example das Beispiel, -e

excellent(ly) ausgezeichnet

exciting spannend

expensive teuer

to experience erleben

F

facial tissue das Tempo-Taschentuch, ̈er (Tempos)

familiar: to be familiar with kennen, kannte, hat gekannt

family die Familie, -n

fast-food place der Schnellimbiß, *pl.* die Schnellimbisse

father der Vater, ̈

favorite (cake) (der) Lieblings(kuchen)

to feel (*some way*) sich fühlen

fiancé/fiancée der Verlobte, -n (ein Verlobter) / die Verlobte, -n

to find finden, fand, hat gefunden

fine gut

finished fertig

first zuerst; erst

to fit passen (+ *dat.*)

five fünf

flower die Blume, -n

flute die Flöte, -n; **to play (on) the flute** auf der Flöte spielen; *The Magic Flute* „Die Zauberflöte"

to follow folgen, ist gefolgt (+ *dat.*)

for für (+ *acc.*); **for example** zum Beispiel; **for a year** seit einem Jahr; **for years** seit Jahren

forget vergessen (vergißt), vergaß, hat vergessen

forth: riding back and forth das Hin- und Herfahren

four vier

free frei; kostenlos, gratis

freeway die Autobahn, -en

freeway system das Autobahnsystem, -e

fresh frisch

Friday (der) Freitag

friend der Freund, -e / die Freundin, -nen

friendly freundlich

from aus (+ *dat.*); von (+ *dat.*)

front: in front of vor (+ *acc./dat.*)

G

game das Spiel, -e

gasoline das Benzin

generation die Generation, -en

German (das) Deutsch (*language*); **German** (*adj.*) deutsch; **in German** auf deutsch; **German** (*person*) der Deutsche, -n (ein Deutscher) / die Deutsche, -n

Germany Deutschland

to get bekommen, bekam, hat bekommen; holen; **to get out of bed** auf·stehen; **to get out of practice** aus der Übung kommen; **to get used to** sich gewöhnen an (+ *acc.*)

gift das Geschenk, -e

girl das Mädchen, -

girlfriend die Freundin, -nen

to give geben (gibt), gab, hat gegeben; schenken

glad froh

to go gehen, ging, ist gegangen; fahren (fährt), fuhr, ist gefahren; **to go home** nach Hause gehen; **to go shopping** einkaufen gehen; **to go skiing** Skilaufen gehen

go on! los!

goal das Tor, -e (*sports*)

good gut; **what good is . . . to me?** was nützt mir . . . ?

government die Regierung, -en

grade die Note, -n

grandfather der Großvater, ̈

grandma die Oma, -s

grandmother die Großmutter, ̈

grandpa der Opa, -s

great! prima! toll!

to grow (become) werden (wird), wurde, ist geworden

guest der Gast, ̈e

to guzzle schlucken

Gymnasium (*secondary school*) das Gymnasium, *pl.* Gymnasien

H

hallway der Flur, -e

hand die Hand, ̈e

happy froh; glücklich

hard schwer

hardly kaum

hat der Hut, ̈e

to have haben (hat), hatte, hat gehabt; **to have to** müssen (muß), mußte, hat gemußt

he er

head der Kopf, ̈e

to hear hören

heat die Heizung

to help helfen (hilft), half, hat geholfen (+ *dat.*)

her ihr

here hier; **here you are** bitte

hi! Tag!

to hide oneself sich verstecken

high hoch / hoh-; **higher** höher
himself sich
history die Geschichte
home: at home zu Hause
homemade hausgemacht
hot heiß
house das Haus, ⁻er
how wie; **how are you?** wie geht's? wie geht es dir? (*infor.*) wie geht es Ihnen? (*for.*)
huge riesig
hungry hungrig; **to be hungry** Hunger haben
to hurry sich beeilen
husband der Mann, ⁻er

I

I ich
ice cream das Eis
immediately sofort
impatient(ly) ungeduldig
to impress beeindrucken
in in (+ *acc./dat.*)
included inbegriffen
industrial wastes die Industrieabwässer (*pl.*)
industry die Industrie, -n
insulted beleidigt
intense(ly) intensiv
to interest interessieren; **to be interested in** Interesse haben für; sich interessieren für
interesting(ly) interessant
intermission die Pause, -n
intersection die Kreuzung, -en
it es

J

January (der) Januar
jeans die Jeans (*pl.*)
junior pass der Junior-Paß

K

kitchen die Küche, -n
to know (as a fact) wissen (weiß), wußte, hat gewußt; **to know, be acquainted with, familiar with** kennen, kannte, hat gekannt; **to know how to** können (kann), konnte, hat gekonnt

L

to land landen, ist gelandet
landlady die Hauswirtin, -nen
large groß
last letzt
later später
to laugh at lachen über (+ *acc.*)
to lead into hinein · führen
to learn lernen
to leave verlassen (verläßt), verließ, hat verlassen (+ *place*); **to leave open** offen lassen
to let lassen (läßt), ließ, hat gelassen
lecture die Vorlesung, -en
library die Bibliothek, -en
light: traffic light die Ampel, -n
to like mögen (mag), mochte, hat gemocht (**I would like** ich möchte); gern (haben); gefallen (gefällt), gefiel, hat gefallen (+ *dat.*) (**I like it** es gefällt mir); **I like (to work)** ich (arbeite) gern
literature die Literatur
little klein
to live leben; wohnen
live: to broadcast live direkt übertragen
long lang; **for a long time** schon lange
to look (at) schauen (auf + *acc.*); **to look for** suchen; **hey, look!** guck mal!
luggage das Gepäck
lunch das Mittagessen
lunch break die Mittagspause, -n

M

"Mack the Knife" die Moritat des Macky Messer
The Magic Flute „Die Zauberflöte"
to make machen
man der Mann, ⁻er
many viele (*pl.*)
mark D-Mark; DM
to marry heiraten
matter: no matter what unbedingt
may dürfen (darf), durfte, hat gedurft
May (der) Mai
meal das Essen, -
to mean meinen; bedeuten
to meet (each other) sich treffen (trifft), traf, hat getroffen
melody die Melodie, -n
microphone das Mikrophon, -e
minute die Minute, -n
money das Geld

month der Monat, -e
morning: this morning heute morgen; **in the morning** morgens
most meist
mother die Mutter, ⁻
mountain der Berg, -e
mouth der Mund, ⁻er; **my mouth waters** mir läuft das Wasser im Mund zusammen
movie der Film, -e
Mr. Herr
Mrs. Frau
much viel
Murphy bed das Schrankbett, -en
music die Musik
musician der Musiker, - / die Musikerin, -nen
must müssen (muß), mußte, hat gemußt
my mein; **my name is** ich heiße

N

name der Name, -n (*wk.*)
nasal spray das Schnupfenspray
nearest nächst-
necessary nötig
to need brauchen
neighbor der Nachbar, -n (*wk.*) / die Nachbarin, -nen
neighborhood die Nachbarschaft, -en
nephew der Neffe, -n (*wk.*)
never nie
news (report) die Nachrichten (*pl.*)
newspaper die Zeitung, -en
next nächst-
niece die Nichte, -n
no nein; kein
not nicht; **not any** kein
now jetzt
nuclear weapon die Atomwaffe, -n

O

to occur passieren, ist passiert
o'clock: at (seven) o'clock um (sieben) Uhr
of von (+ *dat.*); **at the place of** bei (+ *dat.*); **in the company of** mit (+ *dat.*); **in front of** vor (+ *acc./dat.*); **out of** aus (+ *dat.*)
official der Beamte, -n (ein Beamter) / die Beamtin, -nen
often oft

oh ach
old alt
on auf (+ acc./dat.) (street); in (+ dat.)
once einmal
one (indef. art.) ein, eine, ein; eins;
   (nonspecific person) man
one-way (ticket) einfach
only nur
open offen
to open öffnen, auf·machen
(open) market der Markt, ⸚e
or oder (coord. conj.)
to order bestellen
otherwise sonst
out aus (+ dat.); that's out of the
   question das kommt nicht in Frage
over über (+ acc./dat.)
overnight über Nacht
our unser
outing der Wandertag, -e
outside draußen
own: on one's own selbständig

P

pace das Tempo, -s
paper das Papier, -e
parents die Eltern (pl.)
party die Party, -s
to pass überholen
to pay zahlen; to pay (something)
   bezahlen, hat bezahlt
payment der Lohn, ⸚e
people die Leute
per pro
percent das Prozent, -e
performance die Vorstellung, -en
perfume das Parfüm, -e
permitted: to be permitted dürfen (darf),
   durfte, hat gedurft
pfennig der Pfennig, -e
pharmacy die Apotheke, -n
phone das Telefon, -e
to phone telefonieren
phone booth die Telefonzelle, -n
pied piper der Rattenfänger, -
to place stellen
place der Platz, ⸚e
plane das Flugzeug, -e
plate of cold cuts die Wurstplatte, -n
to play spielen; to play tennis Tennis
   spielen
player der Spieler, - / die Spielerin, -nen
pleasant(ly) angenehm
please bitte
to poison vergiften

police inspector der Kommissar, -e
popular populär, beliebt
pot die Kanne, -n; small pot das
   Kännchen, -
practice: to get out of practice aus der
   Übung kommen
to prepare oneself (for) sich vor·bereiten
   (auf + acc.)
to preach predigen
present das Geschenk, -e
price der Preis, -e
probably wohl
problem das Problem, -e
professor der Professor, -en / die
   Professorin, -nen
project das Projekt, -e
to promise versprechen (verspricht),
   versprach, hat versprochen

Q

question die Frage, -n; that's out of the
   question das kommt nicht in Frage
to question fragen
questioning (annoying) die Fragerei, -n
quick(ly) schnell
quiet! Ruhe!

R

radio das Radio, -s
railway station der Bahnhof, ⸚e
to rain regnen; it's raining es regnet
to read lesen (liest), las, hat gelesen
real(ly) wirklich
to recognize erkennen, erkannte, hat
   erkannt
to reduce reduzieren
regular guest der Stammgast, ⸚e
rent die Miete, -n
to rent mieten
repeat (broadcast) die Wiederholung, -en
representative der Vertreter, - / die
   Vertreterin, -nen
to reserve reservieren
to respond to antworten auf (+ acc.)
restaurant das Restaurant, -s
to ride fahren (fährt), fuhr, ist gefahren;
   to ride into hin·fahren; to ride back
   her·fahren
right away gleich; right now jetzt
river der Fluß, pl. Flüsse
roll das Brötchen, -
romantic(ally) romantisch
room das Zimmer, -; to have room Platz
   haben

round trip hin und zurück
Ruhr district das Ruhrgebiet
to run laufen (läuft), lief, ist gelaufen

S

sad traurig
salad der Salat, -e
salesman der Verkäufer, -
saleswoman die Verkäuferin, -nen
Saturday (der) Samstag; on Saturdays
   samstags
to say sagen
sausage die Wurst, ⸚e
school die Schule, -n
school outing der Wandertag, -e
seat: to take a seat Platz nehmen; sich
   setzen
second zweit-
to see sehen (sieht), sah, hat gesehen
to send senden, sandte, hat gesandt;
   schicken
separate(ly) getrennt
seven sieben
seventeen siebzehn
share der Teil, -e
she sie
shoe der Schuh, -e
to shoot schießen, schoß, hat geschossen
shopping: to go shopping einkaufen
   gehen
should sollen, sollte, hat gesollt
to show zeigen
to shower sich duschen
silent film der Stummfilm, -e
simply einfach
sister die Schwester, -n
to sit sitzen, saß, hat gesessen
six sechs
skiing: to go skiing Skilaufen gehen
to sleep schlafen (schläft), schlief, hat
   geschlafen
sleeping car der Schlafwagen, -
small klein
to smile lächeln
to snow schneien; it's snowing es schneit
so so
soccer der Fußball
soccer evening der Fußballabend, -e
soccer stadium das Fußballstadion, pl.
   Fußballstadien
soldier der Soldat, -en (wk.) die Soldatin,
   -nen
to solve lösen
someday eines Tages
something etwas

sometimes manchmal
somewhat etwas
son der Sohn, ⸚e
soon bald
to speak sprechen (spricht), sprach, hat
  gesprochen
specialty die Spezialität, -en
speech die Rede, -n
to spend (*time*) verbringen, verbrachte,
  hat verbracht
sports der Sport; **to go in for sports**
  Sport treiben
stadium das Stadion, *pl.* die Stadien
stairwell das Treppenhaus, ⸚er
to start beginnen, begann, hat begonnen;
  an·fangen (fängt an), fing an, hat
  angefangen
to stay bleiben, blieb, ist geblieben
still noch
stretch die Strecke, -n
student der Student, -en (*wk.*) / die
  Studentin, -nen
to study studieren; arbeiten; lernen
such solcher
suitcase der Koffer, -
summer (der) Sommer
Sunday (der) Sonntag; **Sunday**
  afternoons Sonntag nachmittags
to surprise überraschen
sweater der Pullover, -
Switzerland die Schweiz
system das System, -e

T

table der Tisch, -e
to take nehmen (nimmt), nahm, hat
  genommen; holen
to talk about sprechen (spricht), sprach,
  hat gesprochen über (+ *acc.*)
"tank" der Straßenkreuzer, -
tea der Tee
teacher der Lehrer, - / die Lehrerin, -nen
teeth: to brush one's teeth sich die Zähne
  putzen
television das Fernsehen
television set der Fernseher, -
to tell erzählen; sagen
ten zehn
tennis das Tennis
tennis court der Tennisplatz, ⸚e
tennis teacher der Tennislehrer, - / die
  Tennislehrerin, -nen
terrace die Terrasse, -n
test die Prüfung, -en
text der Text, -e

than als
thanks danke
that das; dieser; daß (*subord. conj.*)
theater das Theater, -
theatergoer der Theaterbesucher, - / die
  Theaterbesucherin, -nen
theater ticket die Theaterkarte, -n
their ihr
themselves sich
then dann
there da; dort; **there's** es gibt
these diese
they sie
thing das Ding, -e; die Sache, -n
to think denken, dachte, hat gedacht;
  meinen, hat gemeint; **to think of**
  denken an (+ *acc.*)
this dieser
though aber
three drei
The Threepenny Opera „Die
  Dreigroschenoper"
thrifty sparsam
to throb hämmern
through durch (+ *acc.*)
ticket die Karte, -n
time die Zeit; **the last time** das letzte Mal;
  what time is it? wie spät ist es? wieviel
  Uhr ist es?
tired müde
to nach (+ *dat.*); zu (+ *dat.*); an (+ *acc./
  dat.*)
today heute
tomorrow morgen; **tomorrow afternoon**
  morgen nachmittag; **tomorrow**
  morning morgen früh
tonight heute abend
too auch
tooth der Zahn, ⸚e
tour bus der Tour-Bus, -se
tour guide der Fremdenführer, - / die
  Fremdenführerin, -nen
tourist der Tourist, -en (*wk.*) / die
  Touristin, -nen
town die Stadt, ⸚e; **into town** in die Stadt
train der Zug, ⸚e
to travel reisen, ist gereist; fahren (fährt),
  fuhr, ist gefahren
travel ticket die Fahrkarte, -n
traveling back and forth das Hin- und
  Herfahren
tray das Tablett, -e/-s
trip die Fahrt, -en; die Reise, -n;
  to take a trip eine Reise machen
TV das Fernsehen; **TV set** der Fernseher, -
twelve zwölf

twelve-thirty halb eins
twenties die zwanziger Jahre
twenty zwanzig
two zwei
Tyrolean hat der Tirolerhut, ⸚e

U

under unter
unbelievable, unbelievably unglaublich
to understand verstehen, verstand, hat
  verstanden
unfriendly unfreundlich
unfurnished unmöbliert
uniform die Uniform, -en
university die Universität, -en
university town die Universitätsstadt
upset: to be upset (about) sich ärgern
  (über + *acc.*)
use: to be of use to nützen (+ *dat.*)

V

valid gültig
very sehr
to visit besuchen; **to come for a visit** zu
  Besuch kommen

W

to wait (for) warten (auf + *acc.*)
waiter der Kellner, -
walk gehen, ging, ist gegangen; **to take a**
  walk einen Spaziergang machen
to want wollen (will), wollte, hat gewollt
to wash waschen (wäscht), wusch, hat
  gewaschen
water das Wasser, -
way: this way so
we wir
to wear tragen (trägt), trug, hat getragen
weather das Wetter
week die Woche, -n
weekend das Wochenende, -n
welcome willkommen
well gut
what was; **what time is it?** wieviel Uhr ist
  es?
when als; wenn; wann
where wo; **(to) where, whither** wohin
whether ob (*subord. conj.*)
which welcher
who wer
whole ganz
whom wen (*acc.*); wem (*dat.*)
why warum

wife die Frau, -en
window das Fenster, -
winter (der) Winter, -
with mit (+ *dat.*)
without ohne (+ *acc.*)
woman die Frau, -en
women's bar die Frauenkneipe, -n
wonderful herrlich

to work arbeiten; to work on arbeiten an (+ *dat.*)
world die Welt, -en

year das Jahr, -e for years seit Jahren
yes ja

yesterday gestern
yet noch
you du; ihr; Sie
your dein; ihr; Ihr

Index

About the Authors

John E. Crean, Jr., is Professor of German at the University of Hawaii, where he teaches undergraduate and graduate level language courses, including foreign language teaching methodology. Since 1971 he has coordinated elementary and intermediate German at Hawaii. He has authored, co-authored, or edited twelve textbooks and two complete language laboratory programs. Professor Crean received the Ph.D. in Germanic philology from Yale University in 1966 and has taught previously at Yale and Wisconsin. He is also actively engaged in research and publication on medieval German language and literature.

Marilyn Scott is Assistant Professor of German at the University of North Carolina at Chapel Hill, where she teaches graduate and undergraduate courses in language and literature. Professor Scott received her Ph.D. in German from the University of Oregon in 1975, and has published articles on nineteenth- and twentieth-century German and Austrian literature.

Claude Hill is Professor Emeritus of Rutgers University, where he headed the graduate program in German for many years. Born in Berlin, he received his Ph.D. from the University of Jena in 1938. He is known to the profession for his books and articles in the field of modern German literature and civilization.

Jeanine Briggs has worked in educational publishing as a writer and editor since 1969. She has been involved in numerous foreign language projects and is principal author of *Alles Gute!*, a complete first-year language program.